Otto Friedrich Bollnow

Rezeption und Forschungsperspektiven

Herausgegeben von Friedrich Kümmel

Zu diesem Buch

Aus Anlaß des 100. Geburtstages von Otto Friedrich Bollnow (geb. am 14. März 1903) fand am 25. und 26. September 2003 in Hechingen ein Forschungskolloquium statt. Autoren unterschiedlicher Fachbereiche stellten ihre Forschungsarbeiten zu verschiedenen Aspekten des Werkes von Otto Friedrich Bollnow vor. Der Band enthält die überarbeiteten, z. T. stark erweiterten Beiträge zum Kolloquium und eine vom Herausgeber vorgenommene Zusammenfassung der sich jeweils anschließenden Diskussion. Die Publikation gibt einen Einblick in die vielfältigen Fragestellungen und Themenschwerpunkte, unter denen Bollnows Werk heute fachübergreifend rezipiert und produktiv gemacht wird.
Otto Friedrich Bollnow hat zu seiner Zeit Schule gemacht und ein umfangreiches, viel gelesenes und gewürdigtes Werk hinterlassen. Sein nach wie vor aktuelles, in mancher Hinsicht zeitloses Denken hat von seiner Relevanz für die gegenwärtigen Diskussionen nichts eingebüßt. Die Beiträge dieses Bandes geben einen lebendigen Eindruck davon, wie sein Werk in den verschiedensten Disziplinen aufgenommen und unter methodologischen und sachlichen Gesichtspunkten fruchtbar gemacht wird.
Bollnows zahlreiche Bücher, Aufsätze und Besprechungen sowie die Übersetzungen sind in der vom Herausgeber dieses Bandes erstellten Homepage www.otto-friedrich-bollnow.de zugänglich gemacht. Hier finden sich auch bisher unbekannte Textentwürfe und Textvarianten, die für das Verständnis der Genese von Bollnows Denken unverzichtbar sind.
Beim Verlag Königshausen & Neumann in Würzburg erscheint derzeit eine von Ursula Boelhauve, Gudrun Kühne-Bertram, Hans-Ulrich Lessing und Frithjof Rodi herausgegebene Studienausgabe der systematischen Hauptwerke des Philosophen und Pädagogen in 12 Bänden. Auf sie wird am Ende des Buches noch einmal gesondert hingewiesen.

Otto Friedrich Bollnow

Rezeption und Forschungsperspektiven

Herausgegeben von Friedrich Kümmel

2010
Vardan Verlag Hechingen

Forschungskolloquium anläßlich des 100. Geburtstags
von Otto Friedrich Bollnow
am 14. März 2003
Beiträge und Diskussionen

Bibliographische Information Der Deutschen Bibliothek

Die Deutsche Bibliothek verzeichnet diese Publikation in der Deutschen Nationalbibliographie; detaillierte bibliographische Daten sind im Internet über http://dnb.ddb.de abrufbar.

ISBN-13: 978-3-941060-05-0

Gedruckt auf alterungsbeständigem Papier

Besuchen Sie uns im Internet:
www.vardan-verlag.de
www.friedrich-kuemmel.de

Inhalt

VORBEMERKUNG DES HERAUSGEBERS

Aus Anlaß des 100. Geburtstages von Otto Friedrich Bollnow am 14. März 2003 fand am 25. und 26. September 2003 in Hechingen ein Forschungskolloquium statt. Autoren unterschiedlicher Fachbereiche stellten ihre Arbeiten zu verschiedenen Aspekten des Werkes von Otto Friedrich Bollnow vor, so daß in den anschließenden Diskussionen den Perspektiven der derzeitigen Forschung und Rezeption zum Werk Bollnows nachgegangen werden konnte. Mit in den Band aufgenommen ist die Gedenkrede, die Klaus Giel auf der Akademischen Festveranstaltung der Eberhard-Karls-Universität Tübingen am 1. Juli 2003 zu Ehren von Otto Friedrich Bollnow gehalten hat.

Otto Friedrich Bollnow hat zu seiner Zeit Schule gemacht. Sein Denken ist nach wie vor aktuell und hat von seiner Relevanz für die derzeitige Diskussion nichts eingebüßt. Die Beiträge dieses Bandes geben einen Eindruck davon, wie Bollnows Werk in den verschiedensten Disziplinen aufgenommen und unter methodologischen und sachlichen Aspekten produktiv weitergeführt wird.

Die Veranstaltung wurde von der Stiftung für Bildung und Behindertenförderung GmbH, Stuttgart, finanziell unterstützt.

Friedrich Kümmel

KLAUS GIEL

OTTO FRIEDRICH BOLLNOW ZWISCHEN PHILOSOPHIE UND PÄDAGOGIK[*]

A. Einleitung: Bemerkungen zur Biographie

Otto Friedrich Bollnow wurde am 14. März 1903 in Stettin geboren; 1953 folgte er dem Ruf auf den Lehrstuhl Sprangers an die Universität Tübingen. Er ist am 7. Februar 1991 in Tübingen gestorben.

Spranger hatte ein Leben lang die Idee einer Philosophischen Pädagogik verfolgt: Der von Otto Friedrich Bollnow und Gottfried Bräuer herausgegebene zweite Band der Gesammelten Schriften zeigt in eindrücklicher Weise, wie Spranger dieses sein Lebensthema immer wieder aufgreift und neu durchdenkt.[1] Von der unauflöslichen Einheit von Philosophie und Pädagogik überzeugt, hat Bollnow die Idee einer Philosophischen Pädagogik weiterverfolgt und ihr ein neues Profil zu geben versucht. Philosophische Pädagogik, so viel vorweg, ist für Bollnow nicht gleichbedeutend mit Geisteswissenschaftlicher Pädagogik: In einem gewissen Sinne steht sie sogar im Widerspruch zu ihr. Als ein von Max Born promovierter Doktor der Theoretischen Physik bildete Bollnow eine Ausnahme unter den damaligen Lehrstuhlinhabern der Pädagogik, die in der Regel aus den Geisteswissenschaften zur Pädagogik gekommen waren. Was Bollnow mit der Geisteswissenschaftlichen Pädagogik verbunden hat, war die Schule Diltheys. Die Sache, um die es Bollnow mit dem Anliegen einer Philosophischen Pädagogik gegangen ist, hat er, besonders in den späteren Schriften, mit der Bezeichnung „Hermeneutische Pädagogik" zu fassen versucht. Allerdings: Das Spätwerk Bollnows ist im ganzen vom Ringen um die Grundlegung der Philosophie in einer umfassenden Hermeneutik des

---

[*] Erweiterte Fassung des Festvortrags zur akademischen Feier zum Gedenken an Otto Friedrich Bollnow anläßlich seines hundertsten Geburtstages. Gehalten am 1. Juli 2003.

[1] Eduard Spranger: Gesammelte Schriften Band II: Philosophische Pädagogik. Hrsg. von Otto Friedrich Bollnow und Gottfried Bräuer, Heidelberg 1973.

Daseins gekennzeichnet. In diesem Sinne bezeichnete er sein Projekt „Hermeneutische Philosophie", die er von der Philosophischen Hermeneutik unterscheidet.[2]

Die Herkunft aus der exakten Naturwissenschaft hat die Konzeption der Philosophischen, also Hermeneutischen Pädagogik, nicht gerade geringfügig beeinflußt. Im Unterschied zur Geisteswissenschaftlichen Pädagogik, wie sie, nach seiner Auffassung, vornehmlich von Erich Weniger vertreten wurde, thematisiert Bollnow die Erziehung nicht als einen historischen Wirkungszusammenhang, in dem das Verständnis immer schon durch das traditional vermittelte Vorverständnis vorstrukturiert ist. Seine Arbeiten zur Geschichte der Pädagogik sind durchweg Studien von Klassikern der Pädagogik, in denen er jeweils deren besondere, originäre Sicht der Erziehung und die Gestalt, in der sie diese Sichtweise objektivierten, herauszuarbeiten sich bemühte.

Die an den Universitäten gelehrte Pädagogik war in den fünfziger Jahren noch weitgehend und aus angebbaren Gründen von der Geisteswissenschaftlichen Pädagogik dominiert. In dieser Form bildete sie einen wichtigen Bestandteil der universitären Lehrerbildung (Ausbildung von Gymnasiallehrern).

In Tübingen hatte Bollnow jedoch ein durch den Weggang Hans Wenkes verwaistes Häuflein von Pädagogikstudenten vorgefunden: Volksschullehrer, die in dem sogenannten Tübinger Studium, einer Besonderheit der Universität Tübingen, die Höhere Prüfung für das Lehramt an Volksschulen anstrebten. Während er zur Gymnasiallehrerschaft stets ein distanziert-kühles Verhältnis unterhielt, blieb er der Volksschullehrerschaft ein Leben lang verbunden. Diese Verbundenheit hat tiefe lebensgeschichtliche Wurzeln. Bollnow entstammt einer Lehrerfamilie, und er ist unter den Augen von Lehrern herangewachsen: von Lehrern des, wie es damals ja wohl noch geheißen hat, niederen Schulwesens. Der Großvater war Lehrer, seine drei Onkel waren Lehrer, sein Vater selbstverständlich auch, und eine ausgebildete Lehrerin war auch seine Mutter, die den Be-

---

[2] Vgl. Gunter Scholtz: Was ist und seit wann gibt es „hermeneutische Philosophie? In: Dilthey-Jahrbuch, Band 8 (1992/93). Ebenso: Klaus Giel: Umrisse einer hermeneutischen Philosophie. Zwischen Phänomenologie und Lebensphilosophie. In: Friedrich Kümmel (Hrsg.): O. F. Bollnow: Hermeneutische Philosophie und Pädagogik, Freiburg/München 1997.

ruf allerdings nicht mehr ausübte. Ob, in welchem Sinne und Umfang eine in dieser Dichte „lehrerzentrierte“ Kindheit prägen kann, ist eine – vielleicht auch indiskrete – Frage, die hier nicht gestellt wird.

Dagegen ist es für die intellektuelle Biographie Bollnows von großer Bedeutung, in einem Lehrermilieu aufgewachsen zu sein, das den Ideen der Reformpädagogik gegenüber aufgeschlossen war. „Bei den lebhaften Gesprächen mit den Kollegen in meinem Anklamer Elternhaus“, schreibt er, „und bei meinem Großvater auf dem Lande hörte ich mit gespannter Aufmerksamkeit zu und wurde so früh mit den pädagogischen Problemen bekannt“.[3] Der Vater, ein früher Anhänger der Montessori-Pädagogik, hatte einen Schulkindergarten an seiner Schule eingerichtet, den er gerne „Fröbelklasse“ genannt hätte; und er beteiligte sich wie die meisten der von der Reformpädagogik bewegten Lehrer an der Heimatforschung.

Dies sind, in groben Zügen, die Umrisse des Feldes, innerhalb dessen die Lehrerschaft sich neu zu positionieren und zu verstehen versuchte: Es ist zum einen der Versuch einer Neu- und Umorientierung der Unterrichtspraxis, die verbunden ist mit einer Abkehr von der „Methode“. Der Geist der Methode war nicht zuletzt durch die Routine der Lehrerausbildung zum „mystère“ eines Gewerkes verkommen. Von Herbart selber war nichts lebendig geblieben, und kaum noch etwas vom Herbartianismus. (Die Frage, ob mit der Abkehr vom Herbartianismus die Professionalisierung des Lehrerberufs verzögert wurde, kann hier nicht diskutiert werden.) Mit der zweiten, mit dem Stichwort Heimatforschung nur eben angedeuteten Orientierungsmarke der Reform ist das Bestreben angedeutet, die Schulpraxis als integratives Moment einer kulturellen Praxis zu verstehen, die durchzubuchstabieren sie als ihre vornehmste Aufgabe empfunden hatte. Mit der Betonung des Heimat- und Volkstumsgedankens wird nämlich ein Kulturverständnis signalisiert, das nicht durch gelehrte Studien vermittelt ist und infolgedessen unmittelbar-sinnliche Aufschlüsse der Lebenswirklichkeit in Aussicht stellt. Damit war eine Gegenposition gegen das klassisch-humanistische Bildungsverständnis vorgezeichnet, die sich mit Argumenten aus Nietzsches „Zukunft der Bildungsanstalten“ armieren konnte. Bollnow, obzwar Absolvent des Humanistischen Gymnasi-

[3] Otto Friedrich Bollnow: In: Pädagogik in Selbstdarstellungen. Herausgegeben von Ludwig J. Pongratz, Band I, Hamburg 1975, S. 96.

ums, suchte nach eigenem Bekunden einen Begriff von Humanität, der sich nicht vom gelehrten Humanismus herleitet.

B. Die Ausgangslage: Ansätze

1. Die Erosion des Bildungsbegriffes

Die Philosophische Pädagogik ist, alles in allem, der Versuch, die Erziehung unabhängig von ihrer gesellschaftlichen Konstruktion zu begreifen. Damit wird keineswegs in Abrede gestellt, daß die Erziehung eine gesellschaftliche Tatsache ist. Was die Philosophische Pädagogik jedoch bewegt, ist die Frage, woran gesellschaftliche Konstruktionen, Institutionen und Funktionen zu messen sind, wenn sie als erzieherische behauptet werden und gelten sollen. Welches sind die Kriterien, die dem irgendwie institutionalisierten Handeln eine pädagogische Bedeutung zuzusprechen erlauben und es als erzieherisch relevant rechtfertigen. Spranger konnte noch wie selbstverständlich vom „ewigen Wesen der Erziehung" reden, „das im Grunde schon immer vorausgesetzt ist, wenn wir eine geschichtliche Tatsache als zum Bereich der Erziehung gehörig betrachten.[4] Die gesellschaftlichen Prozesse und die geschichtlichen Ereignisse, die diese Prozesse auslösen und in Gang halten, ihre Richtung und Dynamik bestimmen, konnten für Spranger nur unter der Annahme ewig geltender Werte identifiziert und begriffen werden. Wert und Bedeutung des Gesellschaftlichen und Geschichtlichen sind in der transzendentalen Verfassung des Geistes vorstrukturiert. Aufgrund dieser transzendentalen Verfassung des Geistes ist der Mensch nach der Konstruktion Sprangers als Individuum mit der Gesellschaft und ihrer Geschichte vermittelt. Dieses Vermitteltsein des Menschen mit der gesellschaftlichen Realität wurde im Begriff der Bildung ausgelegt. Just dieser Bildungsbegriff war in allen seinen pädagogischen Ausprägungen obsolet geworden. Die Gesellschaft wurde als eine dem Menschen gegenübertretende, fremde Macht empfunden. Die Rede von der Orientierungs- und Sinnkrise hatte schon am Ende des neunzehnten Jahrhunderts Konjunktur und war schon längst nicht mehr das bloße Erkennungzeichen von Salonintellektuellen der décadence. Kein Geringerer als Wilhelm Dilthey hat seine Vorlesung im Jahr 1898 mit den Worten

---

[4] Eduard Spranger, a. a. O., S. 8.

eingeleitet: „Diese Gegenwart steht dem großen Rätsel des letzten Wertes unseres Handelns... umgeben vom rapiden Fortschritt der Wissenschaften... ratloser als irgendeine frühere Zeit" gegenüber.[5] In dieser allgemein empfundenen Orientierungskrise wird eines deutlich, daß nämlich die Bildungstheorie nicht mehr imstande ist, die Eigendynamik der pluralistischen Gesellschaft, die durch den Fortschritt der Wissenschaften ausgelöst wurde, theoretisch zu durchdringen. In der Logik des Bildungsbegriffs wird die gesellschaftliche Realität zwar als das Allgemeine vorgestellt, das dem einzelnen als ein Fremdes gegenübertritt: das Allgemeine wird darin allerdings nicht als Subsumptionsbegriff verstanden, unter das das Besondere fällt. Das Allgemeine und das Besondere werden im Bildungsbegriff vielmehr als Momente einer umgreifenden Bewegung ausgewiesen, in der das Besondere, Individuelle in das Allgemeine aufgehoben und dieses in jenem verwirklicht und in seiner Wirklichkeit bezeugt wird. Der Begriff der Bildung ist ein Abkömmling des Idealismus und beschreibt in enger Anlehnung an Fichte die sich selbst begreifende Subjektivität. Demgegenüber hatten die exakten Wissenschaften sich im Experiment ihre eigene, künstliche Erfahrungsgrundlage und auf der Grundlage der Mathematik ihre eigene Sprache geschaffen. Damit hatten sie den Boden der allein auf die Vernunft gegründeten allgemeinen Verständigung verlassen. Wie dem auch im einzelnen sein mag (auf die Verhältnisse kann hier nicht detailliert eingegangen werden): Das Denken der Wissenschaft ist nicht mehr die Bewegung der sich selbst begreifenden Subjektivität, und die Allgemeingültigkeit ihrer Aussagen hat nichts mehr zu tun mit der Allgemeinheit, die das sich vereinzelnde Subjekt entgegensetzt, um sich als Subjekt begreifen zu können.

Mit der Erosion des Bildungsbegriffs verliert die Pädagogik das theoretische Instrumentarium, mit dem sie den Einzelnen als „bildsames" Individuum und die gesellschaftliche Realität als das Allgemeine, auf das das Individuum dialektisch bezogen ist, denken konnte. Ohne den Bildungsbegriff kann der Einzelne nicht als Individuum, d. h. als originelle Ausformung der dialektisch entgegengesetzten gesellschaftlich-kulturellen Realität verstanden werden. Mit dem Begriff der Individualität ist der zu erziehende Einzelne, der educandus, nicht mehr zu fassen und zu beschreiben;

---

[5] Wilhelm Dilthey: Gesammelte Schriften. Weltanschauungslehre. Abhandlungen zur Philosophie der Philosophie, Band 8, 2. Aufl. 1960, S. 193.

und die gesellschaftliche Wirklichkeit nicht als das im Individuum repräsentierbare Allgemeine.

Bollnow setzt daher folgerichtig mit einer radikalen Kritik an der Individualität als einem Bezugspunkt des pädagogischen Handelns an. Dies wird als erstes zu zeigen sein.

Die Erosion des Bildungsbegriffes, das dürften die Ausführungen ebenfalls verdeutlicht haben, ist gleichbedeutend mit einem Theoriedefizit der Pädagogik, das sie bis heute nicht überwunden hat. Die Sozialwissenschaften, mit deren Instrumentarien die Pädagogik sich ihr Handeln verständlich anzueignen versucht, sind kein Ersatz für die fehlende „einheimische" Theorie der Pädagogik. Daher stellt sich die Leitfrage der Philosophischen Pädagogik, woran die gesellschaftliche Konstruktion der Pädagogik, die Institutionen und Funktionen gemessen werden, wenn sie als erzieherische gelten sollen, mit großer Dringlichkeit.

2. Die innere Spannung der Lebensphilosophie

Der Ruf nach Lebensorientierung hatte sich in der Bezeichnung „Weltanschauung" zu einem Schlagwort verdichtet. Julius Langbehns Buch „Der Rembrandtdeutsche"[6], das nach einem Jahr bereits in der achtunddreißigsten Auflage vorgelegen hatte, spielte dabei eine gewisse Vorreiterrolle. Die Philosophie, mit anderen Fragen als der nach dem Lebenssinn befaßt, hatte keine Sprache, in der sie auf die Orientierungskrise reagieren konnte: Dilthey sprach vom Katzenjammer der „Kathederphilosophie". Auf das unseriöse Machwerk Langbehns reagierte sie erst im Jahre 1911 mit einem von Frischeisen-Köhler herausgegebenen Sammelband, an dem Dilthey selbst, dann aber auch die Schüler Misch und Groethuysen, außerdem Simmel u. a. sich mit Beiträgen beteiligten.[7] In seinem Beitrag „Typen der Weltanschauung" versuchte Dilthey die Entstehung von Weltanschauungen als den Versuch zu beschreiben, Antworten auf die Rätsel des Lebens zu finden. Je nachdem, welche Einstellung der Mensch zu den Rätseln des Daseins findet, bilden sich „Stimmungen dem Leben gegenüber aus", Le-

---

[6] Julius Langbehn: Rembrandt als Erzieher. Von einem Deutschen, 38. Aufl. Leipzig 1891.

[7] Max Frischeisen-Köhler (Hrsg.): Philosophie und Religion in Darstellungen von Wilhelm Dilthey, Bernhard Groethuysen, Georg Misch u. a., Berlin 1911.

bensstimmungen.[8] Das Problem der Weltanschauungen wird als Frage ihrer Genese aus den Lebensstimmungen behandelt. In der Frage nach der Entstehung der Weltanschauungen richtet sich der Blick allerdings schärfer auf das Innewerden des Lebens im menschlichen Dasein. So beginnt die Lebensphilosophie sich als Philosophische Anthropologie zu verstehen. Damit ist keineswegs die naive Gleichsetzung von Lebensphilosophie und Anthropologie gemeint, nach der Devise, daß alle philosophischen Systeme Deutungen des menschlichen Daseins seien. Bernhard Groethuysen arbeitet in der Einleitung zu seiner „Philosophischen Anthropologie"[9] die Auffassung heraus, daß die Selbstbesinnung des Lebens im menschlichen Dasein immer mit Deutungen verbunden ist, in denen die Unmittelbarkeit der Lebenserfahrung überschritten wird. Er spricht von der „inneren Dialektik" jeder Anthropologie, von der es heißt: „In dieser Divergenz der Einstellungen liegt nun selbst das Moment, das zu immer neuen Versuchen menschlicher Selbstbesinnung führt, die Dialektik der philosophischen Anthropologie, die wiederum nur ein Ausdruck von etwas im tiefsten Sinn Menschlichem ist: des Widerspruchs zwischen Leben und Erkenntnis.[10] In der Betonung der Spannung von Leben und Erkenntnis ist Groethuysen zweifellos von Georg Simmel beeinflußt, der sie zu seinem Lebensthema gemacht hatte. Wie dem auch sei: Mit der anthropologischen Wende der Lebensphilosophie wird deren innere Problematik deutlich: das Problem ihrer Begrifflichkeit.

Dies ist nun auch die Stelle, an der der Theoretiker Bollnow aus Unbehagen an ihrer Begrifflichkeit in den Diskurs der Lebensphilosophie eingegriffen hat. Seine Habilitationsschrift[11] schließt mit der Bemerkung: „Die traditionelle Logik selbst wurde in ihrer Gültigkeit [von Jacobi; K. G.] nicht in Frage gestellt. Deshalb mußte letzten Endes Jacobis philosophisches Bemühen scheitern. Eine radikale Verfolgung des lebensphilosophischen Ansatzes hätte zugleich eine Neubegründung der Logik notwendig gemacht. Darum mußte Hegel... mit der Begründung einer neuen Logik einsetzen". Er zitiert Hegels Kritik an der Logik Jacobis und

---

[8] Wilhelm Dilthey, a. a. O., S. 82.

[9] Bernhard Groethuysen: Philosophische Anthropologie, München/Berlin 1931.

[10] Bernhard Groethuysen, a. a. O., S. 6.

[11] Otto Friedrich Bollnow: Die Lebensphilosophie F. H. Jacobis, Stuttgart 1933.

schließt sein Buch mit der Bemerkung: „Dies konnte Jacobi nicht mehr verstehen.“[12] Die logischen Probleme der Lebensphilosophie wurden im Umkreis von Georg Misch und im Anschluß an dessen Vorlesungen „Zur Logik und Theorie des Wissens“ von Hans Lipps, Josef König und Otto Friedrich Bollnow weiter diskutiert und vertieft.[13] Das Problem einer „Hermeneutischen Logik“ hat Bollnow bis zu seinem Tode beschäftigt.

3. Die Philosophie der Bürgerlichkeit

Ende der zwanziger Jahre hatte der Dilthey-Schüler Groethuysen mit seinen Arbeiten zur Philosophie der Französischen Revolution[14] in einem originären Zugriff neue Saiten der Lebensphilosophie zum Schwingen gebracht. Dilthey und seine bekannteren Schüler hatten die Deutung der Lebenserfahrung im wesentlichen in der Obhut der Dichter, Künstler und Denker gesehen. Sie seien es, die mit ihren Werken die Welt bewegten, das Sehen, Denken, Fühlen und Wollen lehrten. In einem gewissen Sinne wird die Geistesgeschichte hier als die Gemeindebildung von großen Vordenkern verstanden. Was Groethuysen demgegenüber an der Französischen Revolution fasziniert, ist, daß sich eine breite Masse ohne Vordenker unter einem großen Gedanken in einem gemeinsamen Wollen zusam-

---

[12] Otto Friedrich Bollnow, a. a. O., S. 148 f.

[13] Georg Misch: Der Aufbau der Logik auf dem Boden der Philosophie des Lebens. Göttinger Vorlesungen über Logik und Einleitung in die Theorie des Wissens. Hrsg. von Gudrun Kühne-Bertram und Frithjof Rodi, München 1994; Josef König: Sein und Denken. Studien im Grenzgebiet von Logik, Ontologie und Sprachphilosophie, Halle Saale 1937; Hans Lipps: Untersuchungen zu einer hermeneutischen Logik. 2. Aufl., Frankfurt/M.1959; Otto Friedrich Bollnow: Studien zur Hermeneutik. Band II: Zur Hermeneutischen Logik von Georg Misch und Hans Lipps, Freiburg/München 1983.

[14] Bernhard Groethuysen: Philosophie der Französischen Revolution, Frankfurt/New York 1989; Ders.: Die Entstehung der bürgerlichen Welt- und Lebensanschauung in Frankreich. Bd. I: Das Bürgertum und die katholische Weltanschauung, Halle/Saale 1927; Bd. II: Die Soziallehre der katholischen Kirche und das Bürgertum, Halle/Saale 1930.
Vgl. dazu: Klaus Große Kracht: Zwischen Berlin und Paris: Bernhard Groethuysen (1880-1946). Eine intellektuelle Biographie, Tübingen 2002.

menfindet.[15] Dem liege, schließt Groethuysen, ein gemeinsames, alle umgreifendes, unvermittelt-ursprüngliches Erleben zugrunde, in dem der Mensch sich seines Wertes als Mensch, seiner Würde also, inne wird und sich das Recht der Gesetzgebung zuschreibt. Die Bestimmung des Menschen liegt darin, daß er sich selbst als ein Wesen wahrnimmt, das mit dem unveräußerlichen Recht der Gesetzgebung begabt ist. Diese menschliche Grunderfahrung findet, nach Groethuysen, ihren Ausdruck in der Forderung nach den Menschenrechten. „Um seine Rechte zu fordern, muß der Mensch seiner selbst bewußt geworden sein, er muß seinen Wert als Mensch erkannt haben."[16] Die Menschenrechte haben sich, wie Groethuysen ausführt, keineswegs in einer immanenten Entwicklung des Rechtswesens und der geschichtlichen Interpretation seiner Traditionen entwickelt. Ihr reales Fundament ist vielmehr der Eintritt eines neuen Menschentyps in die Geschichte; eines Menschentypus, der in der Auseinandersetzung mit überkommenen Vorstellungs- und Gefühlsweisen sein geschichtliches Daseinsrecht erkämpft hat. Der Mensch als Bürger, um den handelt es sich bei Groethuysen, hat sich mit einem neuen Wertbewußtsein in neuen Lebensformen zur Geltung gebracht, und fordert die Umgestaltung der Gesellschaft nach seinen Grundsätzen.

Die Idee und Gestalt des Bürgers und der bürgerlichen Lebensform, wie sie in den Werken Groethuysens herausgearbeitet wurden, haben das Denken Bollnows entschieden beeinflußt. Was ihn daran besonders bewegte, ist der in der Gestalt des Bürgers zur Welt gekommene Gedanke einer autonomen Ethik: einer Ethik, die weder als Kanon der Üblichkeiten traditional vermittelt noch aber über religiösen und metaphysischen Voraussetzungen errichtet wird. Vielmehr wird die Lebenspraxis des Bürgers als der Ort reklamiert, in dem der Bürger das Menschsein definiert. Die Form aber, in der sich die Selbstbestimmung des Menschen verwirklicht, ist die des Gesetzes. Der Mensch definiert sich selbst, indem er seine Lebenspraxis einer Gesetzgebung unterwirft, in deren Urheberschaft sich seine Bestimmung erfüllt. Durch die Gesetzgebung befreit der Bürger sich aus seiner natürlichen Abhängigkeit: Er tritt ein in eine neue Ordnung, in

---

[15] Bernhard Groethuysen: Philosophie der Französischen Revolution, a. a. O. S. 187; dazu: Klaus Große Kracht, a. a. O., S. 51.

[16] Bernhard Groethuysen: Philosophie der Französischen Revolution, a. a. O., S. 187.

der er sich als Zurechnungssubjekt seiner Taten und Leiden beansprucht und einer verinnerlichten Gerichtsbarkeit unterwirft, die in der Form des Gewissens die Stelle des Jüngsten Gerichtes einnimmt.

Mit der Aufhebung des Naturzustandes ist zugleich die naturgegebene Vereinzelung des Menschen aufgehoben: Die bürgerliche Ordnung hat keinen Raum für die Individualität, für eine Lebenspraxis, die sich nicht in Gesetzesform fassen und bestimmen läßt. Als Mensch – nicht als natürliche Kreatur – sind alle Menschen gleich und die Gleichheit (unterm Gesetz) ist durch die Freiheit bedingt, wie diese durch jene.

Als eine gesetzte und also künstlich geschaffene Ordnung ist die neue Ordnung äußerst fragil: eine Ordnung, deren Bestand durch die äußere Natur permanent gefährdet ist. Das bedeutet, daß die Aufhebung des Naturzustandes nicht nur als Negation gedacht werden kann: die Natur muß vielmehr in die neue Ordnung – positiv – aufgehoben werden. Dies gilt nicht nur im bezug auf die menschliche Natur – durch die Erziehung –, sondern auch im Hinblick auf die äußere Natur, die dem Regiment des Pan entrissen und berechenbar gemacht werden muß.[17] Die Aufhebung der menschlichen Natur findet ihre Vollendung in der Berechenbarkeit der äußeren Natur. Berechenbar ist die Natur im Bezug auf das menschliche Handeln: „Naturgesetze“ sind nicht das Ergebnis einer interesselosen Beschreibung von Naturphänomenen, sondern die handelnd erkundeten Grundlagen des menschlichen Handelns. Die Erforschung der so verstandenen Naturgesetze ist nicht in der theoretischen Schau, der reinen theoria begründet, sie wird vielmehr in tätigen Eingriffen in die Natur vollzogen. Die Forschung wird zur Arbeit, in die das bloß Individuelle eingeschmolzen wird. Auch der Forscher erkennt nicht bloß, was ist, er bringt vielmehr in seinem kontrollierten, auf Berechenbarkeit basierten Handeln Erscheinungen hervor. Sein Handeln ist allerdings nicht mehr als die Entfaltung seiner Subjektivität zu verstehen: es ist vielmehr bedingt, und der Mensch muß den Bedingungen gerecht werden, die er in seinem Handeln erkundet. Dieses bedingte Handeln, das sich im Eingehen auf Bedingungen (nicht auf Gegenstände, die das Subjekt sich entgegenwirft) erfüllt, beruht nicht auf einer vorstrukturierten Beziehung des Menschen zur Wirklichkeit: Die Beziehung wird hier vielmehr erst im und durch das

[17] Vgl. dazu: Otto Friedrich Bollnow: Die neue Geborgenheit. Das Problem einer Überwindung des Existentialismus, Stuttgart 1955, S. 164.

Handeln erkundet und in dem Sinne ermittelt, daß die Handlung als Mittel der Erkundung disponibel wird. Es ist klar, daß alles Individuelle aus dieser Beziehung ausgeklammert wird: die Wünsche und die vorgefaßten Vorstellungen. Für diese durch Handlungen ermittelte Beziehung hat Bollnow im Anschluß an Kerschensteiners Auslegung der Arbeitsschule den Begriff der Sachlichkeit übernommen und ihn als Grundbegriff der Pädagogik gewürdigt.[18]

Die Idee der Bürgerlichkeit und der Aufklärung, aus der sie hervorgegangen ist, ist denkerisch nicht ohne Schwierigkeiten zu entfalten. Die Aufklärung war für Bollnow stets ein philosophisches Problem, das sich nicht durch bloße Bekenntnisse erledigt. Es zeigt sich nämlich, daß die Frage, worauf die Autonomie des Menschen sich gründet, nicht zu umgehen ist. Es ist nicht auszuschließen, daß die Beanspruchung der Autonomie auch Ausfluß einer maßlosen Selbstüberschätzung und Ausdruck der Vermessenheit sein kann, zu der der Mensch immer schon neigt. Kant und der Idealismus haben auf ihre Weise versucht, die Frage der Voraussetzungen der Autonomie zu behandeln. Für Bollnow war diese Frage nicht nur eine rein theoretische: Die Katastrophe des Zweiten Weltkrieges war für ihn auch als Folge der moralischen Hybris zu sehen. Worin also ist die Autonomie gegründet, wenn nicht, woran Bollnow festhält, in religiösen oder metaphysischen Voraussetzungen. In den nach dem Krieg entstandenen Schriften zur „Einfachen Sittlichkeit"[19] und zur Tugendlehre geht er auf diese Frage ein, ohne jedoch ihren theoretischen Hintergrund ausführlicher zu erörtern. Alles in allem behandelt er sie als eine Erscheinungsweise der lebensphilosophischen Spannung zwischen Leben und Begrifflichkeit. Für die Lebensphilosophie gilt selbstverständlich, daß Gesetze tödlich sein können, wenn sie sich nicht dem Strom des sich verändernden Lebens anschmiegen. Die Gesetzgebung hat ihr Fundament in

---

[18] Theresia Hagenmaier, Werner Correll, Brigitte van Veen-Bosse: Neue Aspekte der Reformpädagogik. Studien zur Anthropologie und Pädagogik bei Kerschensteiner, Dewey und Montessori. Mit einer Einführung von Otto Friedrich Bollnow, Heidelberg 1968, S. 10.

[19] Otto Friedrich Bollnow: Einfache Sittlichkeit. Kleine philosophische Aufsätze, 2. erw. Aufl. Göttingen 1957.
Ders.: Wesen und Wandel der Tugenden, Frankfurt a. M. 1958.

der Lebenspraxis und ihr Sinn erfüllt sich in der Potenzierung dieser Praxis: sie dienen der Disponibilität der Praxis, die sie zur Hexis steigern.

Es bleibt allerdings die Frage, wie die Gesetzgebung auf die Lebenspraxis bezogen sein soll, wenn die Beziehung nicht in der Form der Subordination gedacht werden kann. Die Lebenspraxis, so betont die marxistische Kritik an der Lebensphilosophie[20], wird durch die einfache Entgegensetzung zum Vernunftgesetz zu einer dunklen, der Begreifbarkeit entzogenen Qualität. So erhebe die Lebensphilosophie den Irrationalismus zu ihrem Prinzip. Das Verhältnis von Leben und Begriff sei nur dialektisch als die Bewegung der sich begreifenden Vernunft zu denken, einer Bewegung, als die das gesellschaftliche Leben eigentlich zu verstehen sei. In seiner Habilitationsschrift hat Bollnow in der Tat den Gedanken der Dialektik erwogen, ihn aber dann doch verworfen. Das Leben, so ist Bollnow aufgrund einer Vielzahl von Selbstzeugnissen zu verstehen, ist zu vielfältig, als daß es nach einem logischen Schema begriffen werden könnte: Die Erscheinungsweisen des Lebens sind nicht als Entgegensetzungen und Entfremdungen zu verstehen, sondern als *Zeitigungen*. Mit Kant gesprochen: Es ist nicht der Verstand in dem das Leben sich zeigt, sondern die Form der inneren Anschauung, die Zeit. Und es sind nicht die Verstandesbegriffe, mit denen seine Erscheinungsweisen objektiviert werden – die sind immer schon abgeleitet –, sondern Formen der Anschauung, deren Struktur durchaus beschreibbar und in Beschreibungen mitteilbar sind. Und in diesem Sinne lassen sich auch Strukturen ausmachen, in denen die Lebenspraxis verfaßt ist: elementare Formen, die, noch vor jeder Gesetzgebung, ein gewalt- bzw. herrschaftsfreies Zusammenleben ermöglichen. Wie Hans Lipps in der Hermeneutischen Logik[21] elementare Formen des Lebensvollzugs (Weisen der Lebenspraxis) zu identifizieren versucht, in denen die Wirklichkeit begriffen (gedacht) wird, so Bollnow elementare Formen des Sittlichen (die allen gesellschaftlichen Konstruktionen vorausgesetzt sind).

---

[20] Georg Lukács: Die Zerstörung der Vernunft. Werke Bd. 9, Neuwied 1962.

[21] Hans Lipps: Untersuchungen zu einer hermeneutischen Logik, a. a. O.

4. Die Metaphysik der Sachlichkeit

Groethuysen hatte in der durchrationalisierten, effizienten Arbeit das strukturbildende Element der bürgerlichen Welt- und Lebensanschauung gesehen. Die Arbeitsweise hatte sich jedoch noch im neunzehnten Jahrhundert grundlegend verändert: Als eine Weise, in der der Mensch das Menschsein definiert und seine Erfüllung findet, konnte sie nicht mehr verstanden werden. Die industriellen, technisch definierten und ökonomisch organisierten Arbeitsweisen (denen auch die Forschung unterworfen ist) kommen sozusagen schicksalhaft über den Menschen. Sie definieren ihn als das ausgesetzte Wesen, das sich in einer absolut unwirtlichen, unerlösten, von Titanen beherrschten Wirklichkeit zu bewähren hat. In dieser Bewährung findet der Mensch das Maß seines Wertes. Der Begriff der Bewährung tritt an die Stelle der lebensphilosophischen Kategorie der Erfüllung. Ernst Jünger hat diese neue Wirklichkeit, die sich im Ersten Weltkrieg in ihrer ganzen Ungeheuerlichkeit offenbarte, in seinem 1934 erschienen Essay „Der Arbeiter“[22] eindringlich beschrieben. Mit den neuen Formen der Arbeit, so ist Jünger wohl zu verstehen, hat die Geschichte sich endgültig aus der Deutungshoheit des Menschen gelöst. In dieser ihrer Absolutheit widersetzt sie sich der Sinnsuche des Menschen und kann nur noch in Analogie zur Natur, der natura naturans, gesehen werden. In ihrer Naturhaftigkeit hat die Geschichte einen neuen Menschentyp hervorgebracht, mit einer schärfer gezeichneten Physiognomie, die in den Einzelnen nur typisch wiederkehrt. Die Differenz von Allgemein und Besonders ist in dem neuen Typ aufgehoben: der Einzelne steht nicht mehr für eine Form des Menschseins, die er repräsentiert, er zeigt vielmehr wodurch er gezeichnet ist. Ebenso sind die sozialen Differenzen in dem neuen Typ aufgehoben: der neue Mensch ist nicht das Produkt der Gesellschaft und ihrer Verfaßtheit; es ist der Schmelzofen eines geschichtlichen Neubeginns, aus dem er hervorgegangen ist: ein Produkt der metaphysischen Mächtigkeit der Geschichte, an der alle Vermittlungsversuche abprallen.

Die typenbildende Macht der Geschichte wird von Jünger in enger Anlehnung an Goethes Morphologie beschrieben. Die Typenbildung ist das

[22] Ernst Jünger: Der Arbeiter. Herrschaft und Gestalt. Sämtliche Werke, Bd. 8, Stuttgart 1981.

Wirken der Gestalt[23]: In diesem Verständnis ist die Gestalt nicht gleichzusetzen mit der begrenzenden Form eines Gegenstandes, sondern eine ausnehmend besondere Weise der Formgebung. Die Spezifität dieser Formgebung liegt darin, daß sie nicht von einer fertigen Schablone, einem vorliegenden Muster ausgeht, die in eine zunächst ungeformt-hyletische Masse eingedrückt wird, wie das Siegel in das Wachs (nach dem berühmten Bilde Platons). Im Begriff der Gestalt wird so gesehen die Differenz von Form und Materie, wie sie das Denken des Abendlandes bestimmt hatte, aufgehoben. Positiv ist unter „Gestalt" die Vorbildlosigkeit solcher Formen zu verstehen, die mit sich selbst beginnen, ohne Bezug nach außen, durch nichts als durch sich selbst bedingt; mit einem Wort: als die Bewegtheit lebendiger Formen, in der sie sich wie aus dem Nichts heraus hervorbilden. Gestalt ist, wenn es denn so gesagt werden muß, die Autogenese der lebendigen Form. Lebendige Formen sind keine Einzelexemplare, die einen übergeordneten Begriff repräsentieren: sie gleichen einander nicht durch ihre Beziehung zu einem tertium comparationis. Das Verhältnis der Einzelexemplare zueinander ist durch die typische Wiederkehr des generierenden Musters bestimmt. (Strenggenommen kann von Exemplaren auch nur die Rede sein, wenn lebendige Formen zu Lehrzwecken genommen werden, um die Autogenese daran zu demonstrieren.) Die Gestalt ist also, alles in allem, das in der Autogenese der Form Wirkende. Sie setzt insofern die lebendige Form in keine irgendwie geartete Beziehung zu etwas anderem. Man könnte auch sagen: die Autogenese der lebendigen Form tilgt jede Art von Beziehung und erzeugt so erst durch ihre Entstehung und in ihr das Formlose. Die Gestalt reißt die Form nicht aus dem Chaos heraus, aus dem Unbestimmten, sondern sie läßt es mit der Form und durch sie allererst als das entstehen, was für sie ohne Bedeutung ist. Die Gestalt ist so gesehen weltlos: sie steht nicht in einem übergreifenden Ganzen, das sie nur eben artikuliert.

So wie der Arbeiter nach Jünger eine im strengen Sinne geschichtliche Gestalt ist, so liegt seine Aufgabe und seine Leistung in der Gestaltung: d. h. in der Hingabe an das unaufhebbar Besondere, das ihn, um seine Form zu finden, in den Dienst nimmt. Es ist immer das unaufhebbar-weltlos Besondere, das den Arbeiter stellt, und ihn, um der Einmaligkeit der Form willen, in den Dienst der Gestalt stellt, in der es zur Erscheinung drängt.

[23] Ernst Jünger, a. a. O., S. 37 ff. und 333 ff.

Otto Friedrich Bollnow hat sich 1934 für kurze Zeit von der Rabulistik des Jüngerschen „Arbeiters“ mitreißen lassen.[24] Zwei Aspekte sind davon (und von der Aufbruchstimmung der Jahre 1933/34) unabhängig für das Gesamtwerk Bollnows wichtig geworden. Einmal der Begriff der Gestalt als dem produktiven Element jeder kreativen Tätigkeit, die schließlich auch den Kerngehalt der Sachlichkeit ausmacht. Der Begriff der Gestalt tritt hier an die Stelle der Kantisch-Fichteschen Einbildungskraft. Die Einbildungskraft bezeichnet ein seelisches Vermögen (Kant) bzw. ein Moment der Selbstexplikation der Subjektivität (Fichte). Die Gestalt dagegen hat ihren Ort weder im „Subjekt“ noch im „Objekt“. Sie ist vielmehr das Bindeglied zwischen Mensch und Sache: für Bollnow der Seinsgrund der phänomenologischen Beschreibung, die er in seinem Alterswerk als notwendiges Moment der Hermeneutischen Philosophie versteht, die sich, im Unterschied zur wirkungsgeschichtlichen Hermeneutik, nicht mehr in den vorgegebenen Bahnen des Vorverständnisses bewegt, und insofern als Kritik des Vorverständnisses neue Erfahrungen erschließt.[25] Inspiriert war diese Auffassung des Kunstliebhabers und -kenners, der Bollnow ein Leben lang war, durch das von ihm hochgeschätzte, im Jahre 1925 erschienene Buch von Franz Roh „Nachexpressionismus. Magischer Realismus. Probleme der neuesten europäischen Malerei“. Darin heißt es mit Bezug auf die „neue Sachlichkeit“ in der Malerei: „Ein... Haupteinwand pflegt sich gegen die Verhärtung der Zeichnung, das penetrante Durchführen zu wenden: Dieser Einwand verkennt, daß man die Existenz betonend aus der Leere heraus empfinden kann, die fest durchgeformte Gestalt aus allem vagen Flusse... herauskrystallisiert. Hier ist vielleicht die letzte Grenze, das absolute Nichts, der absolute Tod im Hintergrund, aus dem das Etwas so energisch herausgewölbt wird.“[26]

Jüngers Essay „Der Arbeiter“ ist, dies zum andern, für Bollnow im Zusammenhang seiner Kritik an der Prominenz des Individualitätskonzeptes in der Pädagogik wichtig geworden. Das neue „Menschenbild“, an dem

---

[24] Otto Friedrich Bollnow: Das neue Bild des Menschen und die pädagogische Aufgabe, Frankfurt/M. 1934.

[25] Dazu: Klaus Giel: Umrisse einer hermeneutischen Philosophie, a. a. O., S. 43f.

[26] Franz Roh: Nach-Expressionismus. Magischer Realismus. Probleme der neuesten europäischen Malerei, Leipzig 1925, S. 30.

die Pädagogik sich zu orientieren habe, schreibt er in einem 1934 veröffentlichten Essay, sei das der scharfen Zeichnung, die in den einzelnen Menschen typisch wiederkehre: der Typus, wie die Geschichte ihn hervorgebracht hat, habe an die Stelle des Individuums als eines Grundbegriffs der Pädagogik zu treten. Die Betonung des Individuellen bleibe demgegenüber hinter dem geschichtlich Geforderten zurück, verliere den Bezug zur Realität des Menschen und dadurch jede Verbindlichkeit.

Im Unterschied zu Jünger versucht Bollnow in seinem Essay die Begriffe des Typus und der Freiheit der Person zusammenzudenken. Die Freiheit der Person sieht er in der Entschiedenheit, das geschichtlich Geforderte zu ergreifen, um ihm in der Wirklichkeit des Menschen Geltung zu verschaffen.[27] Das geschichtlich Gebotene aber findet er in der stürmisch bewegten Aufbruchstimmung der frühen dreißiger Jahre, an der die bürgerlichen Intellektuellen sich eine zeitlang berauschten. Daß die Typen, die diese Jahre angeschwemmt hatten, die einer aufgeschäumten Massenware waren, die mitnichten aus der freien Gestaltung dessen hervorgegangen sind, was geschichtlich „an der Zeit" war, hat Bollnow so wenig gesehen wie die vielen Intellektuellen dieser Zeit. Geblendet von dem Schein des geschichtlichen Neubeginns, hat man den wahren Charakter der „neuen Zeit" nicht zu sehen vermocht: ihre archaische Geschichtslosigkeit, die die Geschichte nur eben usurpierte.

C. Zur Hermeneutik des Daseins

1. Die Auseinandersetzung mit Heidegger

Mit der oben angedeuteten Problematik einer lebensphilosophischen Begrifflichkeit hat Bollnow sich in seinem Habilitationsvortrag „Über Heideggers Verhältnis zu Kant"[28] einläßlicher beschäftigt. Inspiriert war der Vortrag von Mischs Idee einer lebensphilosophischen Grundlegung der Logik. Misch hatte diese Idee in vier dreistündigen Vorlesungen (1927/28,

[27] Otto Friedrich Bollnow: Das neue Bild vom Menschen, a. a. O., S. 30.

[28] Otto Friedrich Bollnow: Über Heideggers Verhältnis zu Kant. In: Neue Jahrbücher für Wissenschaft und Jugendbildung, 9 (1933), S. 222-231.

1929/30, 1931/32 und 1933/34)[29] entwickelt. Bollnow läßt sich in seinem Vortrag viel tiefer und ernster auf Heidegger ein als der Lehrer Misch. Das Anliegen seiner Auseinandersetzung mit Heidegger ist, wie er selbst betont, nicht die „Widerlegung" Heideggers, sondern „lediglich" der Versuch, „eine auf dem Boden der Heideggerschen Philosophie sich auftuende Schwierigkeit schärfer zu fassen".[30] Heidegger habe, wie Bollnow konzediert, durch die Betonung der Faktizität des Daseins die Problematik der Hermeneutik des Lebens schärfer akzentuiert als die Lebensphilosophie. Im Ausdruck „Faktizität" bringt Heidegger die Wirklichkeit des Menschen auf den Begriff: die Muster der Daseinsbewältigung, der kulturell und geschichtlich vermittelten Formen der Selbsterfahrung sowie die biologischen und gesellschaftlichen Bedingtheiten des Lebens. Im Begriff der Faktizität wird die Unmittelbarkeit des Erlebens aufgehoben und in den übergreifenden Zusammenhang einer Philosophie des Daseins gestellt und daraus interpretiert. Der Vorwurf, daß die Lebensphilosophie mit dem Erleben etwas Begrifflos-Unmittelbares zum Prinzip erhebe, wird dadurch entkräftet. Soweit stimmt Bollnow mit Heidegger überein. In der Frage der Konzeption des Begriffes der Faktizität setzt Bollnow sich allerdings von Heidegger ab. Dabei geht es um den Charakter und die Konstitution des Zusammenhangs, aus dem heraus die Faktizität interpretiert wird. Heidegger unterstellt von vornherein, daß dieser „Zusammenhang" in einer begrifflich festgefügten, in sich geschlossenen Lehre gefaßt und dargestellt werden kann. Die im Begriff der Faktizität zusammengefaßten Weisen des Sich-inne-Seins des Lebens erscheinen vor dem Hintergrund der festgefügten Lehre als das „irgendwie Ausgefallene", bloß Faktische: Was darin „wirklich" der „Fall" ist, kann nur durch die Subsumption unter einen theoretischen Begriff ins Freie gebracht werden. „Der Begriff des Falles setzt nämlich voraus, daß das Wesentliche in der Erscheinung nur das allgemeine Gesetz sei, das sich in ihr auswirkt... Darin aber liegt eine Voraussetzung, die an den Phänomenen selbst eine Prüfung gestattet: Diese besagt nämlich, daß die verschieden vorkommenden Möglichkeiten sich wirklich nur in ihrer besonderen inhaltlichen Bestimmtheit voneinander unterscheiden, in ihrer formalen Wesenstruktur

---

[29] Georg Misch, Der Aufbau der Logik, a. a. O.

[30] Otto Friedrich Bollnow: Über Heideggers Verhältnis zu Kant, a. a. O. S. 222.

dagegen übereinstimmen."[31] Mit dieser Voraussetzung, kritisiert Bollnow, werde die Philosophie zur theoretischen Konstruktion, die sich in nichts von wissenschaftlich-theoretischen Konstruktionen unterscheidet. Heidegger operiere also wie Jacobi im Denkraum, der durch die überlieferte formale Logik abgesteckt wurde.

Der sich hier ankündigenden Differenz, in der Bollnow sich von Heidegger absetzt, der Frage nach dem Aufbau des Zusammenhangs also, soll im Folgenden gründlicher nachgegangen werden.

Mit dem Ausdruck „Faktizität" wird von Heidegger selbst das Sich-Befinden (in der Welt) bezeichnet, das sich in der Gestimmtheit des Daseins vor jeder konkreten Gerichtetheit und vor jeder inhaltlichen Bestimmtheit ankündigt. Wenn damit jedoch mehr und etwas anderes eingeführt sein sollte als eine andere Bezeichnung für das Sich-innewerden des Lebens im Erleben, muß die Faktizität als ein Moment des Selbstverhältnisses begriffen werden, in dem das Dasein sich vor sich selber bringt. Dieses Selbstverhältnis kann nicht – darin stimmt Bollnow mit Heidegger überein – als ein Prozeß verstanden werden, der sich begrifflich durch Setzung-Entgegensetzung und Aufhebung der Gegensätze artikulieren läßt: dialektisch also. Im Gegensatz zum Idealismus ist das Selbstverhältnis nicht begrifflich, sondern zeitlich, als Entfaltung der Zeitlichkeit des Daseins zu interpretieren. Diese Auffassung teilt Bollnow voll und ganz mit Heidegger. Mit der Zeitlichkeit des Selbstverhältnisses ist allerdings nicht die objektivierende Projektion von Prozeßverläufen in ihrer zeitlichen „Ausdehnung" gemeint: Der zeitlichen Bestimmung eines bloßen Verlaufes liegt bereits die Geometrisierung der Zeit zugrunde, ihre Linearisierung. Die Zeitlichkeit des Daseins wird von Heidegger als Zeitigung verstanden. Zeitigend erfaßt das Dasein sich als ein artikuliertes Ganzes, als ein Ganzes also, in dem der Prozeß des Hervorbringens nicht aufgehoben ist; das sich vielmehr nur in der Aktualität des „Durchlaufens" konstituiert, wie ein Text. Die zeitigende Artikulation des Daseins ist gleichbedeutend mit der Herausbildung der Dimensionen (Heidegger spricht von Ekstasen) der Zeit, durch die erst zeitliche Distinktionen und die Distinktion von Gliedern (articuli) möglich wird. Nur durch die Artikulation seines Daseins hat der Mensch Vergangenheit, Gegenwart und Zukunft. Die

---

[31] Otto Friedrich Bollnow: Über Heideggers Verhältnis zu Kant, a. a. O., S. 228.

Dinge haben demgegenüber nur eine auf der Zeitlinie abtragbare Abfolge von Zuständen.[32]

Mit dem Begriff der Zeitigung haben wir nunmehr den Punkt erreicht, an dem Bollnow sich von Heidegger absetzt, und zwar in der Weise, daß er den von Heidegger selber eingeführten Begriff ernster und genauer nimmt als Heidegger. Der Begriff der Zeitigung, d. h. der Artikulation, in deren Vollzug das Dasein sich als ein Ganzes gegeben ist, schließt den Begriff der Vollendung aus. Für Heidegger aber erscheint das Ganzseinkönnen als Vollendbarkeit des Daseins, die sich im Vorlaufen in den Tod anzeigt. Im Vorlaufen in den Tod wird der Vollzug der Artikulation aufgehoben: die Ganzheit des Daseins wird als das Ende der Zeitigung gedacht und das Vorlaufen in den Tod wird zum Überholen der Zeitigung auf einen Endzustand hin, in dem die Zeitigung sich vollendet. Der Zeitigung wird somit ein Telos implantiert, in dem sie sich erfüllt: und so wird die Zeitigung zur Entfaltung eines die Zeitigung überholenden Begriffes.

Für Bollnow hingegen ist das Zeitigen die formale Struktur, in der der „innere Sinn" hervorgebildet wird. Die Zeit ist hier nicht mehr die Form, durch die der innere Sinn spezifisch vom äußeren unterschieden ist, sondern die Weise, in der der innere Sinn sich bildet, hervorgebracht wird. Wie schon das Verb „zeitigen" anzeigt, ist das Zeitigen eine Form im Sinne der Formierung, der Formgebung, also der Gestalt im oben beschriebenen Sinn. Die Eigentümlichkeit der zeitigenden Gestaltung wird, wie wir zu zeigen versuchten, verfehlt, wo ihrem Verständnis das Ideal der Vollendbarkeit unterlegt wird. Im Begriff der Vollendung wird die Zeitigung aufgehoben.[33] Das bedeutet aber, daß die Annahme einer ausgezeichneten, einheitlichen, alleingültigen Form der Zeitigung nicht haltbar ist. In seinem ersten systematischen Werk „Das Wesen der Stimmungen"[34] zeigt Bollnow in einer differenzierenden Untersuchung drei diskret voneinander unterschiedene Formen des Zeitigens auf, drei Formen, in denen die Dimensionen (Ekstasen) der Zeit sich je verschieden entfalten und den

---

[32] Martin Heidegger: Sein und Zeit. Gesamtausgabe Bd. 2, Frankfurt/M. 1977, S. 428 ff. (§ 65).

[33] Otto Friedrich Bollnow: Vom Unvollendeten, Nicht-zu-Vollendenden: In Otto Friedrich Bollnow: Studien zur Hermeneutik, a. a. O. Bd. I, S. 204 ff.

[34] Otto Friedrich Bollnow: Das Wesen der Stimmungen, 3. durchgesehene und erweiterte Aufl., Frankfurt a. M. 1956.

Lebenszusammenhang (Ganzheit des Daseins) entsprechend formieren. Das Leben ist sich zum einen, das übernimmt Bollnow ohne Abstriche von Heidegger, in der Weise des Zu-Seins gegeben, in der Betroffenheit durch die Unaufhebbarkeit dessen, daß ich bin und zu sein habe. In diesem Betroffensein des Zu-sein-habens erscheint die Zukunft als futurum, als der Raum der Selbstentwürfe; die Gegenwart als Augenblick der Entscheidung und die Vergangenheit als ein lästiger Hemmschuh der Entscheidung, von dem man sich frei machen muß. Die Dimensionen (Ekstasen) der Zeit sind in der Befindlichkeit der Angst durchtönt und in dieser Tönung miteinander verbunden; eben als Ekstasen.

Davon unterscheidet Bollnow eine zweite, wie er sagen würde, gleichursprüngliche Zeitstruktur, diejenige nämlich, in der das Leben in der Weise des Sein-könnens, der Lebbarkeit oder Disponibilität gegeben ist. (Den Begriff der Disponibilität übernimmt Bollnow von Gabriel Marcel.[35]) Die Zukunft erscheint darin als adventus und die Vergangenheit als der Raum der noch nicht abgegoltenen Möglichkeiten des Seinkönnens, die in der Gegenwart erinnert werden. Die Gegenwart ist darin die Präsenz von Chancen, die ihre Stunde haben und nie in der gleichen Weise wiederkehren. Das ist für Bollnow die Zeitstruktur der Hoffnung, die er allerdings, bereits in der Tübinger Antrittsvorlesung, als eine Kardinaltugend begreift. Das Sein-können, dies eben ist mit dem Tugendcharakter der Hoffnung gemeint, muß man sich permanent abringen, in der Auslotung der eigenen Möglichkeiten und der Ausmessung ihrer quasi-natürlichen Grenzen. Das Sein-können erschließt sich im Überschreiten des Gewohnten: es wird in der Form der Selbstherausforderung und Selbstbeanspruchung erfahren.[36]

Die dritte Zeitform ist die der erfüllten Gegenwart, in die Zukunft und Vergangenheit aufgehoben sind und nichts mehr aussteht. Das Leben geht gänzlich in dem erfüllten, geschichtslosen Augenblick auf. In vollkommener Übereinstimmung mit sich und der Welt fühlt der Glückliche sich über die Schranken seiner Endlichkeit hinausgetragen. „Der Mensch vergißt in dieser glücklichen Stimmung die Zukunft, er wird frei von den Sorgen und Befürchtungen, und alle Hoffnungen scheinen ihm in Erfüllung gegangen. Er braucht sich auch nicht mehr darüber hinaus zu seh-

[35] Ders.: Neue Geborgenheit, a. a. O., S. 48 ff. und 81 ff.

[36] Ders.: Neue Geborgenheit, a. a. O., S. 116 ff.

nen, weil ihm die Gegenwart in sich selber genügt. Der Mensch vergißt aber auch die Vergangenheit, weil sie nicht mehr als Druck seine Gegenwart einengt, ihn nicht mehr als etwas Feindliches bedrängt. Er weiß von keinem Zustand mehr, der anders war als der gegenwärtige, sondern ihm ist, als sei der gegenwärtige schon unendlich lange gewesen. Und darum ist auch die Gegenwart nicht mehr der schnelle Übergang von der Vergangenheit zur Zukunft, sondern der Augenblick selbst, in dem er lebt, scheint sich zu strecken."[37]

In den drei Artikulationsmustern der Zeitigung wird die Zeit also zur formierenden Form des „inneren Sinnes", der jetzt, im Unterschied zu Kant, kein isoliertes Vermögen mehr im Sinne der Vermögenspsychologie ist. Als – im weitesten Sinne – lebensphilosophische Interpretation des „inneren Sinnes", die ihn aus der vermögenspsychologischen Erstarrung befreit und dynamisiert, dürfen sie allemal gelten.

Das Gleiche gilt hinsichtlich des „äußeren Sinnes". Die lebensphilosophische Interpretation des äußeren Sinnes findet sich in Bollnows Darstellung der Räumlichkeit des Daseins.[38] Sie wird ausdrücklich als Interpretation des „In-Seins" als der Vertiefung der transzendentalen Verfaßtheit des menschlichen „Bei-den-Dingen-Seins" eingeführt.[39] Unter dem Begriff der Räumlichkeit des Daseins entwickelt Bollnow die diskreten Weisen des Bezogenseins auf die „Welt"; wenn man so will, der Intentionalität, die von Bollnow allerdings nicht mehr als Eigenschaft des Bewußtseins verstanden wird, und schon gar nicht als ein psychisches Vermögen.

Und wenn es denn wirklich berechtigt wäre, Bollnow auf der Folie der Kritik der reinen Vernunft zu lesen, wobei der Analogie keine weitere Bedeutung als der eines Ariadnefadens zugedacht ist, der durch das vielgestaltige Werk leitet, fehlte jetzt nur noch das Analogon zum Verstand, dem Vermögen der Begriffe. Verstand und Vernunft können nach den Vorausgegangenen auch nicht mehr als Vermögen der Seele transzendentalphilosophisch behandelt werden. Die Verstandestätigkeit ist nicht die Funktion eines Vermögens, sondern, Bollnow war ein großer Verehrer von Cassirer, ein durch Symbole vermittelter Wirklichkeitsbezug. Alle symbolischen

---

[37] Otto Friedrich Bollnow: Das Wesen der Stimmungen, a. a. O., S. 176 ff.

[38] Otto Friedrich Bollnow: Mensch und Raum. Stuttgart 1963.

[39] Ebd, S. 18 ff.

Beziehungen sind für Bollnow in der Sprache fundiert, dem schlechthinnigen Organ der Symbolisierung. So werden Verstand und Vernunft zu Themen der Sprachphilosophie. Für seine sprachphilosophischen Untersuchungen übernimmt Bollnow den von Liebrucks geprägten Begriff der Sprachlichkeit, um zu signalisieren, daß er nicht daran denkt, mit der Linguistik zu konkurrieren. Es ist nicht die Sprache (langue), die er untersucht, sondern die logischen Funktionen der Sprache. Der erste Teil seiner sprachphilosophischen Darstellung „Sprache und Erziehung“[40] ist mit den Vernunftfunktionen der Sprache befaßt, mit den Formen und Weisen der Verständigung, in denen die Vernunft in der Wirklichkeit Fuß faßt. Der zweite Teil, mit „Welterfassung der Sprache“ überschrieben, untersucht die kategorialen Formen, die Funktionen der Begriffsbildung. Er handelt über das Benennen und die Funktionen der Namen, über „Konzeptionen“: das sind die Perspektiven, in denen wir die Dinge „anschneiden“ und als etwas verstehen, und schließlich vom tropischen Gebrauch der Sprache.

Auf die inhaltliche Reichhaltigkeit und Finesse der Detailuntersuchungen, die, obwohl Bollnow die Systematik leugnet, unter Gesichtspunkten angegangen werden, die miteinander zusammenhängen und ein Ganzes bilden, kann hier nicht eingegangen werden. Was die Reichhaltigkeit angeht, befolgt Bollnow Vicos Forderung der copiositas in den philosophischen Untersuchungen. Darauf werden wir zurückkommen, wenn wir, wieder in Analogie zu Kant gesprochen, auf den Schematismus der Bollnowschen Begriffsbildung eingehen. Dort wird dann auch auf die immer wieder kritisierte Heidegger-Interpretation Bollnows einzugehen sein. Hier nur soviel: Es ist sicher richtig, daß Bollnow – wenn man so sagen darf – nicht werkimmanent die Denkbahnen rekonstruiert, auf denen Heidegger zu seinen Aussagen gelangt. Ebenso richtig ist es, daß Bollnow, anders als sein Tübinger Kollege Walter Schulz, Heidegger nicht aus der Tradition der neuzeitlichen Metaphysik zu verstehen sucht. Es ist vielmehr das Anliegen Bollnows, die Heideggerschen Gedanken aus dem Gehäuse zu befreien, das Heidegger ihnen, aus welchen Gründen auch immer, gegeben hat. Was ihm auf diesem Wege gelingt, ist eine Entdramatisierung der Heideggerschen Philosophie, nicht zuletzt durch die Herabstimmung ihres theologischen Pathos.

---

[40] Otto Friedrich Bollnow: Sprache und Erziehung, Stuttgart 1966.

2. Die Tugendlehre

Im Herabstimmen des Tons der Philosophie und im Ringen um die Klarheit ihrer Begrifflichkeit schließt Bollnow auf seine Weise an die Aufklärung an. Dabei sieht er die Aufklärung in der ihr eigentümlichen Zweideutigkeit: eine geschichtliche Epoche zu sein, die normative Ansprüche geltend macht. In diese Zweideutigkeit kündigt sich nach Bollnow die ethische Dimension der Geschichte an, die er in die konkrete Frage zu fassen versucht: Wie können unter den Lebensbedingungen der heutigen Gesellschaft Lebensformen realisiert werden, in denen der Mensch seiner Lebensweise unter den Lebensbedingungen einer vergangenen Zeit ein humanes Profil verliehen hat; ein Profil, das nur um den Preis des Verlustes an Humanität aufgegeben werden kann. So taucht das Gewesene in der Form von Herausforderungen wieder auf, denen man sich nicht entziehen kann. Die geschichtlichen Herausforderungen der Lebenspraxis werden von Bollnow, einer ehrwürdigen Tradition folgend, als Tugenden beschrieben: als Dispositionen (hexis), die eine Lebenspraxis konstituieren, in der das situative Verhalten überschritten wird.[41] So versucht Bollnow die bürgerliche Lebensanschauung, ethisch, in einem Katalog von Tugenden zu fassen. Dabei gilt es zu sehen, daß die Tugenden für Bollnow nichts anderes sind als Transpositionen des Seinkönnens, der Disponibilität, in Dispositionen. Die Lebenspraxis ist also nicht mehr, das ist wichtig, im Charakter eines Typus vorgezeichnet, weder dem des Bürgers (wie bei Groethuysen) noch in dem des Jüngerschen Arbeiters. Für das Verständnis der Tugenden bedeutet dies, daß sie nur historische Erscheinungsweisen der Disponibilität sind. In der jeweils historischen Gestalt bewahren sie die Erinnerung an die in jeder Epoche sich neu stellende sittliche Aufgabe der Transformation der Disponibilität in Dispositionen. Die Art und Weise, in der diese Leistung erbracht wird, unterliegt dem historischen Wandel: der sittliche Kern der Aufgabe bleibt sich gleich. In diesem Sinne konnte Bollnow vom „Wesen und Wandel“ der Tugenden reden. Nur im bezug auf die Kardinaltugend der Hoffnung können Tugenden als lebendige Einstellungen auf das Unvorhersehbare lebendig bleiben und für eine offene Zukunft disponieren: ohne diesen Bezug ver-

[41] Otto Friedrich Bollnow: Wesen und Wandel der Tugenden, Frankfurt/M. 1958, S. 23 ff.

kommen sie in selbstbezüglicher Erstarrung. Alles in allem also: Im Verständnis Bollnows sind die Tugenden Profile der Lebenspraxis, ohne welche die Lebensweise des Menschen, die ja nicht biologisch fundiert ist, zerfließen würde.

Als Profile der Lebenspraxis markieren die Tugenden zugleich die Stellen, an denen die Erziehung dem Leben eingeschrieben ist. Nur in der durch Tugenden ausgelegten Lebenspraxis ist die erzieherische Leistung zu vollbringen, und: Es ist die *Form* der Praxis, die erzieht. Aufgabe und Vollmacht des Erziehers leiten sich daraus her. Der pädagogischen Hermeneutik wird dabei die Aufgabe der Kritik zugewiesen, der Prüfung der Dispositionen auf ihre Bedeutung und Funktion für die Lebbarkeit des Lebens unter den gegebenen Verhältnissen. Die Erziehung im Rahmen der durch Tugenden konturierten Lebenspraxis wird in der Form der Übung (Askese) vollzogen, die den erzieherischen Kern der Lernprozesse bilden.[42]

Die Askese ist aber an die Voraussetzung gebunden, daß das Zusammenleben von Erwachsenen und Heranwachsenden auf Dauer gestellt, institutionalisiert wird. Dementsprechend gliedert Bollnow den Katalog der bürgerlichen Tugenden in häusliche und öffentliche Tugenden. Die öffentlichen Tugenden, die das sittliche Fundament des gesellschaftlichen Verkehrs repräsentieren, sind wiederum in gesellschaftliche im engeren Sinn (Verläßlichkeit, Pflichterfüllung, Pünktlichkeit) gegliedert, und in politische, unter denen die Urteilsfähigkeit, die unter dem Anspruch der Gerechtigkeit steht, den Hauptakzent trägt.

Von besonderer Bedeutung ist für Bollnow das Hauswesen. Damit ist zunächst der Raum gemeint, in dem das Kind die Leiblichkeit seines Körpers erfährt: Zunächst durch die Zuwendung in der Körperpflege und der Ernährung, die als Medien des Austausches von Zärtlichkeit von unschätzbarer pädagogischer Bedeutung sind; dann aber auch und vor allem in der Aneignung des Körpers durch den Erwerb der Motorik. In diesem Zusammenhang waren die Beobachtungen von Alfred Nitschke für Boll-

[42] Otto Friedrich Bollnow: Vom Geist des Übens. Eine Rückbesinnung auf elementare didaktische Erfahrungen. Durchgesehene und erweiterte Aufl., Oberwil bei Zug 1987.

now unendlich wichtig geworden.[43] Neben der Zärtlichkeit und dem Erwerb der Motorik ist der Mitvollzug der Lebensrhythmen, die in der häuslichen Ordnung vorgegeben sind, für den Aufbau der Leiberfahrung bedeutsam. Auf all dies müßte sehr viel detaillierter eingegangen werden: Hier wäre die Bedeutung Fröbels für Bollnows Erziehungsverständnis herauszustellen.

Im Zentrum des Hauswesens steht für Bollnow jedoch die Ökonomik. Ihre unersetzbare pädagogische Bedeutung liegt in der Transformation von Waren in Güter, deren Gutsein darin liegt, daß sie die Bedürfnisse befriedigen, die sie erschließen. Das Hauswesen ist jedenfalls der Ort der Kultivierung und Disziplinierung der Bedürfnisse, und in dieser Funktion ist es ein wichtiger Schutz gegen die Verwahrlosung. Hier knüpft Bollnow ganz unmittelbar an Pestalozzi an, der die Verwahrlosung als Folge der Entgrenzung der Bedürfnisse in seinen Volksbüchern seelenvoll beschrieben hat.

Sicher: Gegen die Zudringlichkeit und die Verlockungen der Konsumgesellschaft kann das Hauswesen kaum noch standhalten. Die Kultivierung der Genußfähigkeit aber, in der die Güte der Dinge aufgeschlossen und im Geschmack entfaltet wird, scheint auf die häusliche Askese angewiesen zu sein. Möglicherweise erhält die von Christian Wolff, dem Aufklärungsphilosophen, lancierte Idee einer salus domestica hier einen ganz neuen Sinn.

3. Die salus domestica[44]

Die salus domestica hat indes für Bollnow eine weitergehende, tiefere Bedeutung. Das Haus spielt in beinahe allen seinen Schriften eine zentrale Rolle: als Paradigma der Einfriedung des Lebens, die äußeren Schutz gewährt, aber nicht nur dies. In dem Buch „Mensch und Raum" erscheint

---

[43] Alfred Nitschke: „Das verwaiste Kind der Natur". Ärztliche Beobachtungen zur Welt des jugendlichen Menschen, Tübingen 1962.
Dazu: Otto Friedrich Bollnow: Alfred Nitschke als Pädagoge. In: Die pädagogische Atmosphäre, a. a. O., S. 86 ff.

[44] Christian Wolff: Oeconomica, Halle 1750.
Dazu: Wolfgang Sünkel: Friedrich Schleiermachers Begründung der Pädagogik als Wissenschaft, Ratingen bei Düsseldorf 1964.

das Haus unter dem Titel „Der sakrale Raum“. Dabei beruft er sich im wesentlichen auf den Religionsphilosophen Mircea Eliade. „Die Wohnung“, zitiert er Eliade, „ist das Universum das der Mensch sich baut, indem er die beispielhafte Schöpfung der Götter, die Kosmogonie nachbildet“.[45] Diese religionsphilosophische Auslegung ist für Bollnow nicht weiter verbindlich: worauf er damit jedoch anspielt, ist die Idee der Gastlichkeit[46]; eine Hinsicht, die heute im Problemzusammenhang des Umgangs mit Fremden von besonderer Bedeutung ist. Das Haus repräsentiert ja nicht nur den äußeren Schutz gegen Gefahren, mit denen allenthalben zu rechnen ist; ein Paradigma der Einfriedung ist das Haus noch in einem tieferen Sinne. Der Schutz, den es gewährt, gilt einer tiefen Verletzbarkeit des Menschen, einer Verletzlichkeit, die von der bürgerlichen Ordnung nicht geschützt werden kann. Es ist dieser Aspekt, der sich in der Perspektive der Gastlichkeit zeigt. Die Gastlichkeit gilt dem irgendwie ausgesetzten Menschen, dem Wanderer, dem Schuldiggewordenen, der außerhalb der zivilen Ordnung lebt. Der Sinn der Gastlichkeit erfüllt sich in dem Schutz, den sie dem Gast im Zustand der Wehr- und Hilflosigkeit gewährt. Der Gast kann sich ohne weitere Vorsichtsmaßnahme dem erquikkenden Schlaf hingeben. Es ist der Friede des Hauses, in dem die Gastlichkeit ihre Vollendung findet: einem Zustand des Versöhntseins mit sich und der sonst unwirtlichen Welt. Dieser Friede kann freilich nicht vom Gastgeber garantiert werden. So wie der Gast sich ganz in die Hand des Gastgebers begibt, kann der Gastgeber immer auch zur Beute von wilden Gesellen werden.[47] Mehr und etwas anderes als sich und den Gast den Schutzgeistern seines Hauses zu empfehlen, kann der Gastgeber nicht tun. Das Gastrecht ist daher von altersher ein „heiliges“ Recht: wer es verletzt, frevelt. Und der Frevel ist von anderer Qualität als die Gesetzesübertretung. Der Frevler verfällt der Nemesis. Mit dem Hinweis auf die Heiligkeit des Gastrechtes wird zugleich seine Problematik in einer profanen

---

[45] Otto Friedrich Bollnow: Mensch und Raum, a. a. O., S.139; ebenso: Neue Geborgenheit, a. a. O., S. 160 ff.

[46] Hans-Dieter Bahr: Die Sprache des Gastes. Eine Metaethik, Leipzig 1994; Ders.: Gast. In: Christian Wulf (Hrsg.), Vom Menschen. Handbuch Historische Anthropologie, Weilheim/Basel 1997, S. 801 ff.

[47] Johann Wolfgang von Goethe: Faust. Der Tragödie erster und zweiter Teil. Bd. 9, dtv-Gesamtausgabe 1962, S. 320 ff.

Welt deutlich. Gleichwohl könnte die in den alten Geschichten beschworene Heiligkeit des Gastrechtes der Hinweis auf eine Dimension des Menschlichen sein, auf einen Innenraum, der in den Ausmessungen der Räumlichkeit des In-der-Welt-seins nicht zu verorten ist. Dieser Innenraum wurde von der Mystik als Seelentiefe beschrieben, in der der Mensch allen welthaften Zugriffen, selbst noch dem Gesehenwerden, entzogen ist. In diesem Sinne heißt es bei Goethe: „Haust wirklich eine Seele in mir? Das frage Deine Gäste."[48]

Demnach wäre das gastliche Haus der Raum, in dem die verletzbare Tiefendimension des Menschen vor den Zugriffen der Welt geschützt ist. Dies ist der tiefere Sinn der von Bollnow immer wieder apostrophierten häuslichen Geborgenheit. In ihr findet der Mensch auch Schutz gegen sich selbst: gegen die Maßlosigkeit der Wünsche und die heillose Überforderung seiner Kräfte. Und hier berührt sich die salus domestica mit der oikonomia, die in der Übung der Genußfähigkeit den Bedürfnissen ein inneres Maß setzt, mit dem sie disponibel werden.

Auf den Schutz des Hauses sind die Kinder, die schutzlosesten und daher verletzlichsten aller Geschöpfe, am meisten angewiesen. Es ist die Gastlichkeit des Hauses, die in der tiefen Verletzbarkeit des Menschen, die in der Kindheit unverhüllt in Erscheinung tritt, die geheimnisvolle Tiefe des Lebens, der Quelle aller Kräfte und Vermögen, sehen läßt. Darin liegt die Botschaft, die Bollnow mit seiner Schrift „Die pädagogische Atmosphäre" unter dem Einfluß Fröbels, des genialsten und verkanntesten Pädagogen, vermittelt. Er versucht darin, die gastlich-geborgene Aufnahme des Kindseins als den eigentlichen Sinn der Erziehbarkeit differenzierend auszulegen.

Diese Gedanken sind uns heute in einer irritierenden Weise fremd geworden. Was das Haus angeht, wissen wir, daß unsere Wohnungen nichts weniger als Horte des Friedens und das Paradies auf Erden sind, und Bollnow wußte das auch. Seine Arbeiten sind fast sämtlich von einer tiefen Melancholie durchstimmt. Die Leistung der Melancholie ist es aber gerade, das Ideal vor dem Hintergrund unserer Endlichkeit und Korruptibilität in einem gebrochenen Licht aufscheinen zu lassen, um es im Sinn zu behalten, weil sein Andenken es wert ist, bewahrt zu werden.

---

[48] Zitiert nach H.-D. Bahr, Die Sprache des Gastes, a. a. O., S. 188.

Hier müssen wir nun wieder auf die profane Auslegung der Häuslichkeit zurückkommen. Die Geborgenheit des Hauses ist auf eine häusliche Ordnung angewiesen, in der sie bewahrt und in ihrer Fragilität geschützt ist. So ist das Haus für Bollnow immer auch eine Institution der Erziehung neben den öffentlichen. Daß in diesen Institutionen Erziehung stattfindet, wird meistens durch Störungen und an ihnen sichtbar. Hier setzt dann die bewußte Erziehung ein, die zumeist den Charakter von Interventionen hat. Eingriffe sind ihrem Charakter und ihrer Struktur nach unstetig: Appelle, Ermahnungen, das Ins-Gebet-nehmen (eine Variante der Predigt) und das Ins-Gewissen-Reden; all dies sind zunächst Ordnungsrufe, in denen das Pädagogische der Institutionen ausdrücklich bejaht wird. In diesen Interventionen werden Exempla statuiert, in der Weise, daß den Edukanden eine – für sie meist ärgerliche – Szene gebaut wird. In solchen Szenen werden Entwicklungen dramatisch überhöht, um dem Zögling etwas zu verstehen zu geben; in der Regel, daß es so nicht weitergehen kann. Dies ist der Punkt, an dem Bollnow in heuristischer Funktion auf die Existenzphilosophie zurückgreift.[49] Die Existenzphilosophie hat auf „etwas", eine Seite am menschlichen Leben aufmerksam gemacht, die nicht in der Selbstgegebenheit des Lebens anzutreffen und in den Formen der Zeitlichkeit gegeben ist. In den Szenen, das ist sozusagen ihr Konstruktionsprinzip, werden die Edukanden zu sich selbst aufgerufen, zu einem Selbst allerdings, das sie jenseits dessen sind, was ihnen zu tun oder zu lassen zugemutet wird: einem Selbst, das nur in der Aktualität des Angerufenwerdens existiert.

D. Topik: Zur Methode philosophischen Denkens

Die Frage, wie die Herkunft Bollnows von den exakten Naturwissenschaften seinen Denkstil beeinflußt hat, ist offengeblieben, und mit ihr die nach der Differenz zum geisteswissenschaftlichen Denken seiner Zeit. Nach unserer Orientierung an der Kritik der reinen Vernunft geht es dabei um den Realitätsbezug des philosophischen Denkens, der, einer langen Tradition zufolge, durch die Einbildungskraft und ihrem Schematismus hergestellt wird.

[49] Otto Friedrich Bollnow: Existenzphilosophie und Pädagogik. Versuch über die unstetigen Formen der Erziehung, Stuttgart 1959.

Wir haben schon mehrfach darauf hingewiesen, daß Bollnow die philosophischen Theorien, auf die seine Texte Bezug nehmen, nicht im strengen Sinne geistesgeschichtlich, problemgeschichtlich oder werkimmanent interpretiert. Was ihn, von außen gesehen, von den Geisteswissenschaften unterscheidet, ist die direkte Form, in der er seine Fragestellungen, wie ein Naturwissenschaftler, ohne Umschweife findet und angeht. Dies zeigte sich schon in der Auseinandersetzung mit Heidegger. Was ihn bewegt, ist eine Ungereimtheit, die ihm in der Gedankenführung Heideggers auffällt. Diese Ungereimtheit wird isoliert und als Thema einer Untersuchung exponiert. Die Frage nach der Ursache dieser Ungereimtheit, ihrer geistesgeschichtlichen, gesellschaftlichen oder biographischen Bedingtheit, interessiert ihn nur wenig. In der Behandlung einer so isolierten Fragestellung konsultiert er zwar die Literatur: aber er tut es nach Art des Naturwissenschaftlers. Die Wichtigkeit einer Fundstelle bemißt sich für ihn allein daran, ob und wie sie in der Behandlung seiner Frage weiterhilft. Er verwendet sie zunächst in rein heuristischer Funktion. Weiter beachtet werden nur die Stellen, die ihm Aufschlüsse versprechen, und er beachtet sie wie Funde im strengen Sinne des Wortes. Der Fund des Gefundenen liegt nicht auf der Hand, gibt sich nicht ohne weiteres preis und muß erst geborgen werden. Um nun aber Funde machen zu können, muß man disponibel sein: im Englischen gibt es dafür das schöne Wort: serendipity. Der Naturforscher ist wie kein anderer auf die Fähigkeit, glückliche Funde zu machen (serendipitous zu sein) angewiesen. Bollnow birgt seine Funde in einem Verfahren, in dem er sich der Leitung eines Fundes, die ihn zu weiteren Funden über Zeiten und Werke hinweg führt, anvertraut. In den so entstehenden Verweisungen, in denen das eine am anderen gemessen, geschärft, zugeschliffen und vertieft wird, bilden sich Gedanken heraus, die gerade nicht die Durchführung vorgefaßter Konzepte sind. Die Bollnowschen Texte versetzen in die Bewegtheit eines Gedankens, der sich im Einspielen von neuen Funden auch dem Autor gegenüber verselbständigt. Das ist ein Verfahren der Topik. Bollnow selbst beschreibt dieses Verfahren in einer Abhandlung über das Zitieren folgendermaßen: „Warum unterbricht man den Fluß der eignen Darlegungen mit einem Zitat, das doch notwendig schon durch seinen andern Sprachrhythmus als ein Fremdkörper herausfällt. ... So kommt dann durch das Zitat ein fortführender neuer Impuls in die Darstellung. Das Zitat gibt dem Gedankengang eine unerwartete neue Wendung."[50]

In den Verweisungen der meist kurzen Texte Bollnows werden Begriffe entwickelt, die nicht auf eine Gegebenheit außer ihnen bezogen sind und ihr Fundament nicht in dem Vorgegebenen haben. Vielmehr wird in den Begriffen Bollnows allererst etwas zur Gegebenheit, zur Erscheinung gebracht. Die Texte entwickeln so gesehen Sichtweisen und die Gedanken vollenden sich darin. Das bedeutet freilich nicht, daß die Texte Bollnows reine Fiktionen sind. Sie werden von etwas bewegt, in Atem gehalten; aber das, wovon sie bewegt werden, wird durch den Text enthüllt: als der noematische Gehalt des im Text entwickelten Gedankens. In dieser Hinsicht ist Bollnow der Phänomenologie verpflichtet, einer Phänomenologie jedoch, die der Prominenz des Bewußtseins abgeschworen hat. Das Gegebene, betont Bollnow in Abhebung von Husserl, ist das in der Beschreibung als Phänomen Hervorgebrachte. Es ist nur als das in der Beschreibung Beschriebene und hat keine andere Seinsweise. Es ist das Bewegende in der Gedankenführung, deren Evidenz sich aus der Gestalt ergibt, die den Text formiert und zusammenhält.

Die Beschreibung, um dies noch einmal zu betonen, ist nicht mehr in der Transzendentalität des Bewußtseins begründet. Die Beschreibung armiert sich ja immer aus den Beständen der Überlieferung, deren Gehalt allerdings durch ihre Funktion im Aufbau der Beschreibung neu erschlossen wird. Die Beschreibung ist aber, insofern sie nur sehen läßt, was nun doch „irgendwie" schon ist und nur durch die Phänomenalität der Beschreibung zur Erscheinung gebracht wird, eine bedingte, also sachliche Leistung. Sie bringt insoweit keine persönliche Ansicht zur Darstellung: die geht zwar in die Beschreibung ein, aber in einer geprüften und durch das Heranziehen von Fundstellen bewährten Weise. Die Formgebung des Autors zeigt sich somit als ein Prozeß, in dem der Autor einer Gestalt, einer formierenden Potenz, zu neuem Leben verhilft. Dieser Prozeß ist der Vollzug einer, wie man sagen könnte, kombinatorischen Phantasie, die ständig neu aktualisiert und belebt werden muß durch die Bearbeitung von Beständen: aus den Bereichen des Wissens genau so wie aus denen der Kunst. Diese Phantasie ist kein subjektives Vermögen im Sinne der

---

[50] Otto Friedrich Bollnow: Über den Gebrauch von Zitaten. In: Ders.: Maß und Vermessenheit des Menschen, Göttingen 1962, S. 198 ff.

Vermögenspsychologie, sondern ein Verbindend-Allgemeines: das generierende Moment der Kultur. Jean Paul hat von dem unbegrenzten Metamorphisieren gesprochen.[51]

Diese Gedanken hat Bollnow in seiner Spätphilosophie in einem ständigen Dialog mit Josef König unter dem Titel „Hermeneutische Philosophie" durchformuliert, in die er das Verstehen der Natur einbezogen wissen wollte. Natur, das ist für ihn in diesem Zusammenhang, was sich in Eindrücken anzeigt, in einem Ergriffensein, für das zunächst kein Ausdruck verfügbar ist, das keinen Ort in der gedeuteten Welt hat. Als solche Eindrücke zählt Bollnow auf: die geheimnisvolle Tiefe eines Blumenkelches, das unergründliche Schwarz eines stillen Waldsees, einen einsamen Vogelruf, aber auch die fragend-verständnislosen Kinderaugen, die den verkarsteten Verständnishorizont der Erwachsenen in Frage stellen. Die so-wirkende Natur zu verstehen, heißt, das Ergriffensein zur Sprache zu bringen, um in der Verarbeitung relevanter Fundstellen ans Licht zu bringen, was uns dabei bewegt.

Kritisch und ex negativo gesehen, versucht Bollnow außerhalb der gelehrten Gehäuse, in denen die Philosophie sich darstellt, zu philosophieren. Programmatisch hat er es einmal so formuliert: es gehe ihm mit seinen Arbeiten, „über den Menschen in unserer Zeit in einer einfachen, auf besondere philosophische Vorkenntnisse verzichtenden Form deutend und klärend beizutragen".[52] Damit greift Bollnow Gedanken auf, die im Umkreis der Lebensphilosophie von Georg Simmel so formuliert wurden: Das Wesentliche der Philosophie sei „eine bestimmte geistige Attitüde zu Welt und Leben". Diese, wie Simmel sie nennt, funktionelle Auffassung der Philosophie ermögliche es, „auch die unscheinbaren Segmente des Daseinskreises" in die philosophische Betrachtung einzubeziehen: die Mode zum Beispiel und die Koketterie, den Henkel, den Fremden. Was in diesen Formen des Philosophierens entsteht, nennt Simmel „Philosophische Kultur". Diese bestehe, sagt er, „doch nicht in der Kenntnis metaphysischer Systeme oder dem Bekenntnis zu einzelnen Theorien, sondern in einem durchgehenden Verhalten zu allem Dasein, in einer intellektuellen

---

[51] Lothar Bornscheuer: Topik. Zur Struktur der gesellschaftlichen Einbildungskraft, Frankfurt a. M. 1976, S.12.

[52] Otto Friedrich Bollnow: Maß und Vermessenheit, a. a. O. Vorwort.

Bewegtheit auf die Schicht hin... in der... alle überhaupt möglichen Linien der Philosophie laufen“[53]. Bollnows Werk ist ein bedeutender Beitrag zu einer zeitgemäßen philosophischen Kultur, und auch darin liegt seine Bedeutung als Pädagoge.

---

[53] Georg Simmel: Philosophische Kultur. Gesammelte Essais. Mit einem Nachwort von Jürgen Habermas, Berlin 1983, S. 10.

Gunter Scholtz

Traditionelle Hermeneutik – hermeneutische Philosophie. Zum Bedeutungswandel des Interpretationsbegriffs

1. Mißverständnisse in der Hermeneutikdiskussion

Es ist eine mißliche Situation, daß gerade zwischen den Repräsentanten des Bereichs der Hermeneutik, also zwischen den Spezialisten für das Verstehen, so viele Mißverständnisse herrschen. Man denke als Beispiel nur an die Kontroverse zwischen E. Betti und H.-G. Gadamer.[1] Auch die Hermeneutikkritik einiger Philosophen der Postmoderne beruht auf einem Mißverständnis. Denn wenn sie der Hermeneutik vorwerfen, sie zwänge den Anderen, Fremden, stets in die Begriffe des Interpreten, dann fragt sich der, welcher sich unter „Hermeneutik" eine Anleitung für das Textverständnis denkt, wieso er denn z. B. J. Derrida in sein Begriffskorsett hineinpresse, wenn er dessen Schriften zu verstehen sich bemühe. Hier wird schon ein wichtiger Grund des Mißverstehens deutlich: die Vieldeutigkeit der leitenden Begriffe. Das deutsche Wort verstehen kann das Erfassen des Sprachlauts, des wörtlichen Satzsinnes, des Hintergedankens, soviel wie als richtig einsehen bedeuten, aber auch ein Können (sich verstehen auf), ein Sich-Vertragen (sich gut verstehen) und manches andere mehr. Kein Wunder also, wenn auch der Begriff der Hermeneutik vieldeutig ist. Allerdings können wir hier manche ihrer Repräsentanten und ihrer Kritiker nicht ganz von der Schuld freisprechen, nicht deutlich gemacht zu haben, was sie mit dem Begriff meinen und was nicht. Hätte z. B. Gadamer gleich in der Erstauflage seiner philosophischen Hermeneutik unmißverständlich erklärt, daß er keine Methodenlehre bieten,

[1] Emilio Betti, Die Hermeneutik als allgemeine Methodik der Geisteswissenschaften, J. C. B. Mohr (Paul Siebeck) Tübingen 1962. Hans-Georg Gadamer, Wahrheit und Methode. Grundzüge einer philosophischen Hermeneutik, 2. Aufl., J. C. B. Mohr (Paul Siebeck) Tübingen 1965, Vorwort, bes. S. XVI f.; siehe Register: Betti.

sondern die Frage nach den Verstehensbedingungen beantworten wolle, jener Streit mit Betti wäre vermutlich fruchtbarer ausgefallen.

Die mögliche Folge von solchen Unklarheiten und unfruchtbaren Streitigkeiten: Man wendet aller Hermeneutik den Rücken zu und wird z. B. Szientist, der sich nur noch um exakte Definitionen bemüht, oder man wird Antihermeneutiker, der das Nicht-Verstehen zu beweisen sucht. Aber dies scheinen mir keine befriedigenden Reaktionen zu sein. Denn erstens würde mit dem Verstehen ja auch das Reden und Schreiben obsolet (woran mir gerade die neuen Antihermeneutiker wenig Interesse zu haben scheinen). Und zweitens verbergen sich unter dem Titel der Hermeneutik doch eine Vielzahl von interessanten Fragen, Beobachtungen und Theorien, die man nicht einfach dem Abgrund des Vergessens übergeben sollte. Deshalb war es sehr zu begrüßen, als Bollnow sich um eine Klärung des Hermeneutik-Begriffs bemühte. In einem Vortrag über Dilthey von 1976 differenzierte er zwischen der „philologischen" und der „philosophischen Hermeneutik" (oder „hermeneutischen Philosophie")[2], und in seiner Festrede zu Diltheys 150. Geburtstag unterschied er zwischen einer „philosophischen Hermeneutik", welche die Methode der interpretierenden Wissenschaften zu einem höheren Bewußtsein erhebe, und einer „hermeneutischen Philosophie", die sich um eine „Interpretation der lebensweltlichen Wirklichkeit" bemühe.[3] Tatsächlich ist es etwas anderes, das Verfahren der Geisteswissenschaften zu reflektieren, als das menschliche Dasein und die Lebenswelt auszulegen, und es führt zu Mißverständnissen, diese Bereiche zu konfundieren. Da sich in Bollnows Unterscheidung aber noch nicht alle Hauptströmungen der Hermeneutik einfügen lassen, habe ich eine Dreiteilung vorgeschlagen: a) Die *technische Hermeneutik* als Kunst- oder Methodenlehre wendet sich der Leitfrage zu: Wie kann ein möglichst genaues Verständnis von Texten (und kulturellen Symbolen überhaupt) erreicht werden? b) Die *philosophische Hermeneutik* hingegen betreibt eine Grundlagenreflexion und fragt: Wie ist Verstehen möglich? c) Die *herme-*

---

[2] Otto Friedrich Bollnow, Wilhelm Diltheys Stellung in der deutschen Philosophie. Zur Geschichte der Dilthey-Edition und Dilthey-Rezeption. In: ders., Studien zur Hermeneutik, Bd. I: Zur Philosophie der Geisteswissenschaften, Verlag Karl Alber Freiburg / München 1982, S. 195.

[3] O. Fr. Bollnow, Festrede zu Wilhelm Diltheys 150. Geburtstag. In: Dilthey-Jahrbuch, Bd. 2, 1984, S. 49 f.

neutische Philosophie ist schließlich selbst eine auslegende Philosophie, die nach dem Menschen und seiner Welt im Horizont seiner Geschichte fragt.[4] – Im folgenden lasse ich diese Unterscheidung aber dahingestellt und wende mich nochmals dem Verhältnis von traditioneller Hermeneutik und hermeneutischer Philosophie zu, da überhaupt erst durch diese letztere im 20. Jahrhundert die Hermeneutik zu einem Zentralthema der Philosophie und dabei zu einem äußerst strittigen Gebiet wurde. Als Leitfaden wähle ich den Begriff der Interpretation, da sich an seinem Bedeutungswandel meines Erachtens wichtige Änderungen des Denkens und auch der Übergang zur neueren Hermeneutik aufweisen lassen. Dabei werde ich besonders der Tatsache Rechnung tragen, daß sich jener Wandel schon bei Dilthey zeigt und gerade Diltheys Denken auf Bollnow großen Einfluß gewinnen sollte. Wenn der Ausdruck „Interpretation" inzwischen eine so „verwirrende Bedeutungsvielfalt" bekommen hat, daß man auf ihn besser verzichten sollte,[5] so bleibt es doch noch immer eine lohnenswerte Aufgabe, seine Geschichte aufzuklären, die zu diesem Zustand geführt hat.

2. Zwei verschiedene Interpretationsbegriffe

Bei Diltheys philosophischem Lehrer Adolf Trendelenburg heißt es in dessen Logischen Untersuchungen: „Alles Verständnis ist Interpretation, sei es des gesprochenen Wortes oder der sinnvollen Erscheinungen selbst. Der innere Vorgang hat in beiden Fällen grosse Verwandtschaft." „Wir lesen die Welt nicht anders, als ein ... Gedicht." „Es ist ... die Aufgabe des Menschengeistes, daß er auf gleiche Weise [wie einen Text] die Welt als

[4] Gunter Scholtz, Was ist und seit wann gibt es „hermeneutische Philosophie"? In: Dilthey-Jahrbuch, Bd. 8, 1992-93, S. 93-119.

[5] Axel Spree, Interpretation. In: Reallexikon der deutschen Literaturwissenschaft, hrsg. von Harald Fricke, Walter de Gruyter, Berlin / New York 2000, Bd. 2, S. 172. – Spree hat übrigens auch eine sehr informative Arbeit zur neueren Kritik an der literaturwissenschaftlichen Interpretation verfaßt: Kritik der Interpretation. Analytische Untersuchungen zu interpretationskritischen Literaturtheorien, Ferdinand Schöningh Paderborn / München / Wien / Zürich 1995.

ein Ganzes verstehe."[6] Auch bei Dilthey finden wir einen weiten Interpretationsbegriff. Die Weltanschauungen – wie z. B. Spinozas pantheistische Metaphysik – seien jeweils „eine Interpretation der in der Erfahrung gegebenen Wirklichkeit".[7] Deshalb könnte man auf den Gedanken kommen, Dilthey sei in diesem Punkt seinem Lehrer Trendelenburg verpflichtet, ja mancher wird vielleicht schon bei Trendelenburg eine erste Form hermeneutischer Philosophie entdecken wollen. Aber dies wäre ein Irrtum, da es sich jeweils um einen ganz anderen Interpretationsbegriff handelt. Bei Trendelenburg ist „Interpretation" nämlich ganz identisch mit methodisch verfahrender, objektiv richtiger Erkenntnis. Solche betreiben Natur- und Geisteswissenschaften auf ähnliche Weise, denn sie verfahren analytisch und synthetisch zugleich, zergliedern jeweils ihren Gegenstand und rekonstruieren seine Ganzheit, und vergleichbar hatte bereits Descartes das wissenschaftliche Prozedere beschrieben.[8] Wie bei Trendelenburg die Methoden des Interpretierens sich ähneln, so in Natur- und Geisteswissenschaften auch die Gegenstände: „Wie ... der Dichtergeist aus dem Gedichte, spricht Gott aus der Welt. ... Die Welt, die wir lesen, ist ... nur ein Bruchstück, aber, wie das einzelne Drama einer antiken Tetralogie, in sich ganz. Es ist uns in ihr genug gegeben, um die Herrlichkeit des Schöpfergeistes zu erkennen."[9] Die Welt zu lesen und zu interpretieren heißt bei Trendelenburg also, ihre Ordnung aufzudecken, die Welt zu erkennen. Wir dürfen hier von einem harten Interpretationsbegriff sprechen, von Interpretation als objektiver Erkenntnis. Sie hat zwei Implikationen: a) Ein Autor stiftete und garantiert den vorgegebenen Sinn und die Ordnung des Interpretandums. b) Durch wissenschaftliche Methoden läßt sich dieser Sinn in einem Prozeß der Annäherung wachsend einsehen, erkennen und

---

[6] Adolf Trendelenburg, Logische Untersuchungen, 2. Aufl., Verlag von S. Hirzel Leipzig 1862, Bd. 2, S. 408, 456, 411.

[7] Wilhelm Dilthey, Das Wesen der Philosophie (1907). Gesammelte Schriften, Bd. 5: Die geistige Welt. Einleitung in die Philosophie des Lebens, 7. Aufl., Vandenhoeck und Ruprecht Göttingen 1982, S. 353, vgl. 379.

[8] René Descartes, Discours de la méthode, II, 8. 9.

[9] A. Trendelenburg, a. a. O., S. 456.

verstehen.[10] Kein Zweifel, daß es für Trendelenburg sowohl richtige als auch falsche Interpretationen gibt und sich Wahrheit und Irrtum jeweils früher oder später unterscheiden lassen.

Das alles trifft für Diltheys Weltanschauungen, welche die Welt und das Leben auslegen, nicht zu. Sie gehen nicht aus wissenschaftlicher Einstellung und Methodik, sondern ursprünglich aus „Lebensstimmungen" hervor: Große Eindrücke – man denke an Niederlagen oder Siege – stellen das ganze Leben und die Welt in jeweils bestimmtes Licht, und diese Färbungen – intellektuell ausgestaltet – verfestigen sich zu Weltanschauungen.[11] Dazu zählt Dilthey einerseits Kunst und Religion, die in der Moderne in spannungsreichem Nebeneinander jeweils eigene „Kultursysteme" bilden und ihr je spezifisches Territorium behaupten, und andererseits die philosophischen Weltanschauungen im engeren Sinn, die er in die bekannten drei Typen einteilt (den subjektiven und objektiven Idealismus sowie den Naturalismus).[12] Sie bilden kein eigenes Kultursystem, und sie stehen miteinander in permanentem, unauflösbarem Streit. Weltanschauungen also liefern keine wissenschaftlichen Interpretationen, verfahren nicht nach einer anerkannten, geregelten Methode, können auch keinen objektiven, von einem Autor garantierten Sinn voraussetzen und so

---

[10] Nicht jede harte Interpretation erfüllt beide Kriterien. Z. B. ist die spezifisch historische Interpretation bei Droysen zwar ein methodisches Verfahren, führt aber die Ereignisse nicht (nur) auf den Willen von Akteuren zurück. Nur die philologische Interpretation der Quellen muß jenen beiden Kriterien genügen., was Droysen zu betonen aber nicht nötig findet. Johann Gustav Droysen, Historik. Vorlesungen über Enzyklopädie und Methodologie der Geschichte, hrsg. von Rudolf Hübner, 6. Aufl., Wissenschaftliche Buchgesellschaft Darmstadt 1971, S. 149-187.

[11] W. Dilthey, Die Typen der Weltanschauung und ihre Ausbildung in den metaphysischen Systemen (1911). Ges. Schr., Bd. 8: Weltanschauungslehre. Abhandlungen zur Philosophie der Philosophie, 4. Aufl., B. G. Teubner Verlagsgesellschaft Stuttgart 1960, S. 81 ff.

[12] W. Dilthey, Das Wesen der Philosophie, a. a. O., S. 375 ff. Die Typen der Weltanschauung, a. a. O., S. 87 ff. Zu Diltheys Theorie der Kultursysteme siehe schon seine Einleitung in die Geisteswissenschaften (1883). Ges. Schr., Bd. 1, Verlag B. G. Teubner Leipzig / Berlin 1922, S. 49-64.

auch keine allgemeingültige Wahrheit beanspruchen. Deshalb darf man hier von einem *weichen Interpretationsbegriff* sprechen.

Fragt man, wieso Dilthey hier überhaupt den Ausdruck „Interpretation" verwendet, so lautet seine Antwort: „Wie ein Satz einen Sinn oder eine Bedeutung hat und zum Ausdruck bringt, so möchten diese Interpretationen Sinn und Bedeutung der Welt aussprechen!"[13] Die Weltanschauungen verfahren also so, „als ob" die Welt einen Sinn hätte, und dabei fügen sie das Divergente jeweils zu einer gewissen Einheit und konstituieren, d. h. erzeugen durch ihre Artikulation Sinngestalten, welche die Welt und das Leben als sinn- und bedeutungsvoll erscheinen lassen. Dies Bemühen ist einerseits vergeblich, da jener Sinn eben nicht gefunden, sondern nur durch den menschlichen Geist gestiftet ist, und deshalb geraten die Weltanschauungen in unauflösbaren Streit. Aber andererseits sind jene Interpretationen unaufgebbar, da das selbstreflexive Leben eben solche Sinndeutungen verlangt und erzeugt. Und so haben diese Interpretationen zumindest eine gleichsam subjektive Wahrheit; sie sind jeweils authentischer Lebensausdruck und zeigen, wie verschieden sich das menschliche Leben selbst innewerden und auslegen kann. Das gleichsam weiche Interpretieren kennzeichnet bei Dilthey also die Weltanschauungen, nicht aber seine eigene Philosophie oder die Wissenschaften.

Man wird deshalb nicht in Versuchung geraten, diese Weltinterpretationen mit Trendelenburgs Interpretationsverfahren in Verbindung zu bringen, das ja noch auf allgemeingültige Wahrheit abzielte. Allerdings kennt auch Dilthey den harten Interpretationsbegriff, aber eben nur noch in den Geisteswissenschaften, wo er ausgebildet wurde.[14] In diesen ist Interpretation oder Auslegung „das kunstmäßige Verstehen dauernd fixierter Lebensäußerungen", deren Wissenschaftlichkeit die traditionelle Hermeneutik zu garantieren sucht. Diese hat laut Dilthey „immer die Sicherheit des Verstehens gegenüber der historischen Skepsis und der subjektiven Will-

---

[13] W. Dilthey, Das Wesen der Philosophie, a. a. O., S. 379.

[14] Die ersten Disziplinen, in denen das lateinische Wort *interpretatio* zum Terminus technicus wurde, waren Philologie und Jurisprudenz. Manfred Fuhrmann, Interpretatio. Notizen zur Wortgeschichte. In: Detlev Liebs (Hrsg.), Sympotica Franz Wieacker, Vandenhoeck und Ruprecht Göttingen 1810, S. 80-110, siehe bes. 88 ff.

kür verteidigt"[15], hat sich also um richtige Interpretationen bemüht, und Dilthey unterstützt dieses Bestreben selbst, indem er eine Logik des Verstehens skizziert: Das Textverstehen sei – wissenschaftstheoretisch betrachtet – eine Form der Induktion, indem aus einer Reihe von Fällen zwar nicht ein allgemeines Gesetz, aber „eine Struktur, ein Ordnungssystem" abgeleitet wird, „das die Fälle als Teile zu einem Ganzen zusammennimmt", von dem her die Teile wiederum ihre weitere Bestimmtheit erhalten.[16] Die Parallelen und Unterschiede zu den Aussagen Trendelenburgs wären genauer herauszuarbeiten. Die geisteswissenschaftlichen Interpretationen jedenfalls verfahren methodisch und zielen auf allgemeingültige Resultate ab. Deshalb sind die Geisteswissenschaften auch keine Weltanschauungen, sondern eben Wissenschaften. Diese Auffassung Diltheys ist auch immer noch die unsere. Wir wissen mit guten Gründen die Interpretationen des Lebens und der Welt, die wir in Mythos und Dichtung, Religion und Metaphysik finden, von den geisteswissenschaftlichen Interpretationen solcher kultureller Sinngebilde zu unterscheiden, und diesen Unterschied kann man im Ausgang von Dilthey hinsichtlich des Verfahrens als den zwischen weicher und harter Interpretation bezeichnen. Für beide ist – so können wir Dilthey ergänzen – ein je anderer Perspektivismus kennzeichnend: Harte, wissenschaftliche Interpretationen vertragen sich nur mit einem Leibnizschen Perspektivismus, demzufolge sich die Perspektiven wachsend zu einem immer besseren Bild des Gegenstands ergänzen. Für die weichen Interpretationen aber ist Nietzsches Perspektivismus typisch: Hier stehen die Perspektiven miteinander im Widerstreit, ohne daß sich über ihre Richtigkeit und Falschheit entscheiden ließe.

Wenngleich Dilthey die Geisteswissenschaften und die Weltanschauungen streng getrennt hielt, nähern sich bei ihm ihre jeweiligen Interpretationsbegriffe doch gelegentlich an, und zwar dadurch, daß auch die geisteswissenschaftlichen Interpretationen gleichsam weiche Elemente enthalten.

---

[15] W. Dilthey, Der Aufbau der geschichtlichen Welt in den Geisteswissenschaften. Ges. Schr., Bd. 7, 5. Aufl., B. G. Teubner Verlagsgesellschaft Stuttgart, Vandenhoeck und Ruprecht Göttingen 1968, S. 217; vgl. ders., Die Entstehung der Hermeneutik. Ges. Schr., Bd. 5, S. 331.

[16] W. Dilthey, Der Aufbau, a. a. O., S. 220; vgl. Die Entstehung der Hermeneutik, a. a. O., S. 330.

Das ist zum einen dann der Fall, wenn Interpretation den weiten Bereich der Kritik einschließt, denn für sie hat Dilthey keine Regeln und keine eigene Logik entworfen, und in ihrer Sphäre ist auch für uns ein Pluralismus und Perspektivismus wie in Diltheys Weltanschauungen möglich. Vor allem aber ist Textauslegung bei Dilthey deshalb kein nur streng geregeltes Verfahren, weil nur eine bestimmte Schicht eine Art Induktionslogik darstellt und weil die Auslegung sich sodann gar nicht nur auf die bewußten Intentionen und Sinnsetzungen von Autoren richtet, sondern ebenso auf „Lebensäußerungen ..., die ohne solche Absicht als Ausdruck eines Geistigen ein solches für uns verständlich machen.“[17] Da Dilthey nicht primär am Verstehen von juristischen oder wissenschaftlichen Texten, sondern von historischen Individualitäten und vor allem von Kunstwerken orientiert ist, steht bei ihm dies Interpretieren der nicht intentionalen Gehalte geistigen Lebens sogar im Vordergrund – und deshalb auch die Ausdruckskategorie; ist es doch laut Dilthey kennzeichnend für den „Lebensausdruck“, daß sein Gehalt die bewußte Intention eines Subjektes übersteigt und etwas von der „Unergründlichkeit des Lebens“ kundgibt oder ahnen läßt. Dilthey beruft sich hier mit Recht auf die romantische Hermeneutik, die immer davon ausgegangen war, daß jedes Kunstwerk mehr enthält, als das Genie bewußt hineinlegte und eine einzige Interpretation entfalten kann.[18]

Dies vorausgesetzt, enthüllt und konkretisiert erst die Interpretation den Gehalt des Gesagten, der ohne Auslegung gar nicht ans Licht träte. Dadurch aber nähert sich die geisteswissenschaftliche Interpretation der weltanschaulichen ein wenig an. In beiden Fällen tritt erst durch die Sprache des Interpreten der Gegenstand deutlich heraus; beidemal bringt sich das „Leben“ perspektivisch ins Bewußtsein (nur einmal schon im Spiegel geistiger Gebilde); und beidemal läßt sich keine Methodik formulieren. Denn die Tiefenschicht, welche im Kunstwerk das unergründliche Leben ausspricht, kann durch methodische Forschung nicht erschlossen werden.

---

[17] W. Dilthey, Der Aufbau, a. a. O., S. 205.

[18] W. Dilthey, Der Aufbau, a. a. O., S. 217. Vgl. Hermann Beisler, Die Unergründlichkeit des Werks und die Unendlichkeit der Interpretation. In: Jan Schröder (Hrsg.), Theorie der Interpretation vom Humanismus bis zur Romantik – Rechtswissenschaft, Philosophie, Theologie, Franz Steiner Verlag Stuttgart 2001, S. 217-248.

Deshalb kann Dilthey, der die geisteswissenschaftliche Methode verteidigt, im selben Zusammenhang auch sagen, es sei „in allem Verstehen ein Irrationales, wie das Leben selber ein solches ist".[19] Methodisches und intuitives, schöpferisches Interpretieren ergänzen sich in den Geisteswissenschaften.

Dennoch gehören bei Dilthey die Geisteswissenschaften und die Weltanschauungen ganz verschiedenen Bereichen an und bleiben getrennt: Jene betreiben eine „Nachkonstruktion" vorgegebener Sinngebilde[20] – diese nicht. Jene interpretieren Ausdrucksgestalten von bestimmtem „Seelenleben"[21] – diese das Leben und die Welt insgesamt, auch die Natur. Jene erfahren das Leben in seiner Divergenz und Rätselhaftigkeit – diese machen es eindeutig, indem sie die Lebensrätsel auf je eigene Weise auflösen. Jene haben verbindliche Methoden, die durch ihre Gegenstände vorgezeichnet sind – diese können aller Methodik den Rücken kehren. Aus diesem Grund bleibt auch bei Dilthey die ältere Hermeneutik in Kraft und ist noch immer – wie paradigmatisch bei August Boeckh – auf den Bereich der Kultur beschränkt; sie ist keine Anleitung, das Leben, die Welt oder die Natur richtig zu verstehen.

3. Der Übergang zur hermeneutischen Philosophie

Aber bei Dilthey ist Interpretation gelegentlich auch eine philosophische Methode, so in seiner Psychologie. Während die naturwissenschaftlich orientierte „erklärende Psychologie" Hypothesen über Kausalverhältnisse zwischen den psychischen Elementen bilde, gehe die „beschreibende und zergliedernde Psychologie" von dem seelischen Strukturzusammenhang aus, wie er in der inneren Erfahrung gegeben sei, und bestimme von ihm aus die einzelnen Faktoren. Insofern knüpfe das psychologische Denken an das „Verstehen unserer selbst und anderer" an: „... wir gehen im Ver-

---

[19] W. Dilthey, Der Aufbau, a. a. O., S. 218.

[20] Siehe bes. W. Dilthey, Die Entstehung der Hermeneutik, a. a. O., S. 327 f.

[21] „Es gibt kein Verständnis dieser Welt, und wir können Wert, Bedeutung, Sinn in sie nur nach Analogie mit uns selbst übertragen, und nur von da ab, wo Seelenleben in der organischen Welt sich zu regen beginnt." W. Dilthey, Der Aufbau, a. a. O., S. 92.

stehen vom Zusammenhang des Ganzen, der uns lebendig gegeben ist, aus, um aus diesem das einzelne uns faßbar zu machen. Eben daß wir im Bewußtsein von dem Zusammenhang des Ganzen leben, macht uns möglich, einen einzelnen Satz, eine einzelne Gebärde oder eine einzelne Handlung zu verstehen. Alles psychologische Denken behält diesen Grundzug, daß das Auffassen des Ganzen die Interpretation des einzelnen ermöglicht und bestimmt. An dem ursprünglichen Verfahren des Verstehens muß auch die Nachkonstruktion der allgemeinen Menschennatur in der Psychologie festhalten .... Der erfahrene Zusammenhang des Seelenlebens muß die feste, erlebte und unmittelbar sichere Grundlage der Psychologie bleiben, wie tief sie auch in die experimentelle Einzelforschung eindringe."[22] Dilthey also nennt die psychologische Beschreibung auch Interpretation, weil sie eine Analogie zur Textinterpretation hat. Wie bei dieser der Sinnzusammenhang über die Bedeutung der einzelnen Sätze und Worte entscheidet, so finden sich auch die seelischen Kräfte und Vermögen – Denkakte, Gefühls- und Triebregungen, Volitionen – nicht isoliert nebeneinander, sondern werden von der Beschreibung jeweils in einem Strukturzusammenhang aufgewiesen, und nur in diesem werden sie erfahren, erfaßt und verstanden: „das psychologische Denken artikuliert und distinguiert von dem gegebenen Zusammenhang aus."[23] Haben wir hier – nach unserer eingeführten Unterscheidung – einen harten oder einen weichen Interpretationsbegriff vor uns? Kein Zweifel: diese Interpretation ist für Dilthey Wissenschaft, denn anders als in den Weltanschauungen wird jener seelische Strukturzusammenhang nicht perspektivisch und immer anders aufgedeckt, vielmehr erarbeitet dieses interpretierende Verfahren, wie Dilthey vielfach wiederholt, „die feste, erlebte und unmittelbare Grundlage der Psychologie".[24] Aber andererseits rekonstruiert diese Methode keinen bedeutungsvollen Lebensausdruck, und sie hat auch keine eigene Logik, kein der Textinterpretation analoges Prozedere. Vielmehr wird nur ausgesagt, was innegeworden, was unmittelbar gewiß und selbstevident ist – noch diesseits aller Logik. Deshalb ist dies der besondere Fall

---

[22] W. Dilthey, Ideen über beschreibende und zergliedernde Psychologie (1894). Ges. Schr., Bd. 5, S. 172.

[23] Ebd., S. 173 f.

[24] Ebd., S. 172.

einer Interpretation mit großem Gewißheits- und Wahrheitsanspruch, aber ohne Forschungslogik.

Diltheys beschreibende Psychologie ist also zugleich eine verstehende und interpretierende Psychologie, und da sie nicht in den Bereich der Einzelwissenschaften fällt, sondern Sache der Philosophie ist, darf man sie auch eine interpretierende oder hermeneutische Philosophie nennen. In ihrem Interpretationsverfahren scheint mir schon vorgezeichnet zu sein, was für die spätere hermeneutische Philosophie typisch und kennzeichnend sein wird. Allerdings erhebt diese weit größere Ansprüche als Diltheys neue Psychologie, und deshalb provoziert auch sie erst die kritische Frage, wie sie sich einerseits zur Wissenschaft und andererseits zur Weltanschauung verhält. Ich gehe nur kurz auf zwei Positionen ein, die für Bollnow von großem Einfluß waren, auf Heidegger und auf Misch.

a) Martin Heidegger

Als W. Windelband in seiner berühmten Rektoratsrede 1894 von „idiographischen Wissenschaften" sprach, setzte er diesen Begriff des Beschreibens ganz offensichtlich Diltheys Begriff des Verstehens entgegen, und zwar deshalb, weil er die Beschreibung für das wissenschaftlichere Verfahren hielt, schien sie doch alle psychologischen Probleme des Verstehens meiden zu können.[25] Bei E. Husserl wurde die Beschreibung dann sogar zur grundlegenden Methode seiner Philosophie, und deshalb nennt er sein Unternehmen nicht eine verstehende oder auslegende, sondern erklärtermaßen eine „deskriptive Phänomenologie".[26] Aber in seiner Schule hebt sich der Gegensatz der Begriffe auf. Heidegger erklärt in Sein und Zeit: „der methodische Sinn der phänomenologischen Deskription ist Auslegung."[27] Deshalb kann er seine „Phänomenologie des Daseins" auch eine

[25] Wilhelm Windelband, Geschichte und Naturwissenschaft (1894). In: ders., Präludien. Aufsätze und Reden zur Philosophie und ihrer Geschichte, 9. Aufl., Verlag J. C. B. Mohr (Paul Siebeck) Tübingen 1924, Bd. 1, S. 136-160.

[26] Edmund Husserl, Ideen zu einer reinen Phänomenologie und phänomenologischen Philosophie (1930). Husserliana III/1, Martinus Nijhoff Publishers The Hague 1976, bes. §§ 71, 73 ff.

[27] Martin Heidegger, Sein und Zeit, 9. Aufl., J. C. B. Mohr (Paul Siebeck) Tübingen 1960, S. 37.

„Hermeneutik", eine „Auslegung" oder „Interpretation" des Daseins nennen. Die Husserlsche Phänomenologie hat sich bei Heidegger von der Bewußtseinsanalyse in die Daseinsanalyse verwandelt und die Hermeneutik von der Textauslegung (und ihrer Theorie) in die Daseinsauslegung, so daß Phänomenologie und Hermeneutik identisch wurden. Erst dies dürfte zur Begriffsbildung der „philosophischen Hermeneutik" geführt haben, hat dieser Richtung zumindest den entscheidenden Anstoß gegeben.

Fragt man, wieso Heidegger die „Beschreibung" jetzt zur „Auslegung" erklärt, wo doch nur das Sich-Zeigende aufgewiesen werden soll, und lösen wir uns etwas von seiner Sprache, wird man folgende Antworten finden: Diese Beschreibung zielt nicht ab auf die Aufzählung der einzelnen Elemente, sondern zeigt – wie Diltheys Psychologie – diese als das „Strukturganze des Daseins".[28] Weil das sich selbst verstehende Dasein beschrieben werden soll, ist die Deskription überhaupt nur eine Form des Sichselbst-Verstehens, des Sich-selbst-Auslegens. Nur durch Verstehen ist sich das Dasein selbst zugänglich. Die wesentlichen Strukturen des Daseins liegen der Beschreibung auch nicht offen vor Augen, sondern sind verdeckt, und deshalb bedarf es einer eigenen Anstrengung, eben der Interpretation, um „zur Sache selbst" vorzudringen. In jenen verdeckten Strukturen finden wir den „Sinn und Grund" dessen, was sich gewöhnlich zeigt, und so dringt die Beschreibung als Interpretation zu einer tieferen Schicht vor. Schließlich kennt die Auslegung des Daseins auch ein letztes Ziel, von dem geleitet sie interpretiert, die Frage nach dem „Sinn von Sein".

Heidegger hat sich nicht wie Dilthey bemüht, seinen Interpretationsbegriff durch eine Analogie zur Textinterpretation zu rechtfertigen. Aber er hat noch stärker, als es Dilthey in seiner beschreibenden Psychologie tat, nachdrücklich betont, daß sein Verfahren streng methodisch sei und – als einziges – Wahrheit im ursprünglichen und einzig richtigen Sinne erreiche. So hat sein Interpretationsbegriff dieselben Kennzeichen wie der in Diltheys Psychologie. Interpretation ist der einzige Weg zur unverstellten Sache, und ihr Kriterium ist die Selbstevidenz. Deshalb präsentiert sich dies Auslegungsverfahren als gleichsam hart, ist aber insofern weich, als es

[28] Ebd., S. 189 ff.

im Streitfall nur die Selbstevidenz gibt, aber weder ein logisches Prozedere noch eine Argumentation vorliegt.

In anderer Hinsicht ist Heidegger aber von Dilthey abgerückt. Denn für ihn ist jene phänomenologische Interpretation jetzt die einzig philosophisch relevante; die Interpretationen der Geisteswissenschaften werden zu bloßen „Derivaten" des ursprünglichen Selbst- und Weltverstehens erklärt.[29] Da aber nirgends ersichtlich wird, wie aus dem ursprünglichen Verstehen des Daseins eine Interpretation von Texten hervorgehen könne, bleibt diese ein offenes Problem; ja es stellt sich der Eindruck ein, es genüge die Entschlossenheit zur Eigentlichkeit, um nicht nur wahrhaft sich selbst, sondern z. B. ebenso Platons Dialoge zu verstehen. So beansprucht Heidegger zwar wie Dilthey, den Geisteswissenschaften die Fundamente gezeigt zu haben, aber als *Wissenschaften* werden sie jetzt eher destruiert. Denn wissenschaftliche Methoden werden neben jener auf Selbstevidenz ausgerichteten Phänomenologie gar nicht anerkannt. Auch das andere Kriterium einer harten Interpretation, daß nämlich ein anderes Subjekt Sinn konstituierte und äußerte, ist ganz aus dem Blick. Anders als Dilthey, der das *elementare* Verstehen noch in der Beziehung zwischen Subjekten fand[30], nennt Heidegger es das *ursprüngliche* Verstehen, wenn das Dasein weiß, was es mit den zuhandenen Dingen wie „Tisch, Tür, Wagen, Brükke" auf sich hat.[31] Das andere Subjekt, dessen Äußerungen verstanden werden müssen, taucht bei Heidegger gar nicht auf. Die berühmten Darlegungen in den §§ 31 bis 34 in *Sein und Zeit* über das Verstehen und Auslegen sind deshalb auch keine Fortführung oder Umwälzung der Hermeneutik, sondern eine neue Fassung der aristotelischen Logik. An die Stelle der Stufung Wahrnehmung – Begriff – Urteil – Schluß tritt die Stufung Befindlichkeit/Stimmung – Verstehen – Auslegung – Aussage/Rede. *Hermeneuein* heißt für Heidegger primär *kundgeben*.[32] Von hier aus führt kein Weg zum methodischen Verstehen, zur „Nachkonstruktion" der Geisteswissenschaften. Viel eher erinnert dieser Wortgebrauch an Aristoteles' Schrift *Peri hermeneias*, seine Aussagenlogik.

---

[29] Ebd., S. 152.

[30] W. Dilthey, Der Aufbau, a. a. O., S. 207 f.

[31] M. Heidegger, Sein und Zeit, a. a. O., S. 152.

[32] Ebd., S. 37.

Bringt Heidegger anders als Dilthey dem methodischen Verfahren der Geisteswissenschaften keinerlei Interesse mehr entgegen, so gerät er zugleich in gefährliche Nähe zu den Weltanschauungen. Kein Zweifel: Heidegger hat keine „Weltanschauung" verfassen, sondern nur die Formalstrukturen des Daseins aufweisen wollen. Aber zum einen werden von ihm Weltanschauungen dann mittelbar gerechtfertigt, wenn sie authentische Daseinsentwürfe sind. Ob die Wahrheit heraustritt oder nicht, darüber entscheidet schließlich stets nur das zur Eigentlichkeit entschlossene Dasein selbst. Insofern stehen jetzt Weltanschauungen und Geisteswissenschaften auf ein und derselben Ebene; eine vorlaufend zum Tode entworfene, echte Weltanschauung ist naturgemäß „wahrer" als die nur methodisch betriebene Philologie. Zum anderen riskiert Heidegger weit stärkere inhaltliche Aussagen über das menschliche Dasein als Dilthey. Wenn wir etwa lesen, der Sinn des Daseins sei Sorge und seine Grundbefindlichkeit Angst – wie unterscheiden sich diese Aussagen von denen der Weltanschauungen? Man wird zugeben müssen, daß Heideggers *Sein und Zeit* ebenso strittig geblieben ist wie das, was Dilthey Weltanschauung nannte. Schon 1933 sagte Joachim Ritter in seiner Antrittsvorlesung, Heidegger sei mit *Sein und Zeit* in das Gebiet „wissenschaftsfremder Weltanschauung" hinübergetreten. Wenn Heidegger die banale Tatsache, daß der Mensch sterben müsse, dies „Sein zum Tode", zum Wesen des Menschen erkläre, sei das eine ganz willkürliche Entscheidung.[33]

b) Georg Misch

Wohl unabhängig von Heidegger hat Misch die Hermeneutik zum Zentrum der Logik erklärt und dafür folgende Begründung gegeben: Will man Logik philosophisch betreiben, darf man sie nicht als ein Reich fertiger, leerer Formen ansehen, sondern muß diese in ihrem Entstehen und ihrer Verknüpfung mit den Gehalten betrachten und d. h. die Logik in eine „Theorie des Wissens" umformen.[34] Da die „elementare Form des Wis-

---

[33] Joachim Ritter, Über den Sinn und die Grenze der Lehre vom Menschen (1933). In: ders., Subjektivität. Sechs Aufsätze, Suhrkamp Frankfurt a. M. 1974, S. 59 f.

[34] Georg Misch, Der Aufbau der Logik auf dem Boden der Philosophie des Lebens. Göttinger Vorlesung über Logik und Einleitung in die Theorie des Wissens,

sens" das Verstehen ist, bildet die Theorie des Verstehens, also die Hermeneutik, das Zentrum der Logik, die Misch deshalb auch als „hermeneutische Logik" bezeichnen kann.[35] Wie bei Heidegger haben die Begriffe Verstehen und Auslegen eine weite, grundsätzliche Bedeutung. Aber deutlicher als Heidegger und mit Blick auf Dilthey macht Misch Unterschiede kenntlich: „Verstehen" sei einerseits die „Auffassung dessen, was mit einem Ausdruck gemeint ist", andererseits aber eine „primitive Zugangsart zur Welt überhaupt".[36] In dieser Weise differenziert Misch auch die „Auslegung" als die „höhere Stufe des Verstehens". Sie sei zum einen ein wissenschaftliches Verfahren in den Geisteswissenschaften, zum anderen aber die Auslegung des Lebens und der Welt. Deshalb gibt es für Misch auch zwei Formen der Hermeneutik: als geisteswissenschaftliche Methodenlehre einerseits und als Theorie der elementaren Formen des Wissens, als hermeneutische Logik, andererseits. Beide Formen der Auslegung sind für ihn durchaus auf Objektivität ausgerichtet. Die geisteswissenschaftliche Auslegung will den Sinn des Textganzen wie jedes Satzes „objektiv, d. h. ... getreu oder richtig, verstehen lehren". Und ebenso hat die Auslegung des Lebens und der Welt – als Sache der Philosophie – „die Richtung auf die Objektivität, d. h. [auf] ein getreues, allseitiges Verständnis aus Berufung auf die Sache selbst heraus".[37] Beidemal wird vorausgesetzt, daß Sinn verstanden wird. Die geisteswissenschaftlichen Phänomene aus den Bereichen der Kultur sind Ausdrucksgestalten, die selbst sprechen und etwas meinen (anders als die Gegenstände der Naturwissenschaften).[38] Und auch die andere Auslegung setzt Sinn voraus, wenn sie „die Lebensäußerungen des Menschen, die Geschehnisse des Weltlaufs nach ihrem Sinn

---

hrsg. von Gudrun Kühne-Bertram u. Frithjof Rodi, Verlag Karl Alber Freiburg / München 1994.

[35] Zum Begriff der hermeneutischen Logik siehe O. F. Bollnow, Zum Begriff der hermeneutischen Logik. In: Argumentationen. Festschrift für Josef König, hrsg. von Harald Delius / Günther Patzig, Vandenhoeck und Ruprecht, Göttingen 1964, S. 20-42. Gudrun Kühne-Bertram, Logik als Philosophie des Logos. Zu Geschichte und Begriff der hermeneutischen Logik. In: Archiv für Begriffsgeschichte, Bd. 36, 1993, S. 260-293.

[36] G. Misch, Logik, a. a. O., S. 566, 561.

[37] Ebd., S. 566, 568.

[38] Ebd., S. 560 f.

im Ganzen von Welt und Leben befragt, wie man ein Kunstwerk aus ihm selbst verstehen und durchforschen, auslegen kann, weil es ein Ganzes ist, das seinen Sinn in sich selber trägt."[39] Vor allem also durch die Voraussetzung eines Sinnes rechtfertigt Misch die Rede vom Verstehen und Auslegen in beiden Bereichen.

Misch knüpft hier überall an Dilthey an, aber er setzt neue Akzente, so daß doch ein anderes Gesamtbild resultiert. Mit Dilthey heißt es, die Sprache der Geisteswissenschaften sei eine andere als die ihrer Gegenstände. Die Lebensinterpretationen in der Dichtung und die literaturwissenschaftlichen Interpretationen unterscheiden sich schon sprachlich also ebenso, wie wir auch Kunstproduktion und -rezeption auseinanderhalten. Stärker als Dilthey macht Misch uns aber den kontinuierlichen Übergang dazwischen deutlich. Schon der künstlerische Ausdruck enthalte Wissen und Selbstreflexion, und daran knüpften die Geisteswissenschaft an.[40] Aber anders als Dilthey ist Misch nicht an einer Schicht des geisteswissenschaftlichen Verstehens interessiert, welche sich ähnlich in den Naturwissenschaften findet, wenngleich auch er am Gedanken eines wissenschaftlichen Interpretationsverfahrens festhält. Dafür akzentuiert er, daß die Sprache der Geisteswissenschaften doch große Ähnlichkeit mit der ihrer Gegenstände aufweise, ja oft ihr gleiche. Denn zwar enthalte sie auch „rein diskursive" Ausdrucksweisen, d. h. definierte Termini, aber typisch für sie sei – wie in Mythos, Religion und Dichtung – die evozierende, prägnante Sprache, welche die Gegenstände nicht festlege, sondern nur „erzittern" oder aufleuchten lasse, eine Sprache, in der Bilder und Metaphern dominieren.[41] Gerade diese Sprache vermag für Misch den geisteswissenschaftlichen Gegenständen gerecht zu werden. Misch rechtfertigt also – anders als Dilthey – die Geisteswissenschaften nicht durch ihr methodisches Vorgehen, das teils ähnlich, teils anders ist als das der Naturwissenschaften, sondern durch ihre Sprache, die zwar gänzlich anders als die der exakten Wissenschaften, aber gleichwohl sachhaltig und verständlich ist. Damit hat Misch, der die Hermeneutik als Methodenlehre zwar verbal anerkennt, die Methoden beiseite gesetzt und die weiche Interpretation als

---

[39] Ebd., S. 567.

[40] Ebd., S. 555, 562 f.

[41] Ebd., bes. S. 545 ff.

typisch für die Geisteswissenschaften gerechtfertigt. Diese Disziplinen stehen jetzt nicht mehr an der Seite der Naturwissenschaften, sondern neben der Dichtung. Wie diese benötigen sie eine produktive, stets in Um- und Neubildung begriffene Sprache. Immerhin aber bleibt bei Misch jenes zweite erwähnte Merkmal einer harten Interpretation in ihnen enthalten: Ihre Auslegungen sind dem Ausdruckssinn ihrer Gegenstände verpflichtet; sie sollen diese nicht überdecken, sondern zum Reden bringen, indem die Phantasie mittels der Interpretationssprache jeweils „gleichsam das Leben des Gegenstandes schaffend entfaltet."[42]

Da Misch die Ausdrucksgestalten des Lebens und die Wissenschaften von ihnen ineinander übergehen sieht und ihren qualitativen Unterschied – die methodische Interpretation – faktisch aufgibt, rücken die Geisteswissenschaften nicht nur eng an die Dichtung heran, sondern auch ihre Überlegenheit gegenüber den Weltanschauungen fällt weg. Nirgends hebt Misch wie Dilthey den unauflösbaren Streit zwischen diesen hervor, sondern er nimmt sie – wie besonders seine *philosophische Fibel* zeigt[43] – in neuer Weise als Aussagen zur Sache, zu Welt und Leben, ernst. Folgerichtig stellt er anders als Dilthey seine eigene Philosophie, die Lebensphilosophie, in die Tradition der Metaphysik und damit der Weltanschauungen ein. Diltheys Gedanke, das Leben sei unergründlich und gedankenmäßig zugleich, wird bei Misch zur lebensphilosophischen Metaphysik, und er sieht jenen Gedanken schon in Heraklits Auffassung vom Logos enthalten, da dieser unendlich und endlich, *apeiron* und *peras* sei und die „Unergründlichkeit" und „Gedankenmäßigkeit" des Lebens zusammenschließe.[44] Von der Triftigkeit der eigenen Philosophie überzeugt, kann Misch nun auch zur Wahrheit anderer philosophischer Weltanschauungen Stellung nehmen. Sie sind unangemessen, wenn sie das Leben ganz rationalisieren, in begriffliche Konstruktionen zwängen und festlegen wollen; angemessen aber, wenn sie der ständigen Bewegung, dem Fluß des Lebens und seiner Unergründlichkeit Rechnung tragen. Daraus erklärt sich auch Mischs Stellung zu Heidegger. Insofern dieser eine Ontologie entwirft, die

---

[42] Ebd., S. 521.

[43] G. Misch, Der Weg in die Philosophie. Eine philosophische Fibel, Verlag B. G. Teubner Leipzig / Berlin 1926.

[44] Ebd., bes. S. 109 f.

feste Strukturen aufzeigt, kann Misch ihm nicht zustimmen; aber Heideggers Orientierung an einer metaphysischen Leitfrage – bei Heidegger die Frage nach dem Sein – kann er begrüßen.

Es überzeugt durchaus, wenn Misch die Unterscheidung von Lebensphilosophie und Weltanschauung aufhebt – denn wieso sollte die Lebensphilosophie keine Weltanschauung sein? Sie kann nur als die *bessere* verteidigt werden. Allerdings fragt sich, ob Misch damit nicht auch ein prinzipielles Problem der Weltanschauungen übernahm, nämlich die Voraussetzung, das Leben sei in gleicher Weise sinnvoll wie ein Text. Mischs Verhältnis zu dieser Frage scheint zwiespältig. Denn einerseits stellt er die Auslegung des Lebens der Interpretation von Kunstwerken gleich. Aber andererseits kann er nicht deutlich machen, daß auch Welt, Leben und die „Geschehnisse des Weltlaufs“[45] einen Ausdruckssinn und etwas Gemeintes enthalten, wie er es bei Werken der Kultur, bei den Gegenständen der Geisteswissenschaften, mit Recht voraussetzt. Ist die lebensphilosophische Interpretation also Auslegung eines im Leben enthaltenen Sinnes – oder ist sie Interpretation als Konstitution, als Sinngebung eines an sich Sinnlosen? Sicher ist, daß die Auslegung der Lebensphilosophie gleichsam weicher ist als die der Geisteswissenschaften. Sie kann sich – ebenso wie Heideggers Fundamentalontologie – nur auf die Evidenz ihrer Aussagen berufen. Allerdings hat die lebensphilosophische Auslegung bei Misch gegenüber Heideggers Verfahren einen wissenschaftlichen Vorteil. Sie spricht vom Leben oder Dasein nicht unmittelbar, sondern auf dem Umweg über die Interpretation bestimmter Gestaltungen. Insofern diese der Kultur angehören, also Ausdrucksgestalten sind, bindet sie sich an die Geisteswissenschaften. Müßte Misch deshalb nicht mit Dilthey und der älteren Hermeneutik deren Methodik, die gleichsam harte Interpretation, stärken? Oder war ihm diese ohnehin gewährleistet?

4. Die Auslegung der Texte und die Auslegung des Lebens

Mit der hermeneutischen Philosophie wird das Auslegen oder Interpretieren zum grundlegenden Verfahren der Philosophie. Sie setzt sich damit von einem spekulativen, rein konstruierenden Vorgehen als Sache subjektiver Beliebigkeit ab und entwickelt die phänomenologische Beschreibung

---

[45] Ebd., S. 56 f.

fort. Allerdings hat ihre philosophische Auslegung nur die eine Analogie zur Textauslegung, daß auch sie es zumeist mit der Relation Teil-Ganzes zu tun hat; sie kann aber weder einen intendierten Sinn in ihren Gegenständen voraussetzen noch ein wissenschaftliches Verfahren zur Anwendung bringen. Deshalb muß sie sich mit einer gleichsam weichen Interpretation begnügen und ist so mit ähnlichen Unsicherheiten belastet wie andere Philosophien auch.[46] Angreifbar wird sie, wenn sie den Unterschied zwischen Lebens- bzw. Weltinterpretationen und Textinterpretationen verwischt, indem sie jenes Verfahren auf diese überträgt. Denn Texte, auch künstlerische, wollen etwas mitteilen, und sie bewegen sich im Regelsystem ihrer Sprache. Dem muß der Interpret Rechnung tragen.

Mit jener Vermischung, wie wir sie besonders bei Heidegger erkennen, geht eine Akzentverschiebung vom Verstehen zum Auslegen einher. Die ältere Hermeneutik hatte beides mit guten Gründen getrennt und sich auf das Verstehen konzentriert[47]: Kaum eine Auslegung kann den ganzen

---

[46] Nicht nur die hermeneutische Philosophie nimmt solchen weichen Interpretationsbegriff in Anspruch, sondern auch z. B. die Wissenschaftstheorie des kritischen Rationalismus, wenn sie etwa von der Interpretation von Tatsachen im Licht von Theorien oder von der Interpretation der Tätigkeit des Wissenschaftlers spricht, denn auch dafür gibt es keinerlei Regeln. Karl R. Popper, Logik der Forschung, 2. Aufl. J. C. B. Mohr (Paul Siebeck), Tübingen 1966, siehe Register. Übrigens konnte schon Dilthey – analog zu Popper – sagen, die Erkenntnistheorien interpretierten in verschiedener Weise die Wissenschaften. W. Dilthey, Der Aufbau, a. a. O., S. 92. Es ist erstaunlich und auch schade, daß der Artikel „Interpretation" in der von Jürgen Mittelstraß herausgegebenen *Enzyklopädie Philosophie und Wissenschaftstheorie* auf den Begriffsgebrauch in der Wissenschaftstheorie und in den Naturwissenschaften nicht eingeht, diskutiert man doch z. B. in der Physik über die „Interpretation" oder die „Deutung" der Quantentheorie. Werner Heisenberg, Der Teil und das Ganze. Gespräche im Umkreis der Atomphysik, 3. Aufl., R. Piper Verlag München 1976, S. 88-100.

[47] Für Schleiermacher gehörte eigentlich nur das Verstehen (die *subtilitas intelligendi*), nicht aber die Auslegung (die *subtilitas explitandi*) in den Bereich der Hermeneutik. Denn die Auslegung als das „Darlegen des Verstehens für Andere ist wiederum ein Darstellen, also Reden, also nicht Hermeneutik sondern Object der Hermeneutik." Wenn man die Auslegung ins Zentrum der Hermeneutik stellt, ist das für Schleiermacher ein Mißverständnis dieser Disziplin: „Dieser Mißverstand ist vom Namen ausgegangen", weil *hermeneuein* eben *aussagen / ver-*

Gehalt eines Textes in sich aufnehmen, und vieles braucht, ja kann gar nicht ausgelegt werden. (Nicht jeder Satz von Thomas Manns Joseph-Roman bedarf der Interpretation.) Auslegungen richten sich sodann jeweils an bestimmte Adressatenkreise und variieren deshalb, ohne daß das Verstehen jeweils ein anderes sein muß. (Der Theologieprofessor interpretiert dieselbe Perikope in der Kirche anders als im Hörsaal und wieder anders in einer wissenschaftlichen Zeitschrift.) Die hermeneutische Philosophie aber erklärt die Auslegung zur Vollendung des Verstehens, so daß jenes ohne diese nicht möglich zu sein scheint. (Das ist bei Heidegger und Misch nicht anders als später bei Gadamer.) Deshalb drängt jetzt die Rede des Interpreten in den Vordergrund, und die Hermeneutik rückt nun nahe an Sprachphilosophie, Rhetorik und Logik heran oder nimmt bewußt sogar deren Stelle ein. Misch hat diesen Schritt, der bei Heidegger und Gadamer mehr impliziert ist, bewußt und begründet vollzogen und hat die Untersuchung der Auslegungssprache ins Zentrum gestellt. – Auch für die Auffassung, erst die Auslegung vollende das Verstehen, lassen sich gute Argumente nennen: Bei komplizierten Texten klärt sich der Sinn erst im Vollzug der Auslegung, auch für den Interpreten selbst, und bei der Auslegung des Daseins, des Lebens, der Welt usw. wird ja jeder Sinn überhaupt erst interpretierend konstituiert – inwieweit er verborgen vorher schon in der Sache schlummerte, bleibt der subjektiven Überzeugung überlassen (und damit jenem Streit, von welchem Dilthey sprach). Dennoch darf man sich nicht durch die auslegende Rede über den Unterschied hinwegtäuschen lassen. Die Textinterpretation fügt dem Text einen weiteren hinzu – die Interpretation des Lebens schafft erst solchen sprachlichen Text; jene kann zitieren, paraphrasieren, Teile in die eigene Rede auf-

---

künden heißt, nicht *verstehen*. Fr. D. E. Schleiermacher, Hermeneutik, hrsg. von Heinz Kimmerle, Carl Winter Universitätsverlag Heidelberg 1959, S. 31, 55. Ähnlich heißt es bei Boeckh: „Es kommt aber in der Hermeneutik nicht sowohl auf die Auslegung, sondern auf das Verstehen selber an, welches durch die Auslegung nur explicirt wird. Dies Verstehen ist die Reconstruction der ἑρμηνεία, wenn diese als Elocution gefasst wird." Denn die *hermeneia* „ist das, was die Römer *elocutio* nennen, also nicht Verstehen, sondern Verständlichmachen." August Boeckh, Enzyklopädie und Methodenlehre der philologischen Wissenschaften, hrsg. von Ernst Bratuscheck, Wissenschaftliche Buchgesellschaft Darmstadt 1966, S. 80. Demzufolge hätten Schleiermacher und Boeckh die Konzeptionen von Heidegger, Misch und Gadamer gar nicht Hermeneutik nennen können.

nehmen – diese nicht; jene hat es mit einer gegebenen Sinnäußerung zu tun, die sie nicht ändern, sondern allenfalls kritisieren kann – die Auslegung etwa des menschlichen Daseins aber ist an solche Vorgaben nicht gebunden. Wäre dies von den Repräsentanten der philosophischen Hermeneutik stets beachtet worden, die Philosophen der Postmoderne hätten die Hermeneutik nicht kritisieren können als die, welche den Anderen, den Fremden, in die eigene Vorstellungs- und Begriffswelt hineinzwänge.

Aus den genannten Beobachtungen wird m. E. auch deutlich, daß Bollnow sich näher an Misch als an Heidegger anschloß. Misch ermutigte stärker als Dilthey zur eigenen Philosophie: Ist sie auslegende, „hermeneutische Philosophie", braucht sie nicht zu fürchten, „bloß Weltanschauung" zu sein, sondern kann auf Weltanschauung im recht verstandenen Sinne abzielen, auf eine Philosophie des Ganzen. Aber anders als Heidegger ermutigte Misch ja nicht, dies Ganze unmittelbar anzuvisieren und auszulegen, sondern er stützte sich auf konkrete Phänomene, in denen es aufscheint: Philosophien, Autobiographien, sprachliche Gestaltungen überhaupt. Dieser vorsichtige Ausgang von konkreten, bestimmten Phänomenen kam Bollnow nahe, und er hat dies Vorgehen übernommen.[48] Das Ganze, das Leben, erscheint deshalb bei Misch und Bollnow weniger als Objekt der Philosophie, sondern mehr als Horizont, in welchem ihre Gegenstände auftauchen. Sodann zeigte Misch – wie die „Göttinger Logik"[49] überhaupt – die Möglichkeit einer Auslegungssprache, welche den Interpretanda gerade dadurch gerecht wird, daß sie nicht exakt, sondern prägnant ist. Auch das ermutigte zu hermeneutischem Philosophieren, da es bestätigte, daß es jenseits der exakten Wissenschaften nicht nur willkürliche Konstruktionen oder das Verstummen, sondern die

---

[48] Siehe zu den einzelnen Facetten von Bollnows hermeneutischer Philosophie Klaus Giel, Umrisse einer hermeneutischen Philosophie. Zwischen Phänomenologie und Lebensphilosophie. In: Friedrich Kümmel (Hrsg.), O. F. Bollnow: Hermeneutische Philosophie und Pädagogik, Verlag Karl Alber Freiburg/München 1997, S. 11-58, sowie Frithjof Rodi, Hermeneutische Philosophie im Spätwerk von Otto Friedrich Bollnow, ebd., S. 59-79.

[49] Zu Begriff und Sache siehe O. F. Bollnow, Georg Misch und der Göttinger Kreis (1980). In: ders., Studien zur Hermeneutik, Bd. II: Zur hermeneutischen Logik von Georg Misch und Hans Lipps, Verlag Karl Alber Freiburg/München 1983, S. 20 ff.

Möglichkeit der verständlichen Artikulation von Erfahrungen gibt. Wo Misch allerdings die Sprache der Geisteswissenschaften zu eng mit der dichterischen Sprache verwob, hat Bollnow gewarnt: geisteswissenschaftliche Begriffe seien zwar keine streng definierten Terme, aber auch etwas anderes als die poetischen Ausdrucksformen der Dichtung.[50] Hat Bollnow in dieser Weise wie Dilthey die poetische Auslegung des Lebens von der geisteswissenschaftlichen Interpretation der Dichtung unterschieden, so kennt auch er – sehe ich richtig – keine harte, methodische Interpretation im Sinne Diltheys mehr. Denn Bollnow kritisiert zwar die Geisteswissenschaftler, wenn sie aus „vornehm tuender genialischer Haltung heraus ... auf die Ansprüche einer sauberen Methode verächtlich herabblicken" und die „nüchterne Verstandesarbeit" durch „dichterische Intuition" ersetzen, und er hält diese Wissenschaften nur dann für gesichert, wenn sie „auf ihrem Boden und von ihren Bedürfnissen her zu einem gleichen Maß der methodischen Sauberkeit" wie die Naturwissenschaften gelangen.[51] Aber an einem methodischen Prozedere im Sinne der älteren Hermeneutik hat auch er wenig Interesse gezeigt und es wohl auch nicht für sinnvoll gehalten, da die Geisteswissenschaften wegen ihrer Gegenstände bei ihren Interpretationen wesentlich „schöpferisch" verfahren müßten[52] – wozu es freilich keine Regeln geben kann.[53] Die geisteswissenschaftlichen Aussagen hätten – so Bollnow wiederum im Anschluß an Misch – keine „Allgemeingültigkeit", sondern nur „Objektivität", indem sie sich dem „Wi-

---

[50] O. F. Bollnow, Der Aufbau der Logik auf dem Boden der Philosophie des Lebens. Die Logik-Vorlesung von Georg Misch, ebd., S. 190 f.

[51] O. F. Bollnow, Die Methode der Geisteswissenschaften (1950). In: ders., Studien zur Hermeneutik, Bd. I: Zur Philosophie der Geisteswissenschaften, Verlag Karl Alber Freiburg / München 1982, S. 119 f.

[52] Ebd., S. 129 ff.

[53] Laut Bollnow ist ein sicheres Verstehen nur in dem seltenen Grenzfall möglich, in dem das Interpretandum „Bündigkeit" besitze, d. h. ein vollkommen durchgestaltetes Werk sei. Da aber die Erkenntnis, ob und inwieweit ein Werk solche Vollkommenheit hat, sich erst aus sorgfältigen Verstehensbemühungen ergibt, fragt sich, wie solches Verstehen zu verfahren hat. Und gerade dazu hat die traditionelle Hermeneutik ihre Richtlinien entworfen.

derstand" ihres jeweiligen Gegenstands zu beugen hätten.[54] Muß man diese Auffassung vom Widerstand, den alle Texte der Auslegungswillkür entgegensetzen, nachdrücklich unterstützen, so bedarf das Problem, wieso z. B. Bollnows luzide Misch-Interpretation keinen Anspruch auf Allgemeingültigkeit, d. h. auf allgemeine Zustimmung, erhebt und auch nicht erheben kann, m. E. noch näherer Aufklärung. Die stärkere Orientierung an der methodologischen Hermeneutik dürfte auch dem entgegenwirken, was Bollnow „die Gefahr aller Hermeneutik" nannte: „ihre Bereitschaft, sich mit dem überlieferten Verständnis zufrieden zu geben, was sich im politischen Bereich in einer gewissen konservativen Neigung auswirken kann."[55] Denn jene ältere, traditionelle Hermeneutik hatte ja gar kein anderes Ziel, als fremde oder fremd gewordene Literaturen zu verstehen und verständlich zu machen. Deshalb verdanken wir der ihr zugehörigen Gelehrtenarbeit auch Disziplinen wie Sinologie, Indologie und Japanologie, also Fächer, die keineswegs – wie laut Bollnow die „hermeneutische Philosophie" – die Auffassung vertreten oder nahelegen, wir seien gänzlich in unsere eigene Sprache und in unsere Konzeptionen „verstrickt".[56]

Diskussion

LOCH: In Ihrem Vortrag spielte der Begriff der Beschreibung eine große Rolle, und meine Frage ist, wie sich der Begriff der Beschreibung zum Begriff der Interpretation bei Dilthey verhält?

---

[54] Ebd., S. 133. O. F. Bollnow, Zur Frage der Objektivität der Geisteswissenschaften (1937), a. a. O., bes. S. 21-27. Die Unterscheidung von Objektivität und Allgemeingültigkeit bei G. Misch, Logik, a. a. O., S. 561. – In Bollnows Betonung des „Widerstands", den die geisteswissenschaftlichen Gegenstände der Interpretationswillkür entgegensetzen, könnte man das eine unserer Kriterien einer harten Interpretation wiedererkennen, daß nämlich ein sprachlich artikulierter Sinn vorgegeben ist, der sich nicht ändern läßt. Aber Bollnow dürfte solchen Widerstand z. B. auch in Phänomenen der Natur erblicken, und hier scheint mir die Sachlage doch eine andere zu sein.

[55] O. F. Bollnow, Hermeneutische Philosophie. In: Was ist Philosophie? Neuere Texte zu ihrem Selbstverständnis, hrsg. von Kurt Salamun, 2. Aufl., J. C. B. Mohr (Paul Siebeck) Tübingen 1986, S. 101.

[56] Ebd., S. 100 f.

SCHOLTZ: Beide Begriffe haben bei Dilthey viel miteinander zu tun; vgl. seinen Versuch über beschreibende und zergliedernde Psychologie, wo die Seele sich in drei Felder gliedert (Volition, Fühlen, Denken) und diese wiederum auf das Ganze zurückbezogen werden müssen. Wird dieses Strukturgeflecht als Ganzes im Auge behalten, so gehen hier der Begriff der Interpretation und der der Beschreibung gleitend ineinander über. Interpretation tritt mit dem Anspruch auf, die Psychologie zu erweitern und überhaupt erst zu einer geisteswissenschaftlichen, d. h. verstehenden und beschreibenden Psychologie zu machen. Eine so verstandene Interpretation muß in der Nähe der philologischen Interpretation untergebracht werden, obwohl es sich beim Seelenleben um keinen „Text" im engeren Sinne handelt. Es geht nicht lediglich um eine Äußerung des seelischen Lebens, sondern um dieses selbst. Hier konnte Heidegger anknüpfen, indem er die Struktur als Existential deutete.
LOCH: Wo kein Text vorhanden ist, gibt es keine andere Möglichkeit, als sich über die Beschreibung einen solchen zu verschaffen. Damit hängt die mögliche Disziplinierung der Hermeneutik durch die Phänomenologie Husserls zusammen (vgl. auch Hermann Schmitz).
SCHOLTZ: Ich würde dem leichter zustimmen können, wenn nicht der Begriff des „Textes" heute fürchterlich mißbraucht und mißhandelt würde, so daß es für einige Autoren keinen Text mehr gibt, es sei denn man schafft sich einen. Deshalb halte ich mich hier lieber etwas zurück. Es macht einen Unterschied, ob „Text" eine Metapher ist oder ob er wirklich im Sinne eines sprachlichen „Gewebes" verstanden werden kann und nicht nur als ein Gebilde des Interpreten. Überhaupt stellt dieser ganze Konstruktionsgedanke – die Vorstellung, daß wir alles erst konstituieren müssen – alles auf den Kopf. Man kann das vielleicht so sehen, aber ob wir dabei stehenbleiben müssen, ist eine andere Frage. Da enthalte ich mich des Urteils.
SCHÜZ: Es kommt da die Schwierigkeit hinzu, daß man den Text des Lebens ja nicht einfach vor sich hat, so daß die phänomenologische Beschreibung nicht ohne weiteres mit einem in sich abgrenzbaren Phänomen und Kontext korrespondiert. Der Text ist das Leben im ganzen. Es geht um Erscheinungsformen und Äußerungen des Lebens, die jeweils von verschiedenen Situationen her interpretiert werden.
SCHOLTZ: Bollnow unterscheidet gelegentlich eine philologische Interpretation bzw. Hermeneutik von einer philosophischen und erkennt da-

mit implizit an, daß es in der Philologie durchaus auch eine „harte" Interpretation gibt. Ich habe aber nicht den Eindruck, daß ihn das besonders interessiert hätte, auch wenn er damit – im Unterschied zu Gadamer – nicht in Konflikt gerät. Es ist typisch für seine hermeneutische Philosophie bzw. philosophische Hermeneutik, daß er mit der „harten" Interpretation nicht wie Gadamer in einen Konflikt gerät. Aber auch Bollnow möchte wie Dilthey das Leben als Ganzes interpretieren, und eine solche Interpretation kann nur eine „weiche" sein, für die keine Methoden vorgeschrieben werden können. Es bleibt notwendig unscharf, was das Leben im ganzen ist. Doch scheint in allen Lebensäußerungen und kulturellen Schöpfungen eine Perspektive des Lebens im ganzen auf. Wir haben es hier also mit einer perspektivischen Interpretation des Lebens im ganzen zu tun, mit Bruchstücken, in denen das Leben als ganzes irgendwie aufscheint.

SCHÜZ: Das Ganze als „Ganzes" kann man gar nicht interpretieren, sondern immer nur das Einzelphänomen, aber dieses wiederum nur in bezug auf das Ganze. Es macht einen Unterschied, ob man dem Einzelphänomen einen geschlossenen Kontext unterlegt oder aber seine Bedeutung für einen Lebenszusammenhang im Sinne der Sicherung einer Lebensmöglichkeit überhaupt freizulegen unternimmt.

KÜMMEL: Ihre Tendenz ist es, die philosophische Hermeneutik bezüglich des Überschwangs eines „weichen" Interpretationsbegriffs zu kritisieren und darauf hinzuweisen, daß man auch den „harten" Interpretationsbegriff wieder ins Auge fassen sollte. Aber vielleicht ist auch in dem unbestimmt erscheinenden, „weichen" Begriff der Interpretation eine andere Art von Härte enthalten. Man könnte einen „harten" Interpretationsbegriff durchaus auch konstruktivistisch verstehen, so wie man die Intentionalität überhaupt als eine etwas ins Werk setzende, konstruktive Tätigkeit verstehen kann. Das hätte dann aber mit der Forderung der Sachlichkeit bzw. Sachangemessenheit relativ wenig zu tun.

Im Blick auf die Sache aber kann auch ein „weicher" Interpretationsbegriff durchaus „hart" sein, wenn man das mit ihr verbundene Referenzproblem ins Auge faßt. Sachangemessenheit zu erreichen ist eine äußerst schwierige Sache. Ob etwas „trifft" oder „nicht trifft", „stimmt" oder „nicht stimmt" usw., verlangt ein höchst sensibles und differenziertes Urteilsvermögen. Die hier je ins Auge zu fassende „Sache" ist an sich ja nicht unbestimmt, sondern ein höchst Spezifisches, qualitativ Bestimmtes. Im darauf

bezogenen, „weichen“ Interpretationsbegriff ist zumindest eine nicht-konstruktive Tätigkeit enthalten und etwas angestrebt, für das die Unterscheidung bestimmt/unbestimmt nicht angemessen ist und den spezifischen Gesichtspunkt der „Genauigkeit“ der Sache gerade verfehlt.
Ich will den Konstruktionsbegriff damit nicht in die Ecke stellen, doch muß man sich fragen, ob nicht auch in dem, was nur nicht-konstruktiv gefaßt werden kann, ein „Widerstand der Sache“ – so würde Bollnow sagen – enthalten ist, also eine noch stärkere Aufforderung zur Disziplinierung, weil es hier sicher auch die Versuchung zu einer verschwommenen „weichen“ Interpretation gibt, die undiszipliniert ist. Maxime einer undisziplinierten „weichen“ Interpretation wäre z. B. das „anything goes“ von Paul Feyerabend. Man kann tausendmal über alles mögliche reden und am Ende hat jeder immer noch recht. So verstanden, ist der Begriff des „Weichen“ inflationär geworden und man kann nichts mehr mit ihm anfangen. Aber die phänomenologische Interpretation hat ja einen Gegenstand und enthält ja etwas. Bei Misch ist das „evozierende Reden“ das Entwickeltste und Feinfühligste, was es gibt. Die von Misch so genannte „diskursive Aussage“ hingegen schließt sich ab und man kann sie weiterführen bis hin zur Definition bzw. terminologischen Festlegung – ganz nach eigenem Gusto. Was im Sinne definitorischer Festlegung „hart“ erscheint, kann von der anderen Seite her gesehen überaus „weich“ sein. Demgegenüber ist das „evozierende Reden“ gerade nicht nach eigenem Gusto und verlangt die äußerste Präzision. Auf beiden Seiten gibt es also ein Problem der Genauigkeit, aber näher besehen einer höchst verschiedenen Genauigkeit. Entsprechend gibt es von „weich“ und „hart“ zwei völlig unterschiedliche Begriffe.
SCHOLTZ: Ich verteidige inzwischen in der Tat die ältere Hermeneutik, aber nicht weil ich die neuere Hermeneutik abschaffen will, sondern weil man auf die alte nicht verzichten kann. Wenn wir einen Text von Bollnow lesen, wollen wir doch nicht das finden, was wir darin sehen möchten, sondern herauskriegen, was er damit hat sagen wollen. Das ist die Grundlage jeder Verständigung. Man kann die Intention eines Anderen nicht verändern, und es steht nun einmal so da. Wenn ich einen philosophischen Text lese, finde ich es wenig ehrlich zu sagen „ich versteh's nicht“ oder „es ist falsch“, um es dann so lange zu drehen und zu kneten, bis es in mein Denksystem hineinpaßt. Das ist Grund genug, um am „harten“

Begriff der Interpretation festzuhalten, was aber, wie gesagt, nicht heißt, ich wolle den „weichen" abschaffen.

Auch eine „harte" Wissenschaft wie die Physik hat im Sinne von Popper einen „weichen" Interpretationsbegriff. Wir lesen in der „Logik der Forschung", daß das, was ein Wissenschaftler tut, interpretiert werden muß und daß man es verschieden interpretieren kann. Die Praxis eines Wissenschaftlers kann verschieden interpretiert und auch wissenschaftstheoretisch verschieden rekonstruiert werden. Wenn nicht gesagt werden kann, wie etwas interpretiert werden muß, ist das ein „weicher" Interpretationsbegriff. Sie lesen in Poppers Buch „Das Elend des Historizismus", daß der Marxismus oder auch Spenglers Kulturphasentheorie lediglich Interpretationshypothesen sein könnten für die Geschichtswissenschaft. Interpretationshypothesen sind nicht knallharte Theorien, die falsifiziert werden können, sondern vielmehr Anleitungen, die sich als mehr oder weniger fruchtbare Wege für weitere empirische Forschung erweisen können. Das ist auch ein „weicher" Interpretationsbegriff. Selbst wenn ich Szientist wäre, hätte ich also noch Grund genug, den „weichen" Interpretationsbegriff zu rechtfertigen.

Aber nicht ganz verstanden habe ich Ihre Feststellung, es gäbe auch in der „weichen" philosophischen Interpretation einen harten Kern oder einen „Widerstand der Sache", und es wäre mir recht, wenn Sie mir das an einem Beispiel noch klar machen könnten.

KÜMMEL: Bollnow hat viel von der Beschreibung geredet, aber er hat meines Wissens nur einmal versucht, eine solche zu geben und sich dazu die Beschreibung einer Wasserwelle vorgenommen. Er tat sich schwer, überhaupt ein geeignetes Beispiel zu finden für das, was Beschreibung in seinem Sinne ist. Die Wasserwelle zu beschreiben ist eine harte Anforderung. Natürlich hätte er es sich als Physiker leicht machen und mathematische oder physikalische Eigenschaften der Welle aufzählen können. Mit der Beschreibung der Wasserwelle hat das zunächst aber noch gar nichts zu tun. Ich meine also diese Art Schwierigkeit, die da auftaucht, wo auf Vorbegriffe verzichtet wird.

Ich sehe darin aber nicht nur die Schwierigkeit der sprachlichen Fassung eines komplexen sinnlichen Eindrucks, sondern darüber hinaus das Problem der Referenz, also die Frage, worauf die Beschreibung überhaupt in realem Sinne Bezug nimmt. Während man sich sprachlich oder begrifflich alles mögliche denken kann, hat man in der Beschreibung entweder einen

Bezug zu der Sache, die man beschreiben will, oder sie ist überhaupt nicht möglich. Der Bezug zur Sache hat allemal etwas Unfaßbares an sich, das aber gleichwohl gefaßt sein will und für unsere Wahrnehmung so erst zu seinem Ausdruck kommt. Das Beschriebene ist vor der Beschreibung da, aber es ist nur in ihr gegeben. Schon die Umschreibung zeigt, wie schwierig eine solche Art der Beziehung auf ein Gegebenes ist. Die Rede von einem „Widerstand der Sache" ist dafür keine glückliche Bezeichnung. Die Sache widersteht mir nicht nur, sie verlangt vielmehr etwas von mir, was mich zunächst einmal überfordert. Ich kann mein Unvermögen sehr wohl spüren in bezug auf sie. Das meine ich, wenn ich sage, daß in der „weichen" Beschreibung sehr wohl ein harter Kern enthalten ist: dieses „nicht damit fertig werden können".
LOCH: Kann ich etwas beschreiben, was ich nicht verstehe? Man versucht ja etwas zu beschreiben, dessen 'Sprache' man noch nicht 'kann' und dessen Sinn man nicht versteht. Wenn das richtig ist, gewinnt die Beschreibung eine ganz eigene Dignität.
SCHÜZ: Bollnow versucht, ohne theoretische Voranahmen und empirische Vorgaben an die Beschreibung der Phänomene heranzugehen. Andererseits geht er mit Recht davon aus, daß auch dieses Tun unter einem gewissen Vorverständnis steht. Es gibt an dieser Stelle zwar eine Trennung von Beschreibung und Deutung, die dann doch wieder relativiert werden muß. Ein Vorverständnis ist leitend, aber es darf das Neue in seinem Gegenstand nicht verdecken und muß vielmehr gerade umgekehrt dazu dienen, es freizulegen. Es ist nicht so, daß der Gegenstand vor der Beschreibung fix und fertig da wäre; er entsteht vielmehr erst während der Beschreibung und in einem gewissen Sinne durch sie. Das ist eine ganz besondere Schwierigkeit, die nicht nur den Gegenstand betrifft, sondern auch seine Beschreibung. Beides entsteht gleichsam durcheinander. Der Gegenstand erscheint durch die Beschreibung in einer vorher so nicht gesehenen Weise, und das macht auch den Widerstand der Sache aus, der darin liegt, etwas vorher nicht so sehen zu können. Das zunächst an den Gegenstand und an das Schreiben herangetragene Vorverständnis wird in der Beschreibung durchbrochen und in eine neue Sicht- und Verstehensweise übergeführt. Die Widerständigkeit liegt in diesem Durchbrechenmüssen. An diesem Punkt kann man zwischen „weicher" und „harter" Interpretation nicht mehr unterscheiden.

SCHOLTZ: Die Begriffe „Beschreibung“ und „Interpretation“ sind an dieser Stelle nicht mehr randscharf voneinander zu trennen. Das ist ein interessantes Ergebnis der Philosophiegeschichte. Windelband unterschied zwischen den „ideographischen“ und den „nomothetischen“ Wissenschaften, und die „ideographischen“ waren die beschreibenden. Beides waren für ihn auf Tatsachen bezogene, harte empirische Wissenschaften. Wie kommt es nun plötzlich, daß das „Beschreiben“ selbst als solches zu einem „Interpretieren“ wird? Darin liegt meines Erachtens eine Aufweichung des Begriffs der Beschreibung. Während Windelband noch davon ausging, daß man die Gegenstände einfach abschildern kann, haben wir – schon im Blick auf die Sprache – gelernt, daß wir die Gegenstände formieren und modellieren und daß sie so plan und unschuldig gar nicht vor uns liegen. Das heißt aber nur, daß die Wissenschaften insgesamt „weicher“ geworden sind. Ein Indiz dafür ist, daß das Beschreiben zum Interpretieren wird, so daß man diese beiden Begriffe schließlich kaum noch voneinander unterscheiden kann. So würde ich die historische Entwicklung rekonstruieren.
Auf die Frage: Kann man etwas beschreiben, was man noch gar nicht verstanden hat, würde ich sagen, daß die Kunstwissenschaften ein solches nichtverstehendes Beschreiben geradezu prämieren. Es wird z. B. verlangt, ein Bild nicht gleich zu deuten, sondern erst einmal das zu beschreiben, was man sieht, z. B. auf Dürers „Melancholia“. Das war der Versuch, beides erst einmal zu sondern und jede Deutung zunächst einmal zurückzuhalten. Ein sogenanntes abstraktes, gegenstandsloses Bild verlangt das in verstärktem Maße, weil es nicht ohne weiteres und vielleicht überhaupt nicht gedeutet und „verstanden“ werden kann. Eine solche Einstellung kann man üben. Und doch kann ein solches „Sehen“ zu einem „Verstehen“ führen, denn man sieht nun mehr und anderes mit und entdeckt bislang verborgene Zusammenhänge.
GIEL: Wer bei Bollnow gehört und mit ihm zusammengearbeitet hat, hat die Härte der Interpretation bei ihm ständig gespürt. Auch sind es in der Beschreibung nicht einfach Empfindungen, wenn er z. B. von der Tiefe der Schwärze eines Waldsees spricht. Ich hatte immer den Eindruck, daß die Art, wie Bollnow interpretierte, eine Form des Lesens war. Bollnow war ein genialer Leser. Darin ist mitausgesagt, was er nie ausdrücklich gemacht hat: daß die Wirklichkeit eine Wirklichkeit von Zeichen ist – Zeichen, die nicht konventioneller Natur sind. Der Zeichenbegriff, der

dann auch zu seinen sprachphilosophischen Arbeiten geführt hat, paßt nicht mehr in die Unterscheidung von physei und thesei. Und genau so ist Bollnow, glaube ich, auch mit den Texten umgegangen, die er herangezogen hat. Es lag ihm nicht daran, etwas im Sinne geistesgeschichtlicher oder problemgeschichtlicher Forschung zu interpretieren. Selbst wenn er zu Klassikern Stellung genommen hat, geschah dies nie im Sinne von Gadamers „Wirkungsgeschichte“ oder so, wie sein Tübinger Kollege Walter Schulz Heidegger in die Geschichte der neuzeitlichen Metaphysik eingeordnet hat. Bollnow geht nicht vom geschichtlichen Kontext selber aus. Für ihn gibt es signifikante Stellen, auf die er sich wieder und wieder bezieht.

Die „harte“ Interpretation hat bei Bollnow die Gestalt des Lesens, und man soll nicht vergessen, daß der „ordo legendi“, die „Ordnung des Lesens“, die erste Form der Methode war. Die Methode ist eine Kunst des Lesens, und darin hat Bollnow, glaube ich, auch seine Herkunft von der theoretischen Physik durchaus mit im Hintergrund gehabt. Er hat die für seine Dissertation über Kristallgitterstrukturen herangezogenen Mineralien nie in die Hand genommen. Was er in der Hand hatte, war die Matrizenrechnung von Heisenberg. Und was die Texte betrifft, die er bearbeitet, sind es signifikante Stellen, die er herauspickt.

SCHOLTZ: Wie verhält sich der Zeichenbegriff Bollnows zu dem, was Heidegger in „Sein und Zeit“ abhandelt, wo es um Zeichen und Verweisung geht? Ist das ähnlich?

GIEL: Gar nicht. Das Heideggersche Zeichen ist eine Konvention. Bei Bollnow könnte man eher von einer Signaturenlehre im traditionellen Sinne sprechen. Darüber ließe sich bei Humboldt manches nachlesen.

Reiner Wimmer

Angst und Geborgenheit
Eine Auseinandersetzung mit Otto Friedrich Bollnow aus Anlass seines hundertsten Geburtstags (14.3.1903 – 7.2.1991)

Als ich mich vor zehn Jahren beim Tübinger Symposium zum 90. Geburtstag von Otto Friedrich Bollnow der Analyse der Stimmungen widmete[1], kulminierte diese Analyse in einer Gegenüberstellung von Bollnows und Heideggers Auffassungen zur Angst. Heute möchte ich diese Analysen fortführen, nun aber so, daß ich mein Augenmerk auf Bollnows eigene Kontrastierung von Angst und Geborgenheit richte, wie er sie vor allem in seinem zuerst 1955 erschienenen Werk Neue Geborgenheit vornahm.[2] Dabei interessiert mich nicht so sehr Bollnows zeitspezifische Auseinandersetzung mit dem Existenzialismus, wie sie der Untertitel seines Werks zum Ausdruck bringt („Das Problem einer Überwindung des Existentialismus") – schließlich sind die Existenzphilosophie als philosophische Richtung und der Existenzialismus als Ausdruck eines Lebensgefühls gleichermaßen vergangen –; ich möchte vielmehr Bollnows These prüfen, daß wir die Erfahrung einer ‚neuen Geborgenheit' trotz – ja vielleicht sogar inmitten – der Erfahrung des Sinnverlusts, der Angst und der Verzweiflung zu machen vermögen. Um aber den genauen Sinn dieser These zu verstehen und die Chancen ihrer Bewahrheitung abzuschätzen, bedarf es solcher Unterscheidungen, die dazu dienen können, näher zu bestimmen, um was es sich handelt, wenn wir von ‚Angst' und ‚Geborgenheit' sprechen. – Der folgende vorbereitende Teil gliedert sich in zwei Abschnitte,

---

[1] „Zum Wesen der Stimmungen. Begriffliche Erörterungen", in: Friedrich Kümmel (Hrsg.), O. F. Bollnow: Hermeneutische Philosophie und Pädagogik, Alber: Freiburg/München 1997, S. 143-162.

[2] Neue Geborgenheit. Das Problem einer Überwindung des Existentialismus, Kohlhammer: Stuttgart/Berlin/Köln/Mainz , 3. überarbeitete Aufl. 1972; zitiert wird nach der 4. unveränderten Aufl. 1979. Die Zitate werden im Text mit der Angabe der Seiten dieser Ausgabe belegt.

überschrieben mit ,Unterscheidungen' und mit ,Fragen'. Der daran anschließende systematische Hauptteil wird ebenfalls zwei Abschnitte enthalten, die sich aus den gestellten Fragen ergeben.

1. Unterscheidungen

Ich nehme zunächst einige jener begrifflichen Klärungen auf, die ich vor zehn Jahren bei dem genannten Symposium vornahm, und erweitere sie. Damals waren als ,Sinnesempfindungen' jene Sinneswahrnehmungen bezeichnet worden, die mit dem Bewußtsein ihrer selbst notwendig verbunden sind, wie z. B. leibliche Berührungen, speziell Wahrnehmungen des Tastsinns. Von solchen leiblichen wurden die seelischen Empfindungen abgehoben, die als Empfindungen ebenfalls notwendig mit einem Bewußtsein ihrer selbst verbunden sind. Innerhalb dieser Kategorie der seelischen Empfindungen wurden terminologisch die Wörter ,Gefühl' und ,Stimmung' derart ausgezeichnet, daß ,Gefühl' eine seelische Bewegung, und zwar eine solche des Gemüts, also eine Gemütsbewegung, und ,Stimmung' einen seelischen Zustand, und zwar einen des Gemüts, also einen Gemütszustand, bezeichnet. Die Gemütsempfindungen wurden des Weiteren in gerichtete und ungerichtete Gemütsempfindungen unterteilt. Die gerichteten möchte ich weiter in solche unterteilen, die auf einen bestimmten Sachverhalt gerichtet oder bezogen sind, und in solche, die auf einen unbestimmten Sachverhalt gerichtet oder bezogen sind, und schließlich in solche, die auf überhaupt keinen Sachverhalt gerichtet oder bezogen sind, aber trotzdem gerichtet sind. Auf einen bestimmten Sachverhalt bezogen ist z. B. das Gefühl der Freude über ein bestandenes Examen oder die Furcht vor einer bestimmten Operation. Auf einen unbestimmten, aber nicht bestimmungslosen Sachverhalt bezogen ist z. B. die Furcht vor Examina, vor Operationen oder vor Hunden; es handelt sich hier um die Furcht vor bestimmten Sachverhalts- oder Situationstypen. In einem anderen Sinne unbestimmt kann ein gerichtetes Gefühl sein, dessen Sachverhaltsbezug nicht fehlt, aber gänzlich unbestimmt ist, wie z. B. die unbestimmte Erwartungsangst des Kindes angesichts des unheimlich drohenden Dunkels eines Kellers, einer Höhle oder eines Waldes. Als gerichtet ohne irgendeine Art von Sachverhalts- oder Situationsbezug sind die sogenannten ,gehobenen' und ,gedrückten' Gefühle oder Stimmungen anzusprechen, wenn sie sich auf das Leben im ganzen beziehen. Die fröhlichen und die traurigen Stimmungen werden hierzu gezählt.[3] Gerichtet sind sie, weil sie als gehobene oder als erhebende aufwärts weisen und leiblich und seelisch heben und als gedrückte oder bedrückende abwärts weisen und leiblich und seelisch niederdrücken.[4] Von den gerichteten sind, wie gesagt, die ungerichteten Gefühle und Stimmungen zu unterscheiden. Hermann Schmitz zeigt in sorgfältigen Analysen, daß das leere Gefühl – von ihm ,Verzweiflung' genannt – und das erfüllte Gefühl – von ihm ,Zufriedenheit' genannt – die einzigen Gemütsempfindungen dieser Art sind. Sofern sie rein für sich bestehen und noch nicht mit gerichteten Empfindungen verschmolzen sind, bezeichnet er sie als ,reine Stimmungen'.[5] Um unsere Diskussion zu vereinfachen, fasse ich die bestimmungslos gerichteten und die ungerichteten oder reinen Gefühle und Stimmungen unter der Bezeichnung ,gegenstandslose Stimmung' zusammen.

2. Fragen

Welchen Ort nehmen Angst und Geborgenheit in dieser Klassifikation ein? Diese Frage läßt sich nicht umstandslos beantworten, weil die Antwort davon abhängt, wie man die Ausdrücke ,Angst' und ,Geborgenheit' verwendet, und das heißt 1., welchen Kategorien man die von ihnen bezeichneten Phänomene zuspricht – sind sie Gemütsempfindungen (Gefühle oder Stimmungen), sind sie Erfahrungen, die in Aussagen mit Wahrheitswert artikuliert werden können, oder sind sie Einstellungen bzw. Haltungen (Tugenden oder Laster)? –, und 2., welche genauere Bedeutung diese Ausdrücke innerhalb einer solchen Kategorie haben, z. B. ob sie einen Situations- oder allgemeiner: einen Gegenstandsbezug implizieren. Bollnows Werk *Neue Geborgenheit* scheint vielerlei Arten des Geborgenseins und entsprechend vielerlei Arten der Erfahrung solchen Geborgenseins sowie des Gefühls der Geborgenheit und demnach vielerlei Verwendungsweisen des Wortes ,Geborgenheit' zu kennen: die im Erle-

[3] O. F. Bollnow, Das Wesen der Stimmungen. Klostermann Verlag Frankfurt a. M. [5]1974, S. 44-48.

[4] Vgl. Hermann Schmitz, System der Philosophie, 3. Bd.: *Der Raum*, 2. Teil: *Der Gefühlsraum*. Verlag Bouvier Bonn 1969, S. 264 ff.

[5] Ebd., S. 219-264.

ben einer erhebenden, glücklichen Stimmung gelegene Erfahrung von Geborgenheit (S. 148 f.), das Geborgensein in (der Erfahrung) der Liebe, nämlich des Liebens und des Geliebtwerdens z. B. zwischen Eltern und Kindern, zwischen Mann und Frau (S. 152 f.), in der Erfahrung des Heilseins von Welt, Menschen und Dingen (S. 155 ff.), in der Erfahrung von Haus und Heimat (S. 168 ff.), im Feiern und im Begehen von Festen und festlichen Zeiten (S. 222 ff.). Bollnow versteht all diese konkreten Weisen (der Erfahrung) des Geborgenseins und des Gefühls oder der Stimmung der Geborgenheit als verschiedene „Zugänge" zu „einem über den Menschen hinausliegenden und ihn tragenden und schützenden Sein" (S. 147). Eigentlich müßten diese Zugänge aber nach Bollnows eigener Zeit- und Epochendiagnose weitgehend verschüttet sein, und es läßt sich nicht ohne Weiteres sehen, „auf welche Weise der in der Angst und Verzweiflung aus allen tragenden Lebensbezügen herausgerissene und ganz auf seine letzte Einsamkeit zurückgeworfene Mensch wieder zu einem neuen Vertrauen zu der ihn umgebenden Welt gelangen kann" (ebd.). Die ‚neue Geborgenheit', die Bollnow beschwört, kann nicht auf alten Wegen wiedergewonnen werden; denn diese Wege scheint es nicht mehr zu geben bzw. sie werden nicht mehr als tragfähig und vertrauenswürdig im Hinblick auf Art und Ausmaß des Sinnverlusts des menschlichen Daseins empfunden. Nur eine Erfahrung von Geborgenheit, die sich in und mit und durch und aus der Tiefe und Grundsätzlichkeit der erfahrenen Sinnleere, der Angst und Verzweiflung bekundet und ihnen deshalb gewachsen ist, kann vielleicht als eine Erfahrung „tragenden Seins" in der Untragbarkeit des Lebens, als einen Grund im Abgrund angesprochen werden.

Eine weitere Schwierigkeit tritt bei der Frage nach dem näheren Verständnis und der Einordnung von Angst und Geborgenheit hinzu. Die im ersten Abschnitt vorgetragenen Unterscheidungen bezogen sich auf *Gemütsempfindungen*, d. h. auf Gefühle und Stimmungen. Für Bollnows Erörterungen in *Neue Geborgenheit* ist nun aber charakteristisch, daß Gefühle und Stimmungen nicht nur unter eine phänomenologische, sondern auch unter eine *ethische* Betrachtung gestellt werden, und zwar entweder so, daß sie selbst unmittelbar moralisch bewertet werden, oder so, daß sie in einer eigentümlichen Weise sowohl als Empfindungen wie auch als moralisch zu qualifizierende *Haltungen* oder *Einstellungen*, nämlich als Tugenden oder Laster, angesehen werden, oder schließlich so, daß zwischen Empfindungen und Tugenden bzw. Lastern ein enger, und zwar ein quasi-kausaler Zusammenhang gesehen wird. Hier müssen, wie angedeutet, kategoriale Unterscheidungen klärend eingebracht werden.

Die ethische Betrachtungsweise gibt in *Neue Geborgenheit* jedenfalls den Ton an, und *Das Problem einer Überwindung des Existentialismus*, wie der Untertitel des Werks lautet, wird in erster Linie als eine „ethische Problematik" – so der Titel des ersten Teils – und nur in zweiter Linie als eine „ontologische Problematik" – so der Titel des zweiten Teils – gesehen. Diese Abfolge hat natürlich etwas Unbefriedigendes; eine Umkehrung der Betrachtung erscheint sachgemäßer: daß nämlich das ontologisch Mögliche das ethisch Mögliche bedingt. Von dieser Abfolge scheint sogar Bollnow selbst zu sprechen:

„Bei diesem Problem, die Möglichkeit einer neuen Geborgenheit des Menschen inmitten seiner bedrohlichen Welt zu untersuchen, ergibt sich von vorn herein ein doppelter Aspekt: Es geht einmal um eine Verfassung der Welt, innerhalb derer sich der Mensch geborgen fühlen kann. Und insofern sprechen wir von einer ontologischen Problematik. Es geht aber zugleich um die innere Verfassung, die Haltung des Menschen selbst, der sich in dieser Welt geborgen fühlen kann. Und weil diese Haltung sich nur in einer sittlichen Anstrengung verwirklicht, sprechen wir von einer ethischen Problematik" (S. 35).

Allerdings erscheint hier die ontologische Problematik als auf die Verfassung der *Welt* (in Abhebung vom Menschen) beschränkt, so daß sich eine Gegenüberstellung, vielleicht sogar eine Entgegensetzung von Mensch und Welt ergibt. Das aber ist eine doch wohl unzureichende Charakterisierung, die dem Einheits- und Ganzheitscharakter einer philosophischen Anthropologie widerspricht. Und anthropologisch wollen ja Bollnows Erörterungen ansetzen! Die beiden genannten Teile seines Buchs sind nämlich implizit und der dritte abschließende Teil „Zur Anthropologie des Festes" sogar explizit einer anthropologischen Betrachtungsweise gewidmet. Eine solche ist dazu angetan, die Zusammengehörigkeit von Ontologie und Ethik darzutun, sie nicht zu trennen. Eine philosophische Anthropologie zeigt nämlich: Der Mensch ist ein reflektiertes Selbstverhältnis, und *als solcher* >ist< er *das ethische* Wesen; denn es konstituiert den Menschen, daß er sich zu sich selbst und zu anderem Seienden verhält und sich noch einmal auf dieses Verhältnis, wertend und Stellung nehmend, bezieht.[6] Deshalb setzt denn auch Bollnow selbst seine ethische Kritik am Existenzialismus so an, daß er dessen „verzerrtes Bild des menschlichen Daseins" an seinen falschen anthropologischen Voraussetzungen zu korrigieren sucht; es gelte nämlich, „einen breiteren anthropologischen Boden zu gewinnen", um „die verhängnisvollen Folgerungen der existentialistischen Einseitigkeit auf sittlichem Gebiet zu untersuchen und zu zeigen, daß sie, wenn sie allein das Bild bestimmen, zu ... einer Situation führen, in der menschliches Leben überhaupt nicht mehr möglich ist" (S. 42 f.).

Wie gewinnt Bollnow „einen breiteren anthropologischen Boden"? Seine Gedankengänge in *Neue Geborgenheit* sind eher lockerer, assoziativer Art. Sie greifen Äußerungen von Lyrikern auf; Bergengruen und Rilke werden öfter zitiert. Die phänomenologischen Analysen orientieren sich häufig an den gewachsenen Bedeutungen der deutschen Ausdrücke für Gemütsempfindungen und ethische Haltungen; gelegentlich werden Etymologien zur Aufklärung von Phänomenen bemüht. Dabei fehlt die Reflexion auf das Zufällige solcher Sprach- und Bedeutungsentwicklungen; es kommen dabei Aspekte der systematischen Vollständigkeit und der daraus sich ergebenden Übersichtlichkeit, Durchsichtigkeit und Kontrollierbarkeit der getroffenen Unterscheidungen zu kurz. Andererseits regen Bollnows Untersuchungen aufgrund ihres phänomenologischen Reichtums zu solchem Weiterführen an; man kann sie bei Strafe der Verarmung eigenen Forschens nicht ignorieren.

Welche Punkte vor allem bedürfen der weiteren Ausarbeitung? Ich nenne die folgenden: 1. die Präzisierung des Ineinanders von Aktivität und Passivität bei den für unser Thema relevanten Haltungen oder Einstellungen; 2. die Klärung des Unterschieds und des Zusammenhangs von Stimmungen, Erfahrungen und Einstellungen oder Haltungen; 3. die Verdeutlichung der Unterscheidung zwischen gegenständlichen und ge-

---

[6] Des Näheren hierzu Thomas Rentsch, Die Konstitution der Moralität. Transzendentale Anthropologie und praktische Philosophie. Suhrkamp Verlag Frankfurt a. M. 1990 (Tb. 1999); Reiner Wimmer, „Anthropologie und Ethik. Erkundungen in unübersichtlichem Gelände", in: Christoph Demmerling/Gottfried Gabriel/Thomas Rentsch (Hrsg.), Vernunft und Lebenspraxis. Philosophische Studien zu den Bedingungen einer rationalen Kultur. Für Friedrich Kambartel. Suhrkamp Verlag Frankfurt a. M. 1995, S. 215-245.

genstandslosen Stimmungen; 4. die Tragfähigkeit der Ausdehnung dieser Unterscheidung auf Erfahrungen und Einstellungen; schließlich 5. die *Möglichkeit* gegenstandsloser Stimmungen, Erfahrungen und Einstellungen. All diese Punkte sollen in ständigem und konkretem Bezug zum Leitthema ‚Angst und Geborgenheit' bearbeitet werden. – Der nun folgende systematische Hauptteil gliedert sich in zwei Abschnitte: Im ersten Abschnitt werden die ersten vier der genannten Punkte behandelt; der zweite Abschnitt ist der Frage nach der *Möglichkeit* gegenstandsloser Stimmungen, Erfahrungen und Einstellungen gewidmet.

3. Angst und Geborgenheit: Stimmungen – Erfahrungen – Einstellungen

Bollnows Diagnose der Herkunft der Empfindungen von Ungeborgenheit und Angst bezieht sich zunächst auf die politischen Katastrophen der ersten Hälfte des 20. Jahrhunderts: „Der Mensch erkannte sich in einer hoffnungslosen Verlorenheit, überall preisgegeben der auf ihn eindringenden Zerstörung. Dabei handelte es sich nicht einmal nur um die erschrekkende Abgründigkeit der äußeren Welt, sondern ebensosehr und vielleicht noch bedrohlicher um die Untergründe der eigenen Seele. ... Die Angst wurde so der notwendige Ausdruck dieser ganzen Preisgegebenheit des Menschen. ... Und diese Angst ist darum um so gefährlicher, als sie den Menschen in eine Lage versetzt, die ihrerseits seine Bedrohtheit noch einmal wieder vergrößert" (S. 20), und zwar dann – so ließe sich Bollnow ergänzen –, wenn sich die Angst generalisiert, das Gefühl der Bedrohung sich ungehindert, ohne Widerstand und Widerlager individuell und kollektiv ausbreitet, so daß die Angst selber zu ängstigen beginnt, eine sich selbst verstärkende Angstspirale entsteht und damit das Gefühl der Ausweglosigkeit endgültig wird, die Verzweiflung Überhand gewinnt und das Leben unmöglich wird. Um diesen Gefahren zu wehren, plädiert Bollnow für den Aufbau bestimmter Haltungen, sogenannter ‚Gegentugenden', die die (im Existenzialismus verabsolutierte) ‚Tugend' der Entscheidung, der Entschlossenheit, des Einsatzes ausbalancieren sollen.

„Solche ‚Gegentugenden' zur existentialistischen Welt sind die Gelassenheit und die stets verfügbare Bereitschaft, der getroste Mut in allen Gefährdungen und die nie erlahmende Geduld, die Fähigkeit zur Dankbarkeit und die unerschütterliche Hoffnung, um nur einige der wichtigsten für eine erste Behandlung zu nennen" (S. 43), nämlich der Behandlung der existenzialistischen Krankheit einer „Flucht in die Entscheidung" (S. 52) oder der heute eher virulenten technizistischen Versuchung, des Machbarkeitswahns. Der phänomenologischen Beschreibung dieser ,Gegentugenden' der Gelassenheit bzw. der Verfügbarkeit, des getrosten Mutes, der Geduld, der Hoffnung und der Dankbarkeit sind – mit Ausnahme der einleitenden Abschnitte – die Kapitel des ersten Teils zur „ethischen Problematik" von *Neue Geborgenheit* gewidmet. Der Ton liegt auf >neu< in der Wendung von der ,neuen Geborgenheit': Es wird keiner naiven, kindlichen, vorneuzeitlichen, unaufgeklärten, vorkritischen, romantischen oder religiös unangefochtenen Geborgenheit, die nur illusionär sein könnte, das Wort geredet, sondern eine Geborgenheit ins Auge gefaßt, die allererst und ausschließlich durch die Erfahrung der äußeren und inneren Gefährdung hindurch gewonnen werde (S. 21-25, 65 f.). Andererseits setzt Bollnow im zweiten und dritten Teil seines Buches auf alltags- und lebensweltliche, kulturell allem Anschein nach unangefochtene „Zugänge zu einem tragenden Sein" (S. 147). Die aber scheinen doch gerade verschüttet oder jedenfalls nicht mehr vertrauenswürdig zu sein! Es scheint doch nur noch um eine Geborgenheit *in* der Ungeborgenheit der Welt gehen zu können, um eine Geborgenheit also, die nicht mehr bedingt, relativ, sondern unbedingt, absolut ist. Von Transzendenz auf ein ,Absolutes' hin ist denn auch bei Bollnow selbst, wenn auch zaghaft, die Rede (S. 21, 22, 31).

Diese *neue* Geborgenheit scheint nun – auch nach Bollnows Auffassung – auf der einen Seite etwas zu sein, das dem Menschen nicht von ihm selbst her zukommt, sondern ihm von außen widerfahren und in diesem Sinne *passiv* von ihm erfahren, also empfangen werden muß, so daß sich diese Erfahrung in einer leib- und gemüthaften *Betroffenheit*, nämlich im Gefühl oder in der Stimmung, geborgen zu sein, kundtut. Andererseits kommt diese Erfahrung nach Bollnow nicht ohne menschliches Bemühen zustande, und die in diesem Zusammenhang von ihm herangezogenen Tugenden sollen diese Erfahrung sowohl möglich machen als auch das durch diese Erfahrung gewonnene „neue Seinsvertrauen" (S. 24 f., 34, 123, 151) bzw. die schwer und mühsam zu erringende „Seinsgläubigkeit" (S. 34, 63, 67) auf Dauer stellen. Aber auch diese Tugenden selbst haben an besagter Zweiseitigkeit von Passivität und Aktivität teil: der Verfügbarkeit des Menschen entzogen zu sein und ihr zugleich zu unterliegen; denn einerseits betont Bollnow immer wieder, daß diese Haltungen erworben werden müssen, daß sie nicht Geschenk, sondern Leistung seien (S. 30), mühsam zu erwerben (S. 56), Ausdruck einer Anstrengung (S. 85, 168). Aber andererseits, manchmal in demselben Zusammenhang, betont er ihren Geschenk- oder Gnadencharakter und nennt es eine „seltsame Paradoxie", daß mit diesen Tugenden „etwas vom Menschen verlangt wird, was nicht von ihm allein abhängt" (S. 66), was ihm „nur in der Weise einer Gnade gegeben ist" (S. 85), also „Gnade und Tugend zugleich ist" (S. 151). Ich meine, daß Bollnow ein gut Teil der Lösung dieser Paradoxie bereit hält, ohne von dieser Lösung allerdings Gebrauch zu machen, wenn er an der nun anzuführenden Stelle auf „das Absolute" und seine Erfahrbarkeit verweist. Diese Stelle bringt unter Verwendung einer auf Kierkegaard zurückgehenden transkategorialen Deutung des Wortes ‚Existenz' eher ein ‚absolutistisches' Verständnis zum Ausdruck und sei wegen ihrer besonderen Eindrücklichkeit und ihres überraschend ‚existenzialistischen' Klangs ausführlich zitiert: „Die Existenz bedeutet so bekanntlich jenen letzten, innersten Kern im Menschen, der auch dann noch unberührt bleibt, ja dann überhaupt erst richtig erfahren wird, wenn alles, was der Mensch in dieser Welt besitzen und an das er zugleich sein Herz verlieren kann – Hab und Gut und bürgerliche Stellung, Gesundheit des Leibes und Gebrauch der Glieder, Begabungen und Fähigkeiten des Geistes und sogar die schwer zu erwerbenden Tugenden des sittlichen Lebens – wenn alles dies verloren geht oder sich sonst für ihn in irgend einer anderen Weise als trügerisch erweist. In dem, was dann noch übrig bleibt und was, und zwar wesensmäßig, in keinen inhaltlichen Bestimmungen mehr ausgesagt, sondern nur im Vollzug dieser Erfahrungen erlebt werden kann, ergreift der Mensch einen letzten, in allen Zerstörungen selber unzerstörbaren Halt: ergreift er die Existenz, und ergreift er zugleich, in demselben unteilbaren Vorgang, das Absolute selbst" (S. 21).

Es überrascht zu lesen, daß der Mensch die Existenz bzw. das Absolute *ergreift*, zu ergreifen *vermag*! Es sieht so aus, als ob er über das Absolute oder über seine Existenz – so wie das Wort ‚Existenz' hier gemeint ist – *verfügen* könnte, wo es sich doch beim Absoluten im eigentlichen Sinne nur darum handeln kann, daß es selber das den Menschen Ergreifende, das über ihn Verfügende ist. Wenn es wirklich der Fall sein kann, wie Bollnow schreibt, daß *all das*, was in die Verfügung eines Menschen gegeben ist, ihm genommen wird, dann bleibt – entgegen Bollnows Formulierung – nichts mehr „übrig", das der Mensch ergreifen könnte. Mir erscheint es deshalb sachgemäßer zu sagen, daß ein solcher Mensch in einer solchen Erfahrung der Vernichtung, in der sich ihm zugleich die Erfahrung absoluten Sinns eröffnet, *kraft* dieser Erfahrung *alles* aufgibt, *alles* hingibt! Die absolute Sinnerfahrung allein wäre dann der nichtexistenzialistische Ermöglichungsgrund dieser Preisgabe, der *allein unter dieser Voraussetzung* die Prädizierungen, entschlossen *und* gelassen *zugleich* zu sein, zukommen würden. Läge diese Absolutheitserfahrung nicht vor, wäre diese Entschlossenheit reine Eigenmächtigkeit.[7] Ersichtlich ist die aus dieser Erfahrung resultierende absolute Geborgenheit vereinbar mit einer relativen Ungeborgenheit und Heimatlosigkeit. Aber sie ist natürlich auch mit einer zwanglosen, suchtfreien, ungebundenen Beheimatung in der Welt und Zuwendung zu ihr vereinbar und kann dazu befähigen. Vollkommene Gelassenheit – schlechthin alles gelassen zu haben – ist deshalb nicht mit Bindungs- und Lieblosigkeit, Desinteresse und Indifferenz gleichzusetzen.

Es liegt nach dem Ausgeführten nahe, das Verhältnis von Stimmungen und Haltungen (Tugenden und Lastern) oder Einstellungen – Haltungen sehe ich als auf Dauer gestellte praktische Einstellungen an – dort, wo überhaupt eine Beziehung zwischen ihnen besteht, in zwei Richtungen näher zu bestimmen, und zwar einerseits von der Stimmung, andererseits von der Haltung aus: Einerseits kann eine bestimmte Stimmung dem so Gestimmten eine bestimmte Haltung nahelegen, ohne ihn zu ihr freilich nötigen zu können; oder die Stimmung kann die Haltung verstärken, wenn beide gleichsinnig sind, jedoch auch schwächen, wenn sie einander widerstreiten. Diese Beeinflußbarkeit einer Haltung von außen betrifft ihre Widerfahrnisseite, die kompensiert werden kann durch die Aktivität dessen, der diese Haltung einnimmt. Andererseits kann sich sowohl die Vollzugs- als auch die Widerfahrnisseite einer Haltung gefühls- und stimmungshaft bekunden: Jemand, der seinen Defätismus niedergekämpft hat, fühlt neue Zuversicht aufsteigen; jemand, dem nach vielen Mühen und langen Leiden Gelassenheit geschenkt wurde, zeigt neue Lebensfreude.

---

[7] Dieselbe Diagnose stellt Wilhelm Kamlahs bedeutendes Werk „Der Mensch in der Profanität. Versuch einer Kritik der profanen durch vernehmende Vernunft". Kohlhammer Verlag Stuttgart 1949; vgl. dazu Anm. 15.

Phänomenal können eine bestimmte Stimmung und die Widerfahrnisseite einer bestimmten Haltung einander gleichen; begrifflich sind beide jedoch geschieden: Eine Haltung oder Einstellung ist keine Empfindung, und sie besitzt, anders als eine Empfindung, immer auch eine Vollzugsseite. Allerdings können Haltungen und Einstellungen einem Menschen schon ‚von Natur aus' zukommen, so daß sie – wie die Stimmungen – etwas Gegebenes oder Gewachsenes und nichts Erworbenes sind und deshalb einem Menschen – jedenfalls im Voraus zu seiner ethisch relevanten Stellungnahme zu ihnen – ethisch auch nicht zurechenbar sind. Vor allem in bezug auf die Hoffnung arbeitet Bollnow diesen Unterschied zwischen einer – wie er sie nennt – „natürlichen" und einer „sittlichen" Hoffnung heraus (S. 106 f., 124 ff.).

Ein weiteres, bisher übergangenes Problem bedarf noch der Erörterung, und zwar das des Verhältnisses von Erfahrung und Gefühl bzw. Stimmung. Wie verhalten sich bspw. die *Erfahrung*, in einer bestimmten Situation sicher und geborgen zu sein, und das *Gefühl* der Sicherheit oder die *Stimmung* der Geborgenheit zueinander? Bei der Beantwortung dieser Frage ist die Gefahr groß, daß uns die Sprache einen Streich spielt. Man kann davon sprechen, daß man die Erfahrung macht, in der Stimmung der Geborgenheit zu sein oder das Gefühl des Geborgenseins zu haben. Aber das ist nicht gemeint, wenn jemand von der Erfahrung spricht, in einer bestimmten Situation geborgen zu sein; denn damit will er nicht eine Gemütsempfindung zum Ausdruck bringen, sondern einen unabhängig davon bestehenden Sachverhalt behaupten, nämlich den, (in einer bestimmten Situation) *geborgen zu sein*. Eine solche Behauptung hat einen Wahrheitswert: Sie kann wahr oder falsch sein. Ist sie falsch, so hat sich der Betreffende getäuscht: Er glaubte, die Erfahrung gemacht zu haben, in einer bestimmten Situation sicher und geborgen zu sein; in Wirklichkeit aber hatte er sie nicht gemacht; er hatte die Situation falsch wahrgenommen, er hatte bspw. eine bestimmte Bedrohung übersehen oder falsch eingeschätzt. – Auch die Ausdrücke ‚Gefühl' und ‚Empfindung' können uns aufgrund ihrer Doppeldeutigkeit in die Irre führen; denn sie können bestimmte sinnliche Erfahrungs- und Wahrnehmungsweisen bedeuten, aber auch Gemütsbewegungen und -zustände. Ein Quidproquo liegt hier nahe.

Doch mit diesen Beobachtungen allein ist die Frage nach dem Verhältnis von Erfahrung und Gemütsempfindung noch nicht geklärt. Das soeben angeführte Beispiel war bewußt einfach gewählt: Es ist ja plausibel, daß es die Erfahrung gibt, *in einer bestimmten Situation* sicher und geborgen zu sein, und daß diese Erfahrung nicht täuscht. Wie aber steht es mit der angeblichen Erfahrung, *unabhängig von jeder Situation*, also *schlechthin und absolut* sicher und geborgen zu sein? Kann es eine solche Erfahrung überhaupt geben? Diese Frage darf natürlich nicht mit der anderen Frage verwechselt werden, ob es eine Erfahrung geben könne, *in allen Situationen*, in die wir geraten können, sicher und geborgen zu sein. Diese Frage hat eine negative Antwort: Wir können von allen uns möglichen Situationen keine Erfahrung haben; wir können sie nicht einmal antizipieren. – Eine weitere Frage, die naheliegt, könnte im Sinne der monotheistischen Religionen lauten: Können wir von Gott als dem absoluten Grund unseres Daseins eine Erfahrung machen, die dann per se eine des Ausgeliefertseins *und* eine des Geborgenseins wäre? – Schließlich könnte man, im Sinne Bollnows und mit seinen Wendungen gesprochen, fragen: Läßt sich ‚das Absolute' oder ‚ein tragendes Sein' erfahren? Um diese Frage zu verstehen, wäre die Bedeutung der benutzten Ausdrücke zu klären: Stellen sie eine abstrakte Kennzeichnung des in der religiösen Sprache mit dem Wort ‚Gott' konkret Bezeichneten dar, oder handelt es sich um vergegenständlichende Weisen, die ganz und gar gegenstandslose Erfahrung auszudrükken, unabhängig von jeder Situation schlechthin sicher und geborgen zu sein? Bollnow läßt hier die nötige Klarheit und Eindeutigkeit vermissen. Er erwähnt des Öfteren religiöse Bezüge, sucht sich aber zugleich von ihnen abzugrenzen. Von der Gelassenheit etwa sagt er einerseits, sie sei „eine aus ursprünglich christlichem Grund entstandene und überhaupt nur auf religiösem Boden mögliche Tugend"; andererseits beschreibt er sie als „ein Standhalten im Bewußtsein dessen, daß es im Menschen eine tiefere Seinsschicht gibt, die durch alle äußeren Schicksalsschläge nicht berührt werden kann" (S. 62). Ebenso heißt es von der Geduld, sie setze „immer ein *gläubiges Verhältnis* zum tragenden Seinsgrund voraus, ganz gleich wie dieses im einzelnen dann beschaffen sein mag. Die Geduld ist also in ihrem letzten Grund eine religiöse Tugend" (S. 82; vgl. 82-85). Es bedarf der Erläuterung, ob und, wenn ja, in welchem Sinne Gelassenheit und Geduld *religiöse* Tugenden sind bzw. nur auf religiösem – oder gar nur auf christlichem – Boden möglich sein sollen. Ich gehe auf diese Fragen allerdings nicht näher ein und beschränke mich im Folgenden auf die Diskussion von Erfahrungen des Absoluten und Einstellungen zu ihm, die nicht-religiös – jedenfalls nicht explizit theistisch – verstanden werden können.[8]

Statt von ‚glauben' oder ‚Glaube' spricht Bollnow gerne von ‚gläubig' oder ‚Gläubigkeit', um spezifische religiöse oder gar konfessionelle Verständnisse abzuwehren oder von ihnen zumindest zu abstrahieren (vgl. 25, 67, 82). Aber was heißt hier ‚Gläubigkeit', wenn es doch um Erfahrung gehen soll – um eine „neue Seinserfahrung", eine „neue ontologische Erfahrung", eine „wirkliche metaphysische Erfahrung", wie es an einer Stelle zusammenfassend heißt (S. 155). Diese Formulierungen können den gegenstandslosen, transkategorialen Charakter dieser Erfahrung andeuten und die dadurch begründete Notwendigkeit (der Tugend) des gläubigen Vertrauens auf sie zum Ausdruck bringen. Zugleich jedoch erscheinen sie mir als ein Zeichen für Bollnows Scheu, auch explizit religiöse Erfahrungszeugnisse in seine phänomenologische Analyse einzubeziehen. Diese Scheu ist aber philosophisch nicht gerechtfertigt, wie wohl zuerst William James mit seinem zum Klassiker der Religionsphänomenologie avancierten Werk *The Varieties of Religious Experience. A Study in Human Nature* aus dem Jahre 1902 bewiesen hat.[9] Allerdings sind hier kategoriale Unterschiede zu beachten. Vielleicht hat Bollnow trotz der begrifflichen Undeutlichkeit seiner Darlegungen einen Typ von Religiosität und entsprechend von Gläubigkeit im Sinn, der das menschliche Dasein, das Leben und die Welt *nicht* transzendiert. Darauf deuten Formulierungen hin

---

[8] Diese Fragen habe ich andernorts behandelt: „What Makes an Experience Revelatory? An Investigation into the Grammar of Religious Attitudes", in: Vincent Brümmer/Marcel Sarot (Hrsg.), Revelation and Experience. Proceedings of the 11th Biennial European Conference on the Philosophy of Religion, Soesterberg 1996. Universiteit Utrecht, Utrecht 1996, pp. 9-25; „The Negative and Positive Task of Reason in Relation to Religious Attitudes". In: Godehard Brüntrup/Ronald K. Tacelli (Hrsg.), The Rationality of Theism. Kluwer, Dordrecht/Boston/London 1999, pp. 195-213 (Studies in Philosophy and Religion, vol. 19); „Gott, Glaube, Liebe. Philosophische Erwägungen zu monotheistischer Religiosität". In: Rainer Berndt (Hrsg.), Vernünftig. Echter Verlag Würzburg 2003, S. 347-369 (Religion in der Moderne, Bd. 12); „Vernünftigkeit und Glaubwürdigkeit monotheistischer Religiosität". In: Revista Portuguesa de Filosofia, vol. 62 (2006), pp. 739-761.

[9] Centenary Edition, Routledge London/New York 2002.

wie die, daß es „eine natürliche Form der Gläubigkeit" gebe, die „nicht eine spezifisch religiöse, insbesondre nicht eine spezifisch christliche Form anzunehmen" brauche und die „als solche durchaus in den Umkreis der philosophischen Betrachtung hinein" gehöre (S. 67), oder daß die Geduld „das *Verhältnis zum Leben überhaupt*, namentlich zur leidhaften und schmerzlichen Seite des Lebens", bezeichne (S. 81), oder Bollnows kategoriale Unterscheidung zwischen relativer und absoluter Hoffnung (S. 104 ff., 121 ff.), wobei er diesen Unterschied u. a. so markiert: „Nur die inhaltlich bestimmte [d. h. die relative] Hoffnung kann sich hinterher als trügerisch erweisen und durch die Erfahrung widerlegt werden. Die universale [oder absolute] Hoffnung dagegen liegt jenseits jeder empirischen Bestätigung oder Widerlegung: sie kann aufrechterhalten werden oder zusammenbrechen, aber beides nicht auf Grund eines einzelnen konkreten Ereignisses, sondern nur auf Grund einer Störung des menschlichen Verhältnisses zum Leben im ganzen" (S. 106).

Diese universale oder absolute Hoffnung wird auch „reine" oder „bildlose" Hoffnung genannt, und von ihr wird gesagt: „Sich wirklich der Bildlosigkeit der reinen Hoffnung zu überlassen, ist ... nicht so leicht, wie es zunächst scheinen möchte, es erfordert vielmehr vom Menschen den Verzicht auf die natürliche Neigung, sich die Zukunft in schönen Bildern auszumalen, es erfordert den Verzicht auf den Eigenwillen, um sich vertrauensvoll dem zu überlassen, was unvorhersehbar die Zukunft bringen wird. Das ist nur durch eine radikale Umwendung möglich, und in diesem Zusammenhang wird die Hoffnung zu einer schwer zu erringenden sittlichen Haltung" (S. 124).

Was hat es mit dieser Gegenstandslosigkeit einer Stimmung, einer Erfahrung und einer Haltung oder Einstellung auf sich? Dies soll nun im abschließenden vierten Abschnitt genauer untersucht werden.

4. Gegenstandslose Stimmung, gegenstandslose Erfahrung, gegenstandslose Einstellung?

Auf die Möglichkeit richtungs- und gegenstandsloser Angst als eines Gefühls der Leere des Lebens (‚Verzweiflung') sowie richtungs- und gegenstandsloser Geborgenheit als eines Gefühls der Erfülltheit des Lebens (‚Zufriedenheit') wurde mit Hermann Schmitz schon hingewiesen (s. Abschnitt I). Diese reinen Stimmungen sind außerdem in einem zweifachen

Sinne grundlos: Sie haben weder einen Anlaß (ein ‚Motiv') noch eine Basis (ein ‚Fundament'), weil sie auf keiner Erfahrung beruhen; man könnte sie also auch ‚erfahrungslos' nennen. Der Begriff der Angst bei Heidegger ist anders zu verstehen: Zwar auch richtungs- und gegenstandslos hat die Angst bei ihm doch einen ausgezeichneten Grund, ja sogar einen zweifachen Grund, den Heidegger als das Worum und das Wovor der Angst angibt[10]: In der Angst ängstigt sich das Dasein um sein eigenes Seinkönnen als Zu-sein, nämlich „Daß es ist und zu sein hat"[11], und es ängstigt sich vor seinem In-der-Welt-sein bzw. vor der Welt.

Beim Worum der Angst geht es dem Dasein um seine Verfaßtheit als eines reflektierten Selbstverhältnisses, d. h. als eines Wesens, das – wie schon beschrieben – sich unausweichlich zur Führung seines Lebens aufgerufen und unaufgebbar zur Freiheit bestimmt erfährt, und zwar nicht etwa nur im Hinblick auf *einzelne* Situationen *in* seinem Leben und *in* seiner Welt, sondern auch und vor allem in bezug auf sein Leben *als ganzes* in der Welt *im Ganzen* und in bezug auf diese seine eigene Verfaßtheit. Sie erscheint als die angemessene spontane ‚Antwort' des Daseins auf die unüberbietbare Bedeutsamkeit dieser seiner Verfassung, ohne daß diese ‚Antwort' schon eine so oder so qualifizierte, sei es positive (Dankbarkeit), sei es negative Stellungnahme (Ablehnung, Verzweiflung) darstellte. Diese ‚Antwort' des Daseins geht ja allen Ja-oder-Nein-Stellungnahmen zu der beschriebenen Grundverfassung als ihr Ermöglichungsgrund voraus.

Das Wovor der Angst des Daseins ist sein In-der-Welt-sein bzw. die Welt als solche. Die Welt bzw. das In-der-Welt-sein ist kein Gegenstand: Innerweltlich ist dieses Wovor nicht vorhanden; es ist nirgends. „'Nirgends' aber bedeutet nicht nichts, sondern darin liegt Gegend überhaupt, Erschlossenheit von Welt überhaupt für das wesenhaft räumliche In-Sein. Das Drohende kann sich deshalb auch nicht aus einer bestimmten Richtung her innerhalb der Nähe nähern, es ist schon ‚da' – und doch nirgends, es ist so nah, daß es beengt und einem den Atem verschlägt – und doch nirgends.

[10] Sein und Zeit. Niemeyer Verlag Tübingen [10]1963, S. 186-188.

[11] Ebd., S. 134 f.

Im Wovor der Angst wird das ,Nichts ist es und nirgends' offenbar. Die Aufsässigkeit des innerweltlichen Nichts und Nirgends besagt phänomenal: *das Wovor der Angst ist die Welt als solche.*"[12]

Weil im Zu-sein das Dasein sich *als* Welt bzw. *als* In-der-Welt-sein vor sich selbst bringt, identifiziert Heidegger das Worum und das Wovor der Angst, so daß auch das Sichängstigen selbst nur eines und dasselbe ist.[13]

Sein und Zeit erschien 1927. In Heideggers Freiburger Antrittsvorlesung von 1929 mit dem Titel „Was ist Metaphysik?"[14] ist nun nicht mehr von der Welt oder dem In-der-Welt-sein als dem Wovor der Angst die Rede, sondern nur vom Nichts und der Nichtung des Nichts in der Angst. Aber diese Nichtung hat nichts mit Verneinung zu tun – und schon gar nichts mit Nihilismus, wie Heidegger in seinem Nachwort, Mißverständnisse korrigierend, vermerkt; denn das Nichts ist „nicht ein nichtiges Nichts", sondern Ausdruck davon, daß das Seiende nicht das Sein ist. Andererseits gilt: „zur Wahrheit des Seins gehört, daß das Sein nie west ohne das Seiende, daß niemals ein Seiendes ist ohne das Sein". In der Stimmung der Angst vor dem Nichts töne die „lautlose Stimme" des Seins. Die Vorlesung gebe Acht – so Heidegger – auf diese Stimme; sie „denkt aus der Achtsamkeit auf die Stimme des Seins in das aus dieser Stimme kommende Stimmen hinaus, das den Menschen in seinem Wesen in den Anspruch nimmt, damit er das Sein im Nichts erfahren lerne.

Die Bereitschaft zur Angst ist das Ja zur Inständigkeit, den höchsten Anspruch zu erfüllen, von dem allein das Wesen des Menschen getroffen ist. Einzig der Mensch unter allem Seienden erfährt, angerufen von der Stimme des Seins, das Wunder aller Wunder: D a ß Seiendes i s t. Der also in seinem Wesen in die Wahrheit des Seins Gerufene ist daher stets in einer wesentlichen Weise gestimmt. Der klare Mut zur wesenhaften Angst verbürgt die geheimnisvolle Möglichkeit der Erfahrung des Seins.

---

[12] Ebd., S. 186 f.

[13] Ebd., S. 188.

[14] In: Was ist Metaphysik? Klostermann Verlag Frankfurt a. M. [9]1965, S. 24-42; auch in: Wegmarken, Klostermann Verlag Frankfurt a. M. 1967, S. 1-19. Das Nachwort Heideggers von 1943 findet sich in *Was ist Metaphysik?* auf den Seiten 43-51, in *Wegmarken* auf den Seiten 99-108, seine Einleitung von 1949 findet sich in *Was ist Metaphysik?* auf den Seiten 7-23, in *Wegmarken* auf den Seiten 195-211.

Viererlei fällt auf: Heidegger hebt 1. den Bezug der Stimmung zur *Erfahrung* heraus, der Stimmung der Angst in der Erfahrung der Nichtigkeit des Seienden, des Daseins und der Welt. Er macht 2. kenntlich, daß diese Erfahrung zugleich eine (indirekte) Erfahrung des *Seins* ist. Weil die Stimmung ihren Grund in der Erfahrung hat – die Stimme des Seins selbst stimmt die Stimmung des Daseins –, liegt, im Vokabular Bollnows gesprochen, in der ursprünglichen Angst des Daseins eine ebenso ursprüngliche Geborgenheit. Das Gestimmtsein des Daseins hat demnach ein Doppelgesicht. Es ausschließlich als ‚Angst' zu bezeichnen, wäre irreführend. Ich nenne deshalb dieses fundamentale Gestimmtsein des Daseins *‚die existenziale Grundstimmung*'. Dann spricht Heidegger 3. von der „Bereitschaft zur Angst" als der Bereitschaft, die Stimme des Seins im Abgrund des Nichts zu vernehmen. Damit artikuliert er eine der beiden möglichen *Grundeinstellungen* des Daseins, nämlich sich (dem Vernehmen) der Stimme zu öffnen. Schließlich macht er 4. auf eine wesentliche Konsequenz aus diesem „Ja" zur Angst aufmerksam: „Der klare Mut zur wesenhaften Angst verbürgt die geheimnisvolle Möglichkeit der Erfahrung des Seins". Woher kommt dieser Mut? Wodurch kann man von diesem Verbürgen wissen? Wohl nur kraft der anfänglichen, aber stets nur indirekten Erfahrung des Seins. Bollnow sprach diesbezüglich vom Doppelcharakter der hier bedeutsamen Tugenden, nämlich zugleich Geschenk und Leistung zu sein.

Versuchen wir, die Rede von der ‚Gegenstandslosigkeit' der existenzialen Grundstimmung, Grunderfahrung[15] und Grundeinstellung genauer zu

---

[15] Die Grunderfahrung hätte sich auch mit Hilfe von Kamlahs in Anm. 7 genanntem Werk *Der Mensch in der Profanität* verdeutlichen lassen. Es kritisiert die Selbstermächtigung vor allem der neuzeitlichen Vernunft – daher ihre Bezeichnung als ‚profane Vernunft' – und plädiert für eine Erneuerung der wissenschaftlichen und der lebensweltlichen Praxis aus der Rückbesinnung einer ‚vernehmenden Vernunft' auf eine gründende Erfahrung unverfügbaren Seins. Bei aller Verschiedenheit in der Ausführung überrascht die Gleichheit der Grundintuition und der Grundintention von Kamlahs Werk und Bollnows *Neue Geborgenheit*. Beide Bücher sind im Übrigen fast gleichzeitig entstanden. Bollnow hat Kamlahs Werk rezipiert, wie seine Wiedergabe von Kamlahs Verständnis der Grunderfahrung in *Vom Geist des Übens. Eine Rückbesinnung auf elementare didaktische Erfahrungen* (Verlag Kugler Oberwil bei Zug 1987, S. 72 f.; Erstauflage im Herder Verlag Freiburg i. B. 1978) zeigt.

fassen! Bei Heidegger und Bollnow fehlen sprachanalytische und sprachkritische Überlegungen zur Möglichkeit der Artikulation solcher Gegenstandslosigkeit. Auch kann die Heidegger eigene Sprechweise zu dem Verdacht Anlaß geben, sie täusche Sachhaltigkeit nur vor. Deshalb sei zunächst auf Äußerungen Wittgensteins eingegangen, die von solchem Verdacht frei sind, die zudem philosophische Sprachkritik an dem zur Rede Stehenden üben und den Vorzug haben, die hier einschlägige Erfahrung persönlich zu bezeugen.

Wittgenstein hat 1929 oder 1930, ungefähr zur selben Zeit also, zu der Heidegger seine Antrittsvorlesung „Was ist Metaphysik?" in Freiburg hielt – es war der 24. Juli 1929 –, im englischen Cambridge einen Vortrag gehalten, der posthum unter dem Titel „Wittgenstein's Lecture on Ethics" veröffentlicht wurde.[16] Hier trifft Wittgenstein zunächst die Unterscheidung zwischen dem *relativen* und dem *absoluten* Gebrauch des Wortes ‚gut' und, verallgemeinernd, zwischen ‚relativen' und ‚absoluten Werturteilen' (S. 11 f.), in denen relative und absolute Werte zum Ausdruck kommen (S. 13 f.). Relative Werturteile geben *bedingte* Wertungen wieder – bedingt durch kontingente Zwecksetzungen, die ihrerseits nicht bewertet werden (bei Kant heißen solche Wertungen mit Aufforderungscharakter ‚hypothetische Imperative'); absolute Werturteile geben *unbedingte* – d. h. von menschlichen Zwecken unabhängige – Wertungen wieder, die die eigentlich moralischen – Wittgenstein sagt: ethischen – Wertungen sind (sie heißen bei Kant im Sinne ihres unbedingten Aufforderungscharakters ‚kategorische Imperative'). Bedingte Wertungen lassen sich wissenschaftlich bewähren oder widerlegen, weil sie erfahrungs- und tatsachenabhängig sind. Deshalb haben sie lediglich „*natürliche* Bedeutung und *natürlichen* Sinn. Die Ethik ist, sofern sie überhaupt etwas ist, übernatürlich" (S. 13)[17];

---

[16] In: Philosophical Review 74 (1965), pp. 3-12; dt.: „Vortrag über Ethik", in: Joachim Schulte (Hrsg.), Ludwig Wittgenstein. Vortrag über Ethik und andere kleinere Schriften. Suhrkamp Verlag Frankfurt a. M. 1989, S. 9-19; auch (in anderer Übersetzung) in: Wilhelm Baum (Hrsg.), Ludwig Wittgenstein. Geheime Tagebücher 1914-1916. Turia und Kant, Wien/Berlin 1991, S. 73-82. – Ich zitiere nach der Ausgabe von Schulte mit Seitenangaben im Text.

[17] Diese nicht-theologische Verwendung des Wortes ‚übernatürlich' erinnert an ähnliche Gebrauchsweisen bei Simone Weil; siehe vom Verf.: „Transzendenz und Übernatur. Zu Simone Weils antimoderner Modernität". In: Communio. In-

denn nichts in der Welt ist von *absolutem* oder – synonym – *ethischem* Wert.

Woher aber haben wir dann Kenntnis davon, daß es einen – oder: den – absoluten Wert gibt? Hat der Ausdruck ‚absoluter Wert' überhaupt Sinn und Bedeutung? Wittgenstein sagt: Wenn ich mich frage, „was ich unter absolutem oder ethischem Wert verstehe", dann „geschieht es mir, in meinem eigenen Fall, immer wieder, daß mir die Vorstellung eines ganz bestimmten Erlebnisses in den Sinn kommt"; und Wittgenstein fordert seine Zuhörer auf, „sich das gleiche oder ähnliche Erlebnisse ins Gedächtnis zu rufen, so daß wir eine gemeinsame Grundlage haben für unsere Untersuchung" (S. 14). Daraufhin gibt Wittgenstein aber nicht nur ein, sondern gleich drei eigene Erlebnisse an, die für ihn jene absolute oder ethische Qualität haben: das Erlebnis der Existenz der Welt, das Erlebnis der absoluten Sicherheit und das Erlebnis, moralisch schuldig zu sein. Bei dem ersten Erlebnis staunt oder wundert er sich über die Existenz der Welt. In Vorwegnahme von späteren Überlegungen zur Verwendung des Wortes ‚Welt' und gestützt auf Heideggers oben ausgebreitetes Verständnis des Daseins als Welt oder In-der-Welt-sein und auf Wittgensteins Sprachgebrauch im letzten Teil seines *Tractatus* (ab § 5.6) fasse ich das Wort ‚Welt' als Bezeichnung für das menschliche Dasein auf. Ein Staunen über die Existenz der Welt ist dann ein Staunen über mein eigenes Dasein. – Es liegt im Übrigen nahe, das Erlebnis der Existenz der Welt *und* das Erlebnis, absolut sicher zu sein, im Sinne der Grunderfahrung, sich aufgegeben *und* geborgen zu sein, zusammenzusehen.

Wie schon im letzten Teil des *Tractatus*, so behauptet Wittgenstein auch hier, „daß der sprachliche Ausdruck dieser Erlebnisse Unsinn ist! Wenn ich sage: ‚Ich staune über die Existenz der Welt', mißbrauche ich die Sprache" (S. 15). Denn die Sprache dient nur der Beschreibung von Sachverhalten *in* der Welt, *in* unserem Leben. „Sicher sein heißt im wesentlichen, es sei physisch ausgeschlossen, daß mir bestimmte Dinge passieren, und deshalb ist es Unsinn zu behaupten, ich sei sicher, *egal*, was passiert" (S. 15 f.). Wittgenstein verallgemeinert seinen Befund zu der These, „daß sich ein bestimmter charakteristischer Mißbrauch der Sprache durch *alle* ethi-

---

ternationale Katholische Zeitschrift 32 (2003), S. 374-388, und vom Verf.: Simone Weil. Person und Werk. Herder Verlag Freiburg / Basel / Wien 2009, S. 140-144, 209-222.

schen und religiösen Ausdrucksformen hindurchzieht" (S. 16). Andererseits hält er daran fest, daß Erlebnisse wie die genannten für die, die sie „aus eigener Erfahrung kennen, allem Anschein nach gewissermaßen einen inneren, absoluten Wert" haben (S. 17). Doch wenn es Erlebnisse sind, dann gehören sie dieser Welt an, sind Tatsachen *in* unserer Welt, *in* unserem Leben. Das aber bedeutet, „daß es unsinnig ist, ihnen absoluten Wert zuzuschreiben. Ja ich möchte meine These noch pointierter formulieren, indem ich sage: ‚Das Paradoxe ist, daß ein Erlebnis – ein Faktum – übernatürlichen Wert zu haben scheint'" (ebd.). Die Konsequenz scheint unausweichlich: Wenn die Rede von absoluten Werten unsinnig ist, dann gibt es sie auch nicht! Heidegger würde dem wohl zustimmen: Nur Seiendes gibt es, das Sein selbst gibt es nicht! Wittgenstein nennt den Grund, weshalb die Unsinnigkeit solcher Reden „ihr eigentliches Wesen ausmacht": „Denn ich wollte sie ja gerade dazu verwenden, über die Welt – und das heißt: über die sinnvolle Sprache – *hinauszugelangen*. Es drängte mich, gegen die Grenzen der Sprache anzurennen, und dies ist, glaube ich, der Trieb aller Menschen, die je versucht haben, über Ethik oder Religion zu schreiben oder zu reden. Dieses Anrennen gegen die Wände unseres Käfigs ist völlig und absolut aussichtslos. ... Doch es ist ein Zeugnis eines Drangs im menschlichen Bewußtsein, das ich für mein Teil nicht anders als hochachten kann und um keinen Preis lächerlich machen würde" (S. 18 f.).

Mit diesem Ergebnis hat sich die diagnostizierte Gegenstandslosigkeit der existenzialen Grundstimmung, Grunderfahrung und Grundeinstellung zur Unaussagbarkeit und damit zur Unverständlichkeit, weil Unsinnigkeit dieser Ausdrücke, gesteigert. Und unser Versuch, über die Welt und damit über die Sprache hinauszusehen und hinauszugelangen, ihre Grenzen zu transzendieren und so gewissermaßen transzendente Erfahrungen zu machen, ist – das können wir einsehen! – prinzipiell zum Scheitern verurteilt. Waismann hat von einem Gespräch im Wiener Kreis berichtet, das am 30. Dezember 1929 stattfand und u. a. Heideggers Philosophie von *Sein und Zeit* zum Gegenstand hatte. Waismann berichtet von Wittgenstein folgende Worte: „Ich kann mir wohl denken, was Heidegger mit Sein und Angst meint. Der Mensch hat den Trieb, gegen die Grenzen der Sprache anzurennen. Denken Sie z. B. an das Erstaunen, daß etwas existiert. Das Erstaunen kann nicht in Form einer Frage ausgedrückt werden, und es gibt auch gar keine Antwort. Alles, was wir sagen mögen, kann a priori nur Unsinn sein. Trotzdem rennen wir gegen die Grenze der Sprache an. Dieses Anrennen hat auch Kierkegaard gesehen und es sogar ganz ähnlich (als Anrennen gegen das Paradoxon) bezeichnet."[18]

Und vom 17. Dezember 1930 berichtet Waismann u. a. folgende Worte Wittgensteins: „Ich habe in meinem Vortrag über Ethik zum Schluß in der ersten Person gesprochen: Ich glaube, daß das etwas ganz Wesentliches ist. Hier läßt sich nichts mehr konstatieren; ich kann nur als Persönlichkeit hervortreten und in der ersten Person sprechen."[19]

Dort übt Wittgenstein auch Selbstkritik an seinem Bild vom „Anrennen gegen die Grenze der Sprache" mit der Bemerkung: „Die Sprache ist ja kein Käfig". Denn um sie so, als Käfig, sehen zu können, müßte man einen Standpunkt außerhalb ihrer einnehmen können. Er fügt hinzu: „Die Tatsachen sind für mich unwichtig. Aber mir liegt das am Herzen, was die Menschen meinen, wenn sie sagen, daß *‚die Welt da ist'*."[20] *Was* die Menschen meinen? Das Was suggeriert eine Gegenständlichkeit bzw. eine Sachverhaltsbezogenheit, die gerade ausgeschlossen ist; denn die Welt, von der hier die Rede ist, ist kein Gegenstand und kein Sachverhalt. Diese Ungegenständlichkeit der Welt bzw. des Daseins, die die Gegenstandslosigkeit der Grundstimmung, der Grunderfahrung und der Grundeinstellung bedingt, sei nun noch ein wenig erläutert, auch wenn ich mich damit im Unsinn umtue. (Hier spricht mir Wittgenstein mit einem Wort Trost zu, das er Augustinus zuschreibt: „Was, du Mistvieh, du willst keinen Unsinn reden? Rede nur einen Unsinn, es macht nichts!"[21])

Das Wort ‚Welt' ist hier ein Ausdruck der Totalität all dessen, was dem Menschen in seinem Leben begegnen kann, worin er geschichtlich lebt und sich entfaltet und was prinzipiell seiner Erfahrung und Erkenntnis zugänglich ist. Somit ist die Welt zwar nicht bloß die Menge oder Summe der Gegenstände, Situationen und Vorgänge in ihr; sie ist aber auch nicht selbst ein Gegenstand, eine Situation oder ein Vorgang; denn nur *in* der

---

[18] Ludwig Wittgenstein, Schriften, Bd. 3: *Wittgenstein und der Wiener Kreis*. Gespräche, aufgezeichnet von Friedrich Waismann. Aus dem Nachlaß hrsg. von B. F. McGuinness, Suhrkamp Verlag Frankfurt a. M. 1967, S. 68.

[19] Ebd., S. 117.

[20] Ebd., S. 118.

[21] Ebd., S. 69.

Welt lassen sich Gegenstände, Situationen und Vorgänge durch Zeige-, Kennzeichnungs- und Prädikationshandlungen ausgrenzen. Da die Welt nichts dergleichen ist, ist der Ausdruck ,die Welt' auch kein Eigenname, obwohl er so aussieht wie die Ausdrücke ,die Sonne' oder ,die Erde'. Den Gebrauch des Ausdrucks ,Welt' üben wir synsemantisch ein, d. h. in Sätzen wie dem, daß die Welt der Inbegriff all dessen ist, was der Mensch erfahren und erkennen kann, daß die Welt gut (bzw. schlecht) ist, daß sie von Gott geschaffen ist. Allerdings wird der einzigartige logische Status des Ausdrucks ,die Welt' durch die sprachliche Oberflächengrammatik solcher Sätze wie der angeführten, die die Welt als Gegenstand (und den Ausdruck ,die Welt' als Nominator) erscheinen lassen, dem ein Prädikator zu- oder abgesprochen wird, eingeebnet; sie erscheinen wie gewöhnliche deskriptive oder evaluative Sätze. Demgegenüber ist zu beachten, daß sie die Welt nicht beschreiben oder über sie Feststellungen treffen, weil weder der Subjektausdruck (,die Welt') noch die benutzten Prädikatausdrücke (,ist der Inbegriff all dessen, was ...', ,ist von Gott geschaffen', ,ist gut' usw.) etwas Bestimmtes von etwas Anderem innerhalb der Welt unterscheiden. Sie dienen nicht mehr der Differenzierung von Sachverhalten, die nur *innerhalb* einer Welt vorgenommen werden kann. Die genannten Prädikatausdrücke artikulieren eine grundlegende Sicht der Welt aus dem Blick eines Einzelnen oder einer Gemeinschaft, geben eine bestimmte *Einstellung* zu ihr kund.

Wie sind solche einstellungsbekundenden Äußerungen zu verstehen? Sätze wie ,Das Leben / Die Welt / Das Dasein ist gut / schön / herrlich / ein Wunder / geborgen in Gottes Hand / unbedingt sicher, was auch immer geschehen mag' oder ,Mein Leben ist heillos / sinnlos', ,Das Leben ist nicht lebens-, nicht liebenswert', ,Ich verzweifle am Leben' stellen absolute (positive bzw. negative) Werturteile dar. Sie beschreiben die Welt oder das Leben nicht, sondern beurteilen es. Das Urteil ist unbedingt, absolut, weil es sich nicht auf einzelne Situationen oder Vorgänge *im* Leben, *in* der Welt oder auf einzelne Züge des Lebens, der Welt oder auf die Summe derartiger Situationen, Vorgänge und Eigenschaften beruft, sie also auch nicht in unterschiedlicher Wertung voneinander abhebt. Ein absolutes Werturteil gründet aber auch nicht auf einem Vergleich zwischen verschiedenen Welten, verschiedenen Leben; denn für jedes Subjekt, für jede Existenz gibt es nur *eine* Welt, *ein* Leben. Das Leben, die Welt anderer Menschen kommt in meinem Leben, in meiner Welt zwar vor; doch ist es mir weder in seiner Totalität noch in seinem Innengrund zugänglich. Jeder von uns kann nur sein eigenes Leben führen, und jeder kann im eigentlichen, ursprünglichen Sinne nur zu seinem eigenen Leben Stellung beziehen. Das bedeutet, daß es keinen Maßstab für eine solche Stellungnahme gibt. Demnach ist sie auch nicht nach dem Muster lebensweltlicher Beurteilungen zu verstehen. So wäre es ein fundamentales Mißverständnis, die Einstellung zum eigenen Leben vom Grundzug seiner Sterblichkeit her negativ zu beurteilen. Aber die positive Wertung des Lebens dadurch zu bewerkstelligen, daß man sich über seine Sterblichkeit hinwegsetzt, liefe auf Realitätsverleugnung und damit auf Selbsttäuschung und Lebenslüge hinaus.

Wenn es aber keine Maßstäbe für absolute Werturteile gibt, dann scheinen diese Urteile grundlos und irrational zu sein.[22] Meines Erachtens muß man diesen Schluß ziehen. Allerdings lassen sich solche Urteile nicht mit dem Hinweis darauf kritisieren, daß sich solche Maßstäbe – vielleicht durch geeignete philosophische Bemühung – zur Verfügung stellen ließen. Wenn man zugibt, daß solche Maßstäbe prinzipiell nicht verfügbar sind, wäre es angemessener und diente der Klarheit, nähme man den Vorwurf der Irrationalität zurück und spräche davon, daß solche Urteile a-rational (außer- oder überrational) sind, weil sie weder als rational begründet noch als rational widerlegt (bzw. weder als rational begründbar noch als rational widerlegbar) gelten können.[23]

Wie kommen sie dann aber zustande? Vielleicht kann jede lebensweltliche Erfahrung *Anlaß* für ein absolutes Werturteil sein – allerdings nur Anlaß! Jede Tätigkeit – Augustinus und die Zen-Buddhisten sagen: auch die

---

[22] Vgl. die Bemerkungen Wittgensteins im Wiener Kreis; s. Schriften, Bd. 3, a. a. O., S. 115-118, sowie vom Verf.: „Anthropologie und Ethik", a. a. O. (Anm. 6), S. 242-245.

[23] Für eine anthropologische Grundlegung der Ethik plädiere ich in den beiden folgenden Aufsätzen: „Zur Eigenart moralischer Beurteilungen und ihrer anthropologischen Begründung", in: Jean-Pierre Wils (Hrsg.), Orientierung durch Ethik? Eine Zwischenbilanz. Verlag Schöningh Paderborn/München/ Wien/ Zürich 1993, S. 149-167; „Zum Verhältnis von Anthropologie und Ethik". In: Adrian Holderegger/Jean-Pierre Wils (Hrsg.), Interdisziplinäre Ethik. Grundlagen, Methoden Bereiche. Festgabe für Dietmar Mieth zum sechzigsten Geburtstag. Universitätsverlag Freiburg i. Br./Herder Verlag Freiburg i. Br./Wien 2001, S. 32-52.

Ausscheidung – und jedes Widerfahrnis – Johannes XXIII. und die Zen-Buddhisten sagen: selbst das Sterben – kann Anlaß und Auslöser einer Einsicht, einer Erleuchtung, einer Umkehr, eines Gottespreises, einer mystischen Erfahrung sein, die sich in Form von Bekenntnissen, Doxologien, Preisungen, Danksagungen äußern können. Daß solche Situationen als Anlässe fungieren, ist legitim; denn wenn das Ganze des Lebens heil ist, dann von ihm her (in diesem überkategorialen, transzendentalen Sinne) auch jede einzelne Stunde (mag sie im Übrigen noch so übel sein). „Tag für Tag – guter Tag!“ (6. Beispiel der Koan-Sammlung *Bi-Yän-Lu.*[24]) „Jeder Tag ist ein guter Tag geboren zu werden. Jeder Tag ist ein guter Tag zu sterben“ (Tagebuch Johannes' XXIII.). Das heißt nicht, daß man jede Lebenssituation ertragen können müßte oder daß man sie erträglich fände oder sie gar gutzuheißen hätte. Die üblichen moralischen Beurteilungskategorien sind ja nicht aufgehoben: Entwürdigung, Vergewaltigung, Versklavung, Folterung, Vertreibung, Massenhinrichtungen, massenhafte maschinelle Vernichtung von Menschen bleiben, was sie sind. Solche Situationen stellen für die Betroffenen äußerste Prüfungen und Anfechtungen ihres Vertrauens in das Leben dar (oder in Gott, wenn sie im monotheistischen Sinne religiös sind). Aber wie es zur Grammatik absoluter Einstellungen gehört, daß nichts Innerweltliches sie begründen kann, so gehört zu ihr, daß prinzipiell keine innerweltliche Instanz einen definitiven Einspruch gegen sie, ihre definitive Widerlegung darstellen kann. Das heißt nicht, daß Konversionen zum Negativen (wie auch vom Negativen zum Positiven) unmöglich wären; denn es ist ja zwischen dem unbedingten Gehalt und dem kontingenten Vollzug eines absoluten Urteils, dem unbedingten Gehalt und dem kontingenten Ereignis einer Erfahrung des Absoluten, dem unbedingten Gehalt und dem kontingenten Zustand einer absoluten Einstellung zu unterscheiden – das, was für Wittgenstein und Kierkegaard ihr Paradox ausmacht. Als Vollzug ist ein absolutes Urteil, ei-

---

[24] Wilhelm Gundert (Hrsg.), Bi-Yän-Lu. Meister Yüan-wu's Niederschrift von der Smaragdenen Felswand. Hanser Verlag München, Bd. 1, 1960, S. 147 ff. (Tb.: Ullstein: Frankfurt a. M./Berlin/Wien); Ernst Schwarz (Hrsg.), Bi-Yän-Lu. Aufzeichnungen des Meisters vom Blauen Fels. Kösel Verlag München 1999, S. 78 ff.; Yamada Koun Roshi/Peter Lengsfeld (Hrsg.), Hekiganroku. Die Niederschrift vom blauen Fels … Kösel Verlag München 2002, Bd. 1, S. 78 ff.

ne Erfahrung, eine Einstellung ein Vorgang *im* Leben, reiht sich ein in die Folge wechselnder Vorgänge.

Dieses Absolute ist kein Transzendentes. Andererseits ist es, weil auf das Ganze der Welt und des Lebens bezogen, auch nicht innerweltlich. Ich habe es deshalb ‚transkategorial' oder mit Wittgenstein[25], aber nicht ganz im Sinne Kants, ‚transzendental' genannt. Es läßt sich mit Wittgenstein auch als im absoluten Sinne ‚ethisch' oder ‚ästhetisch' oder ‚mystisch' bezeichnen[26], weil ihm eine, freilich – wie wir gesehen haben – ‚paradox' zu nennende, Erfahrung oder Wahrnehmung (*aisthesis*) und Einstellung oder Haltung (*ethos*) in bezug auf dieses Absolute entspricht, das lebensweltlich verborgen, ein Geheimnis (*mysterion*) ist, alltagssprachlich sowie wissenschaftlich unaussagbar (*mystikon*). Dieses Immanent-Absolute ist demnach kein Real- oder Objektiv-Absolutes im Sinne des Transzendent-Absoluten (Gott) oder im Sinne eines ontologischen Wertrealismus, auch wenn sich für es Ausdrücke wie ‚Erlebnis', ‚Erfahrung', ‚Sich-zeigen' oder ‚Sich-offenbaren' aufdrängen. Aber trotz seiner wesentlichen Verborgenheit, die sich seiner nicht-totalisierbaren Ganzheitlichkeit, seiner nicht-objektivierbaren Transzendentalität und seiner nicht auf Anderes reduzierbaren Ursprünglichkeit verdankt, ist das Absolute nicht nichts, sondern eine, allerdings paradoxe, *Gegebenheit*.

Ob Bollnow dem zustimmen würde? Ich kann es nicht wissen – ich hoffe es.

Diskussion

KLAPPENECKER: Ich möchte etwas fragen zum Verhältnis von Gefühl, Stimmung und Atmosphäre. Für mich als Theologin ist das besonders schwierig, weil der Begriff der Atmosphäre theologisch mit dem Heiligen Geist in Verbindung gebracht wird. Ich suche jetzt nach einer gleichblei-

---

[25] Tractatus § 6.421; vgl. aber Tagebücher 1914-1916. In: Schriften, Bd. 1, Suhrkamp Verlag Frankfurt a. M. 1960, S. 171, Eintrag unter dem 30.7.1916, letzter Satz: „Die Ethik ist transcendent".

[26] Vgl. Tractatus §§ 6.421 („Ethik und Aesthetik sind Eins"), 6.44 („Nicht *wie* die Welt ist, ist das Mystische, sondern *daß* sie ist"), 6.45 („Das Gefühl der Welt als begrenztes Ganzes ist das mystische"), 6.522 („Es gibt allerdings Unaussprechliches. Dies *zeigt* sich, es ist das Mystische").

benden Erklärungsebene und einem einheitlichen Paradigma, um diese drei Dinge einander zuordnen zu können. Gefühlsbewegungen und Stimmungen sind seelische Zustände. Was die Atmosphäre betrifft, haben Sie den Atmosphärenbegriff von Schmitz hereingebracht. Meine Frage ist, ob man da nicht noch weiter unterscheiden müßte. Stimmungen kommen weder von außen noch von innen. Sie sind nach Heidegger Weisen des In-der-Welt-seins. Wenn ich mir das dann responsorisch vorstelle, liegen Stimmungen im Rahmen des existentialistischen Begegnungs- und Schicksalsparadigmas, und Atmosphäre hat dann mehr dieses von außen Kommende. Können Sie mir da weiterhelfen bei meinen terminologischen Klärungsversuchen?

WIMMER: Ich weiß nicht, ob ich das wirklich gut kann. Man müßte dazu Hermann Schmitz gründlich studieren. Sie haben zuletzt angedeutet, daß die Atmosphäre etwas ist, was mehr von außen auf mich zukommt. Das kann so sein, z. B. wenn ich einen Raum betrete, in dem ich auf eine freudige Stimmung gefaßt war und eine betretene Stimmung mir entgegenschlägt. Dann erfahre ich das als ein Widerfahrnis. Ich bin anders gestimmt, und jetzt herrscht dort diese gedrückte Atmosphäre. Aber manchmal bin ich ja auch Teil einer Atmosphäre. Mein Gestimmtsein ist zugleich die Stimmung einer Landschaft, zum Beispiel, in der ich in diesen Raum des Atmosphärischen hineingenommen bin. Ich habe hier nur sozusagen provisorisch von Gemütszuständen gesprochen. Eigentlich wollte ich auf das Dimensionale dieses Zustandes aufmerksam machen und habe darauf abgehoben, daß dieser Zustand über mich hinausreicht in einer sehr bestimmten Weise, denn es ist eben die Stimmung eines ganzen Raumes oder die Stimmung einer ganzen Landschaft. Es ist eine sehr bestimmte Art von Gegebenheit und trotzdem nicht mit bestimmten Grenzen physikalischer Art verbunden. Da muß natürlich noch phänomenologische Arbeit geleistet werden. Wenn ich hier einfach von Gemütszuständen sprach, hatte ich lediglich gewisse Unterscheidungen aufgenommen und ein gewisses durchschnittliches Verständnis dieser Dinge artikuliert. Das müßte phänomenal unterfüttert werden.

Was hat das nun mit dem Heiligen Geist zu tun? Auch Hermann Schmitz macht bei seiner Analyse religiöser Phänomene an verschiedenen Stellen darauf aufmerksam, daß etwa beim Pfingstfest die Urgemeinde von dieser göttlichen Atmosphäre angerührt und betroffen wurde in diesem Enthusiasmus ihrer wechselseitigen Verbundenheit untereinander und mit Gott. In diesem Atmosphärischen, das bildhaft zutage tritt im Aufkommen dieser Flammen und das dann ja auch in der Stimmung, von der die Rede ist, sich allen mitteilte, ist etwas zum Ausdruck gebracht, was die Phänomene in eine gewisse Nachbarschaft rückt. Hermann Schmitz tendiert dazu, diese Phänomene, die im Christentum in einem bestimmten Zusammenhang dogmatischer Art stehen, aus diesem Zusammenhang herauszulösen und als eine religiöse Gegebenheit unserer Existenz zu interpretieren. Ich möchte kritisch dazu anmerken, daß hier die christliche Akzentuierung durchaus auch ein Teil des Fundaments selber sein darf. Es könnte sein, daß das Christliche daran ein Teil des Phänomens selber ist. Dies nur als eine Randbemerkung dazu.

FLITNER: Können Sie uns noch einmal etwas deutlicher erklären, warum Sie die Bollnow-Vorlesung gewissermaßen abgelöst haben und eine Wittgenstein-Vorlesung daraus geworden ist?

WIMMER: Mir scheint, daß sich bezüglich der Stimmungen der Angst und der Geborgenheit die Frage nach der Sinnhaftigkeit dieser Phänomene stellt und doch nicht ohne weiteres stellen läßt. Angst und Geborgenheit als gegenstandslose und richtungslose Stimmungen – da müßte man noch einmal genauer nachsehen. Die Angst, so wie wir sie im Sprachgebrauch haben, ist zunächst einmal eine gerichtete Empfindung. Wenn wir die Angst aber, wie bei Schmitz, durch ein Gefühl der Leere ersetzen, dann könnten wir auch dieses Richtungs- und Gegenstandslose mit hineinbekommen. Dies scheint mir aber kein rein sprachphilosophisches Problem zu sein.

Wenn wir nun aber, wie Bollnow es tut, auch auf die Haltungen eingehen, die auf diese Erfahrungen eines Ungegenständlichen, Allumfassenden bezogen sind – Bollnow spricht von der Hoffnung als einer reinen, absoluten Hoffnung – dann betrifft dies den Bezug zu einem Letzten, das nicht mehr eingeordnet werden kann. Bollnow spricht nicht von der Hoffnung bezogen auf ein bestimmtes Ereignis, sondern von einer Haltung der Hoffnung schlechthin als einem Bezug auf das Gesamt meines Lebens. Dies aber impliziert ein Sprachproblem. Wie können wir so etwas verstehen, worauf wir uns da beziehen? Beziehen wir uns da überhaupt noch auf etwas? Dies ist ein Problem, das philosophisch-sprachkritisch erörtert werden muß.

Dasselbe Problem taucht meines Erachtens nicht auf, wenn man rein bei den Stimmungen bleibt, denn wenn wir die Stimmungen als richtungs-

und gegenstandslos definieren und sie so analysieren, dann bleibt es dabei: es ist so, und wir müssen uns da nicht auch noch auf etwas beziehen. Wenn wir aber eine Haltung, eine Tugend der gegenstandslosen Hoffnung haben, worauf beziehen wir uns da und was hoffen wir da? Wenn wir eine Erfahrung des Absoluten haben, scheint es ja so zu sein, daß wir da eine Gegenständlichkeit, etwas Objektives erfahren; etwas, was anders ist als wir, etwas, auf das wir uns beziehen. Das stellt ein gewichtiges Problem dar, denn der Verdacht liegt nahe, daß das eine nichtige Haltung ist: daß wir eigentlich nur Hoffnungen in bezug auf bestimmte Situationen und Zwecke in unserem Leben haben können, und daß wir Erfahrungen nur machen können von bestimmten Sinngegebenheiten, Sinnfeldern, Sinnbezügen in unserem Leben. Außen vor bliebe so aber die Sinnhaftigkeit unserer gesamten Existenz.
Bezüglich der damit angeschnittenen Problematik war hier ein Stück weit über Bollnow hinauszugehen, aber durchaus so, daß es einen Bezug zu Bollnow hat, weil er ja von der absoluten Hoffnung und der Erfahrung des Absoluten spricht. Aber bei ihm ist das meines Erachtens begrifflich nicht deutlich genug artikuliert. Mein Vorhaben war es, einerseits auf das Prekäre dieser Phänomene hinzuweisen, die schwierig zu verstehen und zu erläutern sind. Auf der anderen Seite aber möchte auch ich an einem Bezug auf das Absolute festhalten. Doch wie kann man an ihm festhalten, wenn sprachlich-denkerisch hier ein großes Sinnfragezeichen vorstellig gemacht wird?.

GANTKE: Direkt dazu. Könnte man nicht zurückfragen, ob Wittgenstein nicht eine bestimmte Form von Sprache verabsolutiert hat und daß dadurch andere Sprachformen aus der Wissenschaft herausgedrängt werden. Ich denke an das evozierende Sprechen, die dichterische Form, Metaphern, Symbole etc., mit denen versucht wird, hinter die Oberfläche zu dringen.

WIMMER: Da gebe ich Ihnen recht. Ich hatte nicht die sicher sehr enge Sprachauffassung Wittgensteins verteidigen wollen, wie sie im Tractatus expliziert wird und mit der er selber später nicht mehr einverstanden war, so wie sie im Wiener Kreis, im Neopositivismus usw. wissenschaftstheoretisch ausgelegt worden ist. Darauf würde ich nicht rekurrieren wollen bei meiner Analyse und habe es auch nicht getan. Da ist eine Enge beim frühen Wittgenstein und er hat das später ja auch revidiert. Aber woran ich doch festhalten würde ist: Selbst beim späten Wittgenstein sehe ich nicht,

wie diese spezifischen Sprachverwendungen, die wir kennen: daß wir vom Leben im ganzen, von der Welt im ganzen, von einer absoluten Sinngebung und auch Erfahrung sprechen können – wie dieses alles im Rahmen seiner Sprachauffassung begriffen werden könnte.
Wenn Sie wollen, habe ich mit meinen synsemantischen Erläuterungen einen Hinweis auf so etwas wie ein Wittgenstein'sches Sprachspiel gegeben, bezogen auf Sprachformen im Bezug auf ein Absolutes. Wir reden doch so, und jeder von uns scheint es auch irgendwie zu verstehen. Wittgenstein selber appelliert in seinem Vortrag an das Verständnis seiner Zuhörer, wenngleich er sagt, daß hier nichts zu vermitteln ist, es sei denn einer hat diese Erfahrung gemacht und weiß wovon die Rede ist. Jeder muß hier für sich selber zusehen, und insofern gibt es auch keine Art von Wissenschaft über diese Dinge. Daran wollte er sicher auch festhalten, weil die Wissenschaft als erklärende Wissenschaft und auch als verstehende Wissenschaft – aber da lasse ich mich gerne korrigieren – immer nur auf bestimmte Sinngebilde in der Welt und in unserem Leben abzielt und ihren darauf bezogenen Erklärungshorizont explizieren muß. Es muß gezeigt werden können, wovon die Rede ist. Wir haben auch im ersten Vortrag gehört und diskutiert, nach welchen Regeln etwas ausgelegt wird und welches die Methoden sind, nach denen wir natürliche Phänomene erklären und zu verstehen versuchen.
Ich glaube jedoch, daß man diese besonderen, auf ein Absolutes bzw. auf das Ganze bezogenen Redeweisen nicht einfach neben diese anderen Redeweisen stellen kann. Das Besondere liegt zum Beispiel darin, daß diese Erfahrungen und Redeweisen all das andere irgendwie mit umfassen, obwohl sie darin nicht unterzubringen sind. Wir treten sozusagen von unseren Wissenschaften und unseren detaillierten Erfahrungen und Zugangsweisen zu allem möglichen noch einmal zurück, um gewissermaßen das Ganze in den Blick zu nehmen. Welches Recht, welchen Status und welche mögliche Realgeltung hat dieses Tun? Dies ist das eigentliche Thema von Wittgenstein, und es ist ein Teilthema von Bollnow. Nur lag mir daran, die Hinweise Bollnows dazu abzuheben von Hinweisen, die nicht direkt zu diesem Thema gehören, sondern benachbarte Phänomene sind. Ich habe versucht, auch da noch eine begriffliche Deutlichkeit hineinzubringen.
SCHOLTZ: Sie würden mir doch zustimmen, daß es beim späten Wittgenstein eine starke Tendenz gibt, von Sprachspielen und d. h. von einer Plu-

ralität von Sprachen zu sprechen, die jeweils mit bestimmten Lebensformen verknüpft sind. Die heute lebenden analytischen Philosophen nützen das gerade auch dazu, um die religiöse Sprache als eine eigene Sprache zu rechtfertigen, so wie Cassirer von verschiedenen „symbolischen Formen" spricht, wo die Religion dann auch eine symbolische Form unter anderen ist. Das ist so etwas wie eine Pluralisierung, die diese Dominanz und normgebende Kraft der Wissenschaftssprache bricht. Oder irre ich mich dabei? In dieser Schrift, die Sie zitiert haben, ist es genau so, wie Sie es dargestellt haben, aber es gibt bei Wittgenstein eben auch diese andere Tendenz.

WIMMER: Ja, das ist richtig. Nur wird man sich in einer kritischen Weiterführung von Wittgenstein ja doch über die Zuordnung der Sprachspiele zueinander unterhalten können und müssen. Und da, scheint mir, kann man gewissermaßen eine Art Werthierarchie annehmen, oder eine Hierarchie des Allgemeineren und des Spezifischeren. In der Rede vom Absoluten – das ist ja doch der eigentliche Zweck und Zielpunkt – wird etwas anvisiert, was es erlaubt, alle dingfest zu machenden Sprachspiele noch einmal in einen umgreifenden Horizont zu stellen. Und insofern hat es dann schon einen anderen Charakter.

SCHWARTLÄNDER: Ich möchte ein paar Punkte nennen, die jeweils größte Überraschung bei mir erzeugt haben und die für Bollnow sprechen. Es ging um das Spezifische eines absoluten Bezugs und wie dieser zu fassen sei. Immer wenn von dem Absoluten gesprochen wird und die Philosophie glaubt, sich an ihm festmachen zu können, war Bollnow in völliger Gegnerschaft. Das Absolute zu denken oder gar erkennen zu wollen ist für ihn eine Absurdität. Als ich meine Arbeit über Hegel schrieb und das „absolute Wissen" einmal mit Bollnow besprach, da hatte er nur noch ein Kopfschütteln übrig. Daß er die Arbeit nachher dann doch anders beurteilt hat, ist die Großartigkeit eines Gelehrten von seinem Format.

Um noch einen anderen Begriff aufzunehmen: Bollnow hat sehr wenig über das Gewissen gesprochen, und das war mir immer erstaunlich. In seinem letzten Vortrag spricht er mit Bezug auf Spranger vom Gewissen mit großem Nachdruck.[27] Er wollte damit sicher nicht seinen Widerspruch

---

[27] Eduard Spranger zum hundertsten Geburtstag. Festvortrag an der Eberhard-Karls-Universität Tübingen am 28. Juni 1982. In: Zeitschrift für Pädagogik, 1982, S. 505-525.

gegen das Denken des Absoluten einnivellieren. Ich habe es so verstanden, daß er sich hier bezieht auf das unbedingt Gute, das nicht mit dem Absoluten gleichgesetzt werden kann, obwohl die Philosophen das immer wieder tun. In seiner ersten großen Vorlesung in Mainz sprach Bollnow über Kants Ethik: über den guten Willen als das allein schlechthin gut zu Nennende. Das war damals das mich am stärksten betreffende Wort, und diese Vorlesung über Kant war für mich überhaupt eine erstaunliche Erscheinung: Lassen Sie mich das etwas illustrieren, damit der Kreis auch etwas über die damalige Situation erfährt. In dem zerstörten Mainz gab es nur einen großen Saal, in dem die Faschingsfeste veranstaltet wurden, und vom 11. 11. bis Aschermittwoch war dieser Saal bekränzt im Faschingsstil. Bollnow marschierte mutig vor – das war mitten in dieser Faschingszeit –, stellte sich unter die Girlanden hin, und uns allen verschlug es den Atem, wie wir ihn dort auf dem Katheder sahen. Und dann hielt er diese Vorlesung über Kant. Drei Minuten war eine Stille im Raum und ein Engagement, das mich überzeugt hat von der Authentizität dieses Philosophen. Ich erzähle das, weil es am Anfang steht, und das andere ist der letzte Vortrag über das Gewissen mit Bezug auf Spranger.

Das Gewissen ist wohl die wichtigste Angelegenheit, deren sich die Pädagogen annehmen sollten. Wenn man das Gewissen mit der Kenntnis von Kant verbindet, dann ist ein Unbedingtes etwas, das nicht mehr in solchen Sprachspielen sei es vereinnahmt, sei es ausgeschieden werden kann. Das wird einen wichtigen Punkt belegen, wenn man noch einen zweiten Begriff hinzunimmt, der Bollnow wichtig war: die Hoffnung. Was er darüber ausführte, ohne daß er es je – das hätte ich mir gewünscht – thematisch ausdrücklich gemacht hätte, könnte ein Leitfaden sein, um das, was er oder was Sie im Ringen um das Absolute positiv oder negativ bezeichnet haben, kenntlich zu machen.

Und zum Schluß möchte ich sagen: Es hat mich höchst interessiert, daß Gadamer über die ganzen Aprioristen einen sehr kritischen Aufsatz geschrieben hat. Aprioristen waren für ihn die Idealisten von Fichte bis Hegel, es waren aber auch Husserl und Heidegger, und denen warf er vor, daß sie mit ihrem reinen Apriorismus nicht mehr Fuß fassen könnten in der Wirklichkeit. Der Einzige, den er von all diesen Denkern ausgenommen hat, war erstaunlicherweise Kant, nämlich das Bewußtsein des moralischen Gesetzes als eines Faktums der Vernunft. Er sei der einzige Philosoph gewesen in der ganzen Kette dieser Aprioristen, der sich an der Wirklichkeit, und zwar an einer Wirklichkeit, mit der er Erfahrung verbindet, fest gemacht hat.

GIEL: Ich kann direkt anschließen. Bei seinen Ausführungen über die Hoffnung lag Bollnow der sehr eindrucksvolle Aufsatz von Herbert Plügge über die Hoffnung zugrunde.[28] Versuchen Sie das einmal einem Mediziner plausibel zu machen, was da passiert: Eine todkranke Frau, die vorher eine richtige Zicke ist, findet plötzlich das Leben wieder lebbar, seit sie weiß, daß sie sterben muß. Für Bollnow ist das eine Erfahrung, die er dankbar aufgreift.

Eine zweite Bemerkung: Bollnow war – man glaubt es nicht – ein gründlicher Leser der Mystik, insbesondere der Eckhartpredigt „Intravit Jesus in quoddam castellum". Die Rede von der Bildlosigkeit der Hoffnung ist aus dieser Predigt entnommen.

Und noch eine letzte Bemerkung: Mit der Atmosphäre tat Bollnow sich selber schwer, und er sagte auch, daß er unglücklich sei mit diesem Ausdruck. Aber wenn Sie sein Buch über „Die pädagogische Atmosphäre" hernehmen, dann ist sie wirklich so etwas wie der pädagogische Geist, der dann ausgelegt wird in das Vertrauen des Erziehers und in das Vertrauen des Kindes. Hier wird Bezug auf etwas Ganzes genommen, was da ist, was eine Realität ist und die es dann auszulegen gilt.

LOCH: Ich wollte noch etwas dazu sagen. Im Kontext des Verhältnisses von Gnade und Leistung im Bollnow'schen Tugendbegriff ist ein Phänomen noch nicht wirklich erfaßt, nämlich das der Begegnung, wo in der Formel Rilkes: „Du mußt dein Leben ändern" diese ganze transzendentale Dimension als in diesen lebensgeschichtlichen Ereignissen aufbruchsmöglich dargestellt wird.

BRÄUER: Im Kontext der Rede von einem Absoluten ist wohl jedermann die Scheu aufgefallen, die für Bollnow bezeichnend ist. Er hat ja auch über die Scham wissenschaftlich gearbeitet, und auch das ist, denke ich, keine nebensächliche Angelegenheit für ihn gewesen. In jedem Falle war ihm zuwider, manche Dinge plakativ, bekenntnisartig vorzutragen. Im Kontext dessen, was er mit Plessner das Prinzip der „offenen Frage" nennt, macht er ja auch deutlich, daß die Stelle der Letztbegründung jedenfalls nicht besetzt werden kann. So etwas gibt es, würde er sagen, nur

---

[28] Herbert Plügge, Über die Hoffnung. In: Herbert Plügge, Wohlbefinden und Mißbefinden. Beiträge zu einer medizinischen Anthropologie. Tübingen 1962.

ist das jetzt an dieser Stelle nicht mein Thema. Man muß sich zugleich vergegenwärtigen, daß Bollnow auch eine durchaus vulkanische Seite gehabt hat, ein spontanes und sehr affektives Reagieren auf etwas. Aber in seinen theoretischen Abhandlungen hat er eben nicht so reagiert.
Die Paradoxie, die sich bei dem „aus Gnade und zugleich eine Leistung" ergibt, halte ich allerdings für konstitutiv für dieses Buch. Ohne das Ansprechen dieser Problematik fände ich das Buch über die *Neue Geborgenheit* flach. Was das dann aber heißt, rührt sehr direkt an Fragen der Pädagogik: daß man etwas leisten muß und zugleich weiß, daß man es nicht im ganzen leisten kann. Welche Einstellung ist damit verbunden? Ich erinnere mich an eine Tagung mit Schweizer Lehrern, wo ein Zuhörer Bollnow darauf angesprochen hat, ob das nicht eine mystische Formulierung sei. Nach langem Nachdenken sagte er dann: Ja, wenn, dann eine Mystik des Alltags. Dann gehört das in das menschliche Leben mit hinein.
SCHOLTZ: Noch eine Frage an Sie, Herr Wimmer. Wieso konnte dieses Buch, „Das Wesen der Stimmungen", eine so große Resonanz finden, wo es doch so kritikwürdig und kritikfähig ist? Offensichtlich ist hier das philosophische Sprachspiel doch nicht so scharf vom Religiösen getrennt, und diese Wirkung kann man sich so erklären, daß auch die Leser aus einem religiösen oder säkularisiert religiösen Kontext kommen und daß das diese Resonanz erzeugt. Es ist dieses Resonanzphänomen und nicht die scharfsinnige Beobachtung und Beschreibung, was die große Wirkung gebracht hat, obwohl es philosophisch kritikwürdig bleibt. Bollnow schwächt das bei Kierkegaard explizite religiöse Element in seiner Härte so ab, daß das Buch noch lesbar ist und man dennoch die Pointe spürt. Für ein säkularisiertes Bewußtsein ist es etwas genießbarer geworden.
WIMMER: Dazu kann ich eigentlich nichts sagen; man müßte dazu wirkungsgeschichtliche Forschung treiben. An und für sich habe ich mich diesem Werk nicht deshalb gewidmet, weil es leicht zu kritisieren ist, sondern umgekehrt, weil es sehr dicht ist. Mir schien es ein ungeheuer wichtiges Thema zu sein und ich habe einfach viel gelernt durch das Buch von Bollnow. Ich meinte dann aber doch, die eine oder andere Unterscheidung stärker ziehen zu können, so zum Beispiel die Unterscheidung zwischen relativer und absoluter Hoffnung. Es wird von Erfahrungen berichtet, von Haltungen und von Empfindungen, und ich habe versucht, dies alles stärker auf den Begriff zu bringen. Mein ganzes Anliegen war das eines begrifflich deutlicheren Erklärens. Ich sage nicht, daß es bei Bollnow nicht

ferfaßt wäre, aber für mein philosophisches Bewußtsein jedenfalls schien mir manches noch undeutlich zu sein. In diesem Sinne ging es mir darum, die Bereiche, in denen die unterschiedlichen Phänomene spielen, deutlicher voneinander abzuheben. Das heißt aber nicht, sie zu trennen, sondern nur, sie begrifflich deutlicher voneinander zu unterscheiden, damit es nicht zu Verwechslungen kommt. Das ist auch im Lebenspraktischen und Moralischen sehr wichtig. Wenn es z. B. darum geht, Glück und Unglück in unserem Leben und in der Sinngebung unseres Lebens im ganzen zu unterscheiden, drängt sich jedem Menschen auf, das eine für das andere zu nehmen und die Bewertungen auszutauschen. Der Philosoph kann hier nicht auf den Predigtstuhl steigen, aber er kann wenigstens so unterscheiden, daß nicht alles einem quid pro quo überlassen bleibt. Das scheint mir die sinnvolle Aufgabe der Vernunft zu sein, hier ein klärendes Wort zu sagen, so daß gewisse falsche Verständnisse, falsche Lebensverständnisse einfach begrifflich nicht mehr möglich sind. Derjenige, der im Gleichnis Jesu seinen Weizen in die Scheune gefahren hat und meint, daß dann alles für Zeit und Ewigkeit geritzt sei, macht eingesehenermaßen einen Fehler. Wenn solche faktisch dann doch noch vorkommen, weil wir Menschen das eine für das andere nehmen, wenn wir etwa zu sehr gebeutelt sind oder weil uns der Erfolg in den Kopf steigt, so kann man dem nicht zuvorkommen. Fehler lassen sich schon begrifflich kritisieren, aber das heißt nicht, daß sie damit schon aus der Welt geschafft sind. Mehr war meine Aufgabe nicht.

SCHWEIZER: Etwas zur Wirkungsgeschichte dieses berühmten Buchs. Die *Neue Geborgenheit* war ja auch das Buch, das Bollnow das Genick gebrochen hat. Sie ist der Referent für den ihm vorgeworfenen Jargon der Eigentlichkeit. Im „Jargon der Eigentlichkeit“ kritisiert Adorno dieses Buch aus der Perspektive des Aufklärers, und dies ausgerechnet bei Bollnow, der selber als Aufklärer auftritt und als ein solcher immer die Grenze mit ins Spiel bringt, etwa die Abgrenzung gegenüber den Evangelischen und Katholischen, wenn sie als Prediger aufgetreten sind. Aber das Grenzgängertum selbst war ihm doch sehr wichtig. Noch eine Bemerkung zum Titelbegriff: Bollnow selber war sehr unglücklich über den – meiner Meinung nach sehr glücklichen – Begriff der „Neuen Geborgenheit“. Dieser wurde bei ihm in Analogie zum Begriff der „Neuen Sachlichkeit“ gebildet. Die alte Geborgenheit des 19. Jahrhunderts ist vergangen, und hier setzt nun etwas Neues ein, was es so vorher nicht gab.

SCHÜZ: Geborgenheit wird überhaupt erst faßbar vor dem Hintergrund der Ungeborgenheit, und genauer in der Aufgabe, im Ungeborgenen selbst Geborgenheit zu erringen und erfahren zu können. Geborgenheit zu erfahren macht es umgekehrt erst möglich, im Ungeborgenen leben zu können. Voraussetzung dafür ist, ein mit der „neuen Geborgenheit" verbundenes tragendes Seinsvertrauen zu entwickeln. Dabei handelt es sich um Erfahrungen, die begrifflich nicht mehr objektivierbar sind, aber das muß man dann einfach auch so hinnehmen. Im Vertrauen oder auch in der „bildlosen" Hoffnung haben wir ein fundamentales Lebensphänomen vor uns, dem wir uns sprachlich oder begrifflich zu nähern versuchen und das dann doch keinen allgemeingültigen Ausdruck gewinnen kann. Wir können die darin liegende Offenheit nicht überspringen und müssen die damit verbundene Denk- und Sprachgrenze einfach akzeptieren.

WOLFGANG GANTKE

DIE RELIGIONSPHILOSOPHISCHE RELEVANZ DER HERMENEUTIK VON OTTO FRIEDRICH BOLLNOW

1. Die Fragestellung

Die Ehre, im Rahmen dieser Veranstaltung einen Vortrag halten zu dürfen, verdanke ich neben Herrn Giel und Herrn Kümmel, bei denen ich mich für die Einladung recht herzlich bedanke, auch meinem Bonner Lehrer Hans-Joachim Klimkeit, der mir vor circa zwanzig Jahren als bekennender Bollnow-Schüler ein recht schwieriges Promotionsthema anbot: „Die Bedeutung des hermeneutischen Ansatzes Otto Friedrich Bollnows für die Religionswissenschaft".[1]

Nach der mir von meinem Doktorvater empfohlenen und mich begeisternden Lektüre des Buches „Das Doppelgesicht der Wahrheit"[2] gab es für mich keinen Zweifel mehr daran, daß es sich um ein hochinteressantes Promotionsthema handelt und ich war gerne bereit, diese für die Religionswissenschaft eher ungewöhnliche, in eine philosophische Richtung weisende Aufgabe zu übernehmen. Ich war damals sogar ein wenig stolz darauf, daß Klimkeit mir eine fruchtbare Bearbeitung dieses Themas zutraute. Freilich mußte ich mich in ein für einen Religionswissenschaftler eher fremdes Gebiet einarbeiten.

Eine besondere Schwierigkeit der Arbeit lag darin, daß Bollnow zwar einen knappen Beitrag zur religionswissenschaftlichen Methodendiskussion geliefert, sich ansonsten aber nur vergleichsweise selten und dann auch

---

[1] Vgl. dazu meine Doktorarbeit: Wolfgang Gantke, Die Bedeutung des hermeneutischen Ansatzes Otto Friedrich Bollnows für die Religionswissenschaft. Diss. Bonn, 1987. Die Dissertation wurde in leichter Überarbeitung veröffentlicht unter dem Titel: Wolfgang Gantke, Religion, Wissenschaft und Leben. Zur Bedeutung der Hermeneutik O. F. Bollnows für die heutige Religionswissenschaft. Traude Junghans Verlag Cuxhaven/ Dartford 1998.

[2] Otto Friedrich Bollnow: Das Doppelgesicht der Wahrheit. Philosophie der Erkenntnis. Zweiter Teil. Verlag W. Kohlhammer Stuttgart/Berlin/Köln/ Mainz 1975.

nur sehr vorsichtig zur religiösen Frage geäußert hat. Seine philosophische Hermeneutik ließ sich auch deshalb nur sehr schwer zur religionswissenschaftlichen Methodendiskussion in Beziehung setzen, weil sich die Religionswissenschaftler längst von der transzendenzbezogenen Religionsphänomenologie verabschiedet hatten und ihr Heil gleichsam im Endlichen, in der Programmatik einer empirischen Kulturwissenschaft suchten, die die Immanenz verabsolutierte und auf den umstrittenen Begriff des Heiligen verzichtete.[3]

Diese neueren Strömungen versuchen, den Religionsbegriff ganz in den Kulturbegriff aufzulösen und damit die Differenz zwischen Transzendenz und Immanenz einzuebnen.[4] Die heute in der Religionswissenschaft vorherrschenden Strömungen sind also im Unterschied zur Klassischen Religionsphänomenologie von Rudolf Otto bis Gustav Mensching[5] antitheologisch und antiphilosophisch ausgerichtet. Dabei sind sie wissenschaftstheoretisch zumeist an der „strengen" analytischen Philosophie und mit ihr am naturwissenschaftlichen Paradigma orientiert, was freilich die Unvermeidbarkeit philosophischer Vorentscheidungen unterstreicht. Sie fordern endlich auch in der Religionswissenschaft streng definierte Begriffe und klare, eindeutig überprüfbare Hypothesen. Diese Forderungen hat

---

[3] Vgl. zur Diskussion um das Heilige: Wolfgang Gantke, Der umstrittene Begriff des Heiligen. Eine problemorientierte religionswissenschaftliche Untersuchung. Diagonal-Verlag, Marburg 1998. Wenn ich im folgenden von Kulturwissenschaft spreche, dann ist immer die „transzendenzverschlossene", empirische Kulturwissenschaft in der Religionswissenschaft gemeint. Es gibt durchaus auch transzendenzoffene kulturwissenschaftliche Ansätze, die leider in der heutigen Religionswissenschaft kaum rezipiert werden. Auch Bollnows Ansatz kann als ein transzendenzoffener kulturwissenschaftlicher Ansatz gedeutet werden, wenn man ein stärker an der philosophischen Anthropologie (statt an der angelsächsischen empirischen Kulturanthropologie) orientiertes, erweitertes Vorverständnis von Kulturwissenschaft zugrundelegt.

[4] Programmatisch: Hubert Cancik / Burkhard Gladigow / Matthias Laubscher (Hrsg), Handbuch religionswissenschaftlicher Grundbegriffe, Bd. 1. Kohlhammer Verlag Stuttgart/Berlin/Köln/Mainz 1988, bes. S. 19 - 310.

[5] Vgl. zu Gustav Mensching als dem letzten bedeutenden deutschen Vertreter der Klassischen Religionsphilosophie: Gantke, Wolfgang / Hoheisel, Karl / Schneemelcher, Wilhelm-Peter (Hrsg.): Religionswissenschaft im historischen Kontext. Beiträge zum 100. Geburtstag von Gustav Mensching. Marburg 2003.

Bollnow in seinem Festvortrag auf der Jahrestagung der Deutschen Vereinigung für Religionsgeschichte am 15. 5. 1978 in Bonn m. E. gut begründet zurückgewiesen.[6]

Die in seinem damaligen, leider kaum rezipierten Vortrag behandelten Methodenprobleme der Religionswissenschaft schienen mir ein geeigneter Ausgangspunkt für meine Arbeit, aber ich mußte bald erkennen, daß der sehr weite, lebensphilosophische Ansatz des Tübinger Philosophen innerhalb des vergleichsweise engen Denkrahmens einer rein empirisch orientierten Religionswissenschaft eigentlich gar nicht zu verstehen und zu vermitteln war. Im Verlaufe meiner Auseinandersetzung mit Bollnows Hermeneutik sah ich mich gezwungen, den Fragehorizont immer stärker zu erweitern und mich dabei zuweilen auch über Bollnows eigenes Erkenntnisinteresse hinauszuwagen.[7] Ohne eine philosophische Grundlagenreflexion, die auch viele der selbstverständlich scheinenden Grundannahmen der „Rationalität der Moderne" in Frage zu stellen wagte, schien es mir nicht möglich, die besondere Relevanz der Hermeneutik Bollnows für die Religionswissenschaft aufzuzeigen.

Von ganz besonderer Bedeutung erschien mir daher der Unergründlichkeitsgedanke, der den Denkrahmen der modernen Planungsrationalität sprengt, weshalb ich ihn gegen den Totalitätsanspruch einer Moderne, die die umfassende Verfügbarmachung der Welt zum Programm erhoben hat, ins Spiel zu bringen versuchte.

Mit dieser, den Fragehorizont einer empirischen Kulturwissenschaft überschreitenden, sehr grundsätzlichen Auseinandersetzung mit dem Ex-

---

[6] Bollnow, Otto Friedrich, Religionswissenschaft als hermeneutische Disziplin. In: Ders., Studien zur Hermeneutik. Bd. 1: Zur Philosophie der Geisteswissenschaften. Karl Alber Verlag Freiburg/München 1982, S. 295- 335.

[7] Bollnow hat das Entstehen der Arbeit freilich aufmerksam verfolgt und war immer wieder zu Rückmeldungen bereit. Meine religiöse Interpretation der Unergründlichkeit und die Wichtigkeit des Transzendenzbezuges hat er mir schriftlich bestätigt, so daß ich bei aller Selbständigkeit, zu der er mich ermutigte, doch davon ausgehen konnte, seinen Intentionen gerecht zu werden. Zu meinen wegweisenden persönlichen Begegnungen mit Bollnow vgl.: Wolfgang Gantke, Begegnungen. In: Udo Tworuschka (Hrsg.), Religion und Bildung als historische Forschungsfelder. Festschrift für Michael Klöcker zum 60. Geburtstag. Böhlau-Verlag, Köln 2003, S. 87-96.

periment der Moderne bin ich sicherlich über Bollnows eigene Intentionen hinausgegangen, aber es schien mir wenig sinnvoll, mich von vornherein den Legitimationsmaßstäben einer Religionswissenschaft zu unterwerfen, die sich a priori auf die empirisch kontrollierbaren Aspekte von Religion beschränkt.

Bollnow betonte ja stets, daß die Philosophie und die empirischen Einzelwissenschaften gegenseitig aufeinander angewiesen bleiben. In dieser Perspektive ist also eine scharfe Trennung von empirischer Religionswissenschaft und transempirischer Religionsphilosophie nicht möglich und auch nicht wünschenswert. Der Bonner Religionsphilosoph Heinz Robert Schlette hat das vieldiskutierte Verhältnis dieser beiden Disziplinen m. E. sehr glücklich beschrieben: „Religionswissenschaft ohne Religionsphilosophie bleibt blind, Religionsphilosophie ohne Religionswissenschaft bleibt abstrakt."[8] In Orientierung an dieser, das Aufeinanderangewiesensein der beiden Disziplinen betonenden Position ist dann eine eher religionsphilosophische Arbeit entstanden, die zu einer wichtigen Grundlage werden sollte für meine spätere Habilitationsschrift über den umstrittenen Begriff des Heiligen, in der ich das Heilige in die Nähe des Unergründlichen und des Unverfügbaren rückte.

Da die methodischen Vorentscheidungen der Religionswissenschaft unvermeidlicherweise immer philosophische Entscheidungen sind, spreche ich in diesem Beitrag vereinfachend nur von der religionsphilosophischen Relevanz der Hermeneutik Bollnows, obwohl zugleich immer auch die religionswissenschaftliche Relevanz gemeint ist. Die religionsphilosophischen Überlegungen Bollnows dürften m. E. für alle heute mit Religion befaßten Disziplinen, insbesondere auch für die Religionspädagogik, die Theologie und eine interkulturelle Hermeneutik, nicht ganz uninteressant sein.

In meiner Arbeit versuche ich zu zeigen, daß sich Bollnows Ansatz besonders eignet zum Verstehen der zahlreichen undogmatischen, nichttheologischen, aber dennoch religiösen Betrachtungsweisen des Heiligen, wie wir sie bei vielen zeitgenössischen Dichtern und Denkern finden.[9]

---

[8] Heinz Robert Schlette, Einführung in das Studium der Religionen. Rombach Verlag Freiburg u. a., S. 23

[9] Als ausgewählte Beispiele nenne ich hier nur die Schriftsteller Ernst Jünger und Hermann Hesse. Vgl. zu Jünger: Wolfgang Gantke, Die Welt ist wunderbar im

Viele ernsthaft Fragende und Suchende bewegen sich heute in einem religiösen Feld, das diesseits einer bekenntnisgebundenen Theologie, aber jenseits einer transzendenzverschlossenen, „naturalistischen" Betrachtungsweise anzusiedeln ist. Bollnows m. E. letztlich nur religiös verstehbare Rede vom „Seinsvertrauen" und der „neuen Geborgenheit" scheint mir genau in diese nicht-fixierbare Sphäre zu zielen, die sowohl von der Theologie als auch von der Religionswissenschaft, m. E. zu deren eigenem Schaden, sträflich vernachlässigt wird.[10] Im Zeitalter der unvermeidlichen Begegnung der Religionen suchen viele Menschen auch in fremden Traditionen Antworten auf die religiösen Grundfragen des Lebens, ohne sich dabei sofort auf eindeutige Bekenntnisse festzulegen. Sie verstehen sich nicht mehr als renggläubige Christen, aber dennoch als religiöse Menschen. Gerade für diese Fragenden und Suchenden scheint mir Bollnows transzendenzoffene Betrachtungsweise hochinteressant.

Nach Bollnow muß sich die Philosophie „für die verschiedenen Antworten der verschiedenen Religionen offenhalten und muß auch die der nichtchristlichen Religionen, wie die des Buddhismus, mit einbeziehen."[11] Der Tübinger Philosoph versucht den heutigen religiösen Pluralismus ernstzunehmen, ohne einem unverbindlichen spirituellen Synkretismus, der dem Ernst der Wahrheitsfrage ausweicht, das Wort zu reden. Dies scheint mir ein idealer Lösungsansatz für eine interkulturell offene, wirk-

---

Ganzen. Literatur und Religion am Beispiel Ernst Jüngers. In: Zeitschrift für Religions- und Geistesgeschichte, Bd. 52,2 (2000), S. 126-140. Vgl. zu Hesse: Volker Wehdeking, Hermann Hesses Werkentwicklung im Zeichen C. G. Jungs: „Siddhartha", „Die Morgenlandfahrt" und das Gedicht „Besinnung". In: Heinz Fischer / Detlef Haberland (Hrsg.), Mens agitat molem (Aeneis 6, 727). Vom prägenden Geist der Wissenschaften. Verlag der Humboldt-Gesellschaft Mannheim 2003, S. 111- 138. Grundsätzlich: Otto Friedrich Bollnow, Unruhe und Geborgenheit im Weltbild neuerer Dichter. Acht Essays. Stuttgart 1955.

[10] Als ausgewähltes Beispiel für die heute verbreitete Suche in fremden religiösen Traditionen vgl.: Jörg Wichmann, Rückkehr von den fremden Göttern. Wiederbegegnung mit meinen ungeliebten christlichen Wurzeln. Kreuz Verlag Stuttgart 1992.

[11] Hans- Peter Göbbeler / Hans-Ullrich Lessing (Hrsg.), Otto Friedrich Bollnow im Gespräch. Verlag Karl Alber Freiburg/München 1983, S. 34.

lich pluralistische Religionswissenschaft, die die religiöse Frage ernstzunehmen versucht.

Eine Religionswissenschaft, für die die Religion nur etwas vom Menschen für Menschen Gemachtes, also nur eine Erfindung bzw. Konstruktion ist, nimmt den Anspruchscharakter einer dem Menschen „von außen" begegnenden, ihn beunruhigenden und herausfordernden numinosen Wirklichkeit, mithin die an den Menschen gestellte (und nicht nur von ihm gestellte) religiöse Frage und die unterschiedlichen Antwortversuche auf diese Frage, nicht wirklich ernst. Ist nicht auch die „Begegnung mit dem Heiligen" eine solche, bei der der Verstehende bereit sein muß, „sich ohne Rückversicherung dem Wagnis dieser Begegnung zu überantworten, auch auf die Gefahr, vor dieser Begegnung in seiner eignen Nichtigkeit offenbar zu werden"?[12]

2. Zur Unmöglichkeit eines „archimedischen Punktes"

Eine Begegnung, die mich zwingt, mich selber in Frage zu stellen, ist etwas ganz anderes als eine wert- und kulturneutrale, risikolose Betrachtung von einem unangreifbaren „externen Beobachterstandpunkt" aus. Einen solchen über den Kulturen und Religionen angesiedelten „archimedischen Punkt" kann es nach Bollnow nicht geben. Es ist dies ein entscheidendes Ergebnis meiner Bollnow-Arbeit, das auf immer noch nicht überwundene „Eurozentrismen als Erkenntnisbarrieren" (Gregor Ahn) hinweist und einmal mehr zeigt, wie wichtig philosophische Weichenstellungen auch für die Einzelwissenschaften sind.

In der Formel von der „Unmöglichkeit eines archimedischen Punktes"[13] verdichtet sich gleichsam die lebenshermeneutische Fundamentalkritik an einer sich auf das äußerlich Phänomenale beschränkenden traditionellen Religionswissenschaft, die sich mit der wertneutralen Beschreibung von Gemeinsamkeiten und Unterschieden zufriedengibt und sich auf den zu einer Stellungnahme herausfordernden Wahrheitsanspruch des Fremden

---

[12] Otto Friedrich Bollnow, Existenzphilosophie und Pädagogik. Kohlhammer-Verlag Stuttgart/Berlin/Köln/Mainz 1977, S. 111.

[13] Zum erkenntnisphilosophischen Kontext vgl. Otto Friedrich Bollnow, Philosophie der Erkenntnis, Bd. 1: Das Vorverständnis und die Erfahrung des Neuen. Kohlhammer Verlag Stuttgart 1970.

gar nicht erst einläßt. Wo es aber um das ernsthafte Verstehen geistiger Gestalten geht, ist für Bollnow eine scharfe Trennung von Verstehen und Werten nicht möglich. Hier muß der Verstehenwollende den sicheren, unangreifbaren „externen Beobachterstandpunkt" aufgeben. Nun halten aber auch neuere kulturwissenschaftliche Ansätze nach wie vor an der Möglichkeit dieses „externen Beobachterstandpunktes" fest, wenn etwa in einer der jüngsten Einführungen in die Religionswissenschaft programmatisch erklärt wird: „Die hier vorliegende Einführung in die Religionswissenschaft stellt sich auf den Standpunkt, daß Religionen nicht vorwiegend aus der Sicht der Gläubigen studiert werden sollten."[14]

Die Religionen sollen also in erster Linie aus der „externen", kulturwissenschaftlichen Sicht studiert werden, was in letzter Konsequenz bedeutet, daß man sich auf eine wirkliche „Begegnung" mit den Gläubigen gar nicht erst einläßt und daß die eigene, „säkularistische" Beobachterposition unantastbar bleibt. Man bevorzugt im Grunde ein monologisches Verfahren, weicht einem echten Gespräch aus, indem man glaubt, *für* den Anderen sprechen zu dürfen und neutralisiert so den Anspruch des Fremden bzw. des Gläubigen, dem Religionswissenschaftler Wahres und Bedeutsames mitzuteilen. Der Fremde, der Gläubige kann ja nein sagen zu den kulturwissenschaftlichen Interpretationen seiner Position und es ist nach Gadamer nie auszuschließen, daß er, der Andere, Recht haben könnte. Der „objektivierende" Religionsforscher bleibt gleichsam im Käfig seines eigenen mitgebrachten Vorverständnisses gefangen, weil ihm die „Offenheit" für die fremden Erfahrungen und die fremden Fragen fehlt. Gerade um diese Offenheit für das Neue und Fremde geht es aber in Bollnows schöpferischer Hermeneutik, weshalb sie mir insbesondere für die heute

[14] Hans G. Kippenberg / Kocku von Stuckrad, Einführung in die Religionswissenschaft. Gegenstände und Begriffe. C. H. Beck Verlag, München 2003, S. 11. Freilich relativieren die sehr problembewußt argumentierenden Autoren an verschiedenen Stellen des Buches dann doch die Außen- und Zentralperspektive (etwa auf S. 92) und setzen sich mit der Insider/Outsider-Problematik in sehr durchdachter Weise auseinander, ohne aber in diesem Zusammenhang die grundsätzliche kulturwissenschaftliche „Außenwahrnehmung" von Religion als Problem ernsthaft zu diskutieren. Auf Seite 32 wird, m. E. voreilig, das Ende der Religionsphänomenologie verkündet.

so notwendige interkulturelle Hermeneutik sehr ergiebig erscheint.[15] Über das Problem des Verstehens fremder, vermeintlich irrationaler Erfahrungswelten hat Bollnow viel nachgedacht und dabei auch das weitverbreitete Vorurteil zurückgewiesen, daß alles verstehen zugleich auch alles verzeihen bedeute.

Den in der Klassischen Religionsphänomenologie sehr beliebten Versuch, gleichsam mit gleicher Distanz die Mannigfaltigkeit der Möglichkeiten, Typen, Gestalten zu beschreiben, hat Bollnow entschieden zurückgewiesen. Für ihn gibt es Grenzen des Fremdverstehens. Wo man über ein Verstehen von Äußerlichkeiten hinausgehen will, ist eine Stellungnahme unvermeidlich, so daß das unvertretbare Subjekt ins Spiel kommt, das sich für eine bestimmte Position in der geistigen Welt entscheiden muß. „Man beschäftigt sich mit Stilstufen und Nationalcharakteren, mit Typen der Weltanschauung und individuellen Eigenarten, man breitet die Mannigfaltigkeit der menschlichen Möglichkeiten wie auf einer Landkarte aus, um sich an dieser Verschiedenheit zu ergötzen. Und man vergißt, daß man in demselben Augenblick, wo einen die Mannigfaltigkeit der Formen überhaupt interessiert, das Wesentliche schon aus den Augen verloren hat: den unbedingt verpflichtenden Bezug und den aus ihm erwachsenen Anspruch."[16] Dieser stark von der Existenzphilosophie beeinflußte Ansatz scheint mir gerade in einer Zeit, in der die „Begegnung der Religionen" nicht nur harmlos verläuft, nichts von seiner Aktualität eingebüßt zu haben. Ein Rückzug auf einen unbeteiligt-kulturneutralen Beobachterstandpunkt scheint angesichts der neuen Herausforderungen auf dem religiösen Felde auch in der Religionswissenschaft nicht mehr möglich.

Solange man im interkulturellen Kontext am „archimedischen" Überblicks- und Überlegenheitsanspruch des externen Beobachters festhält und sich nicht selbst als einen in Traditionszusammenhängen verstrickten Teilnehmer des heute unvermeidlichen kulturübergreifenden Dialogs begreift, der auch bereit ist, sich vom Wahrheitsanspruch des Andern in Fra-

---

[15] Die „Erfahrung des Neuen" bei Bollnow betont auch Achim Hahn: Erfahrung und Begriff. Zur Konzeption einer soziologischen Erfahrungswissenschaft als Beispielhermeneutik. Suhrkamp Verlag Frankfurt/M. 1994, S. 94 ff.

[16] Otto Friedrich Bollnow, Existenzphilosophie und Pädagogik., a. a. O., Anm. 10, S. 104. Zur religiösen Begegnung vgl. bes. S. 94 ff.

ge stellen zu lassen, solange muß das Verstehen des Fremden äußerlich und unwesentlich bleiben.

Auch der Religionsforscher muß im heutigen veränderten Kontext seine eigene geschichtliche Bedingtheit, sein eigenes Vorverständnis, mitreflektieren. Er muß sich in der Auseinandersetzung mit den fremden Bildern vom Menschen und seiner Welt stärker als bisher auf seine eigene Herkunftsgeschichte besinnen. Er kann sich in einer Zeit des Kampfes der Kulturen um ihre Daseinsprinzipien, will er wirklich in die Tiefen des Gegenstandes eindringen, um eine deutliche Stellungnahme nicht herumwinden. Auch wenn es für den Religionsforscher unmöglich ist, sich auf einen kulturneutralen, archimedischen Punkt zurückzuziehen, so sollte er sich dennoch um ein möglichst vorurteilsfreies Verstehen fremder Kulturen bemühen. Die Offenlegung des eigenen Vorverständnisses ist in dieser Perspektive kein Verlust, sondern ein Zugewinn an wissenschaftlichem Problembewußtsein. Bollnows Ansatz ist jedenfalls weder problemlos mit der traditionellen Religionsphänomenologie noch mit dem modernen kulturwissenschaftlichen Ansatz zu versöhnen.

Insbesondere weist Bollnow die von beiden Richtungen erhobene Forderung zurück, daß im Bemühen um wertneutrale Erkenntnis das Subjekt ganz ausgeschaltet werden muß. „Darum ist alles Verstehen einer geistigen Gestalt so lange unwesentlich, als der Mensch von ihr nicht in seinem Allerinnersten angesprochen wird ... Und umgekehrt, wo der Mensch wirklich im letzten Stellung nimmt, da gibt auch das Verstehen erst seine letzten Möglichkeiten frei, da erst dringt er wirklich in die Tiefen des Gegenstands ein. Es gibt kein Verstehen, in dem ich nicht zugleich werte, und zwar werte in dem absoluten Sinn, daß ich darin Stellung nehme, für das eine und gegen das andere, daß ich selber in der geistigen Welt an einer ganz bestimmten Stelle stehe. ... Erst indem ich mich selber in ihr engagiere, hört die Geistesgeschichte auf, ein bloßes Schauspiel zu sein, und wird zur echten, verpflichtenden Wirklichkeit. Das geistesgeschichtliche Verstehen gewinnt also sein letztes menschliches Gewicht erst, wenn es zur verbindlichen Aneignung der verstandenen Position hinführt. Alles Verstehen muß so zu einer Aneignung – oder entsprechend einer Ablehnung – werden."[17]

---

[17] Otto Friedrich Bollnow, a. a. O., S. 104 f.

Es ist dieser fast schon an das Religiöse grenzende, unbedingte Ernst, der jenen religionswissenschaftlichen Betrachtungsweisen fehlt, für die sich die verpflichtende Wirklichkeit ganz in die Unverbindlichkeit verschiedener, erst vom Menschen erzeugter Interpretationskonstrukte auflöst.[18] Bollnows existenzhermeneutischer Ansatz könnte die Grundlage für eine „engagierte Religionswissenschaft" bilden, die es wagt, zu den großen religiösen Fragen Stellung nehmen, die uns unsere Zeit unabweisbar stellt und die sich auf empirischem Wege nicht eindeutig beantworten lassen. So konfrontiert uns Bollnow in verschiedenen Kontexten mit einer unergründlichen und unverfügbaren Tiefendimension der Wirklichkeit, die nicht sofort religiös gedeutet werden muß, die aber durchaus religiös gedeutet werden kann.[19]

In meiner Dissertation habe ich diese Tiefendimension religiös interpretiert und mit dem schönen, alten Begriff „das Heilige" bezeichnet.[20] In diese Tiefe führt „der geheimnisvolle Weg nach innen", von dem die Romantiker gesprochen haben und der in der entzauberten Moderne verschüttet und vergessen wurde.[21] Hier liegt ein weites und ergiebiges, noch kaum bearbeitetes Feld für Theologie, Religionsphilosophie und Religi-

---

[18] Auf die Bedeutung des Anspruchscharakters, der in einer (echten) religiösen Erfahrung liegt, hat Reinhold Esterbauer in seinem lesenswerten Beitrag zur religionsphilosophischen Diskussion um das Heilige aufmerksam gemacht. Vgl. Reinhold Esterbauer, Anspruch und Entscheidung. Zu einer Phänomenologie der Erfahrung des Heiligen. Kohlhammer Verlag Stuttgart 2002.

[19] Vgl. dazu: Wolfgang Gantke, Reflexion und Interpretation. Ein nichtreduzierter Erfahrungsbegriff als Grundlage einer zukunftsfähigen Religionsphänomenologie? In: Axel Michaels, Daria Pezzoli-Olgiarti, Fritz Stolz (Hrsg.), Noch eine Chance für die Religionsphänomenologie. Peter Lang Verlag Bern 2001.

[20] Ich bin mir der Provokation bewußt, die in der scheinbar überholten Rede vom Heiligen in einer säkularisierten Welt liegt, aber im Weltmaßstab betrachtet kann gegenwärtig durchaus von einer „Wiederkehr des Heiligen" gesprochen werden. Man kann zwar auf den „unwissenschaftlichen" Begriff des Heiligen verzichten und ganz neutral vom „religiösen Feld" sprechen, aber ist damit wirklich etwas für das Problem, etwa das des sogenannten „Heiligen Krieges", gewonnen?

[21] Otto Friedrich Bollnow, Das Doppelgesicht der Wahrheit, a. a. O. (Anm. 2), S. 163 ff.

onswissenschaft und hier hat Bollnow, wie er auch selbst betont, die Grenze zur Theologie zuweilen überschritten.

3. Spuren des Heiligen im Werk Otto Friedrich Bollnows

Auf den ersten Blick mag es so scheinen, als werde in Bollnows Hermeneutik ein lebensphilosophisch orientierter Immanenzstandpunkt nirgendwo transzendiert. An zahlreichen Stellen lehnt Bollnow eine religiöse Interpretation von Grundworten wie „Seinsgläubigkeit" ausdrücklich ab.[22] Diese von Bollnow gemeinte Gläubigkeit läßt sich nicht erzwingen, sondern wird vom Menschen als eine Art Gnade erfahren. Die Seinsgläubigkeit liegt für Bollnow noch vor der „spezifisch religiösen" und „spezifisch christlichen" Form der Gläubigkeit. Beim Seinsvertrauen geht es Bollnow um „elementare Seinsverhältnisse, die noch vor jeder bestimmten religiösen Auslegung liegen."[23] Wäre ich in meiner Arbeit dem hier von Bollnow vorausgesetzten, m. E. zu enggefaßten Vorverständnis von Religion gefolgt, dann wäre sein lebensphilosophischer Ansatz religionsphilosophisch sicherlich unergiebig geblieben.

Ich bin daher in eigener Verantwortung von einem sehr weiten und offenen Religionsverständnis ausgegangen, das mir interkulturell verallgemeinerbar scheint und auch die asiatischen Religionen ohne Gott wie den Buddhismus, Jainismus, Taoismus und Konfuzianismus noch mit umgreift. Unter Religion verstehe ich „die Anerkennung der Rückgebundenheit des Menschen und seiner Ordnungen an eine unergründliche und unverfügbare Tiefendimension der Wirklichkeit".[24] Faßt man Religion so weit, dann lassen sich in verschiedenen Kontexten des Bollnow'schen Werkes Spuren des Religiösen nachweisen. Zugleich muß aber zugegeben werden, daß sich in anderen Kontexten deutliche Abgrenzungen gegenüber religiösen Deutungen nachweisen lassen. Ich konnte in meiner Ar-

[22] Vgl. dazu genauer: Wolfgang Gantke, Religion, Wissenschaft und Leben, a. a. O. (Anm. 1), S. 240 ff.

[23] Otto Friedrich Bollnow, Neue Geborgenheit. Das Problem einer Überwindung des Existentialismus. Stuttgart 1995, S. 19 f.

[24] Vgl. zum Kontext: Wolfgang Gantke, Religion, Wissenschaft und Leben, a. a. O. (Anm. 1), S. 33.

beit für beide Interpretationsmöglichkeiten zahlreiche Belege anführen.[25] Es kann hier unterschieden werden zwischen einem stark immanentistisch ausgerichteten Grundzug, der sich in der „anthropologischen Reduktion" gleichsam verdichtet, und einem „Transzendenzbezug", der m. E. besonders deutlich in Bollnows Hoffnungsbegriff, der ja weit über die menschliche Selbsterlösungskraft hinausweist, hervortritt.

In seinem Spätwerk hat sich Bollnow von seinem anthropologischen Ansatz, der ja mit Feuerbach auch die Religion „nur" von ihrem Ursprung im Menschen her zu begreifen versucht, etwas abgesetzt. Klaus Giel spricht in diesem Zusammenhang von „einer die Umstände ausklammernden Immanenz des Menschlichen", die verschiedentlich kritisiert wurde.[26] Es gibt freilich auch einige Schlüsselsätze Bollnows, die eindeutig zeigen, daß sich diese vom lebensphilosophisch-anthropologischen Ansatz her nahelegende „Immanenz des Menschlichen" durchbrochen wird. Am deutlichsten ist dies wohl bei Bollnows Hoffnungsbegriff der Fall. Hier, wo in der Hoffnung dem Menschen „von außen" etwas anderes als tragend entgegenkommt, deutet sich nach meinem Dafürhalten ein Durchbruch zur Transzendenz, wenn man so will, eine „Begegnung mit dem Heiligen" an. Genau hier scheint mir der für die Religionsphilosophie entscheidende Punkt zu liegen, an dem die Gesellschafts-, Kultur-, Lebens- und Weltimmanenz eindeutig transzendiert wird.

Da also in Bollnows Hermeneutik die Differenz zwischen Immanenz und Transzendenz gewahrt bleibt, greift eine Bestimmung der Religion als

---

[25] Ebd., S. 240-255.

[26] Vgl. Klaus Giel, Umrisse einer hermeneutischen Philosophie. Zwischen Phänomenologie und Lebensphilosophie. In: Friedrich Kümmel (Hrsg.), O. F. Bollnow: Hermeneutische Philosophie und Pädagogik. Verlag Karl Alber Freiburg/München 1997, S. 18. Obwohl die religiöse Frage in den einzelnen Beiträgen dieses schönen Buches nicht eigens thematisiert wird, ergeben sich doch immer wieder hochinteressante Berührungspunkte zur Religion, insbesondere in den die buddhistische Geistigkeit miteinbeziehenden Beiträgen von Friedrich Kümmel über die Natur als Grenze des Verstehens, S. 165 - 187, und Takashi Morita über Otto Friedrich Bollnow in Japan, S. 323 - 338. Auf die unverkennbaren Spuren asiatischer Geistigkeit im Werk Bollnows kann in diesem Beitrag leider nicht eingegangen werden. Es lohnt sich aber m. E. in jedem Falle, auch in dieser Richtung weiter zu forschen.

„Kulturbereich" entschieden zu kurz.[27] Wichtig ist für Bollnow die „Bildlosigkeit" der alle weltimmanenten Fixierungsversuche transzendierenden, unbestimmten Hoffnung: „Dieses Angenommenwerden und Aufgefangenwerden von einer andern Kraft, die nicht die unsre ist, das ist mir das Entscheidende. Und darum ist mir so wichtig, was ich zuvor als die Bildlosigkeit andeutete. Es gehört zum Wesen dieser Hoffnung, daß ich mir keine Vorstellung von dem mache, was kommen soll und wie es kommen soll, sondern daß ich dabei den eignen Willen ausschalte und mich ganz dem überlasse, was mir als tragend entgegenkommt."[28]

In einer Zeit, in der das Vertrauen auf die eigene Kraft und den Selbstbehauptungswillen des Menschen, mithin auf die anthropozentrischen Leistungsideologien, in fast unüberbietbarer Weise verherrlicht wird, erscheint Bollnows Hoffnung auf das „Angenommenwerden von einer andern Kraft, die nicht die unsre ist" und seine Aufforderung der Ausschaltung des Eigenwillens hoffnungslos unmodern und geradezu naiv. Gerade in diesem unbestimmten „Seinsvertrauen", „daß das Leben irgendwie doch weitergehen könnte", zeigt sich aber m. E. die besondere religionsphilosophische Relevanz der Hermeneutik Bollnows, der ja nie eine systematische Religionsphilosophie verfaßt hat, sondern der sich in diesem Grenzbereich zwischen Immanenz und Transzendenz stets auf vorsichtige Andeutungen und Annäherungen beschränkte. Daß Bollnow aber hier die Grenze zur Theologie zuweilen überschritten hat, gibt er auch selbst zu: „Ich bin mir darüber im klaren, daß ich mich mit diesem Begriff der Hoffnung auf ein gefährliches Grenzgebiet zwischen Philosophie und Theologie begeben habe, das von einer strengen Philosophie vielleicht als ... unseriös betrachtet wird. Ich würde darauf antworten, daß man in der Philosophie nicht ausschließlich nach dem fragen soll, was nach dem Maßstab einer strengen Erkenntnistheorie zwingend beweisbar ist, sondern daß man von den Fragen ausgehen muß, die uns das Leben unabweisbar stellt und diese nach Möglichkeit zu klären versuchen muß."[29] Es

---

[27] Vgl. auch Otto Friedrich Bollnow, Religionswissenschaft als hermeneutische Disziplin (Anm. 6), S. 306.

[28] Hans- Peter Göbbeler / Hans- Ullrich Lessing (Hrsg.), Otto Friedrich Bollnow im Gespräch (Anm. 9), S. 33.

[29] Hans- Peter Göbbeler / Hans- Ullrich Lessing (Hrsg.), a. a. O., S. 33 f.

ist dies eine lebenshermeneutische Position, die mir gerade auch für die religionswissenschaftliche Methodendiskussion sehr bedeutsam erscheint, weil sie es erlaubt, in anderer, wenn man so will, geisteswissenschaftlich disziplinierter Weise, die Wege bis zu der Grenze zu gehen, an der das unverfügbare Geheimnis beginnt.

Der Ausgang von der anthropologischen Betrachtungsweise, also vom Menschen her, scheint mir durchaus ein Vorteil sein zu können, denn auf diese Weise läßt sich zeigen, daß es sich beim Problem des Heiligen nicht nur um ein theologisches Problem, sondern bereits um ein „anthropologisches Problem" handelt und daß die Anerkennung von Heiligem nicht sofort zur Anerkennung unbeweglicher transzendenter Setzungen führen muß. Auch die kulturwissenschaftliche Betrachtungsweise geht vom Menschen aus, aber sie führt (jedenfalls in der Religionswissenschaft) nicht bis zu dieser Grenze, an der der Mensch einer nichtmenschlichen Kraft „begegnet". Entscheidend scheint mir hier die „Transzendenzoffenheit", die Bollnows Ansatz im Unterschied zur empirischen Kulturwissenschaft gewährleistet. Im Kern vertritt Bollnow, wenn er vom Angenommenwerden von einer tragenden Kraft spricht, nach meinem Dafürhalten eine dem Christentum nahestehende, religiöse Position, auch wenn er die Beantwortung der Frage nach dem Träger dieses Tragens den Theologen überläßt. Um Mißverständnisse zu vermeiden, ist an dieser Stelle hinzuzufügen, daß die Hoffnung auf die andere, uns tragende Kraft die Notwendigkeit verantwortlicher Zukunftsplanung des Menschen nicht aufhebt. Was planbar ist, das soll auch in verantwortlicher Weise geplant werden, aber der Mensch darf dabei nicht vergessen, daß es unüberschreitbare Grenzen des Plan- und Machbaren gibt. Im Hinblick auf die Anerkennung der Grenzen, die nicht erst der Mensch selber setzt, gab und gibt es in der Moderne ohne Zweifel technokratische Überdehnungsansprüche, gegen die, an der äußersten Grenze des Planbaren, die „unbestimmte" Hoffnung in ihr Recht gesetzt werden muß.

Noch einmal: Daß es sich bei Bollnows Hoffnungsbegriff im Kern um einen religiösen Begriff handelt, ist natürlich bereits eine Interpretation, die sich dem von mir vorausgesetzten, sehr weiten Religionsverständnis verdankt. Bollnow selbst gibt nirgendwo eine eindeutige Antwort auf die religiöse Frage und er hat auch die immer wiederkehrende religionswissenschaftliche Forderung nach einer eindeutigen Religionsdefinition entschieden zurückgewiesen: „Man quält sich seit Jahrzehnten mit der

Schwierigkeit, daß es nicht gelingen will, sich auf eine befriedigende Definition der Religion zu einigen. In Wirklichkeit ist aber gerade die Erfolglosigkeit dieser Bemühungen der einsehbar notwendige Ausdruck der Sache selbst. Es gibt keine Definition der Religion, und wenn man je glaubte, eine gefunden zu haben, so wäre das der sichere Beweis dafür, daß man das Ziel verfehlt hat und selber erstarrt ist."[30]

Für alle Religionsforscher, die an einer strengen, definierenden Begriffsbildung interessiert sind, muß diese deutliche Stellungnahme Bollnows eine Provokation sein. Für den vom Vorrang des Werdens ausgehenden Lebensphilosophen ist eine definierende Begriffsbildung im religiösen Feld gar nicht möglich. Die vielgestaltige religiöse Sphäre können wir nach Bollnow nur am Leitfaden der Symbole annäherungsweise erfassen, sie läßt sich nicht ein für allemal festlegen und vereindeutigen. Man könnte von der wirklichkeitserschließenden Kraft der Symbole sprechen, denn das Symbol durchbricht die geschlossene Oberfläche und erschließt dahinter die zunächst verborgene, religiös interpretierbare Tiefenhaftigkeit der Wirklichkeit.

Die „hermeneutische Logik", das „evozierende Sprechen" und ein nichtidentifizierendes Denken können vorsichtige Annäherungen an diese religiöse Tiefendimension ermöglichen.

Wer bestätigt sehen will, daß Religion es stets mit einem Definitivum, mit gleichsam unerschütterlicher Heilsgewißheit zu tun hat, der kann sich die Lektüre Bollnows von vornherein ersparen, denn dieser antwortfixierten Form von Religion, die, wie das Beispiel des Fundamentalismus beweist, auch nach der Aufklärung noch weitverbreitet ist, wird man nirgendwo in seinem Werk begegnen. Ist man dagegen bereit, Religion bereits mit der ernsthaften Suche nach der numinosen Wahrheit beginnen zu lassen, dann lassen sich in verschiedenen Kontexten der Hermeneutik Bollnows in der Tat Spuren des Heiligen entdecken.

Der undogmatische, geradezu antifundamentalistische Ansatz Bollnows[31] betont stets den Weg- und Suchcharakter: In dieser Perspektive ist

[30] Otto Friedrich Bollnow, Religionswissenschaft als hermeneutische Disziplin, a. a. O. (Anm. 19), S. 306.

[31] Daß Bollnows Ansatz auch als ein interessanter Beitrag zum Problem des Fundamentalismus und der Fremdenfeindlichkeit interpretiert werden kann, zeigt: Katinka Lutze, Wagnis Vertrauen. Das Verhältnis des Menschen zum Fremden

Religion ein noch nicht eindeutig festgelegter *Weg* zum Heil, kein festes, in sich geschlossenes Gehäuse, kein endgültiger Besitz. Daß zur Religion dann nicht nur das ernsthafte Suchen, sondern auch das Finden einer verbindlichen Antwort auf die religiöse Frage gehört, ist unbestreitbar, aber diese Antwort kann nur im Rahmen der Theologie gegeben werden.

Für die Religionsphilosophie scheint mir indes wichtig, daß die Hermeneutik Bollnows die Offenheit für die unergründliche, doppelgesichtige Tiefendimension der Wirklichkeit besitzt. „So ist uns die Tiefe des Lebensgrunds selber in unaufklärbarer, uns tief beunruhigender Zweideutigkeit gegeben: Es ist der tragende Grund, aus dem sich in schöpferischer Bewegung alles Leben entfaltet, und es ist zugleich die chaotische Macht, die den Menschen mit sich fortzieht und aus deren Verstrickungen er sich zu befreien versuchen muß. Der Widerspruch ist, soweit wir auch sehen, unauflösbar. In jeder der beiden Seiten gründet eine berechtigte und notwendige, vom Leben selber geforderte Betrachtungsweise, mit ihrer eignen, nicht aufhebbaren Wahrheit. Wir stoßen hier, in der Tiefe des Lebens selber, wieder auf das unheimliche Doppelgesicht der Wahrheit, das wir, ohne zu resignieren, aushalten müssen.“[32]

Bollnows Rede vom „unheimlichen Doppelgesicht der Wahrheit“ in der „Tiefe des Lebens selber“ meint keine erst vom Menschen selbst in Geltung gesetzte Wahrheit und erinnert stark an Rudolf Ottos Beschreibung des doppelgesichtigen Heiligen, das eine anziehende und eine abstoßende Seite besitzt.[33] Das von Bollnow geforderte Aushalten dieses Doppelgesichts der Wahrheit muß gerade dem modernen Menschen sehr schwer fallen, ist doch die Moderne mit dem innerweltlichen Heilsversprechen angetreten, alle Ambivalenzen auszuschalten und die Welt als einen prinzipiell durchschaubaren, gesetzmäßigen Zusammenhang mit Hilfe der

---

in der anthropologischen Pädagogik Otto Friedrich Bollnows. gata-Verlag Eitorf, 1996. Gegen meine religiöse Deutung der Unergründlichkeit ist Lutze der Ansicht, „daß die Unergründlichkeit bei Bollnow keineswegs transzendenter Natur gedacht ist“ (S. 125).

[32] Bollnow, Otto Friedrich, Das Doppelgesicht der Wahrheit, a. a. O. (Anm. 2), S. 165.

[33] Otto, Rudolf, Das Heilige. Über das Irrationale in der Idee des Göttlichen und sein Verhältnis zum Rationalen(1917). Beck Verlag München 1987.

aufklärerischen Vernunft in Ordnung zu bringen.[34] Und zwar in eine Ordnung, die der Mensch ohne den traditionellen Rückgriff auf eine numinose Wirklichkeitsdimension aus eigener Kraft herzustellen vermag. Es kann daher auch nicht überraschen, daß man innerhalb eines rein kulturwissenschaftlich orientierten Denkrahmens auf den nicht zu vereindeutigenden, „voraufklärerischen" Begriff des Heiligen ganz verzichtet. Diesen Begriff braucht man zur Erklärung von Religion nicht mehr.

Viele Grundbegriffe Bollnows, von der Dankbarkeit bis zur Ehrfurcht, scheinen mir aber in jene unverfügbare, unberechenbare religiöse Sphäre zu weisen, die ich in Anlehnung an Rudolf Otto als das Heilige bezeichne. In dieser Perspektive hat auch Bollnow, obzwar er selbst diesen Begriff relativ selten verwendet, m. E. einen bedeutsamen Beitrag zur fachübergreifenden Diskussion um das Heilige geleistet. Insbesondere seine Überlegungen zu Planung und Hoffnung, zur Krise und zum neuen Anfang, scheinen mir angesichts der beunruhigenden Rückkehr unkontrollierbarer numinoser Energien in die Weltpolitik im Zeitalter des Terrorismus von hoher Aktualität zu sein.

Immer deutlicher wird ja erkennbar, daß ganze Dimensionen der Wirklichkeit ausgeblendet werden, wenn die empirische Religionswissenschaft einen reduzierten, homogenisierten Erfahrungsbegriff zugrundelegt, der nur reproduzierbare, handhabbare Experimentalerfahrungen gelten läßt und von vornherein alle unberechenbaren und unvorhersehbaren Krisen- und Grenzerfahrungen ausklammert. Wie wirklichkeitsbestimmend und weltbildverändernd aber gerade solch wissenschaftlich nicht kontrollierbare Grenzerfahrungen sind, hat das Beispiel der furchtbaren Terroranschläge vom 11. 9. 2001 in den USA in unwiderlegbarer Weise verdeutlicht.

Die Anschläge auf das New Yorker World Trade Center haben das heute vorherrschende ökonomistisch-technologische „Weltbild" erschüttert, demzufolge sich durch den unaufhaltsamen wissenschaftlichen Fortschritt gleichsam von selbst eine neue Weltordnung mit identischen Wertvorstellungen und Verhaltensweisen herausbilden wird. Eine derartig gewaltförmige „Rückkehr der Religion" und mit ihr eines „irrationalen Faktors"

[34] Vgl. Zygmunt Baumann, Moderne und Ambivalenz. Das Ende der Eindeutigkeit. Junius-Verlag Hamburg 1992.

in der Weltpolitik, dem mit rationalem Problemlösungsverhalten allein nicht beizukommen ist, hatte man nicht auf der Rechnung.

Im heutigen veränderten Kontext wird also das lebensphilosophische Ernstnehmen von Unergründlichem und Unvorhersehbarem gleichsam rehabilitiert. Bollnow war nie der Vertreter eines „absoluten Irrationalismus", wie einige Kritiker gerne unterstellten, sondern es ging ihm um einen vernünftigen Umgang mit den nun einmal nicht aus der Welt zu schaffenden Irrationalismen, die, wenn man sie verdrängt, hinter dem Rücken der Vernunft wieder in unsere rational vor- und durchgeplanten Zukunftswelten einzudringen drohen. Seine Erinnerung an die aufklärungsresistente chaotische Macht in der Tiefe, die die Moderne schon überwunden glaubte, erweist sich angesichts der heutigen Rückkehr des Irrationalen als durchaus vernünftig. Es geht ihm um einen möglichst vernünftigen Umgang mit dem Unvorhersehbaren und Unverfügbaren. Der Tübinger Philosoph war auf seine Weise ein Zukunftsdenker, der viele Gedanken der Postmoderne vorwegnahm, der aber aufgrund seines geradezu programmatischen Festhaltens an einer „alteuropäisch" wirkenden, traditionellen Begrifflichkeit von vielen Zeitgenossen als vergangenheitsorientierter, restaurativer Heile-Welt-Denker verkannt wurde. Insbesondere Bollnows bekanntes Schlagwort von der „neuen Geborgenheit" erwies sich als ausgesprochen mißverständnisträchtig, obwohl es doch gerade heute eine unverkennbare Sehnsucht nach menschlicher Wärme in einer immer kälter werdenden, entzauberten Welt gibt.

Ging es Bollnow seinerzeit um die Überwindung der Einseitigkeiten des Existentialismus, so lassen sich viele der damaligen Gedanken auch auf die heutige Situation einer „neuen Unübersichtlichkeit" (Jürgen Habermas) angesichts einer zunehmenden weltanschaulichen Pluralisierung und abnehmender Verbindlichkeit übertragen und erweisen sich als erstaunlich aktuell. In einer Zeit wachsenden spirituellen Erfahrungshungers kann durchaus wieder von der Suche nach einer „neuen Geborgenheit" gesprochen werden, die erstaunlich viele Menschen in der Esoterik oder in der asiatischen Geistigkeit zu finden glauben. Das Seinsvertrauen, „das gläubige Verhältnis zum tragenden Seinsgrund" braucht nicht einem spezifisch religiösen oder christlichen Sinne genommen zu werden, obwohl dies durchaus möglich ist. Dieses allgemeine Seinsvertrauen setzt jedenfalls nicht den Glauben an einen personalen Gott voraus. Von Gott und Gottvertrauen spricht Bollnow bemerkenswerterweise fast nie. Bollnows Seinsvertrauen läßt sich recht gut mit der asiatischen Geistigkeit, insbesondere mit dem Buddhismus, vereinbaren und es kann daher nicht überraschen, daß er sich mit asiatischen Denkern, etwa mit dem herausragenden Denker der Kyoto-Schule, Keiji Nishitani, gut verstanden hat und gerade auch in Japan stark rezipiert wurde.

Bollnow kommt der zen-buddhistischen Einstellung sehr nahe mit seiner Betonung einer „gelassenen Offenheit", die es uns ermöglicht, die Dinge so wahrzunehmen, wie sie sich von sich selbst her zeigen. In der wiederum religiös interpretierbaren „heiteren Gelassenheit" erreicht der Mensch nach Bollnow „die letzte und entscheidende sittliche Voraussetzung für die Erkenntnis der Wahrheit". Gemeint ist hier nicht die intellektuelle Erkenntnis-, sondern die existentielle Seinswahrheit, die in der Tiefe eine religiöse Wahrheit ist. Diese Gelassenheit, in der der Mensch „seinen Eigenwillen entlassen und sich vertrauend einem übergreifenden Geschehen überlassen hat", ist „eine Tugend der Heiligen und der Ritter", von Menschen also, die „die ängstliche Sorge um ihr eigenes Ich überwunden haben."[35]

Auch im Zusammenhang mit der Gelassenheit spricht Bollnow wieder vom Gefühl einer tiefen Geborgenheit. Daß sich auch in diesem Kontext wieder Spuren des Heiligen finden, ist unverkennbar. Bollnow selbst beruft sich hier auf die christliche Mystik und Meister Eckhart, für den gelassen ist, wer alles gelassen hat. Der Mystiker Meister Eckhart war für Bollnow in religiösen Fragen durchaus ein Maßstab. Von Meister Eckhart her lassen sich viele Berührungspunkte zu einem mystisch orientierten Christentum, zu einer religiösen Lebensphilosophie und zur asiatischen Geistigkeit aufzeigen, die dann eben doch die Frage nahelegen, ob es nicht eine kultur- und religionsübergreifende Wahrheit des Heiligen geben könnte, die freilich nicht an der Oberfläche liegt, sondern erst in einer Art spiritueller Tiefenkommunikation als „Ort der Wahrheit" in Erscheinung treten kann.

In mystischer Perspektive ist das Heilige dem Menschen nicht unmittelbar gegeben, sondern es bedarf erst eines radikalen Durchbruchs durch die Ich- und Oberflächen-Welt, um das verborgene Heilige überhaupt wahrnehmen zu können. Aus eigener Kraft kann der Mensch diesen Durch-

[35] Zur religiös deutbaren Gelassenheit vgl. Otto Friedrich Bollnow, Das Doppelgesicht der Wahrheit, a. a. O. (Anm. 2), S. 86 ff.

bruch zur Transzendenz nicht erzwingen, sondern er bleibt angewiesen auf eine von außen oft gegen seinen Willen kommende Erfahrung, die ihn im Innersten erschüttert.

Nach der Begegnung mit dem Heiligen hat der Mensch sich nicht selten verändert und zwar als Reaktion auf den dieser Begegnung innewohnenden Anspruchscharakter, der sich in der Forderung ausdrückt: „Du mußt Dein Leben ändern!“ Es ist dies wiederum eine Interpretation des unverfügbaren Heiligen im Anschluß an Bollnows Begegnungsbegriff, wie ich sie in ähnlicher Weise in meiner Habilitationsarbeit gewagt habe. Der Grundgedanke ist der, daß eine echte religiöse Erfahrung nicht vom Menschen selbst gemacht und kontrolliert werden kann, sondern dem Menschen oft ungeplant und ungewollt von außen entgegentritt. Hier gilt es, den anthropozentrischen Kontrollstandpunkt zu überwinden und offen zu bleiben für die Begegnung mit einer numinosen Wirklichkeit, die sich einerseits unseren machtförmigen Zugriffsversuchen zu entziehen vermag, die sich aber andererseits dem auf das Fassen- und Festlegenwollen verzichtenden, gelassenen Menschen durchaus von sich selbst her zu erkennen gibt, wenn auch nur in hervorgehobenen, seltenen Augenblicken.

In Bollnows Werk findet sich eine Fülle von Beispielen für derartige Glücks- und „Gipfelerlebnisse“ (A. Maslow) und hier ist nun interessant, daß es sich sehr oft auch um Natur- und Kunsterfahrungen handelt, die sich nicht immer scharf von religiösen Erfahrungen trennen lassen. Auch in diesem Kontext zeigt sich wieder das unheimliche Doppelgesicht dieser numinosen Wirklichkeit, denn neben den glücklichen Gipfelerfahrungen gibt es auch niederschmetternde Ohnmachts-, Kreatur- und Endlichkeitserfahrungen, die zumeist religiös gedeutet werden.

Für den Einzelnen kann eine solche schlagartig unser gesamtes Wirklichkeitsverständnis verändernde, niederziehende Grenzerfahrung die „Begegnung mit dem Tod“ sein. Der Ernst der religiösen Frage erschließt sich vielen Menschen erst in der Konfrontation mit derartigen Grenz- und Krisenerfahrungen, über die Bollnow viel nachgedacht hat. Daß man sich im Rahmen eines an durchgängiger Kontrollierbarkeit interessierten Planungsdenkens, aber auch in einer diese rationalen Systemzwänge kompensierenden Spaß- und Erlebnisgesellschaft um diese zum tieferen Nachdenken zwingenden religiösen Grenz- und Grundfragen, um die Sinn- und Gottesfrage, herumzuwinden versucht, kann nicht überraschen.

In jüngster Zeit häufen sich freilich in verschiedenen Kontexten jene Krisen- und Grenzerfahrungen, die auch den modernen Menschen wieder verstärkt an seine „schlechthinnige Abhängigkeit", an seine „Angewiesenheit auf eine Kraft, die nicht seine eigene ist", erinnern. Der Mensch verdankt sein Dasein nicht sich selbst. Gerade vor dem Hintergrund seiner bleibenden Gebrochenheit, Unvollkommenheit und Verletzlichkeit, der „unverfügbaren Daseinskontingenz", verdienen m. E. Bollnows Überlegungen zu Maß und Maßlosigkeit und zur Vernunft in einer immer friedloseren Welt eine Wiederentdeckung und Aktualisierung. Auch die Ehrfurcht, über die Bollnow ein so lesenswertes Buch geschrieben hat, ist ein religiöser Begriff und auch in diesem Kontext gibt es eine Grenze, „wo die Ehrfurcht die Zudringlichkeit eines direkten Wortes verbietet". Bollnow spricht von einer „ehrfürchtigen Scham", vom „Still-werden im Angesicht des Heiligen".[36]

Auch wenn das Heilige also keineswegs als ein Grundwort der Hermeneutik Bollnows bezeichnet werden kann, so ist doch unbestreitbar, daß dieses begrifflich kaum zu fassende Phänomen in seinem Denken eine zentrale Rolle spielt und daß er sich in unterschiedlichen Kontexten immer wieder von neuem der religiösen Sphäre annähert, ohne sie eindeutig festzulegen, was etwas an die „negative Theologie" erinnert. Bollnow macht also gleichsam Ernst mit der Forderung des 2. Gebotes, daß sich der Mensch von Gott kein Bildnis noch irgendein Gleichnis machen soll". Während das Heilige im Rahmen eines kulturwissenschaftlichen Ansatzes nichts anderes sein kann als ein von Menschen für Menschen gemachtes Menschenwerk und somit ein „Idol", bleibt es im Rahmen der transzendenzoffenen Lebenshermeneutik eine „offene Frage".

Wie kaum ein anderer nicht-theologischer Ansatz erlaubt die transzendenzoffene Hermeneutik Bollnows ein Ernstnehmen der religiösen Frage in einer Religionswissenschaft, der es wirklich um ein Verstehen religiöser Menschen, vor allem auch in fremden Kulturen geht. Gerade im heutigen interkulturellen Kontext zeigt sich die Einseitigkeit der kulturwissenschaftlichen Verabsolutierung der Immanenz und die Notwendigkeit einer Überwindung des modernen Mythos, demzufolge der wissenschaftli-

---

[36] Hans- Peter Göbbeler / Hans- Ullrich Lessing (Hrsg.), a. a. O. (Anm. 19), S. 35. Zur religiös deutbaren Ehrfurcht vgl. auch: Otto Friedrich Bollnow, Die Ehrfurcht. Frankfurt/Main 1947.

che Fortschritt die Menschen früher oder später dazu befähigt, ihr Schicksal völlig in die eigenen Hände zu nehmen. Der kulturwissenschaftliche Reduktionismus sucht sein Heil gleichsam in der Beschränkung auf das Endliche, indem er Religion in letzter Instanz in der Psyche des Menschen ansiedelt und so auf das innerweltlich Kontrollierbare beschränkt.

Im Unterschied dazu bewahrt die Lebenshermeneutik die Offenheit für jene unverfügbare Dimension der Religion, die nicht erst vom Menschen selbst erzeugt wurde. Sie erinnert an die unvermeidliche Unbestimmtheit der religiösen Tiefendimension im Menschen und in der Wirklichkeit, die es in unterschiedlichen kontextuellen Annäherungsversuchen zu größerer Bestimmtheit zu bringen gilt. Eine endgültige und geschichtlich unüberholbare „Definition" des Heiligen ist im Rahmen einer hermeneutischen Religionsphilosophie freilich unmöglich. Was das Heilige genau ist, läßt sich angesichts der Interpretationsvielfalt dieses vieldeutigen Phänomens in Tradition und Moderne nicht sagen und wir wissen nicht, in welchen Erscheinungsformen sich uns das Heilige in der Zukunft noch zeigen wird.

Die kulturwissenschaftliche Ausgrenzung des Heiligen und der Rückzug in die Immanenz des Menschlichen ist angesichts der jüngsten Grenzerfahrungen im religiösen, politischen und ökologischen Kontext m. E. ein Irrweg, der eine neue Offenheit und einen neuen Anfang in dem interdisziplinär und interkulturell heute so notwendigen Dialog über das Heilige verhindert.

4. Schluß

Ich habe anhand einiger ausgewählter Beispiele die religionsphilosophische Relevanz und Aktualität der Hermeneutik Bollnows aufzuzeigen versucht. Daß es sich bei Bollnow um einen für alle mit Religion befaßten Disziplinen interessanten Denker handelt, ist leider bisher viel zu wenig wahrgenommen worden. Bollnows Beitrag zur religionswissenschaftlichen Methodendiskussion und meine religionswissenschaftliche Bollnow-Dissertation aus dem Jahre 1987 wurden bisher in der Religionswissenschaft kaum zur Kenntnis genommen. Dies mag daran liegen, daß Bollnows hermeneutischer Ansatz gleichsam quer liegt zum Methodenstreit zwischen der ahistorisch-typologisierenden Religionsphänomenologie und der historisch-empirisch ausgerichteten Kulturwissenschaft.

Zudem scheint der Tübinger Geborgenheitsphilosoph seit der ungerechten Kritik für viele Wissenschaftler ein rückwärtsgewandter Heile-Welt-Denker zu sein, weshalb er möglicherweise auch in Philosophie und Pädagogik relativ selten rezipiert wird, vor allem, wenn man ihn mit seinem Gegenspieler Adorno vergleicht, dessen 100. Geburtstag ebenfalls im Jahre 2003 gefeiert wurde.

Angesichts dieser eher unerfreulichen Rezeptionslage hat mich sehr gefreut, daß Karl Albert und Elenor Jain in dem im Jahre 2000 erschienenen, lesenswerten Buch „Philosophie als Form des Lebens"[37] recht ausführlich und in kompetenter Weise auf Bollnows Ansatz eingehen. Sie weisen auf das neuerwachte Interesse an der Lebensphilosophie und hier insbesondere auf die Aktualität Bollnows hin: „Bollnow verbindet lebensphilosophische und existenzphilosophische Erkenntnisse mit einer anthropologischen Vorstellung, die an den Leitgedanken ‚Begegnung', ‚Vertrauen', ‚Erweckung' und ‚Geborgenheit' orientiert ist. Sie geben den Rahmen ab für sein philosophisches und pädagogisches Konzept, das zunächst aufgrund der heute desavouierten Begriffe nicht mehr zeitgemäß zu sein scheint. Bei näherem Zusehen zeigt sich in seinem ‚durch die Existenzphilosophie geschärften Bewußtsein' ein sensibler und distanzierter Blick auf die Realität des Lebens. Schon seine Deutung des Daseins, welches in seiner Ambivalenz durch ‚stetige' und ‚unstetige' Strukturen gekennzeichnet wird, entbehrt jeder affirmativen und unkritischen Haltung gegenüber der Wirklichkeit. Vielmehr sieht Bollnow in der Zwiespältigkeit der Lebensformen eine wirksame, neue Perspektiven eröffnende Kraft, und in der Konfrontation mit dem Unvorhergesehenen und Unberechenbaren positive Momente."[38] In dieser treffenden Kurzcharakterisierung des Bollnow'schen Ansatzes sind auch wieder die von mir religiös gedeuteten Schlüsselbegriffe genannt. Auffallend bleibt, daß der Hoffnungsbegriff, der Bollnow selbst sehr wichtig war, in dieser Kurzbeschreibung seines Ansatzes nicht erwähnt wird. Als Hoffnungs- und Zukunftsdenker konnte Bollnow nie aus dem Schatten seines Tübinger Kollegen Bloch heraustreten.

---

[37] Albert, Karl / Elenor Jain: Philosophie als Form des Lebens. Zur ontologischen Erneuerung der Lebensphilosophie. Verlag Karl Alber Freiburg/München 2000, bes. S. 171 ff.

[38] A. a. O., S. 171 f.

Als Religionswissenschaftler habe ich daher mit großer Freude zur Kenntnis genommen, daß nach dem Tode Bollnows einige recht umfangreiche und m. E. überdurchschnittliche Werke von jungen Wissenschaftlern erschienen sind, in denen sein Ansatz unter verschiedenen Gesichtspunkten in kompetenter Weise interpretiert, gewürdigt und selbständig weitergeführt wird. Ich denke hier vor allem an die Arbeiten von Ursula Boelhauve, Gottfried Schüz und Gabriele Klappenecker.[39] Daß inzwischen mehrere umfangreiche Arbeiten zu Bollnow erschienen sind, die sich, von unterschiedlichen Ausgangspunkten herkommend, doch einen ganzheitlichen Zugriff auf das komplizierte Lebenswerk Bollnows zutrauen, ist nicht selbstverständlich und könnte für die weitere Wirkungsgeschichte Bollnows bedeutsam werden, denn diese Werke dokumentieren in beeindruckender Weise die erstaunliche Offenheit und Perspektivenvielfalt dieses auch in der Zukunft zu beachtenden Hermeneutikers, Ethikers, Lebens- und Existenzphilosophen, Anthropologen, Phänomenologen und Pädagogen. In diesem Beitrag habe ich darzulegen versucht, daß Bollnows Werk auch religionsphilosophisch ausgesprochen ergiebig ist, auch wenn er bedauerlicherweise keine eigene Religionsphilosophie vorgelegt hat. Es wird aber im Rückblick, denke ich, doch so etwas wie eine umfassende Einheit im Lebenswerk Bollnows erkennbar und es scheint mir sogar dieses Kreisen um die unter der Oberfläche verborgene unergründliche Tiefendimension der Wirklichkeit zu sein, die alle Einzelaspekte des

---

[39] Ursula Boelhauve, Verstehende Pädagogik. Die pädagogische Theorie Otto Friedrich Bollnows aus hermeneutischer, anthropologischer und ethischer Sicht im Kontext seiner Philosophie. Mit einer Bibliographie der deutschsprachigen Schriften O. F. Bollnows. Forum Beruf und Bildung, Bd. 8, LTV Verlag Alsbach/Bergstr. 1997.
Gabriele Klappenecker, Offenheit für die Fülle der Erscheinungen. Otto Friedrich Bollnow und seine Bedeutung für eine phänomenologisch orientierte Religionspädagogik. Kohlhammer Verlag Stuttgart 2007.
Marcel Remme, Geisteswissenschaftliche Pädagogik am Beginn ihrer Epoche. Die pädagogischen Entwürfe von Rudolf Lehmann und Max Frischeisen-Köhler. Verlag Julius Klinkhardt Bad Heilbrunn 2010.
Gottfried Schüz, Lebensganzheit und Wesensoffenheit des Menschen. Otto Friedrich Bollnows hermeneutische Anthropologie. Verlag Königshausen & Neumann Würzburg 2001.

in die verschiedensten Richtungen weisenden Werkes ganzheitlich nochmals umgreift.

Gottfried Schüz, der in seiner überzeugenden Auseinandersetzung mit Bollnow an den „Anspruch der Transzendenz" erinnert, ist der Ansicht, daß eine metaphysische oder religiös-weltanschauliche Sinndeutung im ganzen außerhalb des von Bollnows Ansatz her zugänglichen Erfahrungshorizontes liegt. Es ist ohne Zweifel richtig, daß sich Bollnow angesichts der unergründlichen Tiefendimension der Wirklichkeit ein ehrfürchtiges Schweigen auferlegt. Nach Schüz tendiert er zur restriktiven Offenheit eines „passiven Agnostikers".[40] Ich dagegen neige eher dazu, dieses ehrfürchtige Schweigen, „das Still-werden im Angesicht des Heiligen", selbst als einen religiösen Vollzug zu interpretieren. Legt man ein erweitertes, interkulturell offenes Vorverständnis von Religion zugrunde, dann kann auch das Schweigen ein Weg zum Heil und zum Heiligen sein. Insbesondere in der asiatischen Geistigkeit ist es nicht das Wort, sondern das ehrfürchtige Schweigen, das den Menschen näher an das unergründliche Geheimnis heranführt.[41]

Bollnow führt auf verschiedenen Wegen bis zu jener Grenze, an der das unergründliche Geheimnis das Schweigen gebietet. Jenseits der Grenze des Sag- und Wißbaren ist aber nicht nichts, so daß die Differenz zwischen Immanenz und Transzendenz nicht eingeebnet wird und die Transzendenzoffenheit gewahrt bleibt. Die Bedeutung des hermeneutischen Ansatzes Bollnows für die Religionswissenschaft scheint mir darin zu liegen, daß dieser Ansatz im Unterschied zur empirischen Kulturwissenschaft diese Transzendenzoffenheit bewahrt. Die lebenshermeneutische Betrachtungsweise, die das Leben aus sich selbst heraus verstehen will, erlaubt es also durchaus, in der Religionswissenschaft in vorsichtiger und behutsamer Weise, ohne ontologische Verpflichtungen und Verfestigungen, vom Heiligen zu sprechen.

Wenn Bollnow selbst bekennt, daß ihm das „Aufgefangenwerden von einer andern Kraft, die nicht die unsre ist", das Entscheidende ist, dann

---

[40] Vgl. Gottfried Schüz, a. a. O., S. 413.

[41] Vgl. Raimon Panikkar, Gottes Schweigen. Die Antwort des Buddha für unsere Zeit. Kösel Verlag München 1992.

handelt es sich für mich um einen religiösen Denker, auch wenn er auf ein für allemal fixierbare transzendente Setzungen verzichtet.

In diesem Ausbruch aus der Immanenz des Menschlichen scheint mir die religionsphilosophische Relevanz seines Ansatzes zu liegen. Gerade die von Bollnow bevorzugte anthropologische Betrachtungsweise kann zu einer Grenze führen, an der der Mensch einsehen muß, daß nicht er allein das Maß aller Dinge sein kann. Bollnows Seinsvertrauen meint gerade nicht das menschliche Selbstvertrauen, sondern zielt auf die „Verläßlichkeit des Seinsbezuges", auf eine tragende Realität „außer dem Menschen", die ihm das Dasein ermöglicht und seinem Leben erst einen tieferen Sinn schenkt, den er selbst nicht „machen" kann. In dieser Perspektive kann dann sogar Bollnows Zentralbegriff, das Leben, einen tiefen religiösen Sinn gewinnen.

Ist in der Tiefe alles Leben heilig? Ich stelle hier nur eine Frage im Anschluß an vorsichtige Andeutungen Bollnows, deren Beantwortung mir auch für die heutige bioethische Diskussion relevant zu sein scheint. Im Rahmen des anthropologisch ausgerichteten, transzendenzoffenen Ansatzes Bollnows kann diese Frage nicht eindeutig und endgültig beantwortet werden, denn Bollnow hat keine antwortzentrierte, geschlossene Lebensmetaphysik entwickelt, in der das Leben gleichsam als kosmisches Ur-Prinzip fungiert, aber sein Ansatz erlaubt immerhin das Offenhalten einer solchen Frage, wodurch die gegenwärtigen „lebenswissenschaftlichen" Naturalisierungstendenzen an eine Grenze stoßen. Damit allein scheint mir schon viel gewonnen.

Die religionspädagogische Relevanz der Lebenshermeneutik Bollnows scheint mir vor allem darin zu liegen, daß sein religions- und kulturübergreifendes Seinsvertrauen lebenspraktisch nicht weit vom christlichen Gottvertrauen entfernt liegt. In dieser Perspektive verflüssigen sich dann aber auch die künstlichen Grenzziehungen zwischen den mit Religion befaßten Disziplinen Theologie, Religionsphilosophie, Religionspädagogik, Religions- und Kulturwissenschaft. Die Lebenshermeneutik Bollnows erlaubt jedenfalls ein Ernstnehmen der religiösen Frage, ohne daß sich der Religionsforscher dabei a priori an eine bestimmte Antwort binden muß.

Für eine um Eigenständigkeit bemühte Religionswissenschaft, der es im Ernst darum geht, religiöse Menschen und ihr Verhalten besser zu verstehen, kann diese Offenheit nur von Vorteil sein. Es ist diese selten gewordene, mutige Offenheit für das Fremde, Neue, Unvorhersehbare und Geheimnisvolle, die mich bei meiner Beschäftigung mit Bollnows Betrachtungsweise am stärksten beeindruckt hat. „Wo es wirklich um letzte Dinge geht – und nur von ihnen sprechen wir, weil in den Geisteswissenschaften alles auf diese bezogen ist –, da verstehe ich nur, insofern ich mich selber dabei in Frage stelle und es wage, dabei etwas zu erfahren, was mich zwingt, alle meine bisherigen Anschauungen zu widerrufen.“[42]

Diskussion

KÜMMEL: Die Diskussion Ihres Vortrags kann meines Erachtens in verschiedener Richtung gehen. Zum einen vertreten und propagieren Sie bezüglich des Methodenstreits in der modernen Religionswissenschaft einen hermeneutischen Standpunkt und schließen sich dabei eng an Bollnow an[43], wobei Sie sich vom Verständnis der Religionswissenschaft als einer empirischen Kulturwissenschaft abheben möchten. Nun hat diese Kontroverse ja auch einen handfesten wissenschaftspolitischen Hintergrund, wie er mit der Etablierung und gesellschaftlichen Legitimierung einer neuen Disziplin zwangsläufig verbunden ist. Eine zweite Fragerichtung kann darauf abheben, daß Bollnow ja auch inhaltliche Anknüpfungspunkte für eine religionswissenschaftliche Fragestellung gibt. Bei Ihnen ist es insbesondere der Begriff des Heiligen, mit dem Sie hier eine Verbindung hergestellt haben. Das Heilige ist ja nicht nur ein Numinosum oder die Begegnung mit einer nicht faßbaren Macht. Ich würde diesen Begriff gerne weiter fassen und im Sinne eines fundamentum in re auch beziehen auf heilige Orte, heilige Gegenstände, heilige Materien, heilige Rituale, heilige Worte usf.

LOCH: Warum interessieren Sie als Religionswissenschaftler die lebensweltlich und philosophisch gerade noch faßbaren Zipfel von religiösen Erfahrungen, die von Bollnow herausgearbeitet worden sind? Das kann man doch mit den Mitteln der Religionswissenschaft, wie immer man sie ver-

---

[42] Otto Friedrich Bollnow, Existenzphilosophie und Pädagogik, a. a. O. (Anm. 12), S. 110.

[43] Vgl. die Dissertation über Religion, Wissenschaft und Leben. Die Bedeutung der Hermeneutik O. F. Bollnows für die heutige Religionswissenschaft. Traude Junghans Verlag Cuxhaven & Dartford 1998.

steht – ob empirisch oder engagiert – viel originärer machen. Liegt es nur daran, daß hier durch Bollnow ein Defizit ausgeglichen werden kann?

GANTKE: Bollnow hat ja sehr schön unterschieden zwischen der Erforschung und der Erfahrung. Poppers kritischer Rationalismus wäre Erforschung im Sinne der Beschränkung auf Hypothesenbildung und eine darauf bezogene Experimentalerfahrung. So lange könnte man noch ganz bei sich selber bleiben. Demgegenüber zwingt mich die Erfahrung, mein mitgebrachtes Vorverständnis preiszugeben oder zu ändern. Dies gilt vor allem für die Erfahrung des Fremden und des Neuen.

Mein Anliegen war es zu zeigen, daß im Rahmen einer empirisch geschlossenen, für Transzendenz verschlossenen Kulturwissenschaft keine Chance mehr besteht, eine darüber hinausgehende Erfahrung überhaupt ernstzunehmen. Meine eigene, erkenntnisphilosophische Fragestellung bezieht sich auf diese Grenzproblematik und die damit verbundene Grundlagendiskussion, die sich viele Religionswissenschaftler heute ersparen wollen. Es war sozusagen der Versuch einer Phänomenologie desjenigen, was durch die methodologischen Weichenstellungen empirischer Religionswissenschaft von vornherein ausgeschlossen wird.

An dieser Stelle können die Religionswissenschaftler eine ganze Menge von Bollnow lernen, so wie Bollnow ja auch selber einmal gesagt hat, daß die Philosophen viel lernen könnten, wenn sie die Dichter läsen. Es ist diese Öffnung in einen Raum, den wir eben nicht beherrschen und methodisch disziplinieren können. Die Religionswissenschaft hat sich da einem modernen Bewußtsein angepaßt, das allzusehr an der Verfügbarmachung von Wirklichkeit interessiert ist. Hier kommt es auf die erneute Erweiterung des Feldes religionswissenschaftlicher Forschung an. Viele der klassischen Religionswissenschaftler haben das ja getan und heilige Orte, heilige Bäume, heilige Steine usw. beschrieben. Aber diese ganze Dimension wird heute systematisch ausgeblendet, und das halte ich für verhängnisvoll. Aber das gilt ja nicht nur für die Religionswissenschaft, sondern auch für die anderen Geisteswissenschaften, die damit stärker an den Rand gedrängt werden.

WARSEWA: Können Sie etwas sagen zu dem von Ihnen verwendeten Begriff der Transzendenzoffenheit, im Unterschied zur Transzendenz. Ich vermute, daß Bollnow hier möglicherweise sagen würde, Transzendenzoffenheit müßte man zunächst ethisch verstehen, um erst einmal die Kraft aufzubringen, selber für ein Transzendentes offen zu werden. Also: Von

wo geht die Tür auf? Von außen als Gnade oder von innen durch eine Haltung, oder wirkt beides im Sinne der katholischen Gnadenlehre nicht vielmehr zusammen?
GANTKE: Es wirkt zusammen. Die Anstrengung auf seiten des Menschen muß schon erfolgen, aber dann darf er darauf vertrauen, daß ihm von der anderen Seite her auch eine tragende Kraft entgegenkommt. Das ist dann etwas, dem er sich überlassen, ja geradezu überantworten muß. Letztlich kann er das nicht herbeizwingen.
Ich bringen eine solche Verhältnisbestimmung auch in Verbindung mit dem Prinzip der offenen Frage und der Einsicht, daß man den Menschen nicht festlegen kann. Man kann Gleiches auch auf Gott übertragen oder auf das Heilige. Mit anderen Worten kann man sich dafür nur öffnen und macht dann seine Erfahrungen. Ob es dann so etwas wie eine kulturübergreifende Einheit des „Heiligen" gibt, auch das bleibt eine offene Frage. Diese Offenheit für ein Entgegenkommendes, das ist immerhin mehr als die Beschränkung der empirischen Kulturwissenschaft. Eine solche Offenheit für das unverfügbare Eine jenseits der Vielheit scheint mir sehr stark auch vom asiatischen Denken her beeinflußt zu sein.
SCHAAL: Wir sind jetzt programmgemäß in philosophischen Zusammenhängen gewesen. Mit dem Heiligen ist aber auch eine Berührung mit dem unzulänglich erfaßten oder erfaßbaren Ganzen gegeben, das sich mit einem Unverfügbaren in der Pädagogik trifft. Noch diesseits einer theologischen oder religionspädagogischen Fragestellung wäre die Kategorie des Unverfügbaren durchaus auch in Resonanz zu bringen mit einem säkularisierten Bewußtsein. Verglichen mit dem Heiligen, ist die Kategorie des „Unverfügbaren" zwar nicht gerade ein Ergebnis der Säkularisation, aber doch für ein säkularisiertes Bewußtsein leichter zu akzeptieren, wenn man an junge zweifelnde Leute denkt. Eine Grundbedeutung des Heiligen ist ja auch das Ganze, und etwas heil machen heißt, es wieder ganz machen. Das hat bis in den Kinderreim hinein ja auch eine ganz praktische Ebene.
GANTKE: Das Heilige kann man als Ganzheitskategorie oder als Grenzkategorie deuten. In unserer Zeit wird es möglicherweise noch einmal interessant unter dem Aspekt der Beunruhigung, während es früher eher zur Beruhigung diente, zur Systemstabilisierung u. a. mehr. In der modernen Welt ist es fast ein Fremdkörper geworden und insofern auch beunruhigend. Ich denke dabei an den interkulturellen Kontext und Dialog. In der Bundesrepublik nimmt das religiöse Bewußtsein nach wie vor ab. Im

Weltmaßstab gesehen aber wird die Religion zu einem immer wichtiger werdenden Faktor im politischen Kalkül. Insbesondere das Problem der Pluralität und verbunden damit das der kulturellen Identität stellt sich mit einer Unerbittlichkeit, der man nicht mehr ausweichen kann – ich verweise nur auf die gegenwärtige Kopftuchdiskussion. Diese Pluralismusproblematik hat Bollnow schon früh gesehen, und sein sehr vorsichtiger Ansatz, der ja vieles offen läßt, ist gerade dadurch auch offen für fremde Antwortversuche auf diese Grundfrage. Man braucht sich an dieser Stelle nicht sogleich über den Begriff des Heiligen zu unterhalten oder über den der Transzendenz zu streiten. Diese größere Offenheit und der Versuch einer Distanzgewinnung zu der Vormachtstellung des europäischen Begriffs- und Wertesystems überhaupt – das klingt bei Bollnow schon an, und insofern war er seiner Zeit in gewisser Weise voraus, vor allem was das Gespräch mit Asien anbetrifft. Wenn ich Bollnow als religiöse Gestalt deute, dann immer auch vor diesem Hintergrund. Aus einem persönlichen Gespräch mit ihm weiß ich, was ihm Meister Eckhart bedeutet hat. Er hat sich nie öffentlich zum Buddhismus bekannt, aber das klingt doch immer wieder an, etwa in seiner Auffassung von einer Zweistöckigkeit und Mehrdimensionalität des Menschen. Da gibt es noch viel zu erforschen bei Bollnow, was vielleicht nicht immer ausgesprochen ist, aber mir doch hoch aktuell erscheint im Dialog der Religionen, der heute geführt werden muß.

SCHWEIZER: Soviel ich weiß, hat Bollnow Georg Mischs „Philosophische Fibel“[44], die in England geschrieben worden ist, ins Deutsche übersetzt und damit gewissermaßen auch seine Schulden ein Stück weit abgetragen. Das bei Misch sich durchziehende Thema ist die „Immanenz des Transzendenten“. In der Diskussion über das Heilige läßt sich diese Formel umdrehen im Sinne einer „Transzendenz des Immanenten“. Ich glaube, man muß das trennscharf halten. – Einwurf Gantke: Es gibt beide Seiten! – Bollnow hat sich eindeutig auf die Seite der „Immanenz des Transzendenten“ geschlagen und ist bezüglich der hier durchaus möglichen doppelten Akzentuierung ganz diesseitig geblieben. Im Blick auf die mit der Transzendenz verbundenen Schwierigkeiten ist er spröde und zuckt immer wieder zurück. Also, ich würde das auseinanderhalten! In seinem

[44] Georg Misch, Der Weg in die Philosophie. Eine philosophische Fibel (1926). Zweite, stark erweiterte Auflage im Leo Lehnen Verlag München 1950.

Lieblingsbuch über die Ehrfurcht kommt eine solche Zurückhaltung deutlich zum Ausdruck. Ich erinnere mich an eine Schleiermachertagung in Trento im April 1985, wo Bollnow gegenüber den protestantischen Theologen mit Bezugnahme auf Schleiermachers Vorlesungen über Pädagogik aus dem Jahre 1826 entschieden auf der „Unentschiedenheit der anthropologischen Voraussetzungen" beharrte und dieses radikale Offenhalten auch nicht durch Wertorientierungen verstellt sehen wollte. Die Theologen hat das sehr irritiert, und Bollnow kam mit ihnen nicht zu Streich. Diese Unentschiedenheit der anthropologischen Voraussetzungen gilt es durchzuhalten, sonst schließt sich die Geschichte, und dann kann auch das Problem der Pluralität der Religionen und Kulturen nicht durchgehalten werden. Auch hier ist es hilfreich, die beiden Seiten trennscharf zu machen.

GANTKE: Die Rede von der immanenten Transzendenz scheint das letzte Wort zu behalten, und doch ist gerade beim späten Bollnow die anthropologische Reduktion – die Anthropozentrik in ihrer strengen Form – überwunden worden. Es gibt eben Dimensionen und Fundamente, die nicht in die Immanenz des Menschlichen im engeren Sinne aufgelöst werden können. Meine ursprüngliche Interpretation von Bollnow war ihm selber zu immanent, zu lebensphilosophisch, und am Schluß eines Schreibens hat er ausdrücklich betont, was ich hier deutlich zu machen versuchte: die Kraft, die nicht unsere eigene ist. Darin sehe ich dann doch die Transzendenzoffenheit und, wenn man so will, auch den Transzendenzbezug. Dem späten Bollnow war das sehr wichtig. Ich würde nicht sagen, daß es sich bei ihm um einen passiven Agnostizismus gehandelt hat, jedenfalls nicht beim späten Bollnow.

SCHÜZ: In der „Neuen Geborgenheit" spricht Bollnow vom Begriff des „Heilen" und rekurriert dabei ganz auf die Lebensprozesse, auf die heilmachende und ganzmachende Kraft des Lebens, ganz konkret z. B. bei der Heilung einer Verletzung oder im Hinweis auf die heilende Kraft einer Pflanze. Da haben wir einerseits eine ganz enge Nahtstelle zum Heiligen, andererseits aber auch den Rekurs auf eine unverfügbare und unergründliche Macht und Kraft des Lebens. Es ist hier in der Tat schwer eine Grenze zu ziehen. Ich würde eher dahin tendieren zu sagen, daß für Bollnow das Leben, eben weil es als unergründlich zu verstehen ist, eine Tiefendimension hat. Und wie weit diese Tiefendimension reicht – darüber können wir dann nur staunen und ehrfürchtig zurücktreten. Da jetzt eine

Grenze ziehen zu wollen zwischen Immanenz und Transzendenz, ist eine künstliche, von unserem beschränkten Begriffsvermögen herrührende Unterscheidung. Eigentlich ist es die Totalität des Lebens und seine Unergründlichkeit, die unhintergehbar ist und auch nicht überstiegen werden kann.

GANTKE: Im Sinne Bollnows kann man sich nicht dagegen wehren, das Heilige in die Nähe des Lebens zu rücken und gleichsam von unten her zu verstehen. Aber es gibt bei ihm, denke ich, auch die andere Seite, für die ich einige Belege angeführt habe. In meiner Arbeit schwankte ich immer zwischen dieser rein immanenten Deutung und dem, was ich sehr vorsichtig Transzendenzoffenheit genannt habe. Mit dieser Offenheit für das Andere, wie es ja auch im Begegnungsbegriff enthalten ist, ist schon sehr viel gewonnen.

SCHÜZ: Ich kann gut damit leben wenn Sie sagen, daß die Wirklichkeit, die Bollnow rein phänomenologisch betrachtet, auch als Interpretament so offen ist, daß es in der Religionswissenschaft adaptiert werden kann und als Vehikel dient, um dort gegebene Desiderate wieder aufzufüllen. Das denke ich, ist grundsätzlich legitim, und diese Möglichkeit würde Bollnow ja auch nicht bestreiten. Diese Nahtstelle führt dann aber auch zu der Frage einer „harten" oder „weichen" Interpretation, so daß man die Freiheit hat, über die Intention des Autors hinaus weiterzudenken.

KLAPPENECKER: Es wurde so zwar nicht gesagt, aber wir müssen uns davor hüten, einen Dualismus aufzumachen zwischen Transzendenz und Immanenz, als ob die Theologie nur für die Transzendenz und die Pädagogik nur für die Immanenz zuständig wäre. Von einer Inkarnationstheologie her ist Bollnow sehr gut verstehbar und adaptierbar.

WIMMER: Mir ist nicht ganz klar, was „Immanenz der Transzendenz" bedeuten soll für einen immanenten Standpunkt, und ich weiß auch nicht so recht, was die Rede von einer „Transzendenz der Immanenz" besagen will.

GANTKE: Diese Ausdrücke habe ich nicht gebraucht und würde das so auch nicht sagen. Wenn man von einer Immanenz der Transzendenz spricht, wird das Immanente immer schon ein Stück weit überstiegen. Das ist durchaus berechtigt, und ein reiner Immanentismus ist ja auch bei Misch selber schon überwunden.

WIMMER: Wenn man dieses Problem strikt theoretisch oder erkenntnistheoretisch in einem sog. rahmenimmanenten Standpunkt verhandeln

wollte, so dürfte man von Immanenz überhaupt nicht reden oder nur im Sinne eines Propädeutikums. Man macht sonst doch wieder Gebrauch davon, als ob es möglich wäre, einem Gesichtspunkt oder Standpunkt außerhalb der Immanenz einzunehmen, von dem man dann sozusagen die Immanenz in sich selber abgrenzen könnte. Wenn man rein immanentistisch denkt – was irgendwie unsinnig ist, aber man muß sich verständlich machen – kommt man nicht an irgendeine Grenze dieser Immanenz. Das ist die Schwierigkeit, diesen Standpunkt theoretisch zu fassen. Er kann nur polemisch ausgedrückt werden, indem man sagt, ich lehne jede Transzendenz ab, ich bin ein reiner Immanentist. Man versteht dann implizit mit, daß dieser Standpunkt der Immanenz nicht eigentlich als solcher eingenommen werden kann, ohne sich dadurch selber aufzuheben.
KÜMMEL: Dieselbe Grenzproblematik ist wichtig für die Behandlung des Vorverständnisses. Wenn man Vorverständnis definiert als einen immanent vorgegebenen Rahmen, in dem ein Verständnis sich hält, dann wird dieses Vorverständnis selber nie an seine eigene Grenze kommen. Um ein gegebenes Vorverständnis überhaupt aufbrechen zu können, bedarf es einer von außen her kommenden Grenzerfahrung. Nicht zufällig wird bei Bollnow das Verstehen in Zusammenhang mit Krise und Kritik gebracht. Aber man kann sich nicht einfach an den blanken Tisch setzen und auf Selbstkritik machen, weil das überhaupt nicht geht.
Die Immanenz und analog dazu das Vorverständnis sind in dem Sinne selbstblind, daß sie in ihrer eigenen Begrenztheit drinstecken und diese nicht wahrnehmen können. Für sich selber ist die Immanenz deshalb immer eine Totalität und muß beanspruchen, auf alles eine Antwort zu haben – eben weil sie sich nicht in ihrer Begrenzung wahrnehmen kann. Von daher gesehen hebt ein reiner Immanenzstandpunkt sich nie von selber auf. Man kann aber auch nicht davon ausgehen, daß es ihn letztlich gar nicht gibt und immer nur diese Bewegung über ihn hinaus stattfindet. Weil es immanente Begrenzung zumindest im Bewußtsein in der Tat gibt, gibt es auch das Erfordernis der sie sprengenden Grenzerfahrung, und in diesem Sinne wäre das Problem der Grenze und die Frage nach ihrer Funktion hermeneutisch schon sehr wichtig, aber auch das Problem der Durchbrechung und Aufhebung dieser Grenze.
GIEL: Die Frage ist, was Bollnow an der Tiefenhermeneutik interessiert und wie er auf Eliade kommt, auf den er sich ja bezieht. Man muß in diesem Zusammenhang einfach sehen, daß die Lebensphilosophie eine in

sich durchaus problematische Geschichte ist. Sehen Sie sich doch nur einmal die elegante Kritik von Lukács an. Die ganze Lebensphilosophie ist für ihn Ausdruck einer Affirmation, aber auf dieser Affirmation des Lebens basiert auch der Imperialismus und die auf die Lebensphilosophie abfahrende spätbürgerliche Kultur. Dagegen setzt Lukács die Dialektik und die mit ihr verbundenen Prozesse: den Einbruch des Fremden in das Leben und seine Entfremdung von sich selbst. Bei Adorno ist es nicht wesentlich anders. Diese Kritiker der Lebensphilosophie haben etwas ganz Wichtiges gesehen, etwas Ungelöstes und Unerlöstes in ihr.

Bollnow hat sich durchaus mit der Dialektik befaßt. Der letzte Satz in seiner Habilitationsschrift über Jacobi ist ein Hinweis auf die Hegelsche Logik, in der noch etwas anderes enthalten ist, was Jacobi nicht mehr verstehen konnte.[45] Es war wohl auch eine Entwicklung bei Bollnow selbst, daß er sich von Hegel und dann auch von Marx sehr schnell entfernt hat. Aber es bleibt für den Lebensphilosophen das Problem, was er mit diesem verdammten Leben anfangen soll, das so voller Negativitäten ist. Wo man sich von der Dialektik entfernt – und das gilt auch für Heideggers „Geworfenheit“ und das „Sein zum Tode“ – wird das Leben plötzlich vollgepackt mit Negativitäten, und die Dialektik selber wird negativ. Und an

---

[45] Vgl. O. F. Bollnow, Die Lebensphilosophie F. H. Jacobis. Stuttgart 1933, [2]1966. Am Schluß des Werks geht Bollnow auf das Ungenügen der von Jakobi verwendeten antithetischen Denkform und das Erfordernis einer Neubegründung der Logik ein: „Hier liegt der verhängnisvolle Einfluß der eben entwickelten antithetischen Denkweise auf Jacobi. Es ist ein Denkschema, das Jacobi in der Tradition vorfand, logisch formuliert als der Satz vom ausgeschlossenen Dritten. Die entscheidende Frage, die Jacobi *nicht* stellte, war die, ob nicht diese antithetische Denkform selbst und der an ihr hängende Charakter der logischen Konsequenz bei einer radikalen Verfolgung des lebensphilosophischen Ansatzes modifiziert werden müsse. *Die traditionelle Logik selbst wurde in ihrer Gültigkeit nicht in Frage gestellt.* Deshalb mußte letzten Endes Jacobis philosophisches Bemühen scheitern. *Eine radikale Verfolgung des lebensphilosophischen Ansatzes hätte zugleich eine Neubegründung der Logik notwendig gemacht.* Darum mußte Hegel gerade hier mit der Begründung einer neuen Logik einsetzen.“ (S. 248 f.) Für Hegel ist das Denken in unvermittelten Gegensätzen ein Grundzug des Verstandesdenkens, wogegen die Vernunft alles in einem Dritten, der absoluten Mitte schlechthin vereinigt. Nach dem von Bollnow hierzu gegebenen Hegelzitat endet die Habilitationsschrift mit dem Satz: „Dies konnte Jacobi nicht mehr verstehen.“ (S. 249)

dieser Stelle ist, glaube ich, Eliade für Bollnow so wichtig geworden, wenn ich es recht verstehe darin, daß auch in den Grenzen von Geburt und Tod, die negativ besetzt sein können, das Leben nur begriffen werden kann als eine Art Versöhnung dieser beiden logisch-dialektisch nicht mehr aufhebbaren Gegensätze. In diesem Sinne ist ihm, glaube ich, der Gedanke der Tiefenhermeneutik wichtig geworden. Er hat darüber Vorlesungen gehalten und zum Symbolverständnis der Romantik (Schubert, Kreutzer, Görres) eine Reihe von Arbeiten ausgegeben. Was ihn daran interessiert hat, ist die Ursprünglichkeit des Lebens, das nicht überhaupt den Gegensätzen ausgeliefert ist. Irgendwie glauben wir ja auch daran, daß die Widersprüchlichkeit des Lebens aufgehoben werden kann, sonst müßten wir uns aufhängen. Diesen Glauben, diese Affirmation, die uns die Dialektiker zum Vorwurf gemacht haben, zu begreifen, das war, denke ich, der Ansatzpunkt für Bollnows tiefenhermeneutische Fragestellung.
GANTKE: In seinem Aufsatz über die Symbole[46], in dem er die religiösen Grundfragen ausdrücklich thematisiert, spricht Bollnow von einem werdenden Ewigen, das Zeitlichkeit und Ewigkeit eben doch versöhnt. Man könnte in diesem Sinne vielleicht auch einmal den Gedanken eines werdenden Heiligen ins Auge fassen, das sich eben nicht festzurren läßt.
GIEL: Nur noch eine Bemerkung dazu: Ist diese Affirmation des Lebens einfach eine irrationale, blinde, oder widersteht sie dem Angriff der Dialektik? Das müßte noch genauer untersucht werden, gerade in Abhebung von der marxistischen Philosophie. Bollnow hat immer wieder gesagt: Wenn er mit einem verglichen werden möchte, dann ist es Cassirer. Hier ist der Mythos nicht etwas mit dem Logos Überwundenes, sondern etwas, was geradezu das Leben trägt.
BRÄUER: Ich wollte noch zwei Dinge kurz anmerken. Das eine zu dieser Verschränkungsformel von der „Immanenz des Transzendenten". Wenn man das religiöse Feld für den Moment einmal außer Betracht läßt, kann eine solche Formel jederzeit dialektisch explodieren. Das haben solche Verschränkungsformeln an sich. In Heideggers Daseinsanalyse gibt es das „zugleich" des In-der-Welt-seins und des Transzendierens, und das geht

[46] Vgl. O. F. Bollnow, Religionswissenschaft als hermeneutische Disziplin, B. Die Welt der Symbole. In: Studien zur Hermeneutik Band I: Zur Philosophie der Geisteswissenschaften Verlag Karl Alber Freiburg/München 1982, S. 314-335, bes. S. 324 ff. zur Geschichtlichkeit der Symbole.

weiter in seinem Bemühen, die alten immanenzpsychologischen Denkmuster zu durchbrechen und mit einem Schlag aus den Angeln zu heben. Für Bollnow ist das ein durchschautes Problem gewesen, hinter dessen Markierung er nicht zurückgeht. Der Begriff der Transzendenzoffenheit hat, denke ich, da seine Wurzeln, insofern der Mensch immer transzendenzoffen existiert.

Die zweite Bemerkung hat damit nichts zu tun. Was wir bei Bollnow finden ist zum einen die Frucht seiner Lektüre des Schrifttums. Zum anderen aber besaß er die Fähigkeit, Dinge bzw. Phänomene ganz originär wahrzunehmen. Ästhetische Phänomene spielen da bei ihm eine ganz große Rolle. Wenn er z. B. einen japanischen Garten besucht und die Anordnung der Steine betrachtet, erkennt er darin intuitiv: Im Leben muß man Schritt für Schritt tun, aber den letzten muß man springen. Wenn man sich überlegt, was damit ausgesagt ist, ist das nicht einfach angelesen, und solche in Japan gemachten Erfahrungen gehen dann auch in seine Werke ein. Was wir oft als ein Ästhetisches so peinlich abgrenzen, hat bei ihm eine andere Fülle und ist nicht einfach einer Gattung wie der Ästhetik, der Erkenntnistheorie usw. zuzuordnen.

Gabriele Klappenecker

Otto Friedrich Bollnow: Der Beitrag seines Ansatzes für eine Theorie religiöser Bildung Überlegungen aus der Sicht evangelischer Religionspädagogik

A. Einführung

Religionspädagogik ist hinsichtlich ihrer Aufgabe, sich mit der Lebenswirklichkeit im Licht evangelischen Glaubens auseinanderzusetzen als Partnerin nicht nur der Theologie, sondern auch der Pädagogik zu konzipieren. Im Werk Otto Friedrich Bollnows findet sich ein Zugang zu den Lebensverhältnissen und den in ihnen beschlossenen Möglichkeiten, den ich in einem ganz allgemeinen Sinne als religiös bezeichnen möchte.

Bollnow geht aus von der Transzendenzbezogenheit des Menschen, die lebenshermeneutisch erschlossen wird. Deutungsangebote, die diese Transzendenzbezogenheit machtförmig vereinnahmen oder sie und ihren irrationalen Gehalt „wegerklären" wollen, werden scharfer Kritik unterzogen.

In welcher Weise die Pädagogik Partnerin der Religionspädagogik sein kann, läßt sich zeigen, indem das unabgegoltene Potential des Werkes Bollnows aus zwei Perspektiven erschlossen wird:

1. Sowohl Bollnows Phänomenologie der Stimmungen als auch sein Erfahrungsbegriff bieten ein heuristisches Instrumentarium für eine neue Interpretation religionspädagogischer Schlüsselthemen.
2. Bollnows hermeneutisch gewendete Phänomenologie erlaubt es, Religion in der Lebenswelt nicht nur wahrzunehmen, sondern auch anhand einer kritischen Symbolhermeneutik zu deuten. Sie dient dazu, wie es Bollnow in einem gern von ihm zitierten Wort Ricoeurs sagt, „... die Idole zu töten und auf die Symbole zu horchen".[1] Diese Symbole sind „Zeichen des Heiligen".[2]

---

[1] Paul Ricoeur, Die Interpretation. Ein Versuch über Freud. Übers. v. E. Moldenhauer. Suhrkamp Verlag Frankfurt/M. 1974, S. 68; zit. nach Otto Friedrich Boll-

Bevor die beiden genannten Perspektiven vertieft werden, möchte ich zwei Mißverständnisse ausschließen und einige begriffliche Klärungen vornehmen:

Es geht erstens nicht darum, ein inzwischen Geschichte gewordenes pädagogisches Konzept direkt auf die heutige Situation des religiösen Pluralismus und heutige religiöse Bildungsprozesse zu übertragen. Ich meine aber mit dem Religionspädagogen Hans Bernhard Kaufmann[3], daß die geisteswissenschaftliche Pädagogik, gemäß der geschichtliche Erfahrungen und gemeinsame Überzeugungen die notwendige und fruchtbare Voraussetzung der Erziehung sind, gewisse, auch heute relevante Kernannahmen[4] enthält, mit Hilfe derer Phänomene der Erziehung gesehen und in-

---

now, Das Doppelgesicht der Wahrheit. Philosophie der Erkenntnis. Zweiter Teil. Verlag W. Kohlhammer Stuttgart 1975, S. 118.

[2] Ricoeur, Die Interpretation, S. 542; zit. nach Bollnow, Das Doppelgesicht der Wahrheit, S. 118.

[3] Hans Bernhard Kaufmann (Hrsg.), Kontinuität und Traditionsabbrüche. Im Gespräch mit Wilhelm Flitner und Ulrich Herrmann, Otto Friedrich Bollnow und Klaus Giel, Klaus Mollenhauer und Theodor Schulze, Doris Knab und Hans Rauschenberger. Comenius Institut Münster 1987, S. 99.

[4] Ders., dto. Kaufmann bezieht sich hier auf Rolf Oerter und Leo Montada, welche den Begriff der Kernannahme, genauer: der anthropologischen Kernannahme etabliert haben. Die Geschichte der Entwicklungspsychologie, so die Autoren, ist als ein Ringen um Kernannahmen zu beschreiben, welches sich in der Auseinandersetzung mit folgenden Fragen vollzieht: *„Wie ist das Wesen des Menschen? Was ist das Wesen von Entwicklung?"* Die Antworten auf diese Fragen bestimmen, welche Fragen in Forschung und Praxis zu stellen sind und welche methodischen Zugangsweisen man wählen soll. Kernannahmen sind den Forschenden oft nicht bewußt und bestimmen die Forschungsfragen, die Wahl von Beschreibungs- und Erklärungsmodellen, manchmal die Datenerhebungs- und Auswertungsstrategien. Vor allem leiten sie die Interpretation der Befunde. Sie wirken selektiv und generativ. Seit Thomas Kuhns Veröffentlichung hat sich für die Verknüpfung von Kernannahmen mit Forschungsprogrammen der Begriff „Forschungsparadigma" eingebürgert. Vgl. Thomas S. Kuhn, Die Struktur wissenschaftlicher Revolutionen. Suhrkamp Verlag, Frankfurt [2]1976 ([1]1962). Für die typische Verknüpfung von Kernannahmen mit Forschungsprogrammen hat sich der Begriff „Forschungsparadigma" eingebürgert. Paradigmen unterscheiden sich in ihrer Perspektive und machen Spezifisches sichtbar. Vgl. Rolf Oerter, Leo Montada, Ent-

terpretiert werden können. Eine der Kernannahmen Bollnows, die dem Erziehungsverständnis Luthers sehr nahe kommt, ist, so Kaufmann, daß Lernen und Lehren ein von Freiheit und Selbstbestimmung und zugleich von Scheitern, Grenzerfahrung und dennoch auch vom Getragensein bestimmtes Geschehen ist.

Zweitens geht es nicht um eine christlich-theologische Vereinnahmung Bollnows. Denn dies widerspräche dem Selbstverständnis eines Pädagogen, der zwar von der Getragenheit, nicht aber von einem oder einer Tragenden handeln möchte, der in Anerkennung der Grenzen seines Faches weder einen personalen Gottesbezug thematisiert noch Religiosität als konstitutives Moment einer institutionalisierten Gemeinschaft, etwa einer Kirche, ansieht.

Eine solche Vereinnahmung Bollnows würde nicht zu leugnende Unterschiede zwischen Pädagogik und Theologie und zwischen Pädagogik und christlicher Religionspädagogik ignorieren. So erscheinen beispielsweise christliche Glaubenssymbole aus pädagogischer Sicht nur als *mögliche* Medien religiöser Erziehung, während sie aus theologischer Sicht das Ziel sind, an dem Gott selbst begegnet.[5] Christliche Religionspädagogik ist auf christliche Symbole bezogen und will Handeln von ihnen her motivieren. Für die Pädagogik stellt der christliche Glaube jedoch einen „... Spezialfall der Bindung an konkret-historische religiöse Symbole ...“[6] dar.

Das Interesse an Bollnows Werk richtet sich auf seinen Beitrag für religiöse Bildung, auf die Darlegung der im Dienst dieser Bildung stehenden Kernannahmen. Was ist unter „religiös“ zu verstehen und wie ist eine religiöse Bildungstheorie zu bestimmen? Ein zentrales Bedeutungselement von „religiös“ ist die „Bezogenheit auf Sinn als auf das letzte Woher, Worumwillen und Woraufhin des einzelnen Lebens und der Gesamtwirklichkeit“.[7] Für die Bestimmung religiöser Bildung muß man vom sich bil-

---

wicklungspsychologie. Ein Lehrbuch. Psychologie Verlags Union München/Weinheim [2]1987, S. 75 f. (Kursivdruck wie Original).

[5] Günter R. Schmidt, Religionspädagogik zwischen Theologie und Pädagogik. In: Theologia Practica, 22. Jg. 1987, H. 1, S. 21-32, 33.

[6] Ders., Religionspädagogik zwischen Theologie und Pädagogik, S. 32.

[7] Ders., Religionspädagogik zwischen Theologie und Pädagogik, S. 25. Das allgemeinpädagogische Interesse, so Schmidt, betrifft mehr die subjektive Seite, die Religiosität, als die objektive, die Religion.

denden Subjekt ausgehen, seinem Lebenskontext und seinen Erfahrungen. Religiöse Bildung soll eine Ahnung vermitteln vom Erfaßtwerden durch religiöse Gehalte und das sich bildende Subjekt müßte sich zumindest probeweise auf die Wahrnehmungsperspektiven und Denkbewegungen der Religion einlassen können. Eine religiöse Bildungstheorie setzt sich mit religiöser Kommunikationsfähigkeit auseinander. Sie muß sowohl eine Innensicht, die aus der Begegnung mit authentischer Religion erwächst, eröffnen, als auch eine wissenschaftlich beschreibende Außenperspektive auf Religion einzunehmen erlauben.[8]

Im folgenden ist in diesem Interesse Bollnows religiöse Interpretation der Lebenswirklichkeit darzulegen. Diese wird in den Dialog mit evangelischer Theologie und Religionspädagogik gebracht.

B. Vertiefung

1. Bollnows Phänomenologie der Stimmungen und sein Erfahrungsbegriff

1.1 Phänomenologie der Stimmungen

Um von Bollnows Ansatz her Antwortmöglichkeiten aufzuzeigen, bedarf es einiger Vorbemerkungen: Bollnow hat in einer ihm eigenen Phänomenologie, die er später auf die Erziehungsphänomene hin spezialisiert, Husserls Ansatz einer reinen Wesensschau erkenntnistheoretisch widerlegt und den ontischen Boden der ontologischen Struktur sehr viel weiter gefaßt als Heidegger: „Ich halte in der Tat die 'Wesensschau' – und damit die Phänomenologie im orthodoxen Sinn – für einen gefährlichen Irrweg. Es ist nicht nur das intuitive Moment des Schauens, das eine methodische Sicherung ausschließt, es ist vor allem der radikal ungeschichtliche Charakter dieses Apriorismus, der zeitlos gültige Formen – denn das sind diese Wesenheiten – von den zeitlich sich wandelnden Inhalten ablösen zu können glaubt, der also überzeugt ist, daß keine neue Erfahrung an den

[8] Vgl. Manfred Pirner, Religiöse Grundbildung zwischen Allgemeinbildung und christlicher Lebenshilfe. Vortrag vom 13. September 2003 in Berlin auf der Jahrestagung des Arbeitskreises für Religionspädagogik. Der Vortrag ist online veröffentlicht in: Theo-Web-Wissenschaft. Zeitschrift für Theorie der Religionspädagogik, 2. Jg. 2003, H. 2, S. 116-135.

einmal erkannten Wesensarten etwas ändern könne."[9] Der Einfluß der Lebensphilosophie ist es, der Bollnow Abstand nehmen läßt von Husserls Annahme einer gleichbleibenden Struktur des Menschen.

Lebensphilosophisch motiviert ist auch seine Kritik an Heidegger.[10] Die Struktur der Zeitlichkeit, die Heidegger als „Sorge" bestimmt hatte, zeigt Bollnow auf in ihrer bloß relativen Geltung für die philosophische Selbstbestimmung. Gegen die ausschließliche Betonung der nur dunklen Stimmungen in der Existenzphilosophie, nämlich der Angst und der Erfahrung der Grenzsituationen von Tod, Leiden und Schuld, soll eine auf das Ganze der menschlichen Wirklichkeit gerichtete philosophische Anthropologie auch die glücklichen Stimmungen anerkennen. So stellt Bollnow der Geworfenheit die Getragenheit gegenüber und differenziert diese Grundstimmung aus hinsichtlich ihrer raumzeitlichen Wirkungen und pädagogischen Implikationen. Es tritt nicht nur die Angst in den Mittelpunkt, sondern es werden ihr die sich auf dem Boden der Getragenheit ergebenden konstitutiven Kategorien des Feierns, des Wohnens, der Leiblichkeit zur Seite gestellt. Mit diesen Kategorien lassen sich sowohl die Gebiete der Religion, als auch der Kultur, der Bildung und der Erziehung erforschen. In den Entfaltungsformen der neuen Geborgenheit, die die Ungeborgenheit überwölbt, zeichnen sich anthropologische Bestimmungen ab, die die Möglichkeit eines Verständnisses des Menschen als Transzendenzbezogenen eröffnen. Das dankbare, vertrauende und hoffende Grundverhältnis zu einem tragenden Grund sieht Bollnow in unmittelbarer Nähe zur *religio*, ohne daß diese allerdings thematisch expliziert wird. Dieses Grundverhältnis entspringt nicht dem Einzelnen in seiner monadischen Existenz, sondern ist vermittelt über den zwischenmenschlichen Bezug.[11]

---

[9] Otto Friedrich Bollnow, Religionswissenschaft als hermeneutische Disziplin. In: Ders., Studien zur Hermeneutik I: Zur Philosophie der Geisteswissenschaften. Verlag Karl Alber Freiburg/München 1982, S. 295-335, 334.

[10] Bollnow, Das Wesen der Stimmungen. Verlag Vittorio Klostermann Frankfurt 1941 ([8]1995), S. 22-29.

[11] Ursula Frost, Geborgenheit als pädagogischer Grundbegriff. In: Der Evangelische Erzieher. Zeitschrift für Pädagogik und Theologie, 41. Jg. 1989, H. 1, S. 23-32, 30 f.

Im Folgenden setze ich mich unter der Leitfrage nach Bollnows Beitrag für eine religiöse Bildungstheorie mit seinem Verständnis des „getrosten Mutes“ auseinander, einer auf der Stimmung der Geborgenheit erwachsenden Haltung.

Trost definiert Bollnow als die Kraft, die es einem Menschen ermöglicht, einer Bedrohung standzuhalten.[12] Seit der Prägung dieses Begriffes durch das Christentum, so Bollnow, bedeutet Trost innerhalb desselben, aber auch in der säkularisierten Form, daß diese Kraft nicht mehr in der eigenen Stärke des Menschen liegt und auch nicht in einer Unterstützung, die die innerweltliche Bedrohtheit in ihrer ganzen Schärfe abwenden würde. Die Bedrohtheit bleibt bestehen, wird aber in einer anderen Ebene überwölbt. In diesem Sinne fühlt sich der getroste Mensch in der Welt dennoch geborgen.

Das Getrostsein und die Gelassenheit sind Elemente des getrosten Mutes. Die Gelassenheit unterscheidet sich vom Getrostsein dadurch, daß dieses noch näher an der Entschlossenheit angesiedelt ist und daher viel stärker den Charakter der Wachsamkeit hat. Gelassen ist der Mensch immer nur angesichts des Bösen, das auf ihn eindringt. Der Mensch kann in dieser Haltung eine Entwicklung abwarten, wenn er bereit ist, in jedem Augenblick der Beanspruchung, die an ihn herantritt, standzuhalten. Das Getrostsein bezeichnet das Vertrauen darauf, daß auch innerhalb der Welt Kräfte in den Menschen heranwachsen, die sie auffangen, wenn sie zu sinken drohen und sie tragen. Wer getrost ist, erwartet nicht, in eine Entscheidungssituation hineingestellt zu werden. Darum kann man getrost einschlafen, nicht aber gelassen. Getrost sein kann der Mensch, weil die Ängste, Taten, Regungen und Anstrengungen in ein objektives Sein übergegangen sind, das ihm jetzt als ein anderes gegenübersteht und nicht mehr von ihm abhängt.

In der Paradoxie des getrosten Mutes als Modus der neuen Geborgenheit verdichtet sich für Bollnow ein Weg, der über die Schwierigkeiten des Existenzialismus hinwegführt. Die Welt erscheint hierin nicht mehr ausschließlich als etwas Bedrohliches, dem Menschen sich nur in reiner Entschlossenheit entgegenstellen müßten, sondern zugleich als etwas Bergen-

[12] Bollnow, Neue Geborgenheit. Das Problem einer Überwindung des Existentialismus. Verlag W. Kohlhammer Stuttgart/Köln ^{2}1955, S. 51-64.

des und Haltendes, denen sie sich in allen Bemühungen überlassen können.

1.1.1 Theologische Zugänge

Aus Bollnows These von der primären Erschließung der Welt über die Stimmungen ergibt sich für eine religiöse Bildungstheorie die Aufgabe, sich der unentrinnbaren Präsenz der Stimmungen bewußt zu werden, sich auf lebens- und lernförderliche Stimmungen einzulassen und ihnen Raum zu geben.

Daß eine gewisse „Stimmungshygiene" lebensförderlich ist, zeigt ein Blick in die reformatorische Trost- und Erbauungsliteratur: „Seid darum guten und getrosten Mutes ..." rät Luther in einem seelsorgerlichen Brief seinem von Anfechtungen geplagten und zur Schwermut neigenden Schüler Hieronymus Weller. Darunter versteht Luther ein konkretes, auf die unmittelbare Lebenswelt bezogenes Verhalten, etwa Scherz und Spiel, Kurzweil und Geselligkeit, damit der Teufel keine Gelegenheit bekommt, „... uns aus Kleinigkeiten eine Gewissenssache zu machen. Andernfalls werden wir überwunden, wenn wir uns ängstlich darum sorgen, daß wir ja nicht sündigen ..."[13]

Stimmungen erschließen Welten und eröffnen die Ahnung von einem Bezogensein auf ein „Ganz Anderes". Darin liegt ihr Wert für eine religiöse Bildungstheorie. Eingedenk der Tatsache, daß der Bildungsbegriff einen religiösen Ursprung[14] hat, kann zur weiteren Vertiefung der Leitfragen ein Blick in Schleiermachers Dritte Rede über die Religion erfolgen und der Atmosphärenbegriff einer Vertreterin der im Gefolge Schleiermachers sich konstituierenden Liberalen Theologie, Carola Barth[15], herange

---

[13] Martin Luther, Brief an Hieronymus Weller in Wittenberg, Sommer 1530, zit. nach: Gerhard Blail, Vom getrosten Leben. Martin Luthers Trostbriefe. J. F. Steinkopf Verlag Stuttgart 1982, S. 48.

[14] Vgl. Reiner Preul et al. (Hrsg.), Bildung – Glaube – Aufklärung. Zur Wiedergewinnung des Bildungsbegriffs in Pädagogik und Theologie. Gütersloher Verlagshaus Gerd Mohn Gütersloh 1989, Vorwort der Herausgeber.

[15] Carola Barth, Was heißt bekenntnismäßiger Religionsunterricht? In: Monatsblätter für den Evangelischen Religionsunterricht, 15. Jg. 1922, H. 8, S. 173-183.

zogen werden.[16] Die „Bildung zur Religion", so Schleiermacher, geschieht dadurch, daß der Mensch, der grundsätzlich „... mit der religiösen Anlage geboren wird wie mit jeder andern ..."[17] sich öffnet, wenn die Religion „... alle Vermögen des eignen Gemüths in dem Strom dieser Bewegung zu ihrem Dienst mit fortreißt: so erwartet sie auch daß sie hindurch dringen werde bis ins Innerste eines jeden Individuums welches in ihrer Atmosphäre athmet, daß jedes homogene Theilchen werde berührt werden, und von derselben Schwingung ergriffen zum Bewußtsein seines Daseins gelangend durch einen antwortenden, verwandten Ton das harrende Ohr des Auffordernden erfreuen werde."[18] Religiöse Bildung entsteht also durch eine Haltung der Offenheit, durch das Sich-Einstimmen auf die von der Religion herkommende besondere Atmosphäre[19] und ihre Schwingungen.

Die Religionspädagogin Carola Barth sieht die Leistung religiöser Bildung nun darin, daß der Blick der Lernenden für die „Kundgebung des Göttlichen" sensibilisiert wird. Es geht ihr um eine Haltung, die ich als eine transzendenzoffene bezeichnen möchte. Diese kontrastiert sie mit dem Interesse an einer unbetroffenen Wissensaneignung über Religion und ihre Dokumente. Es hat keinen Wert, so Carola Barth, „... Kinder durch die Religionsgeschichte wie durch die weiten Hallen eines völkerkundlichen Museums zu führen, wenn wir ihnen gleichzeitig nicht zu Bewußtsein bringen, welche Bedeutung dies alles für ihr eigenes religiöses Leben gewinnen kann ..."[20] Es kommt nicht darauf an, Kindern fremde Religionssysteme vorzuführen, oder biblische Geschichten als Märchen

---

[16] Aufgrund des Entdeckungszusammenhanges, daß religiöse Bildung atmosphärisch bedingt ist, scheint es mir legitim zu sein, eine gewisse Synthetisierung des von verschiedenen Autoren unterschiedlich verstandenen Atmosphären- bzw. Stimmungsbegriffs vorzunehmen.

[17] Friedrich Schleiermacher, Über die Religion. Reden an die Gebildeten unter ihren Verächtern (1799). Dritte Rede. Über die Bildung zur Religion. Hrsg. v. Günter Meckenstock. Walter de Gruyter Verlag Berlin/New York 1999, S. 116-133, 120.

[18] Schleiermacher, Dritte Rede, S. 116.

[19] Schleiermacher, Dritte Rede, S. 119.

[20] Carola Barth, a. a. O., S. 174 f.

oder Sagen zu bezeichnen, sondern alle religionsgeschichtliche Unterweisung darf nur dazu dienen, den Blick der Schüler zu schärfen für das „'Eine, das nottut'", für die „Kundgebung des Göttlichen" und „... nicht religionskundliche Vielwisserei, sondern religiöse Bildung zu vermitteln".[21] Die Grundlage hierfür bildet das Schaffen einer Atmosphäre der Aufnahmebereitschaft für Religion: Carola Barth spricht von der Pflicht, den Kindern dieses „Eine" stets aufs Neue zu Bewußtsein zu bringen, „... durch den Ernst, durch die Eindringlichkeit unserer Haltung, daß wir das, was wir ihnen mitteilen, für uns selbst und für sie von höchstem Wert halten. „Wir schaffen dadurch wenigstens eine Atmosphäre, der sich die Kinder nicht ohne weiteres entziehen können."[22]

Das Gespür für Atmosphären scheint uns abhanden gekommen zu sein: Die reduktionistisch-introjektionistische Vergegenständlichung der Welt und des Menschen seit Demokrit und Platon hat die Selbstbeherrschung und ab dem 17. Jhdt. die Naturbeherrschung aber so weit vorangebracht, daß seitdem die Wahrnehmung von Atmosphären schwer geschädigt ist. Die mit dieser Verstörung einhergehende Vergegenständlichung, welche in der europäischen Intellektualkultur den Ton angibt, führt zu der Behauptung, Atmosphären und damit auch der Heilige Geist, der im Urchristentum als Atmosphäre verstanden worden ist, seien nur subjektiv als ein Gefühl in den Seelen der Menschen vorhanden, statt die Objektivität der „... räumlich, wenn auch ortlos ergossenen Atmosphären ..."[23] anzuerkennen.

---

[21] Barth, Was heißt bekenntnismäßiger Religionsunterricht?, a. a. O., S. 175.

[22] Carola Barth, Religionsunterricht als religiöse Erziehung. Aus der Praxis meines Religionsunterrichtes. Vandenhoeck & Ruprecht Verlag Göttingen 1931, S. 6.

[23] Hermann Schmitz, Atmosphären als ergreifende Mächte. In: Christoph Bizer et al. (Hrsg.), Theologisches geschenkt. Festschrift für Manfred Josuttis. Foedus-Verlag Bovenden 1996, S. 52-58, 54. Zur Kritik an Schmitz vgl. Ingo Christians, Hermann Schmitz und die Grundlegung einer neuen Phänomenologie. In: Hans Michael Baumgartner et al., Philosophisches Jahrbuch. Verlag Karl Alber Freiburg/München, 105. Jg. 1998, S. 162-177.

1.1.2 Die Bedeutung der Stimmungen für eine religiöse Bildung

Der Brückenschlag zurück zu Bollnow fällt nun insofern leicht, als seine Phänomenologie der Stimmungen und sein Ansatz insgesamt in eine philosophische Tradition einzuordnen ist, die sich vom abendländischen Vernunftoptimismus und einer dualisierenden Weltsicht abhebt.[24] Für ihn erscheint der getroste Mut als Modus der Stimmung Geborgenheit. Eine Stimmung „... kommt weder von 'Außen' noch von 'Innen', sondern steigt als Weise des In-der-Welt-seins aus diesem selbst auf."[25] Der Stimmungsbegriff wird hier anders verstanden als der eben erwähnte Atmosphärenbegriff. Aber: Die philosophische Bedeutung der Stimmung liegt darin, daß sie noch hinter die für das theoretische Bewusstsein schon selbstverständliche Scheidung von Subjekt und Objekt in die Schicht einer Einheit beider zurückreicht. Sie macht einen Untergrund sichtbar, der in der theoretischen Haltung schon unsichtbar geworden war und sich ihr auch nicht erschließt. So ist es auf keinen Fall möglich, der Abhängigkeit von der Stimmung auszuweichen, etwa durch Einnahme eines theoretischen Standpunktes. Atmosphären und Stimmungen – das ist ihnen gemeinsam – lassen eine dualisierende Weltsicht nicht zu. Beide stellen eine Wirklichkeit dar, der nur mit einer ganzheitlichen Wahrnehmungseinstellung begegnet werden kann.

Die Bedeutung der Stimmungen, wie Bollnow sie faßt, ist für die ganzheitliche Pädagogik noch nicht umfassend genug erkannt worden. Die Nichtbeachtung der Geborgenheit in der pädagogischen Diskussion kann, so Ursula Frost in Bezug auf Bollnow, nur als Rückschritt gewertet werden[26], stellt doch Bollnows Ansatz den Versuch dar, „... Tendenzen neu erkämpfter Geborgenheit geschichtlich zu identifizieren und voranzutrei-

---

[24] Vgl. hierzu Wolfgang Gantke, Die Bedeutung des hermeneutischen Ansatzes Otto Friedrich Bollnows für die Religionswissenschaft. Rheinische Friedrich-Wilhelms-Universität Bonn 1987, S. 496. (Im folgenden abgekürzt mit: *Religionswissenschaft*).

[25] Heidegger, Sein und Zeit. Max Niemeyer Verlag Halle a. d. Saale 1927, S.136 f.; zit. nach Bollnow, Stimmungen, S. 40.

[26] Ursula Frost, Geborgenheit als pädagogischer Grundbegriff, a. a. O., S. 31.

ben ..."[27] Die Bedeutung der Geborgenheit ist auf dem Gebiet der Deprivationsforschung, der entwicklungspsychologischen Sozialisationsforschung und der Soziologie zwar anerkannt worden, aber die hier gemachten Erkenntnisse sind bisher noch nicht im Horizont einer ganzheitlichen Deutung reflektiert worden. Auch allgemein ist der pädagogische Diskurs über das Thema Geborgenheit weitgehend Desiderat geblieben.[28] Die Geborgenheitsbestimmung Bollnows eignet sich dazu, so Frost, die Frage zu beantworten, worauf denn sich die Wärme, Sicherheit und das Vertrauen, das die ältere Generation der nachwachsenden zu geben hat, gründet und was dies für die erzieherische Praxis bedeutet.[29]

Eine religiöse Bildungstheorie, die die Wirklichkeit von Stimmungen des Getragenseins und Getrostseins, nicht nur der Angst anerkennt und die konstitutiven Kategorien des Getragenseins, also das Feiern, Wohnen, die Leiblichkeit und das Vertrauen Gestalt werden läßt, fördert die zur Wahrnehmung von Religion nötige ganzheitliche Rezeptivität und Responsivität zu einem „Ganz Anderen", „Unergründlichen".

Das dankbare, vertrauende und hoffende Verhältnis zum tragenden Grund, welches für Bollnow – wie auch für Carola Barth – in besonderer Weise über den zwischenmenschlichen Bezug vermittelt wird[30], läßt es zur Aufgabe einer religiösen Bildungstheorie werden, den Bezug zwischen Lernenden und Lehrenden und zwischen den Lernenden untereinander besonders zu kultivieren.

1.2 Der Erfahrungsbegriff

Der Erfahrungsbegriff nimmt eine zentrale Stellung in Bollnows Lebenshermeneutik ein. Man kann an diesem Begriff auch sein spezifisches Verhältnis zu empirischen Methoden deutlich machen. Darüber hinaus ge-

[27] Dies., Geborgenheit als pädagogischer Grundbegriff, S. 29.

[28] Dies., Geborgenheit als pädagogischer Grundbegriff, S. 25.

[29] Dies., Geborgenheit als pädagogischer Grundbegriff, S. 23.

[30] Bollnow, Die pädagogische Atmosphäre. Untersuchungen über die gefühlsmäßigen zwischenmenschlichen Voraussetzungen der Erziehung. Quelle & Meyer Verlag Heidelberg 1964 (Anthropologie und Erziehung 12).

hört die Erfahrung in den Bereich von Unstetigkeiten, die Bollnow mit Hilfe der Existenzphilosophie reflektiert.[31]

Bollnow geht aus von der Gleichursprünglichkeit von Leben und Verstehen. Damit rekurriert er auf Diltheys Formel: „Leben erfasst ... Leben".[32] Dilthey ist seinerzeit gegen die ahistorisch-rationalistische Verengung der traditionellen Erkenntnistheorie angetreten. Seines Erachtens muß die ganze Lebenserfahrung, die die rationalen und irrationalen Kräfte erfaßt, in die Erkenntnis eingehen. Diese Überzeugung läßt sich auch bei Bollnow finden: Wenn die Rückbindung an die Tiefendimension des Lebens verloren zu gehen droht, besteht die Gefahr der Veräußerlichung, Verfestigung und Erstarrung.[33] Man kann sagen, daß Erkenntnis in einer „... religionsphilosophisch verstandenen Tiefenhermeneutik ..."[34] bei Bollnow begründet wird, ja, daß sich Möglichkeitsbedingungen einer Erfahrung des Heiligen, eines Unergründlichen in seinem Ansatz finden.[35] Das läßt sich an Bollnows Transzendenzbegriff festmachen. Transzendenz bedeutet für ihn: Ein geschlossener Horizont wird transzendiert. Der Transzendenzbezug verbirgt sich in dieser Perspektive in der Anerkennung von Unergründlichem. Er ist die Vorbedingung des offenen Horizontes der Hermeneutik, in welchem eine Grenzüberschreitung erst möglich wird. Das Transzendente ist in diesem Sinne ein Immanentes, das Sakrale ist im Profanen und das Unergründliche ist in alles scheinbar Ergründliche involviert.[36]

---

[31] Bollnow, Existenzphilosophie und Pädagogik. Versuch über unstetige Formen der Erziehung. W. Kohlhammer Verlag Stuttgart 1959, [6]1984.

[32] Dilthey, Gesammelte Schriften Bd. VII. Vandenhoeck & Ruprecht Göttingen [7]1979, S. 136; zit. nach Karl Albert, Artikel: Lebensphilosophie. In: Theologische Real Enzyklopädie XX, Walter de Gruyter Verlag Berlin/New York 1990, S. 580-594, 583.

[33] Gantke, Religionswissenschaft, a. a. O., S. 15.

[34] Klaus Giel, Umrisse einer hermeneutischen Philosophie. Zwischen Phänomenologie und Lebensphilosophie. In: Friedrich Kümmel (Hrsg.), O. F. Bollnow: Hermeneutische Philosophie und Pädagogik. Karl Alber Verlag Freiburg i. Br./ München 1997, S. 11-58, 34.

[35] Gantke, Religionswissenschaft, S. 141.

[36] Gantke, Religionswissenschaft, S. 331 ff.

Erkenntnisgewinnung wird von Bollnow, über Dilthey hinausgehend, auch im Rekurs auf Heidegger, Bergson und Dewey reflektiert, da er postuliert, daß diese durch die Störung des ursprünglichen Welt- und Lebenszusammenhanges und der ihm inhärenten unreflektierten Handlungen sich ereignet.[37] Die Erfahrung eines Neuen gehört zu diesen Störungen.

Die Rückführung der Erkenntnis in den Lebenszusammenhang bedeutet für Bollnow nicht, daß man die von der klassischen Erkenntnistheorie gestellte Aufgabe negiert, durch ein kritisches Überprüfen von Grundlagen gesichertes Wissen zu gewinnen. Er unterscheidet ausdrücklich zwischen Erfahrung und empirischer Erforschung.[38] Letztere gehört in den Bereich planender Gestaltung – die Erfahrung aber schließt Unberechenbarkeit und Zufälligkeit mit ein. Empirische Forschung bleibt grundsätzlich im Rahmen eines geschlossenen Vorverständnisses, weil das Experiment zu einer Antwort kommt, die schon durch die Fragestellung vorgezeichnet ist. Demgegenüber sprengen Erfahrungen den Erwartungsrahmen; so wird neue Offenheit möglich. Im Begriff des Empirischen ist der aktive Charakter einer planmäßig angestellten Erforschung enthalten; im deutschen Wort Erfahrung schwingt viel stärker der passive Zug eines widerwillig Erlittenen mit. Dieser Gedanke ist für die Diskussion um die Möglichkeit eines wissenschaftlichen Zugangs zur religiösen Erfahrung ausgesprochen wichtig. Denn alle nicht beliebig reproduzierbaren Lebenserfahrungen, also auch die des Heiligen, werden a priori ausgegrenzt durch einen restriktiven Erfahrungsbegriff, der nur die Experimentalerfahrung als Kriterium für die wissenschaftliche Anerkennung unserer Wirklichkeitserkenntnisse gelten läßt. Durch die Festlegung auf den empirischen Erfahrungsbegriff kommt nur der reproduzierbar-quantitative Teilbereich der Wirklichkeit in den wissenschaftlichen Blick. Bollnows Ansatz erlaubt hingegen ein

---

[37] Bollnow, Philosophie der Erkenntnis. Erster Teil: Das Vorverständnis und die Erfahrung des Neuen. Verlag W. Kohlhammer Stuttgart/Berlin/Köln/Mainz 1970, S. 37-44.

[38] Bollnow, Pädagogische Forschung und philosophisches Denken. In: Hermann Röhrs (Hrsg.), Erziehungswissenschaft und Erziehungswirklichkeit. Akademische Verlags-Gesellschaft Frankfurt a. M. 1964, S. 221-238.

Anerkennen des von uns und unseren Methoden „Unabhängig-Anderen“.[39]

Um einer empiristischen Vereinahmung des Erfahrungsbegriffs entgegenzuwirken und die Fülle der Erfahrungsmöglichkeiten aufzuzeigen, nimmt Bollnow eine wortgeschichtliche Klärung des Begriffes der Erfahrung vor, die ich hier nur ganz verkürzt wiedergeben will[40]: Erfahrung setzt sich zusammen aus „fahren“ und der Vorsilbe „er“, was ein Durchhalten bis zum erreichten Ende impliziert. Erfahrung meint, etwas im Fahren einholen, etwas durchreisen, etwas dadurch kennen lernen, daß man auf der Fahrt damit in Berührung kommt. Die Erinnerung an Mühen, Gefahren und Unfälle auf dem Weg schwingt darin mit. Im vollen Sinn handelt es sich erst dann um eine Erfahrung, wenn sie sich auf etwas Neues bezieht, das in die vertraute Welt eindringt. Weil die Erfahrung nicht übertragbar ist, lernen Menschen nicht aus derjenigen anderer. Erfahrungen sind eher negativ besetzt. Jede Erfahrung, die diesen Namen verdient, durchkreuzt eine Erwartung und bezeichnet eher ein Leiden als ein Tun, eher ein Durchmachen-Müssen als ein „machen“. Die Berufung auf die Erfahrung taucht selten in sachlichen Zusammenhängen auf, hat in der Regel einen polemisch-abwertenden Charakter und ist oft Ausdruck des Widerstandes gegen Erneuerungen.

„Erfahren“ als Prädikat eines Menschen hat die Bedeutung von langjähriger Übung, Geschicklichkeit, Fachkunde, Bewährung, einsichtiger Tüchtigkeit. Ein erfahrender Arzt wird nicht derjenige genannt, der viel weiß und erfolgreich studiert hat, sondern der über ein spezifisches Können in der Ausübung seines Berufes verfügt, jemand, der sein Wissen mit Sicherheit und Fingerspitzengefühl anzuwenden versteht.

Die auf den Verständnishorizont zurückwirkende, diesen vermehrende und verwandelnde Lebenserfahrung erweitert das Vorverständnis, mit dem der Mensch dann an weitere Erfahrungen herangeht. Diese Einsicht veranlaßt Bollnow dazu, von einem wachsenden, sich entwickelnden

---

[39] Wolfgang Gantke, Reflexion und Interpretation. Ein nicht-reduzierter Erfahrungsbegriff als Grundlage einer zukunftsfähigen Religionsphänomenologie. In: Axel Michaels et al. (Hrsg.), Noch eine Chance für die Religionsphänomenologie. Studia Religiosa Helvetica, Jahrbuch Vol. 6/7. Peter Lang Verlag Bern/Berlin/Frankfurt a. M./Wien 2001, S. 393-407, 399.

[40] Bollnow, Philosophie der Erkenntnis, S. 129 ff.

Apriori zu sprechen. Das Vorverständnis ist als ein leitendes Apriori der Erkenntnis nur so lange vorgelagert, wie es unreflektiert in das Erforschen einer konkreten Fragestellung eingeht. Als der Erkenntnis nicht mehr vorgeordnet erscheint das Apriori, wenn es selber zum Gegenstand wird, auf den sich der Vorgang der Erkenntnis bezieht. Nur so lange ist es unbewußt, bis wir darauf stoßen und somit zu einer Stellungnahme gezwungen sind. Damit ist auch die Aufgabe des Erkenntnisvorgangs beschrieben, nämlich das zu Bewußtsein zu bringen, was unbewußt schon immer die Erkenntnis geleitet hat. Der maßgebliche methodische Ansatzpunkt ist die Analyse von Grundbegriffen als jenen sprachlichen Formen, in denen das mitgebrachte Vorverständnis implizit zum Ausdruck gebracht wird.

Erfahrungen bleiben, weil sie nicht planbar sind, immer zufällig, lükkenhaft und begrenzt. Wenn der Mensch eine Wissenschaft darauf gründen möchte, muß er versuchen, diese Lücken zu schließen und den Umfang seiner Erfahrungen abzurunden, was nur eingeschränkt möglich ist. Daher sollte er versuchen, auch fremde Erfahrungen heranzuziehen. Jedoch gibt es keine Möglichkeit, zweifelhafte und unklare fremde Erfahrungen zu überprüfen. So bleibt auch hier die Angewiesenheit auf den vorgegebenen und nicht willkürlich zu erweiternden Bestand der Erfahrungen.

Wenn man über die verbleibende Zufälligkeit hinauskommen und die Lücken der Erfahrung schließen will, muß man versuchen, den Umkreis der bisherigen natürlichen Lebenserfahrung durch geeignete Verfahren in die Form einer methodisch gesicherten wissenschaftlichen Forschung zu überführen. Es handelt sich jedoch um eine willkürliche Vorwegnahme, wenn man eine Aussage nur dann als sinnvoll geltend beurteilt, wenn sie einer empirischen Uberprüfung, einer Verifikation oder Falsifikation fähig ist. Denn dieser Ansatz verdeckt durch seine scheinbare Evidenz eine wichtige Seite des Problems und vereinfacht so die Fragestellung in unzulässiger Weise. Die Frage, was Überprüfbarkeit heißt und in welchem Sinn sie möglich ist, wird von vornherein in einer ganz bestimmten, stillschweigend als selbstverständlich vorausgesetzten Weise gestellt. Überprüfbarkeit bedeutet die Möglichkeit einer in jedem Augenblick gleichmäßig möglichen Kontrolle durch die Zurückführung auf beobachtbare Tatbestände. Was sich nicht auf diese zurückführen läßt, ist demnach bloße unverbindliche Meinung ohne wissenschaftliche Bedeutung. So wird ein

Gegensatz aufgemacht zwischen überprüfbarer Tatsache und unverbindlicher Meinung.

Demgegenüber ergibt sich die Frage, ob es nicht echte Erfahrungen gibt, die sich einem so gefaßten Kriterium entziehen. So ist beispielsweise die Bereicherung des Lebens durch die Geburt eines Kindes in dieser Weise nicht überprüfbar. Die Lebenserfahrung entzieht sich aufgrund ihrer „Schicksalhaftigkeit" jeder planenden experimentellen Veranstaltung und darum auch jeder Anwendung empirischer Kriterien. Bollnow konzediert aber die Überprüfbarkeit gewisser Erfahrungen und anerkennt den Wert einer nachträglichen Besinnung.

Das Vorverständnis leitet die Erfahrung und dies wird wiederum abhängig von der unvorhersehbaren neuen Erfahrung. Daher handelt es sich um ein offenes Vorverständnis. So ergibt sich die Aufgabe, auch die Erfahrung des Neuen in die Auslegung mit einzubeziehen. In diesem Sinne will Bollnow von einer Hermeneutik der Erfahrung sprechen, die die Aufgabe hat, „...in einer produktiven Leistung die neuen Ergebnisse mit in das Verständnisganze einzubeziehen."[41]

1.2.1 Theologische Zugänge

Für Luther ist die Erfahrung konstitutiv für den Glauben und die Theologie: „Sola experientia facit theologum."[42] Diese Auffassung war nicht immer selbstverständlich in der Religionspädagogik. In den Anfängen der wissenschaftlichen Religionspädagogik um die Jahrhundertwende bis in die 20er und 30er Jahre hinein herrschte zwar noch lebhaftes Interesse an der Erfahrung, genauer: an einem bestimmten Erfahrungsverständnis. In der Praktischen Theologie, vor allem in der Religionspädagogik evangelischer und katholischer Konfession, war aber etwa Mitte bis Ende der 60er Jahre die Auffassung vorherrschend, daß der christliche Glaube nichts mit der Erfahrung zu tun habe. Die Dialektischen Theologen und Neu-Lutheraner wollten die Erfahrungsorientierung der Religionspädagogik unterbinden und auf eine theologische Ebene „höherer", „anderer" Ord-

[41] Bollnow, Philosophie der Erkenntnis, S. 152.

[42] Martin Luther, Tischreden. Weimaraner Ausgabe (WATr) 1. Hermann Böhlaus Nachfolger Weimar 1912, Nr. 46, 1513, S. 16, Z. 13.

nung gestellt wissen. Der Religionspädagoge Werner Ritter spricht hinsichtlich der Abkehr von der Erfahrungsorientierung von einem ersten Paradigmenwechsel in der Geschichte der Religionspädagogik. Nachdem das Interesse an der Erfahrung mit dem Aufkommen einer am Wort Gottes und an der Offenbarung orientierten Theologie verblaßt war und dieses Interesse in den 50er und 60er Jahren seinen absoluten Tiefpunkt erreicht hatte, kehrte ab Mitte der 70er Jahre und in den beginnenden 80er Jahren Erfahrung in Religionspädagogik und Theologie zurück. Ritter bezeichnet dies als den zweiten Paradigmenwechsel.[43]

Zur Epoche der Liberalen Theologie

Die Epoche des „Kulturprotestantismus" oder der „Liberalen Theologie", also die Phase vor dem ersten Paradigmenwechsel zeichnete sich durch eine enge Verbindung von Religion und Kultur aus. Es ist ihr Verdienst, ein in der damaligen so genannten „positiven" Theologie mit einer konservativ-orthodoxen Grundeinstellung fast übersehenes Thema neu zu entdecken, nämlich den Menschen und seine Welt. In einer Reihe ihrer maßgeblichen Vertreter begegnet eine Theologie, die auf dem „Erlebnis" und /oder der „Erfahrung" fußt, und dies in der Regel ohne jegliche begriffliche Differenzierung. Bei dieser „'Erlebnis-' oder 'Erfahrungstheologie'"[44] handelt es sich um ein für evangelisches und katholisches Denken typisches Zeitphänomen. Im Rückgriff auf diese Begriffe ließ sich offensichtlich für weite Teile der damaligen Theologie ein eigenständiges Wirklichkeitsfeld eröffnen. Maßgeblich und stellvertretend für das religionspädagogische Werk Kabischs ist sein Werk „Wie lehren wir Religion?"[45] zu nennen. Im Vergleich mit und im Gegensatz zu den Herbartia-

---

[43] Werner H. Ritter, Glaube und Erfahrung im religionspädagogischen Kontext. Die Bedeutung von Erfahrung für den christlichen Glauben im religionspädagogischen Verwendungszusammenhang. Eine grundlegende Studie. Vandenhoeck & Ruprecht 1989 (Arbeiten zur Religionspädagogik, Bd. 4, hrsg. v. Gottfried Adam und Rainer Lachmann), S. 11, 86. Im folgenden abgekürzt mit: *Erfahrung*.

[44] Ritter, Erfahrung, S. 47.

[45] Richard Kabisch, Wie lehren wir Religion? Versuch einer Methodik des evangelischen Religionsunterrichts für alle Schulen auf psychologischer Grundlage. Verlag Vandenhoeck & Ruprecht Göttingen 1910 (7. Aufl. R. Kabisch / H. Tögel

nern werden „Erfahrung“ und „Erlebnis“ sowie „Gefühl“ stärker betont als bisher. Das religionspädagogische Programm Richard Kabischs läßt sich in folgendem Satz konzentrieren: „Wenn ... Religion ihrem Wesen nach, weil Gefühl, ‘erlebt’/’erfahren’ werden kann, sind entsprechend Möglichkeit und Aufgaben des Religionsunterrichtes bestimmt: Er hat mit religiöser ‘Erfahrung’ (‘Erlebnis’) zu tun bzw. dazu anzuleiten.“[46]

Kabischs Position wird auf dem Hintergrund des desolaten Zustandes verstehbar, in dem sich der Religionsunterricht seiner Zeit befand. Er vollzog sich wesentlich deduktiv-begrifflich, katechetisch-traditionalistisch sowie bekenntnismäßig und war geprägt durch Erstarrung in Formalismus und Doktrinarismus. Kabisch sieht in der psychischen „Anlage“ des Menschen zur Religion die zeitlose Basis für einen Neuanfang.[47] Religionspädagogik wurde nicht mehr länger bloß als theologische Anwendungsdisziplin verstanden, sondern war den humanwissenschaftlichen Erkenntnissen der Pädagogik und Psychologie verpflichtet.

Grundsätzlich besagen die ohne Differenzierung gebrauchten Begriffe „Erlebnis“/“Erfahrung“ im religiösen Zusammenhang, daß Religion „... in der einzigen absoluten Realität, die es für den Menschen gibt, in der Zuständigkeit des Gefühls...“ „erlebt“/ „erfahren“ wird, und zwar „... als gewaltige Wirklichkeit“ und „höchste Lebenssteigerung ...“ Das macht das „Gotteserlebnis“ aus, „... ist das Gotteserlebnis ...“[48]

Kabisch bezeichnet die Religion als einen „Lebensprozeß“ des Eintretens einer „... Lebenskraft, die durch die Gehobenheit des Gefühls als unmittelbar wirklich erfahren wird ...“[49] Daher werden für Kabisch „religiöses Erlebnis“ und „Glaube“ äquivok und austauschbar[50]: „Aufschwung des

---

1931). Ritter bezieht sich auf die 7. Aufl., in welcher auf den Kabisch-Text der 3. Aufl. von 1913 zurückgegriffen wird. Dies ist letzte Auflage, welche Kabisch noch selbst besorgte.

[46] Ritter, Erfahrung, S. 48.

[47] Ritter, Erfahrung, S. 49.

[48] Kabisch, Wie lehren wir Religion? S. 38; zit. nach Ritter, Erfahrung, S. 51.

[49] Kabisch, Wie lehren wir Religion? S. 31; zit. nach Ritter Erfahrung,, S. 50.

[50] Ritter, Erfahrung, S. 50.

Gefühls durch den wahrhaftig eintretenden ... Zustand einer lustvollen Anregung und Spannung ... das ist das religiöse Erlebnis, der Glaube ...“[51]

Kabisch differenziert religiöse(s) „Erlebnis“/“Erfahrung“ bedeutungsmäßig nach zwei Seiten: Zum einen – mit Schleiermacher – als „Abhängigkeitsgefühl“ und zum anderen – über Schleiermacher hinaus – als „Erhobenheitsgefühl“.[52]

Als „Ziel“ des Religionsunterrichtes nennt Kabisch: „Die Vermittlung religiöser Erfahrung“.[53] Das bedeutet: „Der Religionsunterricht will objektive Religion vermitteln, um subjektive zu erzeugen ...“[54]

Zur Evangelischen Unterweisung

Mit einer neu anhebenden katechetischen Bewegung, die sich später zur Evangelischen Unterweisung ausformte, kam es Mitte bis Ende der 20er Jahre des letzten Jahrhunderts zum Abbruch einer religionspädagogischen Tradition, die dem Erlebnis und der Erfahrung die Prävalenz gab. Unter Berufung darauf, daß Gott, und nicht der Mensch, der einzige Gegenstand der Theologie sei (Bultmann) und daß dieser Gott als der „ganz andere“ dem Menschen in der Krise gegenübersteht und sich daher nicht in Natur, Kultur und Geschichte auffinden läßt (Karl Barth) wandte man sich gegen „Kulturprotestantismus“ und „Religion“. Gegen die Betonung des religiösen Erlebnisses, der Erfahrung und des Gefühls durch Schleiermacher und die Liberalen wurde eingewandt, daß man den christlichen Glauben wider das Zeugnis der Heiligen Schrift einem „hyperästhetischen Erlebnisimpressionismus“[55] ausliefere. Profiliertester Vertreter der sich nun entwickelnden Religionspädagogik ist Gerhard Bohne, gefolgt von Martin Rang, Oskar Hammelsbeck und Helmuth Kittel.

---

[51] Kabisch, Wie lehren wir Religion?, zit. nach Ritter, Erfahrung, S. 50.

[52] So Ritter, Erfahrung S. 51, in Bezug auf Kabisch, Wie lehren wir Religion?, S. 27 f.

[53] Kabisch, Wie lehren wir Religion? S. 99, zit. nach Ritter, Erfahrung, S. 56.

[54] Kabisch, Wie lehren wir Religion? S. 99, zit. nach Ritter, Erfahrung, S. 56.

[55] Emil Brunner, Die Mystik und das Wort. Verlag C. B. Mohr Tübingen 1924, S.41; zit. nach Ritter, Erfahrung, S. 72.

Gerhard Bohne war ein Zeitgenosse Bollnows. Bohnes Buch „Das Wort Gottes und der Unterricht“[56] bestimmte die Religionspädagogik bis in die 50er Jahre hinein. In diesem Werk beurteilt er „erfahren“ und „erleben“ (er gebraucht beide Begriffe wechselseitig) in erster Linie als Ausdruck des gottlosen menschlichen Unterfangens, von sich aus Gott zu suchen, ja finden zu wollen.

Erstaunlich positiven Gebrauch macht Bohne vom Wort „erfahren“ aber, wenn er den Schwerpunkt auf der primären Aktion Gottes sieht. Allerdings fällt auf, daß bei Bohne – zumindest in der Auswahl an Zitaten, die Ritter gibt – Menschen bei einer Gotteserfahrung häufig leiden.[57] Menschen können die Wirklichkeit Gottes erfahren, die sie richtet, zu Sündern macht, „vernichtigt“.[58] Bedeutsam ist, daß in der Erfahrung Gottes „... nicht mehr subjektive Meinung, sondern objektive Wirklichkeit ...“ ist.[59]

Damit, so Ritter, ist eine Aufspaltung und Partialisierung des Erfahrungsverständnisses gegeben. Es handelt sich hier um eine – nicht im üblichen Sinne – vorgenommene Subjekt-Objekt-Spaltung zugunsten des „Objekts“. Bohne, ablehnend gegenüber neuzeitlicher Subjektivität eingestellt, ist allein am objektiven Pol der Erfahrung interessiert, während er ihren subjektiven Pol als ein bloßes Meinen verwirft. Wenn bei Bohne die Vokabeln „erfahren“ und „erleben“ auftauchen, dann ist dies nicht in einem menschlich-autonomen oder psychisch-zentrierten, innerlichen Sinne „qua Stimmung und Hochgefühl“ wie bei Kabisch und der Liberalen Theologie zu verstehen, sondern in jenem von Barth und Buber geprägten Begegnungserlebnis, in dem Gott an die Stelle menschlicher Subjektivität und subjektiv-beliebiger Erfahrung tritt.[60]

---

[56] Gerhard Bohne, Das Wort Gottes und der Unterricht. Furche-Verlag Berlin 1929 (^{3}1964).

[57] Dies entspricht dem Duktus der Theologie Bohnes, auf keinen Fall in die Nähe einer Vergöttlichung des Menschen kommen zu wollen.

[58] Bohne, Das Wort Gottes und der Unterricht. Berlin ^{3}1964, S. 195, siehe auch S. 157; zit. nach Ritter, Erfahrung, S. 76.

[59] Ders., dto.

[60] Ritter, Erfahrung, S. 77.

Der zweite Paradigmenwechsel[61] läßt sich an der Schrift „Zum Verhältnis von Tradition und Emanzipation" anschaubar machen.[62] Die Diskussion der Verhältnisbestimmung dieser beiden Leitvorstellungen führt dazu, es als Aufgabe der Religionspädagogik anzusehen, „... neue Erfahrung mit der Erfahrung zu ermöglichen ..."[63] Entscheidend für die Durchsetzung dieser Kategorie von Erfahrung war, daß hierdurch eine Hinwendung zu den Erfahrungen und Bedürfnissen der Lernenden möglich wurde. Auch konnten die unterschiedlichen Ansätze der Reformjahre unter dieser Kategorie integriert und in der Folgezeit erfahrungshermeneutisch bestimmt werden. Darüber hinaus wurde über die Erfahrung ein Zugang zur reformpädagogischen Tradition der Pädagogik eröffnet, welche für die Religionspädagogik wieder fruchtbare Impulse freisetzte.[64]

Die inzwischen in der Religionspädagogik zum geflügelten Wort gewordene Formel „Erfahrung mit der Erfahrung" wurde geprägt von zwei Theologen aus der Systematischen Theologie, nämlich von Eberhard Jüngel und Gerhard Ebeling.[65] Biehl interpretiert die Formel als eine dialektische, welche den doppelten Bezug des Glaubens zur Erfahrung auf den Begriff bringt und somit den umfassenden Lebensbezug des Glaubens deutlich macht. Der Glaube gründet in der Gotteserfahrung, die sich als

---

[61] Die folgende Darstellung basiert, soweit nicht anders angegeben, auf: Peter Biehl, Art. „Erfahrung". In: Lexikon der Religionspädagogik (LexRP) 1, hrsg. v. Norbert Mette u. Folkert Rickers. Neukirchener Verlag Neukirchen-Vluyn 2001, S. 421-426.

[62] Peter Biehl / Hans Bernhard Kaufmann (Hrsg.), Zum Verhältnis von Tradition und Emanzipation. Verlag Diesterweg Frankfurt/M. 1975.

[63] Biehl / Kaufmann, Zum Verhältnis von Tradition und Emanzipation, S. 167; zit. nach Biehl, Art.: „Erfahrung", a. a. O., S. 421.

[64] Biehl, Art.: „Erfahrung", S. 421.

[65] Eberhard Jüngel, Unterwegs zur Sache. Kaiser Verlag München 1972, S. 8. Gerhard Ebeling, Die Klage über das Erfahrungsdefizit in der Theologie als Frage nach ihrer Sache (1974). In: Ders., Wort und Glaube III. Mohr Siebeck Tübingen, S. 3-28, 22 u. ö. Beide zit. nach: Bernd Schröder, Erfahrung mit der Erfahrung. In: Zeitschrift für Theologie und Kirche, Bd. 95 (1988), S. 277-294, 281, 284.

Grund aller Erfahrung erweist.[66] Die Gotteserfahrung bleibt stets unverfügbares Geheimnis; die Rede von Gott kann aber an Erfahrungen bewahrheitet werden, die prinzipiell jeder und jede machen könnte.[67]

Bernd Schröder problematisiert aber nun gerade, daß bei religionspädagogischen Bezugnahmen auf diese durch Jüngel und Ebeling geprägte Formel ihr möglicher Bedeutungsgehalt nicht umfangreich genug ausgelotet worden ist. Die Formel dient lediglich der Profilierung christlicher Glaubenserfahrung.[68] Schröder fragt zu Recht, ob der Formel ein zentraler Platz in erfahrungsbezogenen religionsdidaktischen Konzeptionen zugewiesen werden kann. Denn diese sehen sich mit einer wachsenden Anzahl von Menschen konfrontiert, bei denen der christliche Glaube eben gerade nicht vorausgesetzt werden kann. Wenn Erfahrung der einzig mögliche Zugang zur Wirklichkeit ist, scheint es Schröder weder länger sinnvoll noch vordinglich zu sein, mittels der Formel „Erfahrung mit der Erfahrung" die Spezifik christlicher Erfahrung zu postulieren.[69] Gegenwärtige erfahrungsbezogene Religionspädagogik hat, so Schröder, in christlich geprägte Lebensgestaltung einzuweisen, aber Erfahrungen haben hier mitnichten die Funktion, bloß den christlichen Glauben zu affirmieren, sondern auch eine kritische Funktion.[70] Sie besteht zum einen darin, daß Er-

---

[66] Biehl, Erfahrung, Glaube und Bildung. Studien zu einer erfahrungsbezogenen Religionspädagogik. Gütersloher Verlagshaus Gerd Mohn 1991, S. 9.

[67] Ders., dto.

[68] Schröder, Erfahrung mit der Erfahrung, S. 277. Von Ebeling wird die Glaubenserfahrung gegenüber der allgemeinen Erfahrung profiliert, von Jüngel in der Diskussion natürlicher Theologie teils die Unverfügbarkeit der Erfahrung betont, teils die Vorausgesetztheit des Glaubens. Schröder, Erfahrung mit der Erfahrung, S. 292. Vgl. hierzu auch folgendes Zitat von Jüngel: Der Glaube ist „... nicht einfach eine fixierbare Erfahrung unter anderen, sondern die verwirklichte Bereitschaft, mit der Erfahrung selbst neue Erfahrungen zu machen, so daß man ihn regelrecht als *eine Erfahrung mit der Erfahrung* zu definieren hat." Eberhard Jüngel, Gott als Geheimnis der Welt. Zur Begründung der Theologie des Gekreuzigten im Streit zwischen Theismus und Atheismus. Verlag C.B. Mohr Tübingen 1977 (^{2}1978), S. 225. Kursivdruck wie im Original.

[69] Schröder, Erfahrung mit der Erfahrung, S. 292.

[70] Ders., Erfahrung mit der Erfahrung, S. 294. Vgl. hierzu auch Ritter, Erfahrung, S. 194 ff., S. 314 f. Ritter faßt die religionspädagogische Diskussion nach dem

fahrungen gegenüber der theologischen Tradition auf die persönliche Aneignung der Überlieferung hinarbeiten und zum anderen darin, daß sie Welt- und Selbsterfahrungen nicht nur bestätigen, sondern sie auch „... 'in einem neuen Licht verstehbar werden lassen'[71] oder kritisch auf ihre Implikationen hin befragen."[72]

1.2.3 Die Bedeutung von Bollnows Erfahrungsbegriff für eine Theorie religiöser Bildung

Bollnows Erfahrungsbegriff läßt Strukturparallelen zu beiden Paradigmen entdecken, unter denen dieser Begriff in der Religionspädagogik gedeutet wird: Die ganze Lebenserfahrung, die die rationalen und irrationalen Kräfte erfaßt, nimmt er, Dilthey folgend, in die Erkenntnis hinein und gewährleistet so die Integration der Tiefendimension des Lebens in all ihren Facetten in die Pädagogik. Das ist der Ertrag, der sich aus dem Vergleich mit dem ersten Paradigma ergibt. Ich möchte dies vertiefen mit einem Verweis auf die theologische Kritik an Kabisch und hierbei auch zum zweiten Paradigmenwechsel übergehen.

Diese Kritik an Kabisch vermag Bollnow, auch wenn er Theologe wäre, nicht zu treffen, wie ich noch begründen werde. Bei Kabisch kommt, so die Kritik, mit der Betonung des Erlebnisses die äußere Erfahrung zu kurz. Es handelt sich um gewisse Engführungen des Erfahrungsbegriffs,

---

zweiten Paradigmenwechsel zusammen und ordnet sie unter dem Gesichtspunkt der Verhältnisbestimmung von Glaube und Erfahrung drei Modellen zu: 1. „Disjunkte" Modelle (trennende Züge überwiegen), 2. „Relationale" Modelle (Glaube vollzieht sich in, mit und unter Erfahrung), 3. „Integrierte" Modelle (Glaube wird als bestimmte „Erfahrung mit der Erfahrung" verstanden und dem Prozeß der Erfahrung ausgesetzt.) Ritter entwickelt eine eigene Unterrichtsform, in der der Erfahrungsaustausch das inhaltliche und didaktische Zentrum bildet. Das heißt: Die „Welterfahrung" wird durch Erfahrungsperspektiven des christlichen Glaubens herausgefordert und umgekehrt fordert die „Welterfahrung" die christlichen Glaubenserfahrungen kritisch heraus.

[71] Jüngel, Das Dilemma der natürlichen Theologie und die Wahrheit ihres Problems (1975). In: Ders., Entsprechungen: Gott – Wahrheit – Mensch. Theologische Erörterungen. Mohr Siebeck Tübingen [2]1986, S. 158-177, 175 f.; zit. nach Schröder, Erfahrung mit der Erfahrung, S. 294.

[72] Schröder, Erfahrung mit der Erfahrung, S. 294.

so daß die Möglichkeit einer „... *Erfahrungs-Weiterung durch Glauben (Theologie) ...*“[73] verbaut ist. In einer von Kabisch vorgenommenen Verkürzung der Erfahrung auf (natürlich-) theologisches „Erleben“ ist Religion und christlicher Glaube auf die Erfahrung eingegrenzt, die je schon vorhanden ist. Damit kann sie zwar zu besonderen Erlebnissen, nicht aber zu einer wirklichkeitsverändernden Erfahrung verhelfen. Es ist theologisch zu kurz gegriffen, so die Kritik an Kabisch, wenn nur Erlebnisse von Abhängigkeit und Erhobenheit auf der Basis natürlicher Theologie als Erfahrung zugelassen werden. Auch religionspädagogisch gesehen ist es zu kurz gegriffen, diese Erfahrung für lehrbar und damit für herstellbar zu halten.[74]

Diese Kritik kann Bollnow, auch wenn er Theologe wäre, insofern deswegen nicht treffen, als er auch die Aseität des in der Erfahrung Begegnenden anerkannt hat, das zur Aufnahme eines Neuen in den hermeneutischen Zirkel zwingt. Genauso wenig könnte ihn, wenn er Theologe wäre, die nun dargelegte theologische Kritik an der Evangelischen Unterweisung, also der religionspädagogischen Richtung nach dem ersten Paradigmenwechsel, berühren, da er sozusagen einen sehr „weltoffenen“ Erfahrungsbegriff hat, will er doch das Leben in seiner Fülle hermeneutisch einholen.

Erlebnis und Erfahrung sind in der Evangelischen Unterweisung zu Gegensatzbegriffen zum „Evangelium“ geworden. Statt sich auf neuzeitliche Erfahrungsproblematik zu besinnen und eine entsprechende theologische Vermittlungsarbeit zu leisten, wurde Erfahrung in einem fragwürdigen apologetischen Verfahren einfach theologisch und religionspädagogisch als „gottlos“ und „sündig“ perhorresziert. Im Ausweichen vor der zeitgenössischen Auseinandersetzung hoffte man die „Sache“ retten zu können, was nur für kurze Zeit gelang.[75] Eine exklusive Orientierung am Theologischen hinsichtlich des Erfahrungsbegriffs führt letzten Endes zu einer Abwertung und Ausschaltung des Menschlichen. Mit dem Rückzug auf die vermeintlich sichere Bastion der schlechthin unerfahrbaren Autorität

---

[73] Ritter, Erfahrung, S. 59.

[74] Siehe hierzu, soweit nicht anders angegeben, Ritter, Erfahrung, S. 61-63.

[75] Ritter, Erfahrung, S. 82.

Gottes und seines Wortes ist auch ein Relevanz-Schwund von Erfahrung gegeben.[76]

Als Ergebnis der historischen Parallel-Studie des Erfahrungsbegriffs ist festzuhalten: Bollnow vereint in seinem Ansatz einen Zugang zur Erfahrung, der in der Geschichte der Religionspädagogik von der Liberalen Theologie bis zur Evangelischen Unterweisung nur in zwei getrennten Zugängen möglich war. Überspitzt gesagt: Entweder, man integrierte in einem weiten Erfahrungsbegriff eine Vielfalt von Erlebnissen, lief dann aber Gefahr, eine wirkliche religiöse Erfahrung als ein Erlebnis unter vielen anderen Alltagserlebnissen zu verrechnen, oder man anerkannte einzig die Gottes-"Erfahrung", verlor dann aber den Bezug zur Lebenswelt.

In Bollnows Ansatz finden sich Möglichkeiten einer Integration zweier Zugangsweisen zur Erfahrung, welche die Studie beider religionspädagogischer Paradigmenwechsel offen gelegt hat. In der Religionspädagogik finden sich seit den 90er Jahren Tendenzen zu einer solchen Integration: Man sucht im Rahmen ganzheitlicher Ansätze der Besonderheit religiöser Erfahrung gerecht zu werden, wobei man, der Mahnungen Dialektischer Theologie eingedenk, religiöse Erfahrung nicht nur unter der Kategorie der Alltagserfahrungen verharmlosend unterbringen will.

Im Licht der neueren religionspädagogischen Entwicklungen kommt es zu einer Würdigung Liberaler Theologie; insbesondere derjenigen von Kabisch.[77] Man kann sie teilweise auch als Würdigung Bollnows verstehen: Mit Kabischs Äquivokation von christlichem Glauben und Religion kommt es zu einer nicht unproblematischen Ineinssetzung von wahrhaft Menschlichem mit wahrhaft Christlichem. Aber der Vorzug seines Ansatzes besteht darin, die gesellschaftliche und individuelle Bedeutung des Christentums als eines konstitutiven Elements der Alltagswelt aufzuzeigen. Bei Kabisch findet sich eine allgemeinpädagogische wie religionspädagogisch grundlegende Einsicht, die in der Didaktik und der Erlebnispädagogik seit den 90er Jahren des letzten Jahrhunderts wieder bedeutsam wird: „Erleben ist besser als erklären". Indem Kabisch für die Lehrbarkeit von Religion plädiert, hält er Religion für unterrichtlich interpretierbar und darstellbar. Das ist im Hinblick auf die Gestaltpädagogik und päd-

---

[76] Ritter, Erfahrung, S. 82 f.

[77] Ritter, Werner H., Art.: „Kabisch, Richard". In: LexRP 1, Sp. 946-948.

agogische Werte wie Begeisterungsfähigkeit, Engagement und das Unterrichtsklima relevant. Die Erkenntnis Kabischs, daß religiöses Lernen das Kind, seine Befindlichkeit, Ausgangslage und Religion zu beachten habe, ist fundamental. Es bahnt sich hier an, was sich, beginnend mit der „empirischen Wendung" der Pädagogik und Religionspädagogik (Roth 1962; Wegenast 1968) fortsetzte seit den 90er Jahren als Hinwendung zum Kind und seiner Lebenswelt. Dies ist wegweisend für die Sozialisationsforschung, Entwicklungspsychologie, sowie die Lebenslauf- und Lebensweltforschung. Diese Hinwendung muß, wie Schröder zu Recht betont, einen Erfahrungsbegriff bereit haben, der die Welt- und Selbsterfahrungen auch derjenigen erfaßt, bei denen ein Einverständnis mit dem christlichen Glauben nicht vorausgesetzt werden kann, die aber – wie ich ergänzen möchte – offen für das Entdecken (alltags)religiöser Vollzüge sind.

Als Würdigung derjenigen existenzphilosophischen Anteile in Bollnows Werk, die verwandt sind mit jenen der Dialektischen Theologie, kann man die seit einiger Zeit wieder betonte Besonderheit religiöser Erfahrung verstehen[78]: Was uns in der religiösen Erfahrung begegnet, geht niemals ganz in die vertraute Ordnung ein. Vor allem im Kontrast zwischen Profanem und Sakralem, in dem von alters her Mythen und religiöse Riten angesiedelt sind, haben religiöse Erfahrungen ihren Ort. Sie unterbrechen und durchbrechen das Alltägliche. In ihnen kommt das Außergewöhnliche, Außerordentliche als Kehrseite des Alltäglichen zum Ausdruck. Wenn Widerfahrnisse an diesen Orten mit Hilfe eines bestimmten Interpretationsrahmens gedeutet werden, der durch charakteristische Formeln religiöser Sprache mitbestimmt ist, ist von religiösen Erfahrungen zu sprechen.[79]

[78] Biehl, Art.: „Erfahrung", a. a. O., S. 25 f.

[79] Derartige Erfahrungen haben folgende Struktur: 1. Sie haben den Charakter von Grenz-Erfahrungen: große Freude oder große Schmerzen treten an den Grenzen der vertrauten Welt auf. 2. Sie haben Erschließungscharakter. Sie bewirken, daß „uns ein Licht aufgeht", in dem bisherige Erfahrungen neu gedeutet werden. 3. Ein Widerfahrnischarakter ist für sie kennzeichnend: sie sind nicht verfügbar und haben 4. eine vorwärts- und eine rückwärts gewandte Struktur. Sie bieten Ursprungsvergewisserung und Ausrichtung auf messianische Verheißungen. Beide werden in dialektischer Spannung gehalten. 5. Religiöse Erfahrungen erfordern die Kompetenz, mit Hilfe eines gemeinsamen Interpretationsrahmens,

Religiösen Erfahrungen, und nicht nur christlich-religiösen, kann man eine kritische Funktion zuerkennen. Religiöse Erfahrungen werden zwar durch Traditionen religiöser Sprache und Traditionen bestimmt, zwingen aber zur neuen Selbstaneignung und einer Überarbeitung des bisher möglicherweise rein affirmativ Übernommenen.

2. Ricoeurs kritische Symboltheorie in ihrer Rezeption durch Otto Friedrich Bollnow und Peter Biehl

2.1. Bollnows Ricoeur-Rezeption aus theologischer Sicht

In wiefern stellt Bollnows Ansatz ein Instrumentarium bereit, mit Hilfe dessen Religion in der Lebenswelt wahrgenommen und mit einer kritischen Symboltheorie gedeutet werden könnte? Die Antwort auf diese Frage fällt relativ leicht, weil man sich hier – ausnahmsweise! – auf eine Rezeption Bollnows in der Religionspädagogik beziehen kann. Peter Biehl nimmt ausdrücklich Bezug auf Bollnows Ricoeur-Interpretation.[80]

Aus Ricoeurs hermeneutischem Ansatz, wie er ihm über Bollnow vermittelt wird, nimmt Biehl auf, daß Einverständnis und Entfremdung gleichursprünglich erfaßt werden können. Damit wird er der Tatsache gerecht, daß sprachliche Verständigung nicht immer unter der Voraussetzung eines Einverständnisses stattfindet, sondern daß man auch dem Phänomen der Entfremdung begegnet. Die spezifisch Ricoeursche Dialektik zwischen der Erfahrung der Verbundenheit und der entfremdeten Distanzierung wird zum hermeneutischen Schlüssel. Das hermeneutische Gespräch wird durch eine Dialektik von Annäherung und Distanzierung bestimmt, die aufeinander angewiesen sind. Auch kann der Verstehensprozeß Täu-

---

im Dialog mit der Überlieferung und innerhalb einer Gemeinschaft Erfahrung symbolisch zu deuten und zu gestalten. Ders., dto.

[80] Bollnow, Paul Ricoeur und die Probleme der Hermeneutik. In: Ders., Studien zur Hermeneutik I: Zur Philosophie der Geisteswissenschaften. Verlag Karl Alber Freiburg/München 1982, S. 226-294, bes. 281 ff.; zit. nach Peter Biehl, Die Gottesebenbildlichkeit des Menschen und das Problem der Bildung. Zur Neufassung des Bildungsbegriffs in religionspädagogischer Perspektive. In: Ders., Erfahrung, Glaube und Bildung. Studien zu einer erfahrungsbezogenen Religionspädagogik. Gütersloher Verlagshaus Gerd Mohn 1991, S. 124-223, 198 ff.

schungen hervorbringen, die eine ideologiekritische Hermeneutik notwendig machen. Biehl lernt von Ricoeur, wie Bollnow ihn rezipiert, daß im hermeneutischen Gespräch Text und Subjekt sich miteinander so in Beziehung setzen, daß das Selbst durch die Sache, die der Text zu verstehen gibt, konstituiert wird. Damit wendet sich Ricoeur gegen die Illusion des im Cogito sich selbst setzenden Ich (Descartes). Die Interpretation der Symbole kann für Ricoeur dazu beitragen, die Illusion einer intuitiven Selbsterkenntnis aufzulösen. Dem Verständnis seiner selbst erlegt die Symbolhermeneutik den großen Umweg auf über den „Schatz der Symbole ..., die von den Kulturen weitergegeben werden, innerhalb deren wir zur Existenz und zugleich zur Sprache gekommen sind ...“[81] Den kurzen Weg unmittelbarer Selbsterkenntnis kann es nicht geben, sondern diese ist nur möglich über den langen Weg der Vermittlung durch Zeichen, Symbole und Texte. Verstehen bedeutet also, so Biehl, „... sich *vor* den Zeichen, Symbolen und Texten zu verstehen.“[82] Der Verstehensprozeß ist auf das „*Weiterverstehen*“[83] des Selbst und der gemeinsamen Welt ausgerichtet in der Auseinandersetzung mit dem schon vorgegebenen Schatz der Symbole der Kulturen und Religionen. Biehl deutet unter dieser Perspektive Bildung als Verstehensvorgang: Menschen verstehen sich selbst, indem sie das, was die Zeichen, Symbole und Texte zu verstehen geben, in Annäherung und Distanzierung so in das Verstehen einholen, daß der gegebene Sinn entweder reflexiv wiederangeeignet oder kritisch abgewiesen wird. Im Rahmen einer theologischen Bildungstheorie kann Bildung als Möglichkeit der Erneuerung des Lebens durch eine „neue Erfahrung mit der Erfahrung“ konzipiert werden und als ein Überführtwerden von der Wahrheit, welche biblisch als Weg-Wahrheit qualifiziert wird (Joh 14,6). Die biblischen Symbole, so verstehe ich Biehl, ermöglichen eine Wieder- oder Neu-Aneignung von Wahrheit.

---

[81] Paul Ricoeur, Erzählung, Metapher und Interpretationstheorie. In: Zeitschrift für Theologie und Kirche (ZThK) 84. Jg. 1987, S. 232-253, 249; zit. nach Biehl, Die Gottesebenbildlichkeit des Menschen ..., S. 202.

[82] Ders., dto. Kursivdruck wie Original.

[83] Ders., dto.

2.2. Auf dem Weg zu einem kritisch-vertrauensvollen Zugang zu Idolen und Zeichen des Heiligen

Ich habe hier eine explizit theologische Weiterführung der Bollnowschen Ricoeur-Rezeption referiert. Im Rahmen einer allgemeinen religiösen Bildungstheorie könnte die schöpferische Neuinterpretation des kulturellen Erbes, nicht nur des biblischen, so geschehen, wie Bollnow es in seinem Werk „Das Doppelgesicht der Wahrheit" angedeutet hat: Das harte, grausame, entlarvende Gesicht und das tröstende, stärkende deckt echte Wirklichkeit auf und macht sie erfahrbar. Eine Synthese ist undenkbar, da jede Wahrheit der anderen widerspricht. Die Schwierigkeit einer Verhältnisbestimmung wird dadurch erschwert, daß die schmerzhafte Wahrheit zwar ihr Kriterium in sich selber hat, „beweisbar" ist, die tröstliche Wahrheit dagegen nur im Vollzug ergriffen und nie dem andrängenden Zweifel gegenüber gesichert werden kann und zur Unwahrheit entartet, wenn der Mensch sie endgültig zu besitzen glaubt.

Das Leben in beiden Wahrheiten beschreibt Bollnow als ein Ausgeliefertsein and den Wechsel, als ewigen Kampf, als das Leben in der Spannung zwischen dem, was uns vernichtet, und dem, was uns erhält. Wir müssen, so Bollnow, den Widerspruch aushalten, ohne ihn beseitigen und durch eine einseitige Entscheidung verdecken zu wollen. Es kommt darauf an, beide Haltungen in uns zu entwickelten, sowohl kritische Wachsamkeit als auch bejahendes Vertrauen.[84] Weil das dominierende Mißtrauen seinen notwendigen Gegenpol braucht, kommt es darauf an, ein tieferes Vertrauen zur Welt zu entwickeln und eine neue Hoffnung auf eine verantwortlich zu gestaltende Zukunft zu gewinnen.

C. Zusammenfassung und Ausblick

Die anfangs vorgestellten beiden Perspektiven lassen sich nun zu den folgenden Thesen über das Potential für eine Theorie religiöser Bildung in Bollnows Ansatz bündeln:

1.

A. Aus Bollnows These von der primären Erschließung der Welt über die Stimmungen ergibt sich für eine religiöse Bildungstheorie die Aufgabe,

---

[84] Bollnow, Das Doppelgesicht der Wahrheit, S. 120.

sich der unentrinnbaren Präsenz der Stimmungen bewußt zu werden und sich auf lebens- und lernförderliche Stimmungen einzulassen.

Eine religiöse Bildungstheorie, die wie Bollnow die Wirklichkeit von Stimmungen des Getragenseins und Getrostseins, nicht nur der Angst anerkennt und die konstitutiven Kategorien des Getragenseins, also das Feiern, Wohnen, die Leiblichkeit und das Vertrauen Gestalt werden läßt, fördert die zur Wahrnehmung von Religion nötige spezifische Rezeptivität. Bollnows Bestimmung der Geborgenheit eignet sich dazu, der Frage nachzugehen, worauf denn sich die Wärme, Sicherheit und das Vertrauen, das die ältere Generation der nachwachsenden zu geben hat, gründet und was dies für die erzieherische Praxis bedeutet. Das dankbare, vertrauende und hoffende Verhältnis zum tragenden Grund, wird für Bollnow in besonderer Weise über den zwischenmenschlichen Bezug vermittelt. Die Aufgabe einer religiösen Bildungstheorie besteht dann darin, den Bezug zwischen Lernenden und Lehrenden und zwischen den Lernenden untereinander besonders zu kultivieren (U. Frost) im Dienste des Findens einer Geborgenheit im Ungeborgenen.

B. In Bollnows Ansatz finden sich Möglichkeiten einer Integration zweier Formen der Erfahrung.

Zum einen wird die ganze Lebenserfahrung, die die rationalen und irrationalen Kräfte erfaßt, grundsätzlich in die Erkenntnis hinein genommen. Aber nicht nur die lebensgeschichtliche Sedimentierung von Erfahrungen wird reflektiert, sondern auch die Erfahrung eines Neuen, von außen Hereinbrechenden. Letztere wird nicht unter der Kategorie der Alltagserfahrung verharmlosend untergebracht. Die besondere Art der Erfahrung wurde in einem weiten Sinne als religiös qualifiziert.

Beide Formen der Erfahrung sind für eine religiöse Bildungstheorie bedeutsam, erlauben sie es doch, religiös offenen und für Religion(en) offenen Menschen einen identifikatorisch-affirmativen oder kritischen Zugang zu ihnen überlieferten oder nicht bekannten religiösen Traditionen zu finden.

2.

Bollnows hermeneutisch gewendete Phänomenologie stellt ein Instrumentarium bereit, mit Hilfe dessen Religion in der Lebenswelt nicht nur wahrgenommen, sondern über eine kritische Symbolhermeneutik gedeutet werden könnte. Mit Hilfe dieses Instrumentariums müßte es möglich sein, „die Idole zu töten, um auf die Zeichen des Heiligen zu horchen“ (Ricoeur).

Die billigen Heilsangebote der Sekten und des Fundamentalismus auf der einen Seite und die wertvollen religiösen Gehalte verschiedener Kulturen und Lebensformen auf der anderen Seite geben Bollnows und Ricoeurs ideologiekritisch-vertrauensvollem Zugang zu Idolen und Zeichen des Heiligen recht sowie dem Einbeziehen dieses Ansatzes in eine Bildungstheorie, die sensibilisieren möchte für die Transzendenzbezogenheit des Lebens.

Diskussion

BRÄUER: Zu der von Ihnen behaupteten Affinität mit der Luther'schen Anthropologie in De servo arbitrio würde ich, was Bollnow betrifft, etwas zögern; zumindest müßte man die Sache differenzierter angehen. Es ist wohl kein Zufall, daß diese Schrift innerhalb des Corpus der Schriften Luthers auch von den Herausgebern eher an den Rand gestellt wurde, und Luther selbst hat sich in vielem dann ja auch revidiert.

Was jedoch das Problem der Leiblichkeit und der Ästhesiologie betrifft, sind enge Berührungsflächen vorhanden. Bollnow hat sich z. B. sehr interessiert für alles, was mit Liturgie und der Einübung von liturgischen Formen zu tun hat. Es ist sicher kein Zufall, daß bei ihm eine Dissertation über Guardinis liturgische Bildung entstanden ist.[85] Die Frage der leiblichen Bezüge in den religiösen Handlungen ist hier, denke ich, entscheidend wichtig. Das kommt mir innerhalb Ihrer Aufgliederung noch etwas zu kurz. Es ist dies ja auch eine Seite, die, wenn ich recht sehe, im Übungsbuch noch einmal zum Thema gemacht wird und weit über die Pädagogik hinaus gewirkt hat.

KLAPPENECKER: Ich beziehe mich vor allem auf Luthers Vorstellung vom scheiternden Erzieher[86], der merkt, daß er mit seiner Rationalität nicht

---

[85] Manfred Saller, Die Begriffe Dienst, Sachgerechtigkeit, Bildung und Begegnung in der Pädagogik Romano Guardinis. Reprodruck Bahnmayer Schwäbisch Gmünd 1969.

[86] Martin Luther, Vorlesung über den Prediger Salomo (1526). Annotationes in Ecclesiasten (1532), WA 20.

weiter kommt.[87] Sein Erziehungskonzept ist wunderbar geplant, es müßte eigentlich aufgehen, und doch ist er verzweifelt und kommt in eine Lage, wo der Heilige Geist ihm aufhelfen muß. Dieses Scheitern ist der Punkt, an dem beide sich treffen können. Auch für Bollnow ist der Mensch ein Wesen, das in Krisen gerät, nur in Rückfällen vorankommt und auf Hilfe „von außen" angewiesen ist.
Zur Frage der Leiblichkeit in den religiösen Bezügen: Ich versuche Bollnow zu rekonstruieren im Gesamtinteresse einer ganzheitlichen Pädagogik und hätte liebend gern auch das Übungsbuch noch mit einbezogen. Indirekt habe ich darauf Bezug genommen, indem ich vom Wohnen gesprochen habe und mit Bollnow auch von einem Wohnen im Leib. Aber ich nehme Ihren Hinweis dankbar auf, daß ich von einer Inkarnationstheologie her die Leiblichkeit, von der Bollnow gesprochen hat, religionspädagogisch noch stärker nutzen kann.
SCHOLTZ: Ich habe hinzugelernt, daß Bollnow sich vorzüglich als Brükkenbauer und Vermittler eignet. Vorher bei Herrn Gantke war es die Vermittlung zwischen der Wissenschaft und den Kulturen und daß diese Philosophie etwas freimacht, was dazwischen steht. Bei Ihnen hat Bollnow eine ähnliche Funktion als Brücke für den Religionspädagogen, der ja nicht gleich mit der Härte eines Dogmatikers aufkreuzen kann.
Was mich nun interessiert: Sie sagten am Anfang Ihres Vortrags, der Religionspädagoge müßte eigentlich so etwas wie authentische Religiosität vermitteln. Dies hängt natürlich sehr am Individuum. Der Religionspädagoge kann, wenn er seine Aufgabe ernst nimmt, nicht neutral informieren und muß in der Tat religiös sein, wenn er wirklich das erreichen will, was Sie von ihm erwarten. Man kann Religion nicht lernen, so wie man z. B. Biologie lernt. Das wird nicht gut funktionieren. In vielen Bereichen der Geisteswissenschaften ist es ebenso. Stellen Sie sich einen Kunstgeschichtler vor, der ein Banause ist oder einen Musikwissenschaftler, der nichts von Musik versteht. Das ist nicht auszuhalten. Mich interessiert in diesem Zusammenhang auch das Problem der Stimmungen. Wie ist es mit der religiösen Stimmung bei Bollnow?

---

[87] Siehe hierzu: Gabriele Klappenecker, Offenheit für die Fülle der Erscheinungen. Otto Friedrich Bollnow und seine Bedeutung für eine phänomenologisch orientierte Religionspädagogik. Verlag Kohlhammer Stuttgart 2007, S. 143-147, 168-170. Siehe auch die hierzu angegebene Sekundärliteratur zu Luther.

KLAPPENECKER: Zunächst zu Bollnows Leistung für die Religionspädagogik als Wissenschaft. Ich habe die Brückenfunktion, von der Sie reden, am Erfahrungsbegriff aufgezeigt, der sowohl die existentielle Dimension in sich aufnimmt als auch wissenschaftliche Seriosität beansprucht. Auf der schulpraktischen Ebene versuche ich mich als Religionspädagogin dafür einzusetzen, daß Erfahrungen mit der Erfahrung möglich werden. Was die Stimmungen betrifft, möchte ich von den Bollnowkennern hier in diesem Raum noch etwas lernen. Aber bei der Frage nach der authentischen Religiosität kriege ich schon wieder einen kleinen Schreck. Religiosität ja, aber nicht in dem Sinne, daß der Pädagoge/die Pädagogin eigenverantwortlich für die religiöse Stimmung ist. Sowohl bei Schleiermacher als auch bei Bollnow entsteht eine religiöse Atmosphäre dadurch, daß eine Antwortbereitschaft schon vorhanden ist. Religiöse Stimmungen steigen auf, aber es braucht dazu diese Rezeptivität. Ob ein Religionslehrer/eine Religionslehrerin religiös sein muß? Es muß schon ein identifikatorisches Verhältnis dazu da sein. Dazu zähle ich aber auch die Bereitschaft zu zweifeln. Ich denke, ein religiöser oder religiös-musikalischer Mensch ist nicht jemand, der andere permanent in eine Stimmung der Geborgenheit hereinziehen muß. Es gehört ja auch die Fähigkeit dazu, Erschütterungen aufzufangen und mit eigenen Erschütterungen umzugehen. Was ich von Bollnow vor allem gelernt habe ist, daß ich gottseidank als Lehrerin auch darauf warten und vertrauen kann, daß mich die Stimmung ergreift und ich von ihr ergriffen werde. In der „Pädagogischen Atmosphäre" wird Stimmung als ein Wechselgeschehen zwischen Lernenden und Lehrenden verstanden Es ist einmal der Stimmungsbogen der Getragenheit, der die Lehrperson trägt, aber auch das Vertrauen, daß von der anderen Seite der Lernenden wieder etwas entgegenkommt. Sobald ich einem Kind Vertrauen entgegenbringe, kommt auch mir etwas zurück – muß nicht, kann aber.

WIMMER: Mir schwebt bei der religiösen Pädagogik auch sehr stark vor, daß sie nicht nur belehrt, beschreibt oder gar theoretisiert – das würde sich bei Kindern ohnehin nicht empfehlen. Aber diese Möglichkeit, eine religiöse Erfahrung zu machen, oder mit der Religion eine Erfahrung zu machen – das sind ja auch noch einmal zwei verschiedene Dinge – hängt davon ab, daß man eine Art Praxis aufmacht, indem man etwa zeremonielle Dinge vermittelt und dann ihre Bedeutsamkeit klärt. Ich nehme einmal, damit es nicht zu indoktrinierend klingt, das Sonnengebet eines Hindu, das dieser den Gläubigen vorbetet, expliziert und nacherzählen läßt. Ein analoger Vorgang läßt sich applizieren auf ganz unterschiedliche Dinge. Was nun die Stimmungen und Erfahrungen betrifft, hatte ich ein bißchen Schwierigkeiten. Aus dem, was ich versuchte heute morgen zu sagen, scheint mir als Konsequenz herauszuspringen, daß man mit Gott innerhalb eines monotheistischen Verständnisses gar keine Erfahrung machen kann in einem direkten Sinn. Aber natürlich gibt es religiöse Erfahrungen, z. B. mit heiligen Orten, bei Japanern etwa mit den shintoistischen Heiligtümern. Religiöse Erfahrungen gibt es z. B. auch im Zusammenhang mit dem Trost. Es gibt eine reiche Trostliteratur innerhalb der christlichen Tradition. Theoretisch ist das sehr unterschiedlich verstanden worden. Ignatius von Loyola hat in seinem Exerzitienbüchlein explizit davon gesprochen, daß Gott es ist, der die Seele tröstet oder auch in Mißtrost versetzt, um ihr auf diese Weise etwas zu zeigen. Ob sich das in dieser direkten Form, in der es hier behauptet wird, phänomenal einholen läßt, bezweifle ich, aber natürlich gibt es diese Erfahrungen, die sich so verstehen. Unter Umständen muß man sie aber anders interpretieren. Also kurz gesagt: Ich glaube, daß es im strengen Sinne keine Gotteserfahrung gibt. Auch die Bibel spricht davon: „Niemand hat Gott je gesehen; der eingeborene Sohn, der in des Vaters Schoß ist, der hat es uns verkündet." (Johannes 1, 18.) Aber natürlich gibt es indirekte Erfahrungen in dieser unserer Welt, die für den gläubigen Menschen vor diesem Hintergrund interpretiert werden. Für ihn wird alles durchsichtig mit Gott. Es gibt aber auch den Fall, daß ein ungläubiger Mensch getroffen wird und aus einem bestimmten Anlaß einen unverfügbaren Zugang zur religiösen Dimension gewinnt. Kurz gesagt: Ich finde die phänomenale Situation sehr divergierend, sehr unübersichtlich und ich meine nicht, daß man irgendeine religiöse Tradition, so wie es in Ihrem Vortrag scheinen konnte, im Sinne eines Paradigmenwechsels verabschieden könnte. Jede Tradition hat ein bestimmtes Recht, so daß es nicht hilft, zu einseitig auf eine Karte zu setzen, weil dann der Pendelschlag unweigerlich wieder zurückkommt. Es ist nicht besonders fruchtbar und wäre für das Anliegen der Religionspädagogik auch nicht glücklich, wenn man sich zerstreitet und dem Anderen bestreitet, seine Erfahrungen zu machen.

KLAPPENECKER: Zu Ihrem ersten Hinweis: Religiöse Bildung geschieht nur, indem ich wenigstens probeweise einmal in religiöse Vollzüge eintauche. Ein Theologe, Manfred Josutis, sagt in seinem Buch „Die Einführung in das Leben"[88], daß der Religionslehrer heute vor der Situation steht, daß die Kinder völlig säkular sozialisiert sind. Religion ist aber nur im Vollzug, wenigstens dem probeweisen, gegeben. Religion ist eine Begehung, irgendwie spürbar und erfahrbar; man kann sie nicht wie Mathematik abhandeln. Ich kann nicht einfach einen Bibeltext fotokopieren und analysieren lassen. Das gehört natürlich auch zum wissenschaftlichen Handwerk dazu. Aber die Kinder müssen, weil es ihnen von zuhause nicht mehr vermittelt worden ist, einmal eine aufgeschlagene Bibel auf einem Altar sehen und ihre Bedeutung im gottesdienstlichen Vollzug. Also sehen, wie die Bibel als heilige Schrift behandelt wird, feierlich hereingetragen wird, wie mit besonderen Einleitungs- und Beendigungsformeln daraus vorgelesen wird. Die Kinder sollen eintauchen in diese religiöse Stimmungswelt. Der so verstandene Religionslehrer ist für Josutis ein Mystagoge im Sinne der Arkandisziplinen. Da würde ich sagen, er überfrachtet die Lehrperson schon wieder zum Meister und zum Überich. Aber was mir daran gefällt ist dieses Identifikatorische, dieses Ernstnehmen von Stimmungen, wobei er einen auf Schmitz rekurrierenden Atmosphärenbegriff hat und – das ist jetzt wieder mein Problem – diesen reserviert für den Heiligen Geist. Es gibt ja auch noch andere Atmosphären und Stimmungen, mit denen wir umzugehen haben. Man hat Josutis vorgeworfen, er würde durch die Hintertür die dialektische Theologie wieder einführen und den Bezug zur Lebenswelt verlieren, weil nur der Heilige Geist es ist, der als andere Atmosphäre einbricht in die Lebenswirklichkeit. Wir müssen dann natürlich auch weiter überlegen, was er mit dieser Lebenswirklichkeit macht.

Aber nun zum Erfahrungsbegriff. Ich kann als Religionspädagogin nicht anders, als mich an den verschiedenen Traditionen abzuarbeiten. Was ich gelernt habe aus diesen beiden Traditionen, die ich dargestellt habe, ist, daß wir auf beiden Seiten vorsichtig sein müssen, von beiden aber auch einen Gewinn haben. Wir dürfen religiöse Erfahrung nicht verrechnen mit Alltagserfahrung, sonst wird Religion flach. Aber wir dürfen die religiöse Erfahrung auch nicht so weit von der Lebenswirklichkeit abrücken, daß wir den Zugang zur Lebenswelt der Kinder verlieren und damit auch alle Errungenschaften, die in die Religionspädagogik nach der empiri-

[88] Manfred Josuttis, Die Einführung in das Leben. Pastoraltheologie zwischen Phänomenologie und Spiritualität. Göttingen 1966.

schen Wende Eingang gefunden haben. Ich bin da natürlich auf die Sprachen und Traditionen meines Fachgebiets verwiesen.

SCHWEIZER: Ich bin immer wieder überrascht, warum die Religionspädagogen Bollnow nicht an ganz anderen Stellen aufnehmen, etwa im Zusammenhang von „Sprache und Erziehung" oder mit dem „Verhältnis zur Zeit", vom „Geist des Übens" ganz zu schweigen.[89] Religiöse Praxis hat etwas mit der Zeit zu tun und ist das Thema des Sich-einrichtens in der Zeit. Demgegenüber würde ich hier den Atmosphäre- und Stimmungsbegriff ein Stück weit sehr asketisch behandeln. Mit dem Begriff der „pädagogischen Atmosphäre" umschreibt Bollnow das Insgesamt der Stimmungen, die pädagogischem Handeln dienlich sind – so etwa ist seine Formulierung. Es gibt ein eigenes Feld pädagogischen Handelns, das selbst wiederum atmosphärisch bestimmte Voraussetzungen hat.

KLAPPENECKER: Ich weiß nicht, was Sie mit „asketischer Behandlung" des Stimmungsbegriffs meinen: Ich habe in meinem Rekurs auf Schleiermacher darauf abgehoben, daß Religion nicht vermittelbar ist ohne den Rückgriff auf religiöse Stimmungen, dann aber auch versucht, den Unterschied zwischen Schleiermachers Stimmungsbegriff und dem Bollnows deutlich zu machen. Der Stimmungs- oder Atmosphärenbegriff bietet die Chance eines ganzheitlichen Zugangs, weil dieses Vorreflexive drin ist und ein Zugang zur Leiblichkeit sowie zur qualitativen Wahrnehmung von Raum und Zeit. Was „Sprache und Erziehung" betrifft, reflektiere ich zur Zeit die Bedeutung des Sprachverständnisses Bollnows für die Religionspädagogik.[90]

Zwischenruf SCHWEIZER: Bollnow hätte nie von Ganzheitlichkeit gesprochen! Vorsicht auch mit dem Begriff des Erlebnisses. Das sind atmosphärische Tendenzen, die zur Zeit en vogue sind.

---

[89] O. F. Bollnow, Sprache und Erziehung. Stuttgart 1966, 3. Aufl. 1979. Das Verhältnis zur Zeit. Ein Beitrag zur pädagogischen Anthropologie. Heidelberg 1972. Vom Geist des Übens. Eine Rückbesinnung auf elementare didaktische Erfahrungen. Freiburg i. Br. 1978.

[90] Diese Reflexionen sind inzwischen erschienen in: Gabriele Klappenecker, Offenheit für die Fülle der Erscheinungen. Otto Friedrich Bollnow und seine Bedeutung für eine phänomenologisch orientierte Religionspädagogik. Verlag Kohlhammer Stuttgart 2007, S. 239-266, 312-318.

KLAPPENECKER: Aber wenn er so etwas wie Fülle braucht, dann hat das doch ganzheitliche Anklänge. Auch seine Abwendung von der Descart'schen Subjekt-Objekt-Spaltung – diese ganze Traditionslinie bis zur Mystik, die Herr Gantke aufgewiesen hat – vielleicht ist „ganzheitlich" dafür ein zu modernes Wort, aber wenn man es auf Bollnow überträgt, umschreibt es das nicht-dualisierte Sicheinlassen auf die Lebenswelt. Wenn Sie mir ein besseres Wort dafür sagen können ...
GÖTZ: Bollnows Erfahrungsbegriff hat seine Spitze darin, daß ich schmerzhaft an eine Grenze stoße und meine Konstruktionen in Frage gestellt werden – diese ganze Widerständigkeit der Erfahrung. Insoweit ist es dann auch schwierig, sie zu pädagogisieren.
KLAPPENECKER: Ich sitze zwischen zwei Stühlen, hat Bollnow einmal gesagt. Das gilt auch für seinen Atmosphärenbegriff, der zwischen Lebensphilosophie und Existenzphilosophie anzusiedeln ist. Die Auseinandersetzung mit Heidegger im „Wesen der Stimmungen" und in der „Neuen Geborgenheit" zeigt, daß das nicht mehr die „alte" Geborgenheit sein kann, auch wenn es diese nicht negiert. Es wäre mir arg, wenn die von Ihnen monierte Härte der Erfahrung zu kurz gekommen wäre. Von der Kreuzestheologie her weiß ich sehr wohl die Tiefe und Bedeutung der Gebrochenheit zu ermessen.
GANTKE: Was ich so interessant finde ist, daß Bollnow nie religiös über Religion gesprochen hat. Wenn man das mit Rudolf Ottos Buch über das Heilige vergleicht[91], wo Otto das Ergriffenwerden vom Heiligen vor allem Begreifenkönnen des Menschen betont, und dann selber in eine religiöse Sprache verfällt, oder wie er das Mysterium tremendum beschreibt: das wäre undenkbar bei Bollnow, der dann doch sehr nüchtern und distanziert bleibt. Das kommt auf so etwas wie Askese hinaus, denke ich.
KLAPPENECKER: Mir ist das sympathisch. Vielleicht hat Bollnow selber eine zu große Scheu oder Ehrfurcht vor diesen Dingen gehabt und sich gesagt, ich rede da ganz vorsichtig und nüchtern. Das hat aber mit Kälte und Distanziertheit nichts zu tun.
LOCH: Durch den Vortrag von Herrn Gantke und den von Ihnen bin ich zu der Einsicht gekommen, daß in der Tat eine große Bedeutung Bollnows für die Religionswissenschaft und die Religionspädagogik besteht.

[91] Rudolf Otto, Das Heilige. Über das Irrationale in der Idee des göttlichen und sein Verhältnis zum Rationalen. Stuttgart 1917.

Mir hat dabei der Schleiermacher'sche Begriff der religiösen Anlage entscheidend geholfen. Was diese Disziplinen von Bollnow lernen können, das sind Aussagen über die Anlagen zum Glauben. Sie haben es formuliert als Aufnahmebereitschaft für das Religiöse. Im Sinn des Prinzips der „offenen Frage" kann man das so formulieren: Welche Voraussetzungen hat, und welche Eigenschaften benötigt der Mensch, um glauben zu können? Wenn wir uns diese Frage stellen, fällt uns zwangsläufig ein: Wir brauchen Stimmungen und ein stimmungsvolles Sprechen, um glauben zu können. Um glauben zu können braucht man mit Sicherheit auch ein Phänomen wie Erfahrung, wie bei Luther etwa oder bei August Hermann Francke, der einmal gesagt hat: Kinder müssen Erfahrung haben, sonst können sie nicht zu Gott bekehrt bzw. im Glauben gehalten werden.
GIEL: Mir leuchtet ein, daß Sie sich in Ihrem Zusammenhang auf den Erfahrungsbegriff bezogen haben. Nun muß man sehen, daß mit dem Erfahrungsbegriff eine ganze Reihe von Problemen verbunden ist. Wo in einer Epoche der Erfahrungsbegriff explizit herausgestellt wird, etwa bei Paracelsus, verbindet sich damit eine Polemik gegen die Scholastik, in der man die Medizin aus Büchern lernt. Um die Krankheit zu erfassen, muß man sie leibhaft erspüren und wahrnehmen können. Auch das pädagogische Problem liegt darin, daß man zwar Bücherweisheit vermitteln kann, Erfahrungen aber nicht in gleicher Weise.
Bollnow ist in seinem Erfahrungsbegriff beeinflußt von Gehlen[92], der sich dabei ausdrücklich auf Aristoteles beruft. Mit einem solchen Erfahrungsbegriff ist immer eine Disposition, eine bestimmte Art der Disponiertheit verbunden. Der ganze Körper ist dabei mit im Spiel. Hier kommt die Atmosphäre mit ins Spiel. Dieser Begriff wurde von Kurt Lewin 1936 in die Diskussion geworfen im Zusammenhang seiner Feldtheorie. Solange man an dieser Stelle mit Ganzheitstheorien operierte, hatte man es einfach, und auch die „Geometrie" des Feldes": seine Zerlegung in einzelne Konstituentien, machte noch keine Schwierigkeit. Sobald man aber das Feld als Einheit zu fassen versucht, steht man vor dem Problem, wie ein Feld sich als Ganzes darstellt und aufbaut. In diesem Zusammenhang hat Lewin den Begriff der Atmosphäre eingeführt. Dann kam auch bei ihm die

---

[92] Arnold Gehlen, Das Wesen der Erfahrung, (1936). In: Gesamtausgabe Bd. 4: Philosophische Anthropologie und Handlungslehre. Vittorio Klostermann Frankfurt a. M. 1983, S. 3-24.

behavioristische Wende. Atmosphäre wurde in Verhalten übersetzt und in Form demokratischer oder autokratischer Führungsstile operationalisiert. Dabei zeigt sich die Atmosphäre in einer merkwürdigen Doppeldeutigkeit. Ich muß sie herstellen und kann sie doch nicht herstellen. Dies führt zu einer eigentümlichen Spannung, in der sich leicht etwas verkrampft. Am Beispiel: Der Lehrer soll demokratisch erziehen und von hinten schreit einer vor: „Herr Lehrer, jetzt probieren Sie's sozialintegrativ!" Ich für meinen Hausgebrauch habe auf den Begriff der „Szene" zurückgegriffen, um faßbar zu machen, was Atmosphäre ist. In der Szene ist immer auch etwas Konstruiertes und, wenn die Szene gelingt, zugleich etwas anderes enthalten, was sich jeder Konstruktion immer wieder entzieht.
KLAPPENECKER: Von der „Szene" zum „Inszenieren" ist ja immer nur ein kleiner Schritt. Man kann Kriegslieder oder Kirchenlieder singen und die entsprechenden Atmosphären heraufbeschwören oder zumindest bestimmte Stimmungskanäle für sie öffnen. Und doch bleibt hier eine Ambivalenz. Man kann einen Gottesdienst inszenieren und muß sich zugleich sagen: ein inszenierter Gottesdienst ist kein Gottesdienst. Die Rede von einem „darstellenden Handeln" löst die damit verbundene Schwierigkeit nicht auf. Was ich nicht möchte ist, daß man dabei mit einem voyeuristischen Blick auf den Gottesdienst guckt.
Einwurf GIEL: Bin ich ein Voyeur, wenn ich ins Theater gehe? Als Ministrant habe ich gelernt, wie ein Gottesdienst inszeniert wird. Eine solche Inszenierung hat den Vorzug, daß sie das Situative überschreitet. Aber die gleiche Schwierigkeit hat man auch mit dem Religionsunterricht, dem Kunstunterricht, dem Musikunterricht.
SCHÜZ: Bollnow hat in seiner Rezeption von Ricoeurs Hermeneutik eine doppelte Hinsicht aufgenommen. Ricoeur unterscheidet einen „Willen zum Horchen" und einen „Willen zum Zweifeln". Kann eine solche, doppelt ausgerichtete Hermeneutik im Zusammenhang religiöser Erziehung als fruchtbarer Ansatz ins Spiel gebracht werden?
KLAPPENECKER: Das ist eine Frage die, denke ich, Ricoeur ausreichend beantwortet hat. Es ist ein Impetus, der Gleichursprünglichkeit von Vertrauen und Nichtvertrauen, von Glauben und Zweifel nachzugehen. Ich würde im religionspädagogischen Zusammenhang versuchen, diese gleichursprüngliche, doppelte Einstellung der Wahrnehmung ernstzunehmen. Es gehört dazu sowohl ein ideologiekritischer Zugang zu den Idolen als auch ein affirmativer Zugang zu den tragenden Zeichen des

Heiligen. Aber man darf dabei auch nicht stehen bleiben und muß fragen, welche Symbole und Zeichen wirklich tragend sind. Es gibt Richtungen in der Religionspädagogik, die zu unkritisch sich einfach nur darüber freuen, daß es Religion in der Lebenswelt gibt, religiöse Momente z. B. in der Popkultur, und davon ausgehen, daß es den vielbeschworenen Traditionsabbruch bei näherem Zusehen gar nicht gegeben habe.

SCHÜZ: Ich rekurriere noch einmal auf den Begriff des Horchens, der für die religiöse Dimension von besonderem Belang ist. Bollnow hat das Hören in einem ganz anderen Zusammenhang aufgenommen, als er durch Nishitani mit dem zenbuddhistischen Spruch, daß man lernen müsse mit den Augen zu hören, konfrontiert worden ist.[93] Hier ist eine Tiefendimension angesteuert, bei der es keinen intentionalen Zugang und keine Möglichkeit zur Vereinnahmung gibt. Man muß absehen von den eigenen Begriffen, sich selbstlos den Dingen zuwenden und sich einer anderen Dimension ihrer Wirklichkeit öffnen. In diesem Hören und Horchen scheint mir schon rein heuristisch ein wesentliches Potential für das zu liegen, was religiöse Erfahrung ausmacht.

KLAPPENECKER: Wenn ich diesen Aufsatz richtig in Erinnerung habe, geht es darin ja auch um den Verlust des Ego, wie die Mystik ihn betont hat. Auch im Übungsbuch betont Bollnow die selbstvergessene Hingabe.

SCHÜZ: Das Üben geht dann aber in eine andere Richtung, meint den selbstvergessenen Vollzug im Zusammenhang einer Tätigkeit.

KLAPPENECKER: Sie meinen, die Chance für die Religionspädagogik könne darin liegen, eine noch weitergehende Rezeptivität zu kultivieren?

SCHÜZ: Durchaus, nur sollte dabei deutlich differenziert werden, was die Phänomene im einzelnen zu sagen haben, d. h. wie sie sich einer hörenden bzw. horchenden Hinwendung eigens erschließen. So läßt sich beispielsweise der Begriff der „Ehrfurcht" auch nicht einfach ersetzen durch den Begriff der „Achtung" oder des „Respekts". Es ist jeweils eine ganz andere Dimension, die da „anklingt".

GÖTZ: Bollnow unterscheidet Erfahrung als Sediment bzw. Erfahrungsschatz, auf den man zurückgreifen kann, und die aktuale Erfahrung als Prozeß. Zunächst hatte ich bei Ihrem Vortrag den Eindruck, daß es bei re-

---

[93] Zu einem zen-buddhistischen Spruch. In: Otto Friedrich Bollnow, Zwischen Philosophie und Pädagogik. Vorträge und Aufsätze. Norbert Friedrich Weitz Verlag Aachen 1988, S. 63-67.

ligiöser Erfahrung um die religiös geprägten, mitgebrachten Erfahrungen geht, die man dann im Unterricht wie ein Alphabet gleichsam buchstabieren lernen kann. Daß also die religiösen Erfahrungen, die die Kinder mitbringen, jetzt noch einmal zur Sprache kommen auf dem Hintergrund religiöser Deutungsangebote und Symbole. Das ist eine Möglichkeit, die, wenn ich richtig sehe, häufig im Religionsunterricht realisiert wird. Aber das war wohl nicht gemeint.

KLAPPENECKER: Bezüglich Ihrer Unterscheidung würde ich jetzt mit Bollnow sagen: Der Zugang zur Welt wird durch die Sprache geschaffen, und insofern bringt jedes Kind, das in die Schule kommt, schon eine sprachlich vermittelte Erfahrung mit. Mit der aktualen Erfahrung spielen Sie wohl auf die existenzphilosophische Deutung an. Religionspädagogisch wollte ich darauf hinaus, daß es zwar einerseits eine Beziehungsmöglichkeit von Welterfahrung und Gotteserfahrung gibt, andererseits aber religiöse Erfahrung und Welterfahrung nicht miteinander verrechenbar sind. Dem entsprechend müßte man jetzt noch weiter gehen und auch den Erfahrungsbegriff in der doppelten Weise der religiösen Erfahrung einerseits, der Welt- und Lebenserfahrung andererseits schematisieren und beides dialektisch aufeinander beziehen.

GÖTZ: Wenn ich die von den Kindern mitgebrachte religiöse Erfahrung im Unterricht noch einmal artikuliere und religiöse Deutungen ins Spiel bringe, um sie gleichsam zu buchstabieren, lebendig zu machen, aufzuklären, besteht immer die Gefahr, diese Erfahrung zu vergewaltigen, aber auch die Möglichkeit zu ihrer Anreicherung ist gegeben. Hinzu kommt, daß zwischen religiöser Erfahrung und der religiösen Deutung lebensweltlicher Erfahrung sehr schwer zu unterscheiden ist. Was unterscheidet in der Qualität eine religiöse Erfahrung von einer ästhetischen Erfahrung, oder von einer sinnlichen oder handwerklichen Erfahrung? Da würde es mich interessieren, wie Sie dieses Problem angehen. Ich hatte den Eindruck, Sie sprechen über lebensweltliche Erfahrungen, aber nicht über religiöse Erfahrungen. Bollnow hat über existentielle Erfahrungen, nie aber über religiöse Erfahrungen geschrieben. Existentielle Erfahrungen kann man religiös deuten, aber das ist etwas anderes.

Dann zum zweiten, der aktualen Erfahrung. Da ging ich im Sinne Bollnows davon aus, daß Erfahrungen den Erwartungsrahmen sprengen und in gewisser Weise schmerzhaft sind. Sie widerfahren einem und wir leiden daran. Etwas zu erfahren besagt immer auch, daß es nicht so ist, wie wir es

angenommen haben und wir uns ändern müssen. Man könnte vom Korrekturcharakter der Erfahrung sprechen. Aber dann tritt genau das auf, was Herr Giel schon angesprochen hat: daß man Erfahrungen mit dem ganzen Leib macht und daß sie einen insgesamt betreffen. Man muß sie selber machen und niemand kann sie einem abnehmen. Die Frage ist dann, inwieweit man solche Erfahrungen im aktualen Sinne als Prozesse gleichsam inszenieren, veranstalten und methodisieren kann. Das Problem ist allgemein, ob und wie man Bedingungen im Beziehungsfeld herstellen und einen pädagogischen Raum schaffen kann, in dem Kinder vielleicht, ohne es erzwingen zu wollen, Erfahrungen machen können. Es kommt noch hinzu, daß bei Bollnow – durchaus in existenzphilosophischer Tradition – eine eigentümliche Härte der Erfahrung mit hineinspielt und diese mit einer krisenhaften Situation verbunden ist. Die Gewohnheiten und Konstruktionen zerbrechen und ich werde an die Grenzen meiner Wunschbesessenheit und Verblendung geführt. Das kann sehr schmerzhaft sein. Die Frage ist, ob der Unterricht mit solchen krisenhaften und schmerzhaften Erfahrungen überhaupt umgehen kann.
KLAPPENECKER: Ich fände es zynisch, mit erzieherischer Absicht Erfahrungen inszenieren zu wollen. Auf der anderen Seite ist es so, daß ich keinem Menschen seine Erfahrungen abnehmen kann, durch Buchweisheit nicht und nicht durch Belehrungen. Wenn ich Erfahrung im krisenhaften Sinn fasse, kann ich nur helfend dabei sein. Um es noch einmal klar zu sagen: Es geht mir in meiner Arbeit nicht um eine religiöse bzw. theologische Vereinnahmung von Bollnow. Die dialektische Theologie hat das Begegnungshafte des Erfahrungsbegriffs, wie Bohne das gemacht hat, für die Gotteserfahrung reserviert. Dann kann ich schon sagen, daß mir Bollnows Interpretation dieser Erfahrung des ganz Anderen eine sprachliche Deutungshilfe an die Hand gibt, um auch mit religiöser Erfahrung in ihrer Besonderheit umgehen zu können. Es handelt sich um Strukturparallelen und Deutungsmuster, die sowohl für die Alltagserfahrung (das „Sediment") als auch für die Erfahrung des Neuen und Anderen in Anwendung gebracht werden können
GÖTZ: Die Punkte, die Sie für religiöse Erfahrung genannt haben, gelten auch für die lebensweltliche Erfahrung: der Korrekturcharakter der Erfahrung; die Konfrontation mit neuen Einsichten; daß Erfahrungen mit Selbstkritik, mit Erleuchtung und Verjüngung zu tun haben; daß sie unseren Bewußtseinshorizont erweitern usw. Deshalb noch einmal die Frage:

Was ist das Auszeichnende und Charakteristische der religiösen Erfahrung als solcher? Da kommen wir wieder auf die vorherigen Diskussionen über das Verhältnis von Immanenz und Transzendenz zurück.

GANTKE: Dieses Problem ist ungelöst, denke ich, was die religiöse Erfahrung und ihrer Theorie betrifft. Ich denke, auch Bollnow würde keine Lösung dafür finden. Rudolf Otto sagt in der Einleitung seines Buchs: wer diese religiöse Erfahrung nicht gemacht hat, wird gebeten, nicht weiterzulesen. Er hat einfach vorausgesetzt, daß es diese religiöse Erfahrung gibt. Aber es bleibt die Frage: Was ist die Besonderheit der religiösen Erfahrung gegenüber anderen lebensweltlichen Erfahrungen? Gibt es ein Kriterium für die Echtheit dieser religiösen Erfahrung? Wie ist es mit der Frage ihrer Verallgemeinerbarkeit, ohne daß man sich dabei auf ein Divinationsvermögen berufen muß, was auf eine Elitetheorie hinauslaufen würde? Und wie ist es insbesondere mit der interkulturellen Verallgemeinerbarkeit? Das sind offene Fragen und Probleme. Aber die religiöse Erfahrung deshalb ganz ausklammern zu wollen wäre auch keine Lösung. Genau an dieser Grenzlinie, die keine ist, müssen wir weiterarbeiten.

KLAPPENECKER: Die Weite des Erfahrungsbegriffs gibt eine Offenheit für die lebensweltlichen Erfahrungen der SchülerInnen und birgt gleichzeitig die Gefahr, in so eine Allerweltsebene herabzusinken. Die religiöse Erfahrung ist eine besondere Erfahrung in dem Sinn, daß sie auf der Grenze zwischen Sakral und Profan angesiedelt ist, in bestimmte Riten und Rituale eingebettet wird und innerhalb eines bestimmten religiös-sprachlichen Deutungsrahmens stattfinden muß. Zum Beispiel ist ein Bekehrungserlebnis eine religiöse Erfahrung in dem so verstandenen Sinn. Es passiert in seiner spezifischen Form nur dann, wenn ich mich in den Deutungsrahmen, in die Rituale und Symbole einer bestimmten Religion schon eingelassen habe.

SCHWEIZER. Bollnow spricht über dieses Thema an mehreren Stellen in seinem schönen Fröbelbuch.

Gottfried Schüz

Menschliches Wesen als Wohnenkönnen. Otto Friedrich Bollnows hermeneutische Anthropologie

1. Zum anthropologischen Problem einer Wesensbestimmung des Menschen

Es gibt wohl kaum ein Problem, mit dem sich die Philosophie des 20. Jahrhunderts derart intensiv und kontrovers auseinandergesetzt hat wie mit dem der Frage nach dem Wesen des Menschen.[1] Mögen die philosophischen Versuche ein tragfähiges Wesensverständnis zu gewinnen, noch so verschieden sein, so kann als ein gemeinsamer denkerischer Ertrag festgehalten werden, daß sich eine definitiv-abschließende Wesensbestimmung des Menschen prinzipiell verbietet. Jegliche Ambition einer erst- oder letztbegründenden Anthropologie, die da meint, *den* entscheidenden Aspekt oder *das* fundierende Prinzip gefunden zu haben, mit dem sich das Wesen des Menschen im ganzen einfangen ließe, ist zum Scheitern verurteilt – kurz: Der Mensch erscheint nicht nur als ein seiner Welt offen gegenüber stehendes Wesen, sondern er ist in seinem *Wesen selbst offen*. Die so verstandene Wesensoffenheit erweist sich als umso problematischer und fragwürdiger, als sie nicht einem wie auch immer gearteten Wesenssubjekt oder Wesenssubstrat zugehört, das einer selbständigen Objektwelt gegenüber steht, sondern nur aus der Ursprungseinheit bzw. aus dem Wesensverbund von *Mensch und Welt* angemessen geortet werden kann. Diese insbesondere in Diltheys Lebensphilosophie fundierte Einsicht mündete deshalb in die entscheidende These, daß die Frage, was der Mensch *ist*,

[1] Nicht nur die anthropologische Frage, sondern die „Fraglichkeit" dieser Frage hat Wisser eigens untersucht; vgl. Richard Wisser, Philosophische Wegweisung. Versionen und Perspektiven. Verlag Königshausen & Neumann Würzburg 1996, S. 415-439. Ders., Kein Mensch ist einerlei. Spektrum und Aspekte „kritisch-krisischer Anthropologie". Verlag Königshausen & Neumann Würzburg 1997, S. 103-128.

nur aus dem Insgesamt seines geschichtlich-kulturellen Lebens und seiner vielfältigen Äußerungsformen, ja in letzter Konsequenz allein aus der Totalität seiner Geschichte abschließend bestimmbar ist. „Der Typus Mensch zerschmilzt in dem Prozeß der Geschichte"[2], bemerkte daher Dilthey und so schienen auch einer philosophischen Anthropologie die Felle davonzuschwimmen.

Aus den genannten Schwierigkeiten erklärte deshalb Bollnows Zeitgenosse Adorno, dessen ebenfalls 100. Geburtstag uns auch dieses Denkers erinnern läßt, philosophische Bemühungen um die anthropologische Frage für ganz und gar obsolet: „Daß nicht sich sagen läßt, was der Mensch sei, ist keine besonders erhabene Anthropologie, sondern ein Veto gegen jegliche."[3]

Auch Bollnow hält die Frage, *was* der Mensch sei, für eine problematische, ja „sinnlose" Frage, sofern sie auf eine allgemeine Wesensdefinition, die einer konstruktivistischen Festschreibung oder einem geschlossenen Menschenbild gleichkommt, abziele.[4] Gleichwohl läßt er die anthropologische Frage im Unterschied zu Adorno keineswegs auf sich beruhen, sondern diese gewinnt durch die für seine hermeneutische Anthropologie charakteristische Wendung der Fragestellung von der *Was*-Frage zur *Wie*-Frage durchaus einen „Sinn" und sichert darin ihre Offenheit:

Statt auf eine *abstrakte* Bestimmung eines allgemeinen menschlichen *Wesens-Was*, richtet sich seine Frage auf *konkrete* Einzelphänomene menschlichen *Lebens*. Indem Bollnow danach fragt, *wie* das menschliche Wesen im ganzen von jeder Einzelerscheinung her immer neu verstanden werden kann, d. h. *wie* sich dessen konkretes Leisten und Können im tätigen Lebens*vollzug* als „sinnvoll und notwendig" bewährt, ist die anthropologi-

---

[2] Wilhelm Dilthey, Gesammelte Schriften, Bd. VIII. Verlag Vandenhoeck u. Ruprecht Göttingen 1979, S. 6.

[3] Theodor W. Adorno, Negative Dialektik. Suhrkamp Verlag Frankfurt/M. 1966, S. 128.

[4] Vgl. Hans-Peter Göbbeler / Hans- Ulrich Lessing (Hrsg.), Otto Friedrich Bollnow im Gespräch. Verlag Karl Alber Frankfurt/München 1983, S. 45; Otto Friedrich Bollnow, Anthropologische Betrachtungsweise. In: Eckhard König / Horst Ramsenthaler (Hrsg.), Diskussion pädagogische Anthropologie. Verlag Wilhelm Fink München 1980, S. 51. Ders., Anthropologische Pädagogik. Verlag Paul Haupt Bern/Stuttgart ³1983, S. 34.

sche Fragestellung hinausverlagert in den *offenen* geschichtlichen Horizont der *Lebens*wirklichkeit des Menschen als Ausdruck seiner Wesens*wirksamkeit*.[5]

In diesem philosophischen Zugang zum Menschen liegt ein doppelter Paradigmenwechsel beschlossen: Zum einen ist mit Bollnows Rekurs auf die „Tatsachen des Lebens", d. h. auf die im Selbst-Welt-Zusammenhang tätig hervorgebrachten Ausdrucksformen, der menschliche Wesensbegriff entsubstantialisiert und dadurch jeglichem ontologisierenden oder gar metaphysischen Begründungsdenken der Boden entzogen. Menschliches Wesen bzw. Menschsein und Leben gehen ineinander auf und sind allein im konkreten geschichtlich aktualisierten Leisten und Können, spezifischer im Sinne Bollnows: im sog. „Tunkönnen", faßbar. Im Tunkönnen, wie es You herausgearbeitet hat[6], d. h. im tätig hervorgebrachten Können bzw. im gekonnten Tun kann vom menschlichen *Wesen* nur noch *verbal* im Sinne des Lebens*vollzugs* bzw. einer offenen *Prozeß*struktur sinnvoll gesprochen werden. Was der Mensch „ist" und „kann", erweist sich erst in

---

[5] Vgl. Gottfried Schüz, Lebensganzheit und Wesensoffenheit des Menschen. Otto Friedrich Bollnows hermeneutische Anthropologie. Verlag Königshausen & Neumann Würzburg 2001, S. 393; ferner S. 20 ff. u. S. 73 ff.

[6] Vgl. Donq-Liang You, Tunkönnen und Menschlichkeit. Der ethische Grundsinn menschlichen Seins bei Otto Friedrich Bollnow. Verlag Peter Lang Frankfurt/M. u. a. 1993. Auch wenn Bollnow vom „Können" und in besonderer Zuspitzung vom „Tunkönnen" nur im Kontext seines Übungsbuches spricht, liegt in diesem Begriff, den schon Plessner anthropologisch fruchtbar gemacht hat, der entscheidende Schlüssel zu Bollnows Gesamtwerk. Vgl. Otto Friedrich Bollnow, Vom Geist des Übens. Eine Rückbesinnung auf elementare didaktische Erfahrungen. Verlag Rolf Kugler Oberwil b. Zug 1987, S. 36 f. Zum Verständnis des Menschen von der Kategorie des Könnens her vgl. Helmuth Plessner, Macht und menschliche Natur. Gesammelte Schriften Bd. V, hrsg. v. Günter Dux u. a., Frankfurt a. M. 1981, S. 189, 190, 192; ferner: Werner Loch, Der Mensch im Modus des Könnens. Anthropologische Fragen pädagogischen Denkens. In: Eckard König / Horst Ramsenthaler (Hrsg.), a. a. O., S. 191-225; Klaus Giel, Umrisse einer hermeneutischen Philosophie. Zwischen Phänomenologie und Lebensphilosophie. In: Friedrich Kümmel (Hrsg.), O. F. Bollnow: Hermeneutische Philosophie und Pädagogik. Verlag Karl Alber Freiburg/München 1997, S.6 f., 29 f.

seinem Tun. Es gibt kein „Sein" des Menschen vor oder hinter dem unmittelbaren Lebensgeschehen.[7]

Zum anderen, als notwendige methodische Konsequenz, vollzieht sich die Wende der anthropologischen Fragestellung im hermeneutischen Ansatz: Dieses „Wesen" ist in seinem *Werde*sein deshalb weder auf direktem Wege definitorisch bestimmbar, noch von apriorischen Wesenskonstanten ableitbar, wohl aber über den Umweg der Einzelbetrachtung der jeweiligen geschichtlichen Schaffensleistungen und Ausdrucksgestalten *verstehend erschließbar*. Dabei geht Bollnow bekanntlich von der Prämisse aus, daß „grundsätzlich jede einzelne Erscheinung des menschlichen Lebens, die sich darbietet", in gleicher Weise ernst zu nehmen ist, weil aus jeder Tatsache „etwas Neues, Einmaliges und auf keine andre Weise zu Gewinnendes"[8] über den Menschen im Ganzen zu entnehmen ist.

Bollnows methodisches Leitprinzip, das die Bedeutung der jeweiligen Einzelerscheinung als funktionalen Leistungszusammenhang einer schöpferischen Lebensbewältigung des Menschen im zirkulären Wechselverhältnis von Teil und Ganzem zu verstehen sucht und das bei keinem Phänomen ihr abschließendes Genüge findet, trägt zwar der Unergründlichkeit des menschlichen Wesens Rechnung und seiner in die Zukunft offenen Geschichtlichkeit.

Allerdings birgt Bollnows hermeneutische Anthropologie eine grundsätzliche methodenimmanente Schwierigkeit:

Unter der vorgängigen Sinnerwartung, mit jedem neu ins Auge gefaßten Phänomen einen unvertretbar neuen Strukturaspekt zu gewärtigen, der auf keine andere Weise zu gewinnen sei, neigt er dazu, übergreifende bzw. tieferliegende wesensstrukturelle Entsprechungen, die sich einer *vergleichenden* Betrachtung erschließen und prinzipielle Einsichten in die menschliche Wesensverfassung ermöglichen, eher auszublenden. Anders gesagt: Mit den vor uns liegenden Einzelbetrachtungen Bollnows, ob den *Erkenntnis-* und *Wahrheits*zusammenhang betreffend, ob in den Phänomenbereichen von *Raum*, *Zeit* und *Sprache* angesiedelt oder im Bereich konkreter *Sittlichkeit* bis hin zu den grundlegenden Erscheinungsweisen

---

[7] Bollnow, Vom Geist des Übens, a. a. O., S. 37.

[8] Otto Friedrich Bollnow, Das Wesen der Stimmungen. Verlag Vittorio Klostermann Frankfurt/M. [6]1980, S. 15 f.

der *Stimmungen* und *Gefühle*, breitet sich ein hermeneutisches Erfahrungsfeld aus, dem keineswegs nur ein beziehungsloses Nebeneinander disparater Einzelaspekte des Menschenwesens entsprießt. Beim näheren Hinsehen finden sich durchaus analoge anthropologische Sinnstrukturen, die sich – so meine These – im *Wohnenkönnen* als integralem Strukturverhältnis menschlichen Wesens verschränken.

Bollnow hat diese allgemeinen wesensstrukturellen Zusammenhänge durchaus gesehen, er ist diesen aber eingedenk seines hermeneutisch-anthropologischen Offenheitspostulats nicht weiter systematisch nachgegangen. Bei aller berechtigten und zunächst auch notwendigen Scheu vor konstruktivistischen Vorgriffen und systematisch-verallgemeinernden Ausgriffen auf den schöpferischen Reichtum menschlicher Lebenserscheinungen ist es legitim und durchaus nicht im Widerspruch zu einer offenen Anthropologie, die differentiellen Einzelbetrachtungen post festum auf ihren systematischen Ertrag für ein allgemeines Wesensverständnis des Menschen hin zu befragen. Bei aller Fruchtbarkeit seines hermeneutischen Vorgehens ist seine Vorannahme, daß lediglich *Einzel*betrachtungen ein *auf*schließender Wert zukomme, hingegen *Allgemein*bestimmungen in die Sackgasse *ab*schließender Menschenbilder gerieten, keineswegs zwingend und führt ihrerseits zu einer Blickverengung.[9]

Mit seiner Grundprämisse eines „Etwas-anderes-als", die er dem reduktionistischen Prinzip eines „Nichts-anderes-als"[10] entgegenstellt, ist sein Focus auf die *Unterschiede* der Phänomene, nicht auf deren *Gemeinsamkeiten* gerichtet. Hierdurch gerät Bollnow in das hermeneutische Dilemma, Allgemeinbestimmungen zwar erkennen zu *können*, diese aber unter dem Verdikt seines Vorbehalts nicht näher verfolgen zu *dürfen*. Dieses Dilemma ist m. E. nur durch einen doppelten methodologischen Vorbehalt aufzulösen: Die hermeneutische Anthropologie muß versuchen, zwischen der Skylla konstruktivistischer Abstraktion und der Charybdis diversifizieren-

---

[9] Auf diese Problematik aufmerksam gemacht haben u. a.: Helmut Fahrenbach, Differentielle Interpretation, Strukturanalyse und offene Wesensfrage. O. F. Bollnows Beitrag zur Methodenreflexion philosophischer Anthropologie. In: Friedrich Kümmel (Hrsg.), a. a. O., S. 82, 89, 103 u. a. Gottfried Bräuer, Überlegungen zum Prinzip der offenen Frage. In: Friedrich Kümmel (Hrsg.), a. a. O., S. 119.

[10] Otto Friedrich Bollnow, Das Doppelgesicht der Wahrheit. Philosophie der Erkenntnis zweiter Teil. Verlag W. Kohlhammer Stuttgart u. a. 1975, S. 122 f.

der Konkretion einen heuristischen Mittelweg strukturell offener Erweisbarkeit und Sinndeutung zu beschreiten.[11]

Daß Bollnow trotz seines Vorbehalts diesen Mittelweg mit den Jahren zunehmend ins Auge faßt, kann nicht geleugnet werden, wenn dies auch nur vorsichtig tastend und nicht mit der wünschenswerten systematischen Konsequenz erfolgt. Er beschränkt sich stattdessen darauf, seine in den Einzelbetrachtungen gewonnenen tieferen wesensstrukturellen Einsichten in lediglich allgemeine programmatische Aussagen zu kleiden; so u. a. in seinem Grundbuch „Mensch und Raum" (1963): „Das Wohnen ist eine Grundverfassung des menschlichen Lebens"[12] – oder: „nur im Wohnen kann der Mensch ... zur Erfüllung seines Wesens gelangen".[13] Diese Aussagen hat Bollnow in ersichtlicher Absetzung von den von ihm ausführlich referierten Denkern, insbesondere Bachelard, Saint-Exupéry und Merleau-Ponty, die das Wohnen über den räumlichen Aspekt hinaus als eine anthropologische Fundamentalkategorie verstanden wissen wollten, dort noch auf die Räumlichkeit eingeschränkt, wenn er etwa gar „Bedenken" anmeldet, „den Begriff des Wohnens auch auf das Verhältnis zur Zeit auszudehnen".[14]

Später wagt er sich in einer rückblickenden Darstellung – mit aller Vorsicht – einen deutlichen Schritt weiter zu gehen, wenn er 1972 schreibt: „Das Wohnen *könnte* in der Tat als die umfassendste Bestimmung des Menschen zu seiner Welt begriffen werden, die mit geringen Abwandlungen sein Verhältnis zum Raum, zur Zeit, zum Leib und auch zur Sprache kennzeichnet."[15] Was hier noch ‚Konjunktiv', wird in der Spätzeit schließ-

---

[11] Vgl. Schüz, Lebensganzheit und Wesensoffenheit des Menschen, a. a. O., S. 394 f.

[12] Otto Friedrich Bollnow, Mensch und Raum. Verlag W. Kohlhammer Stuttgart u. a. ^{5}1984, S. 125.

[13] A. a. O., S. 126. Vgl. die aufschlußreiche Rezension von Richard Wisser, Otto Friedrich Bollnow: Mensch und Raum. In: Die Welt der Bücher. Literarische Beihefte zur Herderkorrespondenz 3 (1964), S. 12-16.

[14] Bollnow, a. a. O., S. 281.

[15] Otto Friedrich Bollnow, Das Verständnis des Menschen in der deutschen Philosophie seit 1945. In: Universitas 27 (1972), S. 954 (kursiv hervorgehoben von mir).

lich zur bestimmten Gewißheit, indem er 1986 erklärt: „Ich fasse nur zusammen, daß in den verschiedenen Hinsichten, die wir unterschieden haben, zur Zeitlichkeit und der Räumlichkeit, Leiblichkeit und der Sprachlichkeit ... sich in je verschiedener Weise das Wohnen als die umfassendste Bestimmung des Menschen zur Welt ergeben *hat*."[16]

Nun hat sich neben dem „Wohnen" für Bollnow von ganz anderer Seite, nämlich vom „Geist des Übens" her, eine weitere, noch grundsätzlichere anthropologische Einsicht in die conditio humana aufgetan, die allen Phänomenbetrachtungen zugrunde liegt und worauf seine vorhin akzentuierte hermeneutische Wie-Frage verweist. Wenn allein dem tätig hervorgebrachten Leben als funktional sinnfälligem und notwendigem, qua *gekonntem* Vollzugsganzen anthropologische Relevanz zukommt, dann nur, weil – wie Bollnow feststellt – „alles Leben ... auf einem Können" beruht[17] – „menschliches Leben ist immer ein Leben-können, d. i. die Fähigkeit, sich durch bestimmte Fertigkeiten am Leben zu erhalten."[18]

Bollnows gelegten Spuren folgend und diese verknüpfend – so nochmals meine These – ist menschliches Sein und Wesen im fundamentalen Sinne und gleichursprünglich als Wohnen-Können zu orten. Dies im folgenden aufzuzeigen, erfordert zunächst, an Bollnows Kernaussagen im räumlichen Bezug systematisierend anzuschließen, um darauf aufbauend die wesenskonstitutive Bedeutung eines Wohnenkönnens für den Menschen im ganzen perspektivisch darzutun. An dieser Stelle muß ich mich auf grundsätzliche Hinweise beschränken.

2. Wohnenkönnen im räumlichen Bezug

Ausgehend von der ursprünglichen Bedeutung von Wohnen als behaglicher Aufenthalt bzw. Verweilen an einem räumlich umgrenzten Ort der Geborgenheit, lautet Bollnows allgemeine, gleichwohl vorläufige Begriffsbestimmung zunächst: „Wohnen aber heißt, an einem bestimmten Ort zu

---

[16] Otto Friedrich Bollnow, Philosophische Anthropologie. In: Universitas 41 (1986), S. 850 (kursiv hervorgehoben von mir).

[17] Otto Friedrich Bollnow, Einübung innerer Freiheit. In: Universitas 33 (1978), S. 595.

[18] Bollnow, Vom Geist des Übens, a. a. O., S. 37.

Hause sein, in ihm verwurzelt sein und an ihn hingehören."[19] Dieses auf einen bleibenden Aufenthaltsort verweisende *zentrierende* Moment des Wohnens verbindet sich darüber hinaus mit einem *dynamischen* Aspekt, insofern Bollnow das Wohnen von Anfang an in seiner funktionalen Lebensbedeutsamkeit herausstellt. Angesichts der „Wohnungslosigkeit und Heimatlosigkeit" des gegenwärtigen Menschen und eingedenk der Heideggerschen Feststellung, daß der Mensch das Wohnen *erst lernen* müsse, fordert er ein *„neues Wohnhaft-werden"* als „dringende Aufgabe für unsre Zeit".

In dieser erweiterten Sicht eines Wohnhaft-*werdens* heißt „Wohnen" sodann: „Gegenüber einer rückhaltlosen Hingabe an die Unendlichkeit, in der es nichts Greifbares mehr gibt, kommt es ... darauf an, den Menschen wieder *neu im Endlichen dieser Welt zu begründen* und ihm hier den bedrängenden Mächten gegenüber einen *festen Stand* zu verschaffen."[20] Für das Wohnen essentiell ist hier und an anderen Stellen die Dynamik eines „Begründens" bzw. Gründens, das sich bei Bollnow in vier miteinander verschränkten Hinsichten, d. h. als *vierfältiges Gründen*, entschlüsseln läßt. Darin wird Wohnen seinem Wesen nach als etwas Prozeßhaftes, noch zu Erwerbendes ansichtig, das mit einem im aktiven Tun zu gewinnendes und zu erhaltendes „Können" zusammenfällt:

So erstens als ein *bodenständiges* Gründen im ganz und gar physischen Sinne einer Tätigkeit des vom Menschen dem Grund und Boden der unwirtlichen Natur mühsam abzuringenden Raums der Ruhe und Geborgenheit durch Errichten eines Hauses.

Über dessen engeren Umkreis hinaus ist das Haus in ein größeres Ganzes von Heimat und Welt eingegliedert.[21] Wohnenkönnen ist somit zweitens ein *welt*-schaffendes Gründen; es ist „im tiefsten eine weltschaffende und welterhaltende Tätigkeit", „die Gründung eines Kosmos in einem Chaos".[22]

---

[19] Bollnow, Mensch und Raum, a. a. O., S. 125, vgl. S. 128.

[20] Otto Friedrich Bollnow, Neue Geborgenheit. Das Problem einer Überwindung des Existentialismus. Verlag W. Kohlhammer Stuttgart u. a. [4]1979, S. 171.

[21] Vgl. Bollnow, Mensch und Raum, a. a. O., S. 131, 57.

[22] A. a. O., S. 144.

Im weltschaffenden Gründen wird der bloß räumliche Aspekt des Wohnens überstiegen zum Mensch-Welt-Verhältnis im Ganzen. So bezeichnet Bollnow die Heimat „als *das Ganze der ‚Lebensbezüge'* ..., das sich um den Menschen in einer ganz bestimmten und für ihn bezeichnenden Weise gliedert."[23]

Überaus bemerkenswert ist, daß Bollnow diesen weltschaffenden, vom bloß räumlichen Verständnis gelösten Aspekt des Wohnens bereits in einem sehr frühen Aufsatz (1932) über „Diltheys Lehre von den Typen der Weltanschauung" in einer überraschenden Prägnanz akzentuiert: „Darum ist das Gerüst der vertrauten Lebensbezüge nichts Festes, in dem der Mensch als einem Gehäuse *wohnt*, sondern muß jeden Augenblick gegen den Einbruch des Unheimlichen verteidigt und erneuert werden. Der Mensch braucht einen Halt gegenüber der ihn unheimlich bedrängenden Welt. Die Erzeugung dieses Halts: das ist die Aufgabe der Weltanschauung."[24]

Mit dem Ganzen der Lebensbezüge und dessen Deutungs- und Bedeutungsganzen qua Weltanschauung verbindet sich schließlich als drittes Moment das des *gemeinsamen* Gründens: „Wohnen ist nur als in Gemeinschaft möglich."[25] Nicht nur ist eine räumliche Errichtung und Erhaltung von Haus und Heimat schwerlich von einer insulären Einzelexistenz zu leisten, sondern und vor allem ist der Aufbau und die Gestaltung einer vertrauten und verstandenen Welt im erweiterten Sinn nur im Medium der Gemeinsamkeit möglich.

Und schließlich viertens – ineins mit dem bodenständigen, weltschaffenden und gemeinsamen Gründen – ist ein Wohnenkönnen stets verbunden mit einem *Sich*-gründen. Erst aus der Errichtung, Erhaltung und Gestaltung von Haus und Heimat, eines räumlichen und geistigen Ordnungsgefüges als Grund eines übergreifenden Welt- und Selbstverstehens geht ein Ganzseinkönnen menschlichen Wesens hervor, wird die wesenhafte Be-

---

23 Otto Friedrich Bollnow, Der Mensch und seine Heimat. In: Heimat-Kalender für Stadt und Kreis Anklam 30 (1935), S. 22.

24 Otto Friedrich Bollnow, Diltheys Lehre von den Typen der Weltanschauung. In: Neue Jahrbücher für Wissenschaft und Jugendbildung 4 (1932), S. 9 (kursiv hervorgehoben von mir).

25 Vgl. Bollnow, Mensch und Raum, a. a. O., S. 153, vgl. ders., Neue Geborgenheit, a. a. O., S. 182 f.

stimmtheit und Mitte seines *Selbst*seins gestiftet. Wohnenkönnen also ist für die „menschliche Selbstwerdung" über den engeren raumgebundenen Aspekt hinaus ein wesenskonstitutiver Vorgang; so stellt denn Bollnow fest: „Nur als Wohnender ... kann der Mensch sein Wesen erfüllen."[26] Mit dem genannten vierfältigen Gründen ist jedoch nur *eine* konstitutive Seite menschlichen Wohnenkönnens getroffen: das der Eingrenzung und Umgrenzung eines bergenden Eigenraums bzw. das der Erhaltung des Bezugsganzen einer vertrauten Welt im physischen wie seelisch-geistigen Sinn und der damit einhergehenden Eindämmung und Ausgrenzung einer Außensphäre der Ungeborgenheit, des Bedrohlichen und Fremden. Jeder Versuch eines bleibenden Rückzugs in selbstzufriedene Seßhaftigkeit und des Verschanzens in einem Bollwerk frageloser Sicherheit führt notwendig zu einem Abgleiten in ein „falsches Wohnen" bzw. ein Nicht-mehr-Wohnen-können. Ein krampfhaftes Festhaltenwollen an einer ein für allemal gegründeten Wohnordnung und geschlossenen Welt führt nach Bollnow zu einer „Versteifung im Gehäuse"[27] und damit zur Erstarrung des menschlichen Lebens und Wesens, das früher oder später am unvermeidlichen Einbruch zerstörerischer Kräfte und Mächte zerbrechen muß.

Daher muß der Mensch Bollnow zufolge „in jedem Haus zugleich die innere Freiheit bewahren, dies Haus auch wieder verlassen zu können."[28] Der Mensch *kann* die Freiheit seines Wohnens also nur verwirklichen, wenn er seine Selbstbegrenzung auch wieder durchbricht und öffnet und den Weg hinaus in den gefährlichen Außenraum wagt, wie es Bollnow an der „Tür" phänomenologisch zum Ausdruck bringt, die nicht nur *ab*schließende, sondern auch *auf*schließende Grenze des bergenden Innenraums ist.[29]

Der *Weg* bzw. das *Unterwegsein* ins Freie, die wesenhafte *Ent*grenzung in die Offenheit der „weiten Welt" und der „Fremde" steht dabei nicht im Gegensatz zum Wohnenkönnen, sondern ist für dieses gleichermaßen ursprünglich, jedoch hängt dessen jeweils aktualisierte Qualität und Funk-

---

[26] Bollnow, Mensch und Raum, a. a. O., S. 136.

[27] A. a. O., S. 307.

[28] A. a. O., S. 138.

[29] Vgl. a. a. O., S. 154 ff.

tionalität wesentlich ab von der Art und Weise dieses Unterwegsseins. „Die Bewegung auf dem Wege“ ist nach Bollnow „kein beliebiger zeitweiliger Aufenthalt, sondern bezeichnet eine – und vielleicht sogar *die* entscheidende – Grundsituation des Menschen in seiner Welt.“[30]

Als Negativbeispiel eines dem menschlichen Wesen ungemäßen Unterwegsseins führt Bollnow immer wieder den existentialistischen Typus des rast- und ruhelosen Wanderers an, der die Entschlossenheit eines *Unterwegs*seins verabsolutiert, und sich in der Fremde verliert.

Weder im krampfhaften Festhalten an einer bergenden Bleibe noch in der weltläufigen Offenheit eines Überall-und-Nirgends vermag sich menschliches Wesen als Wohnenkönnen zu erfüllen. Der Mensch „gibt sein Wesen ebenso sehr preis, wenn er sich an das endliche Dasein verliert, als auch, wenn er sich heimatlos von der Unendlichkeit verzehren läßt.“[31] Aufenthalt und Unterwegssein stehen also in einem bestimmt gearteten Wechselverhältnis, wie es gegen Ende von „Mensch und Raum“ deutlich wird: „Jedenfalls kann für den Menschen erst auf dem Boden dieser Lösung von der unmittelbaren Bindung an den Raum das Wohnen als eine neue, in Freiheit gewonnene Bindung zur über seine Wesenserfüllung entscheidenden Aufgabe werden.“[32]

Das Unterwegssein als „Grundsituation des Menschen“ verstanden, erweist seine Sinnfälligkeit und Notwendigkeit nach Bollnow also in einer auf eine wesenhafte Mitte zentrierten Doppelbewegung von „Fortstreben und Wiederkehren“[33] bzw. „Fortgehen und Zurückkehren“[34] oder spezifischer als „Aufbruch in die Fremde“ und anschließender „Heimkehr“.[35] „Eine Heimkehr ist sinnvoll nur als Gegenbewegung, wenn eine große ausgreifende Bewegung in die Fremde vorausgegangen ist.“[36] Gerade Letztgenanntes impliziert, daß das „Fortgehen und Zurückkehren“ keine in sich geschlossene Kreisbewegung immerwährender Rückkehr in ein

---

[30] A. a. O., S. 52 f. Hervorhebung von mir.

[31] Bollnow, Neue Geborgenheit, S. 196.

[32] Bollnow, Mensch und Raum, a. a. O., S. 300.

[33] A. a. O., S. 190.

[34] A. a. O., S. 81, 123 u. a.

[35] Vgl. a. a. O., S. 190.

[36] A. a. O., S. 190.

ehedem Gehabtes beinhaltet. Vielmehr vermag sich erst in diesem wechselseitigen Bedingungszusammenhang von *Aufenthalt und Unterwegssein*, der unaufhebbaren Spannungseinheit von Begrenzung und Entgrenzung im Verhältnis von Innen und Außen, Haus und Fremde, Aufenthalt im bergend-umschließenden Eigenraum einerseits und Aufbruch in die Offenheit eines Ungeborgenseins andererseits menschliches Wesen als Wohnenkönnen lebendig zu erhalten bzw. zu erneuern.

Wie im Vorgang des *Übens* eine bestimmte Kunstfertigkeit nur durch ständig wiederholtes Tun als verfügbares Können lebendig erhalten und nur in immer erneuten Anläufen verbessert werden kann, so muß auch der geschaffene Raum der Geborgenheit im *durativ-iterativen* Sinn immer wieder gegen die andrängende Ungeborgenheit und das einbrechende Chaos neu gesichert, in seinem Ordnungsgefüge erhalten und darüber hinaus im *meliorativen* Sinne gestaltet werden. Recht verstandenes Wohnen im Sinne eines Wohnhaft-*werdens* ist demnach ein sich je und je neu konstituierendes und verbesserndes Wohnen-*können* im zirkulären Wechselbezug von Aufenthalt und Unterwegssein.

Diese dynamische Doppelstruktur des Wohnenkönnens findet sich, wenn man Bollnows Gesamtwerk in Betracht zieht, gleichermaßen im *zeitlichen*, *sprachlichen* und *erkenntnis- und wahrheitsbezogenen* Mensch-Welt-Verhältnis und ist damit für das Menschsein im Ganzen fundamental. Dies möchte ich nun an einem Beispiel aufzeigen.

3. Wohnenkönnen im Erkenntnisbezug

Ich knüpfe an den bereits genannten frühen Diltheyaufsatz an, wonach der Mensch in der *Weltanschauung* „wohnt“: „Wie der Mensch Bestimmtheit nur dadurch erwerben konnte, daß er die schwankende Stimmung fixierte zur festen Weltanschauung, so entgeht er der Starrheit eines festen Gehäuses, das dann sein Leben behindert, nur dadurch, daß er ... sich von der ein für allemal festgelegten Weltanschauung wieder löst, um sich erneut auszuliefern dem Wechsel der Aspekte.“[37] Der Mensch muß sich also in einer Weltanschauung als Inbegriff seiner Weltdeutung im Ganzen immer wieder *neu gründen*, um sich im Wohnenkönnen lebendig zu erhalten, d. h. im Einklang zu bleiben mit dem Lebensganzen, in dem er zu-

[37] Bollnow, Diltheys Lehre von den Typen der Weltanschauung, a. a. O., S. 12.

gleich *sich gründet*. Hier ist in nuce schon angedeutet, was Bollnow später im Zusammenhang seiner „Philosophie der Erkenntnis“[38] näher betrachtet, nämlich die Apriorität und Korrekturstruktur der *Erfahrung*, die ich hier exemplarisch herausgreife, da sich darin die räumlichen, zeitlichen, sprachlichen und erkenntnisbezogenen Aspekte eines Wohnenkönnens geradezu archetypisch widerspiegeln.

In Bollnows Darstellung lassen sich am Erfahrungsbegriff zwei Bedeutungsschichten unterscheiden: *Erstens* eignet der Erfahrung ein konservatives bzw. stetiges Moment. Es ist die Erfahrung im substantiell-abgeschlossenen Sinn, die der Mensch im Laufe der Jahre im Zuge seiner Lebensführung und Weltbewältigung macht und die sich einbegrifflich in der sog. *Lebenserfahrung* mehr oder weniger bewußt sedimentiert. Die Lebenserfahrung geht zusammen mit dem „Schon-immer-Gekonnten“ eines allgemeinen Lebens- und Weltverständnisses. Es bildet darin den vorgängigen apriorischen Horizont eines verfügbaren Könnens, in dem und aus dem der Mensch gesichert und geborgen lebt.[39] Die Erfahrung in diesem stetigen Sinne entspricht darin dem vorgenannten vierfältig gelegten *Grund* eines menschlichen Wohnenkönnens im Bezugsrahmen eines gewohnten, in sich relativ geschlossenen, bergenden *Aufenthalts*.

Zweitens gibt es eine unstetige, „schmerzhafte“ bzw. existentielle Seite der Erfahrung, „die nie abgeschlossen ist“[40], wie es im offenen Verbalsinn des Wortes „erfahren“ zum Ausdruck kommt, und wie es insbesondere dessen *räumlicher* Aspekt veranschaulicht: Der Mensch „muß hinaus in die Welt“ und in die „Fremde“. Er muß sich „den Mühen der Fahrt unterziehen“.[41] Damit ist das Unterwegssein dessen angesprochen, der sich in die ganze Ge-*fahr* der offenen „Fahrt“ begibt und der schmerzhaften Er-*fahrung* der Fremde nicht ausweicht. Andererseits bedingt die unauf-

---

[38] Otto Friedrich Bollnow, Philosophie der Erkenntnis. Das Vorverständnis und die Erfahrung des Neuen. Verlag W. Kohlhammer Stuttgart u. a. 1970.

[39] Zur Einheit von Erfahrung und „Können“ vgl. a. a. O, S. 135 f. sowie Otto Friedrich Bollnow, Lebenserfahrung und Erkenntnis in philosophischer Sicht. In: Universitas 28 (1973), S. 879.

[40] Otto Friedrich Bollnow, Einfache Sittlichkeit. Kleine philosophische Aufsätze. Verlag Vandenhoeck u. Ruprecht Göttingen [4]1968, S. 165.

[41] Bollnow, Philosophie der Erkenntnis, a. a. O., S. 129.

hebbare Fragilität jeglichen geborgenen Aufenthalts, daß jederzeit etwas unerwartet Neues und Fremdes störend in den gewohnten und vertrauten Lebenszusammenhang schicksalhaft einbrechen kann, das den Menschen aus seiner Bleibe heraustreibt und zur bewußten Auseinandersetzung mit dem solchermaßen Widerfahrenden zwingt.

Beiderlei Formen unstetiger Erfahrung, des aktiv *Er*-fahrenen wie des passiv *Wider*-fahrenen setzen den Menschen nicht nur räumlich in *Bewegung*, sondern halten auch in erkenntniskritischer Sicht sein Wohnenkönnen als Unterwegssein auf dem Laufenden. Die Konfrontation mit einem *Neuen*, das sich nicht, wie ein bloß „relativ" Neues, bruchlos in das vorwaltende Verständnisganze seines Könnens einfügt, sondern ein „absolut Neues"[42] darstellt, bringt den Menschen in die Krise und zwingt ihn, den apriorischen Horizont seines Könnens zu erweitern bzw. so umzugestalten, daß das aus den Fugen geratene Selbst-Welt-Verhältnis wieder ins Gleichgewicht kommt. Eine solchermaßen existentiell eingreifende neue Erfahrung wirkt also auf das Apriori der Lebenserfahrung und damit des Wohnenkönnens korrigierend zurück und bedingt dessen optimierende Verwandlung.

Es handelt sich um den gleichen Vorgang, den Misch „,das Sichgestalten aus dem Grenzenlosen als die große Leistung des Lebens'"[43] bezeichnet und den Bollnow treffend so charakterisiert: „Es ist also der doppelte Prozeß: die Gestaltung aus dem Grenzenlosen und die Öffnung des Gestalteten in neue Horizonte."[44] Allein im zirkulär offenen Bezugsganzen von Unterwegssein und Aufenthalt, d. h. erst in einer *kritisch-korrektiven* Rückbezogenheit des unerwartet Neuen auf das gewohnte Erfahrungs- bzw. Könnensapriori und dessen stets optimierter Angleichung an die Lebenserfordernisse und nur in dieser wesenhaften Offenheit für neue, es korrigierende Erfahrungen vermag sich menschliches Wesen als Wohnenkönnen lebendig zu erhalten.

---

[42] Bollnow, Lebenserfahrung und Erkenntnis in philosophischer Sicht, a. a. O., S. 882.

[43] Otto Friedrich Bollnow, Studien zur Hermeneutik Bd. I: Zur Philosophie der Geisteswissenschaften. Verlag Karl Alber Freiburg/München 1982, S. 272.

[44] A. a. O., S. 273.

4. Wohnenkönnen im Sprachlichsein

Diese wesenhafte Verklammerung einer stetigen und unstetigen Erfahrung ist sowohl für ein „Wohnhaft-werden in der Sprache" als auch in der „Zeit" gleichermaßen relevant. Zunächst zur Sprache: Der Mensch erfährt die Wirklichkeit nur im Medium und Auslegungshorizont seiner *Sprache*. Sie ist, wie Bollnow sagt, „die Behausung ..., in der wir wohnen und durch die allein wir in der Welt zu wohnen vermögen."[45]

Einerseits spiegelt die Sprache das *Erfahrungs*ganze der erworbenen Auffassungs- und Ausdrucksformen, die dem menschlichen Aufenthalt ein „vertrauend-verstehendes Verbundensein" mit der Welt im Ganzen gewährt. In den sprachlichen Ausdrucksformen gewinnt der Mensch überhaupt erst Zugang zur Wirklichkeit in ihrer Ding- und Sinnhaftigkeit. Die Bestimmtheit des sprachlichen Ausdrucks schließt dem Menschen allererst Welt auf und erlaubt in ihr ein geborgenes Sich-zurecht-Finden. Umgekehrt wirkt das Sprachlichwerden von Welt auf das Menschenwesen gestaltend zurück und ermöglicht ihm ein *Sich*-Finden im offenen Horizont seines sprachgeleiteten Selbstseins. Wie das allgemeine Medium seiner Sprache dem Menschen „immer als ein Ganzes des Weltverständnisses gegeben ist"[46], so liegt in ihr zugleich der Grund seines eigensten Ganzsein-könnens.

---

[45] Otto Friedrich Bollnow, Die Macht des Worts. Sprachphilosophische Überlegungen aus pädagogischer Perspektive. Verlag Neue Deutsche Schule Essen, ³1971, S. 71 (neue pädagogische bemühungen 17/18); vgl. ders., Philosophie der Erkenntnis, a. a. O., S. 58 f. Bollnow übernimmt hier Heideggers Begrifflichkeit von der Sprache als „Haus des Seins" sowie einem „Wohnen in der Sprache" (vgl. Martin Heidegger, Über den „Humanismus". Brief an Jean Beaufret, Paris. In: Ders., Platons Lehre von der Wahrheit. Verlag Francke Bern/München ³1975, S. 60 f). In deren Ausdeutung darf nicht der grundsätzliche Unterschied Beider übersehen werden. Während Heidegger in seiner *seins*-andenkenden Deutung von der für Bollnow bestimmenden Tradition eines Humboldt und Dilthey betontermaßen abrückt (vgl. Martin Heidegger, Unterwegs zur Sprache. Verlag Neske Pfullingen ¹¹1997, S. 19 f., 31, 171), bleibt Bollnow auf das *anthropologische* Wesen der Sprache zentriert.

[46] Bollnow, Die Macht des Worts, a. a. O., S. 64.

Andererseits ist die Grenze seiner Sprache die Grenze seiner Welt und seines Wesens. Der Mensch läuft Gefahr, in gewohnt-gewöhnlichen Sprach- und Deutungsmustern zu erstarren und seine Offenheit für ungewohnte Sprachformen bzw. für neue, noch ungesagte Erfahrungsmöglichkeiten einzubüßen. Ein Wohnenkönnen im Sprachlichsein impliziert daher immer auch ein Transzendieren des verfestigten Sprachhorizontes und ein Unterwegssein zur noch ungestalteten Wirklichkeit. Nicht daß der Mensch seine Sprache im Ganzen verlassen könnte wie eine baufällig gewordene Hütte. Es sind die sich überlebt habenden Begrifflichkeiten und Sprachformen, die den Herausforderungen einer fremdartig entgegenstehenden Wirklichkeit widerstreiten – ein Widerstreit, der das in ihnen beschlossene bzw. eingeschlossene Sinnganze in die Schwebe und ins Wanken bringt. Indem der Mensch den Aufbruch aus dem gewohnt-gewöhnlichen Sprachgebrauch wagt und *unterwegs* bleibt zur Sprache, d. h. indem er dem zur Sprache Drängenden ebenso das Wort redet wie er dem zur Sprache Gebrachten Rede und Antwort steht, vermag er im Dunstkreis des Vieldeutigen und Unbestimmten Bestimmtheit und Eindeutigkeit zu erlangen.

Die Sprache hat, wie es Bollnow in Anlehnung an Misch formuliert, „evozierenden" Charakter. „Die Sache selbst" wird „durch die Macht des Worts heraufbeschworen".[47] Aber vice versa kann die Sprache nichts von sich aus erzwingen; ist sie doch darauf angewiesen, daß „von der anderen Seite her, vom Gegenstand aus, etwas entgegenkommt".[48] Und so ist seitens des sprechenden Menschen „Gehorsam"[49] gefordert, jenseits eigenmächtiger Willkür in Sagen und Tun „die ganze Dingwerdung"[50] zu vollziehen und darin zugleich seine eigenste Wesensgestalt wohnend hervorzurufen. Mit Bollnows Worten: „Erst in dieser Anstrengung der Sprache gewinnen wir in der Welt den festen Grund einer tragenden Wirklichkeit

---

[47] Otto Friedrich Bollnow, Bemerkungen über das evozierende Sprechen in der Logik von Georg Misch. In: Josef Derbolav u. a. (Hrsg.), Sinn und Geschichtlichkeit. Werk und Wirkung Theodor Litts. Stuttgart 1980, S. 67.

[48] Otto Friedrich Bollnow, Rilke. Verlag W. Kohlhammer Stuttgart 2., erw. Aufl. 1956, S. 55.

[49] Bollnow, Die Macht des Worts, a. a. O., S. 73.

[50] Bollnow, Rilke, a. a. O., S. 124.

und werden wir in eins damit zum Selbst im strengen, eigentlichen Sinn; denn beides besteht darin, daß wir der Unbestimmtheit des Lebens und der Welt eine feste, substanzhafte Gestalt abgewinnen."[51]

Für ein sprachliches Wohnenkönnen kommt dem *Dichterwort* bei Bollnow eine ausgezeichnete Bedeutung zu. Es sind vor allem die von den Dichtern gestifteten „'Ortschaften der Worte'"[52], in denen die sprach- und erfahrungsoffene, fließende Wirklichkeit Gestalt und Bleiben erfährt und dem Menschen eine ent-*sprechende* Bleibe gewährt. Das von den Dichtern gestiftete „bleibende Verständnisganze"[53] ist jedoch keine geschlossene Behausung, vielmehr bildet es Anstoß und Antrieb, die einengende „Hülle der vorgegebenen Formen"[54] immer wieder zu durchstoßen und im Unterwegssein zur ungeformten Wirklichkeit neue Auffassungs- und Sprachformen zu eröffnen.

Auf dem Wege der sprachlichen Urbarmachung und Kultivierung seiner Welterfahrung kommt der Mensch in der Verständigung mit dem Anderen zugleich immer auch zu *sich*. Sprache und Wirklichkeit, Wort und Welt bilden darin einen sich wechselseitig hervorrufenden Erfahrungs- und Erschließungszusammenhang von *An-spruch* und *Ent-sprechung*, in dem sich das menschliche Wesen ursprünglich gründet.[55] Zugleich liegt darin der Grund für ein Unterwegs-*bleiben* im Überformen und Neuge-

---

[51] Otto Friedrich Bollnow, Probleme der Spracherziehung. Fehlformen im Gebrauch der Sprache. In: Zeitschrift für Pädagogik 11 (1965), S. 126 f. Vgl. ders., Sprache und Erziehung. Verlag W. Kohlhammer ³1979, S. 183.

[52] Bollnow, Rilke, a. a. O., S. 69. Auch hierin folgt Bollnow Heidegger, der den Dichtern für das Wohnen eine ausgezeichnete Bedeutung beimißt: „'Das Dichten läßt das Wohnen allererst ein Wohnen sein. Dichten ist das eigentliche Wohnenlassen'". Martin Heidegger, „... dichterisch wohnet der Mensch". In: Ders., Vorträge und Aufsätze. Verlag Neske Pfullingen ⁵1985, S. 183.

[53] Bollnow, Einfache Sittlichkeit, a. a. O., S. 174.

[54] Bollnow, Die Macht des Worts, a. a. O., S. 68.

[55] Hier ist insbesondere an das von Bollnow herausgestellte „Versprechen" zu erinnern. Der Anspruch eines einmal gegebenen Worts nötigt den Menschen, gegen alle Widerstände den im Versprechen eröffneten Entwurf seines Wesens *selbstwerdend* zu erfüllen. Vgl. Bollnow, Sprache und Erziehung, a. a. O., S. 192 ff; ferner: Schüz, Lebensganzheit und Wesensoffenheit des Menschen, a. a. O., S. 303 ff.

stalten der sprachgedeuteten Welt ineins mit dem eigensten Selbstsein. Erst aus diesem Selbst und Welt übergreifenden, sprachgeleiteten Bezugsverhältnis wird ein menschliches Wohnenkönnen im Sprachlich-sein überhaupt möglich.

5. Wohnenkönnen im Zeitlichsein

Sodann erschließt sich vom Erfahrungsbegriff her ein *zeitliches* Wohnhaftwerden. Im Blick auf die darin obwaltenden drei Zeitekstasen kommt es darauf an, das „richtige Verhältnis" zur Gegenwart, zur Vergangenheit und zur Zukunft zu gewinnen.[56]

Im bezug auf das *gegenwärtig* Erfahrene stellt sich für Bollnow das Problem, wie der Mensch angesichts der unerbittlich zerrinnenden Zeit, in der die „Hinfälligkeit allen zeitlichen Daseins"[57] offenbar wird, „in der Zeit selbst einen Halt gegenüber dem sinnlosen Schwinden" findet.[58] In seiner näheren Analyse der verschiedenen Zeitphänomene zeichnet Bollnow ein reich gegliedertes Bild unterschiedlicher Formen des Zeiterlebens, die mit jeweils bestimmten Formen des Tuns korrespondieren, und die von einer objektiv gemessenen Zeit deutlich zu unterscheiden sind. An dieser Stelle sei beispielsweise an die gegensätzlichen Zeitformen der Arbeit und der Muße erinnert, „die vorwärtsdrängende Zeit der Sorge und die in sich ruhende Zeit des festlichen Beglücktseins".[59] In Anbetracht der Vielgestaltigkeit und Widersprüchlichkeit der den Menschen beanspruchenden Tätigkeiten und deren jeweiliger Eigenzeit stellt sich für Bollnow die Frage nach den tragenden Bedingungen der Möglichkeit für ein „Wohnhaftwerden des Menschen" im „Ganzen der Zeitlichkeit".[60] Die

---

[56] Vgl. Otto Friedrich Bollnow, Das Verhältnis zur Zeit. Ein Beitrag zur pädagogischen Anthropologie. Verlag Quelle u. Meyer Heidelberg o. J.

[57] Otto Friedrich Bollnow, Das richtige Verhältnis zur Zeit aus philosophischer Sicht. In: Universitas 24 (1969), S. 247; vgl. Bollnow, Das Verhältnis zur Zeit, a. a. O., S. 25.

[58] Bollnow, Das Verhältnis zur Zeit, a. a. O., S. 14.

[59] Bollnow, Neue Geborgenheit, a. a. O., S. 220.

[60] Bollnow, Das Verhältnis zur Zeit, a. a. O., S. 111, vgl. ders., Französischer Existentialismus. Verlag W. Kohlhammer Stuttgart 1965, S. 139 ff.

Aufgabe besteht darin, unter dem „Druck der verschiedenartigsten Anforderungen“ die jeweils eine bestimmte Zeit beanspruchenden Aufgaben und Bedürfnisse „gegeneinander so abzuwägen“, daß der Mensch für das jeweils Wichtige im Daseinszusammenhang „die nötige Zeit hat“.[61] Menschliches Wohnenkönnen im Zeitlichsein bedeutet demnach, die verschiedenen Formen menschlichen Zeitverhältnisses zu einem gegliederten, stabilisierenden zeitlichen Gesamtgefüge, ja zu einem „Bauwerk der Zeit“ zu harmonisieren – ein Begriff, den Bollnow von Saint-Exupéry übernimmt, ganz analog zu „Haus“ und „Heimat“ des gelebten Raumes, worin sich „die konkrete Ordnung der Zeit“ gestaltet.[62]

Aber auch hier bildet das Ganze der zeitlich gegliederten Lebensordnung keinen bleibenden Aufenthalt, vielmehr ist auch im zeitlichen Wohnenkönnen ein Unterwegssein gefordert, jedoch nicht in der Weise, daß der Mensch sich vom „reißenden Strom der geschäftigen Zeit“ fortreißen läßt und darin über die „natürlichen Haltepunkte hinweglebt“.[63] Es kommt darauf an, so Bollnow, „allem seinem Tun, ohne Geiz und ohne Verschwendung, die Zeit zuzuteilen, die zu seiner Erfüllung angemessen ist. Aber es heißt zugleich: er läßt auch allem ihn angehenden Geschehen außer ihm die angemessene Zeit zukommen.“[64] Demnach heißt Wohnenkönnen im Zeitlichsein, mit *Gelassenheit* im hinnehmenden Tätigwerden und tätigen Lassen sich auf den Rhythmus zeitlichen Geschehens einzulassen bzw. sich – unterwegsbleibend – offen zu halten für die vielfältigen zeitlichen Anforderungen, um „jede von ihnen ihre Funktion im Ganzen des menschlichen Lebens“[65] erfüllen zu lassen und diese in ihrer Gesamtheit zum Sinnganzen eines wohnlichen Aufenthalts zu fügen.

Im Verhältnis des Menschen zur *Vergangenheit* hat es zunächst den Anschein, daß sich darin das gelebte Leben zu einem endgültig abgeschlossenen, unabänderlichen Ganzen eines ‚Bauwerks der Geschichte' verfestigt,

---

[61] Bollnow, Das Verhältnis zur Zeit, a. a. O., S. 17.

[62] Vgl Bollnow, Das richtige Verhältnis zur Zeit aus philosophischer Sicht, a. a. O., S. 249; VZ 37.

[63] Bollnow, Neue Geborgenheit, a. a. O., S. 220.

[64] Bollnow, Das Verhältnis zur Zeit, a. a. O., S. 22.

[65] Bollnow, Das richtige Verhältnis zur Zeit aus philosophischer Sicht, a. a. O., S. 249; ders., Das Verhältnis zur Zeit, a. a. O., S. 37.

an dem nicht zu rütteln ist. In der Tat findet sich der Mensch in seinem wohnenden Aufenthalt immer schon in einem bedeutungsgewirkten und sinngetragenen Gefüge seiner Vergangenheit vor. Allerdings ist mit der vergangenheitsgeprägten Lebenserfahrung sowohl individuell als auch im übergeordneten kulturell-kollektiven Zusammenhang keineswegs eine bleibende Festlegung verbunden. Die Faktizität des Überlieferten ist zwar unumstößlich vorgegeben, aber dessen *Bedeutung* ist durchaus nicht unabänderlich, vielmehr ist diese einer rückwärtsgewandten Um- und Neudeutung offen: „So arbeitet die Gegenwart beständig an der Vergangenheit, und erst die spätere Entwicklung lehrt, welche Bedeutung ein vergangenes Ereignis gehabt hat."[66] Das Bauwerk der Vergangenheit als tragendes wie bedrängendes Zeitverhältnis des Menschen erweist sich somit als ein *gestaltungsoffenes* Ganzes, das den Aufenthalt des zeitbedingt Wohnenden nicht nur nicht festlegt, sondern ihm in seiner niemals abgeschlossenen Deutungsarbeit ein Unterwegsbleiben im Verhältnis zur Vergangenheit gestattet. Menschliches Wohnenkönnen erweist somit seine im Verhältnis zur Vergangenheit offene Geschichtlichkeit.

Im Bezug zur *Zukunft* machen Bollnows Phänomenbetrachtungen deutlich, daß im Wohnen anstelle eines „offenen" ‚von Haus aus' ein eher „geschlossenes" Zeitverhältnis vorwaltet. Es entspricht dem besagten konservativ-stetigen Moment der Lebenserfahrung, daß der Mensch sich zunächst und zumeist auf dem Boden des gewachsenen „Bauwerks" der Zeit seiner Zukunft entgegenspannt. Jegliche zukunftsgerichtete „Planung", „Vorsorge" oder „Erwartung" entwirft das Kommende im Horizont des gegenwärtig Bekannten und Gekonnten und ist gleichsam taub und blind für alles Unerwartete und Unplanmäßige. Wahres Wohnenkönnen setzt demgegenüber ein Unterwegssein im offenen Horizont unabsehbarer Lebensmöglichkeiten voraus, das sich für die Erfahrung eines unvermutet Neuen und gänzlich Anderen disponibel hält. Der „Durchbruch" in „eine ‚offene Zeit'", d. h. in die Offenheit dessen, „was die Zukunft an nicht vorhersehbaren Erfahrungen bietet"[67], womit aber zugleich auch eine Öff-

---

[66] Bollnow, Das Verhältnis zur Zeit, a. a. O., S. 48. Hier stützt sich Bollnow vor allem auf Diltheys „Aufbau der geschichtlichen Welt in den Geisteswissenschaften" (Wilhelm Dilthey, Gesammelte Schriften Bd. VII, a. a. O., S. 276 ff.).

[67] Bollnow, Das Verhältnis zur Zeit, a. a. O., S. 95.

nung für „die ganze abgründige Gefährdung des Lebens"[68] einhergeht, gelingt erst in einer bildlosen, von jeglicher antizipierenden Vorstellung gelösten absoluten „Hoffnung". Erst das Wagnis einer vertrauenden Hinwendung zur *Zukunft* bietet die Gewähr für ein Offenhalten gegenüber unerwarteten, schicksalhaften Erfahrungen einer „schmerzhaften" oder auch „tragenden" Wahrheit und ist damit entscheidender Motor für ein *unterwegs*bleibendes Wohnenkönnen im Zeitlichsein.

6. Zusammenfassung und Schlußbemerkung

Im „Wohnenkönnen" ist also ein hermeneutischer Schlüssel für ein *übergreifendes* Verständnis menschlichen Wesens gefunden, wie es sich in Bollnows Werk erschließt. Menschliches Wesen erweist sich darin nicht als statische Grundbefindlichkeit, sondern als zukunftsoffene Prozeßstruktur im Sinne einer unaufhebbaren Zusammengehörigkeit und Spannungseinheit von Aufenthalt und Unterwegssein. Diese zeigt sich in der Dynamik eines entgrenzenden Sich-öffnens und begrenzenden Sich-gestaltens, darauf angelegt, die räumlichen, zeitlichen und sprachlichen wie erkenntnisbezogenen Bedingtheiten menschlichen Tuns und Könnens in der unwiederholbaren geschichtlichen Situation stets neu auf eine zentrierende Mitte hin *auszubalancieren*. Auch wenn das Wohnenkönnen eine das menschliche Wesen im ganzen fundierende transzendentale Struktur ausmacht, ist nichts darüber entschieden, *worin* es individuell wie gemeinschaftsbezogen sein richtiges „Maß" finden bzw. *wie* es sich inhaltlich aktualisieren soll. Dies muß im geschichtlich-kulturellen Anforderungszusammenhang jeweils situationsentsprechend entschieden und je neu in *verantwortlicher Menschlichkeit* gestaltet werden.[69]

---

[68] A. a. O., S. 72; vgl. Otto Friedrich Bollnow, Die Tugend der Hoffnung. Eine Auseinandersetzung mit dem Existentialismus. In: Universitas 10 (1955), S. 253.

[69] Angesichts der globalen Gefährdungssituation droht ein einseitig auf Konsumsteigerung ausgelegtes Immer-besser-Wohnen-*wollen* in ein Nicht-mehr-akzeptabel-wohnen-*können* umzuschlagen. Hier stehen insbesondere die hochzivilisierten Industrieländer und mit diesen jeder einzelne Bürger vor der umfassenden Aufgabe und Verantwortung, in Aufenthalt und Unterwegssein ein besseres, d. h. für Mensch und Natur ein lebensdienlicheres Gleichgewichtsverhältnis hervorzubringen. Wie ein von Bollnow her verstandenes Wohnenkönnen im

Bei alledem bildet – wie vorhin angedeutet – ein *Vertrauen*können die fundamentale Bedingung der Möglichkeit für jegliches Wohnenkönnen. Zu dem besagten zentrierenden und dynamischen Moment tritt mit dem „Vertrauen" als drittes ein emphatisches Moment hinzu, das jedoch eine eigene Betrachtung erforderte.[70] Erst im Wagnis des Vertrauens vermag der Mensch angesichts der ganzen *Abgründigkeit* und *Ge-fahr* seines endlichen Daseins diejenige räumliche, sprachliche und zeitliche Offenheit für den Anderen und Anderes zu erlangen, die es ihm ermöglicht, *sich* – im Ungeborgenen *unterwegs* bleibend – immer neu zu *gründen* und geborgen zu wohnen.

Diskussion

GÖTZ: Was mich jetzt interessiert ist noch einmal dieses stetige Fundament der Erfahrung, von dem Sie gesprochen haben: Erfahrung gewissermaßen als Sediment, als Lebenserfahrung, die uns auf der einen Seite entlastet, auf der anderen Seite aber auch einengt. Mit dem Begriff der Entlastung könnte man hier ein Stück weiterarbeiten. Mich beschäftigt in letzter Zeit, inwieweit wir von diesem Begriff der Erfahrung auch einen Bogen schlagen können zur Habitualisierung, zum Phänomen der Gewohnheit und vor allem auch zu den damit verbundenen aktuellen Fragestellungen, wie sie in der Soziologie diskutiert werden. Ich denke hier an Bourdieu, der seine Soziologie zentral auf dem Konzept des Habitus aufgebaut hat. Die Frage ist, inwieweit gerade in der Gewohnheit, in der Erfahrung als Sediment, auch die gesellschaftlich-historische Dimension mit einfließt und hier eine Verbindung zu sozialwissenschaftlichen Fragestellungen hergestellt werden kann. Das ist die eine Seite.
Auf der anderen Seite müßte genauer untersucht werden, wie die Struktur der sedimentierten Erfahrung beschaffen ist Ich denke, daß da so etwas

---

Blick auf eine *menschliche* Zukunftsgestaltung weiterzudenken wäre, siehe meine Schlußbetrachtung in: Schüz, Lebensganzheit und Wesensoffenheit des Menschen, a. a. O., S. 404-415.

[70] Vgl. Schüz, Lebensganzheit und Wesensoffenheit des Menschen, a. a. O, S. 178 ff. Zur Bedeutung des „Vertrauens" im Werk Bollnows vgl. Werner Loch, Die Macht des Vertrauens. Otto Friedrich Bollnows anthropologische Pädagogik. In: Friedrich Kümmel (Hrsg.), a. a. O., S. 214-243.

wie eine mittlere Abstraktionsebene angeschlagen ist. Bei Erfahrungen, auf die wir uns berufen, oft sogar sichernd berufen („Ich habe die und die Erfahrung gemacht ...“), spielt ja immer auch das hinein, was sich uns verschließt. Erfahrungen mache ich in gewisser Weise blind. Sie begrenzen mich, und das liegt daran, daß hier Abstraktionen, ja Abstraktionsfallen entstehen und eine gewisse Typik sich einschleicht. Man könnte sagen: Sedimentierte Erfahrungen sind gekennzeichnet durch Wenn-dann-Regeln, die sozusagen als gesicherte Muster uns schon zugänglich sind. Wenn ich richtig sehe, hat sich Bollnow vor allem auch mit der Frage beschäftigt, wie diese vermeintlich gesicherten Wenn-dann-Regeln wieder in Frage gestellt und flüssig gemacht werden können. Da spielt für ihn natürlich auch die unstetige Erfahrung, der aktuale Erfahrungsprozeß eine Rolle. Also noch einmal die Frage: Wie sieht es mit dem Abstraktionsgehalt der sedimentierten Erfahrung aus, mit den in ihr vollzogenen Abstraktionen? Das sind ja keine Gesetze, aber sie folgen einer Regelstruktur und dem könnte man noch ein bißchen nachgehen.
Bezüglich der Problematik des Widerfahrens in der unstetigen Erfahrung hat Bollnow immer wieder hingewiesen auf die Frage: Was widerfährt uns denn da? Was bricht da unerwartet ein in die gesicherte Welt und stört die Gewohnheiten, die wir uns zur Entlastung geschaffen haben? An dieser Stelle spielt bei Bollnow die Faktizität: die Tatsache, der wir nicht ausweichen können, eine ganz zentrale Rolle. Also wäre es die Faktizität der Welt, der wir nicht ausweichen können, der Welt, die in die gesicherte Umwelt hineinbricht. Dewey spricht hier von der Daßhaftigkeit: daß es so ist und ich die Erfahrung gemacht habe, daß es so ist. Das Problem der Tatsache könnte hier in die Überlegung mit aufgenommen werden. – Das sind die drei Punkte, die ich hier zur Diskussion stellen möchte.
SCHÜZ: Zunächst einmal zum Aspekt der Gewohnheit, der habitualisierten Erfahrung. Das trifft genau das, was Bollnow mit dem Begriff der Lebenserfahrung umrissen hat, und das wäre zunächst einmal auch der Inbegriff dessen, was unseren Aufenthalt bestimmt. Wir leben in gewohnten Bahnen und haben ein in sich geordnetes Gefüge, in dem wir uns bewegen. Dazu gehört das Wohnen in den konzentrischen Kreisen der Heimat und nicht nur eng bezogen das Wohnen im Haus. Deshalb hat Bollnow ja auch auf den von Gabriel Marcel in einem weiteren Zusammenhang eingeführten Begriff der Inkarnation zurückgegriffen. Der Mensch ist inkarniert in seinen Leib, in sein Haus und in seine Welt im ganzen. Das Pro-

blem dabei ist, daß die Rede von einem Inkarniertsein eine bleibende und in sich unwandelbare Struktur nahelegt, und das wäre nicht im Sinne des Verständnisses von Wohnenkönnen, wie ich es darzulegen versucht habe.
Nun zu Ihrem zweiten Punkt, der sedimentierten Lebenserfahrung. Bollnow macht deutlich, daß die Lebenserfahrung zunächst einmal keine bewußte Angelegenheit ist und sich viel mehr im Unbewußten abspielt. Es ist ein mehr unbewußter als bewußter Prozeß, innerhalb dessen die Lebenserfahrung sich aufbaut, und auch der Begriff der Sedimentierung macht das deutlich. Natürlich ist das immer auch bezogen auf das, was der Mensch im Lauf der Zeit „durchmachen muß". Das ist hier nicht so sehr im existentiellen Sinn gemeint, sondern im Sinne der Lebensfristung und der beständigen Auseinandersetzung zur Sicherung seines alltäglichen Lebens- und Wohnzusammenhangs. Es ist etwas, was sich einerseits bewußt vollzieht, andererseits aber auch tief im Unbewußten verankert ist. Bollnow spricht in diesem Zusammenhang von einem allgemeinen Lebens- und Weltverständnis, das uns trägt und unser Handeln und Verstehenkönnen bestimmt. Wir können es uns bewußt machen durch die von ihm so genannte explizierende Hermeneutik. Es bedarf einer Anstrengung und Bemühung, um dieses zunächst eher im Vor- und Unbewußten liegende Verständnis ins ausdrückliche Bewußtsein zu heben.
Und nun zu Ihrem dritten Punkt, dem Widerfahrnis. Die Schmerzhaftigkeit der Erfahrung hängt in der Tat eng zusammen mit dem Hereinbrechen einer Tatsache. Was dem Menschen als Widerfahrnis jeweils zukommt und was umgekehrt im Hinausschreiten in die Fremde und in der Auseinandersetzung mit Gefahren letztendlich zu einer Erfahrung führt, das, denke ich, ist offen. Da lassen sich meines Erachtens auch die existentiellen Momente unterbringen, die Bollnow in der Begegnung, im Appell, in der Ermahnung thematisiert. Der ganz Umkreis dessen, was den Menschen aus seinen gewohnten Bahnen herauszuwerfen droht, ist hier relevant, und ich würde das Ganze deshalb nicht so sehr auf den Einzelaspekt der Tatsache bringen. Es sind, wie gesagt, verschiedene Bezüge, und mir kam es darauf an, den Erfahrungsbegriff in diesen umfassenden Deutungszusammenhang hereinzunehmen, auch um deutlich zu machen, daß es mit den radikalen Ausprägungen der Erfahrung eines Neuen, unwiederbringlich Einmaligen und unvertretbar Anderen allein nicht getan ist. Auch wenn Bollnow von Stetigkeit und Unstetigkeit spricht, sind das Abstraktionen, die, wenn man näher hinsieht, mit einer Vielfalt von Phä-

nomenen korrespondieren. Ich denke, das wäre ein Deutungsrahmen, innerhalb dessen die verschiedensten alltäglichen und existentiellen Erfahrungsmomente unterzubringen sind.

SCHWEIZER: Mir ist an Ihrem schönen Vortrag wieder so deutlich geworden, wie sorgfältig Bollnow sich mit Heidegger auseinandergesetzt hat. Zu untersuchen, was er dann aus Heidegger macht und die Differenz herauszuarbeiten, wäre eine eigene Aufgabe. Sie haben mit Recht auf diese frühe Stelle hingewiesen[71], wo sich ein Wohnen in Weltanschauungen abzeichnet und Bollnow sich mit Recht gegen diese Entgrenzung und einen inflationären Gebrauch der Metapher des Wohnens richtet. Bollnow hat hier einen Schritt zurück gemacht, um die Grenzen des Wohnens und der Metapher des Wohnens zu bestimmen. Das scheint mir wichtig zu sein. Ich würde hier auch nicht zu früh und zu schnell den Erfahrungsbegriff mit hereinnehmen. Es gibt einen Vortrag von Bollnow über das Haushalten[72], den er 1972 in Japan an der Frauen-Universität in Koriyama gehalten hat. Er hat darin, um es modern auszudrücken, die operative Seite des Wohnens dargestellt und mit der Frage: Was ist das für eine Praxis? die Metapher des Wohnens auf den Punkt gebracht. Die operative Seite des Wohnens ist das Haushalten. Haushalten heißt, mit seinen Ressourcen vernünftig umgehen. Da entstehen dann auch die Bilder bürgerlicher Behaglichkeit und Gastfreundschaft, nach denen Bollnow sich gesehnt hat.

SCHÜZ: Der Bezug zu Heidegger wird bei Bollnow verschiedentlich hergestellt. Im Zusammenhang mit dem Wohnen spricht er in der „Neuen Geborgenheit“ sogar von einer „beglückenden Übereinstimmung“ mit diesem. Von der Seite Heideggers her gesehen, kann von einer solchen allerdings nicht die Rede sein. Gleiches gilt für die Begrifflichkeiten der Geborgenheit und der Gelassenheit. Auch wenn Bollnow sich darin von anderen bestätigt sieht, stellt er sie doch in seinen eigenen denkerischen Kontext und gibt ihnen eine eigene Deutung.

Was die Wohnmetapher angeht, mag es einen politischen Hintergrund gehabt haben, daß Bollnow diese Geschichte nach 1932 nicht weiter ver-

---

[71] Vgl. den Aufsatz über „Diltheys Lehre von den Typen der Weltanschauung“ aus dem Jahre 1932.

[72] Vom Haus-Halten. In: Reflektierte Schulpraxis Jg. 10, 1977, S. 3-10. Japanisch in: Philosophie des Haushaltens, hrsg. von F. Sekiguchi, Tokyo 1977.

folgt hat und auch 30 Jahre später in seinem Raumbuch[73] nicht an den Gedanken eines in der Weltanschauung möglichen Wohnens angeknüpft hat. Hier wird der Zugang von der Räumlichkeit her genommen, wobei Bollnow sich mit seiner phänomenologischen Methode vor Abstraktionen und Verallgemeinerungen hütet. Gleichwohl habe ich versucht den Nachweis zu geben, daß sich ihm im Durchgang durch die Phänomene bestimmte Zusammenhänge aufdrängen und das Wohnen für ihn dann doch zu einer zentralen Metapher und fundamentalen Kategorie geworden ist. Ich meine schon, daß in ihr ein bedeutender Schlüssel für die Deutung des Gesamtwerkes zu sehen ist.
Daß ich den Erfahrungsbegriff mit hineingenommen habe, sollte verdeutlichen, daß dieser auch im Zusammenhang des Wohnenkönnens verstanden werden kann und daß sich an ihm die gleichen Sinnstrukturen verdeutlichen lassen, die für Bollnow im räumlichen Zusammenhang bedeutsam waren. Daß hier sehr viel Metaphorik mitschwingt, läßt sich aber nicht leugnen.
Was die operative Seite des Wohnens im Haushalten betrifft – da will ich gerne drangehen. Es ist ja nicht nur das Haus im engeren Sinne der Raumgestaltung und Wohnlichkeit; auch der Zusammenhang mit den bürgerlichen Tugenden der immer neu herzustellenden Ordnung, des Fleißes usw. liegt auf der Hand. Nicht berücksichtigt sind indes die ökologischen Zusammenhänge, die man mit hineinnehmen müßte. (Einwurf Schweizer: Nicht hineinnehmen, sie gehören ins Zentrum!)
KÜMMEL: Typisch für dieses ganze Thema ist, daß man da zwiespältig reagiert. Was zwiespältig ist, ist kein stabiles Gefüge und kann immer nach der einen oder anderen Seite kippen.
SCHOLTZ: Ich frage mich, ob das Wohnen wirklich ein Thema der Anthropologie ist oder nicht schon in das Thema des kommenden Vortrags über das „gute Leben“ gehört. Man könnte darauf hinweisen, daß ēthos im Griechischen auch ein Wort für den rechten Wohnort ist. Dagegen als Thema der Anthropologie scheint mir das Wohnen nicht spezifisch zu sein. Es gibt ja auch andere Lebewesen, die in dem von Ihnen beschriebenen Sinne wohnen, z. B. das Kaninchen in seiner Höhle. Sprachlich ist das Wohnen eine Metapher; und als anthropologische Kategorie scheint sie mir nicht so geeignet zu sein.

---

[73] O. F. Bollnow, Mensch und Raum, Stuttgart 1963 u. ö.

SCHÜZ: Ich denke, daß mit einer solchen Analogie etwas ganz Entscheidendes ausgeblendet wird. Es macht einen Unterschied, ob man das Nest oder den Bau im Sinne der tierischen Funktionskreise und ihrer Umweltbindung versteht, oder ob es sich um ein bestimmtes gestaltoffenes Selbst- und Weltverstehen handelt, von dem her das Wohnen einen zentralen Stellenwert bekommt.
SCHOLTZ: Das glaube ich, aber dann müssen Sie wie Scheler auf den Unterschied von Welt und Umwelt abheben und können es nicht so darstellen, wie Sie es gemacht haben.
SCHÜZ: Das würde ich bestreiten. In meiner Arbeit[74] habe ich mit Bezug auf Scheler, Gehlen und Plessner den Begriff der *Welt*offenheit herausgearbeitet und davon unterschieden, was ich die *Wesens*offenheit des Menschen nenne. Aber das würde jetzt zu weit führen. Nur einem muß ich noch deutlich widersprechen. Mit Bollnow kritisiere ich die unselige Trennung der Disziplinen: hier Anthropologie, da Ethik, da Erkenntnistheorie usw. Für ihn gibt es eine solche Disziplinentrennung mit Recht nicht mehr, auch wenn sich die universitäre Organisation schwer tut, sich von ihr freizumachen.
Das von Ihnen genannte Ethos ist auch für mich ein ganz wichtiger Punkt und in die pädagogische Perspektive einer Ethoserziehung mit hineinzunehmen. Sittlichkeit ist ja nicht von der Anthropologie abzutrennen, und auch die Phänomene der „Einfachen Sittlichkeit"[75] und der „Tugenden"[76] werden von Bollnow ja stets im Bezugsrahmen der Frage nach einem Verständnis des Menschen thematisiert. Die anthropologische Leitfrage lautet: Wie ist der Mensch im ganzen zu verstehen, wenn dieses bestimmte Phänomen darin einen unverzichtbaren Stellenwert haben können soll?[77] Dies gilt für alle Phänomene gleichermaßen. Es ist zugleich die Frage

[74] Gottfried Schüz, Lebensganzheit und Wesensoffenheit des Menschen. Otto Friedrich Bollnows hermeneutische Anthropologie. Verlag Königshausen & Neumann Würzburg 2001.

[75] O. F. Bollnow, Einfache Sittlichkeit. Kleine philosophische Aufsätze. Göttingen 1947 u. ö.

[76] O. F. Bollnow, Wesen und Wandel der Tugenden. Frankfurt a. M. 1958 ff.

[77] Vgl. dazu O. F. Bollnow, Die anthropologische Betrachtungsweise in der Pädagogik. Neue deutsche Schule Verlagsgesellschaft mbH., Essen 1965 (neue pädagogische bemühungen 23).

nach dem Einzelphänomen und nach einer es übergreifenden Kategorie. Das Bewußtsein des Wohnens ist ein solches Phänomen und zugleich eine übergreifende Kategorie, die sowohl die Anthropologie als auch die Ethik und die Erkenntnistheorie umgreift. Wenn man hier die einzelnen Aspekte trennt, wird man dem Leben im ganzen nicht gerecht. Wir müssen uns immer wieder bewußt machen, daß das künstliche Trennungen sind, um der Schwäche unseres Verstehensvermögens etwas abzuhelfen. Mit der Devise, das Leben aus ihm selbst heraus zu verstehen und keine von anderswoher genommenen Kategorien an es heranzutragen, ist Bollnow zeitlebens Dilthey treu geblieben.

LOCH: Ich sehe ein Problem im Verhältnis von Wohnen und Erfahrung. Operativ im Sinne von Herrn Schweizer formuliert würde ich fragen, ob und inwieweit wir im gewohnten Leben noch Erfahrungen machen können. Erfahrung setzt, wie Herr Scholtz schon gezeigt hat, eine Bewegung voraus, und – wie hat Luhmann einmal gesagt: eine Norm ist eine Entschlossenheit nicht zu lernen. Auch das Ethos, was ja ursprünglich Gewohnheit heißt, zeigt diese Ablehnung des Neuen in der Moral.

Die zweite Frage bezieht sich auf den auffallend häufigen Gebrauch des Wortes Können in Ihrem Vortrag, und das muß ja einen Grund haben. Kant hat bekanntlich die drei Fragen gestellt: Was muß ich wissen? Was darf ich hoffen? Was sollen wir tun?, woraus die Grunddisziplinen hervorgegangen sind, und er hat sie gebündelt in der vierten, anthropologischen Grundfrage: Was ist der Mensch? Ich würde sie gerne so umformulieren: Was können wir können? Ich formuliere das extra so umständlich, weil die Frage: Was müssen wir können? nicht genügt, wenn der Mensch, wie Plessner es formuliert hat, durch sein Können bereits zu einer Bedrohung seiner Zukunft geworden ist. Ich sehe da im Hintergrund einen Sachverhalt, den Aristoteles in seiner Nikomachischen Ethik mit dem Begriff der δεινότης umschrieben hat. Das ist eine Fähigkeit, die sowohl hilfreich ist und die man braucht, um Tugenden zu realisieren, die aber auch zerstörerisch sein kann. Mir scheint die Frage nach dem Modus des Könnens die entscheidende Frage der Anthropologie zu sein, im Unterschied zur Ethik, zur Erkenntnistheorie und zur Theologie. Wenn man sich darüber Gedanken macht, welche Funktion in Ihrer Rede das Wort „Können" im Hinblick auf die Anthropologie Bollnows und das Prinzip der offenen Frage hat, dann könnte das auch ein Beitrag werden zu dem, was Sie unter einer hermeneutischen Anthropologie verstehen.

SCHÜZ: Bollnow hat im Zusammenhang mit der Lebenserfahrung seinerseits deutlich gemacht, wie verfestigend diese Erfahrung sein und wirken kann. Auf Herbart rekurrierend, sagte er einmal: Die Erfahrung eines neunzigjährigen Schulmeisters ist die Erfahrung eines neunzigjährigen Schlendrians. Gerade deshalb setzt er diesem fixierenden Erfahrungsbegriff einen offenen Erfahrungsbegriff gegenüber. Der Mensch kann sich auch in seinem Wohnen nur erhalten, wenn er die notwendige Offenheit hat und den von außen und innen kommenden Konfrontationen nicht aus dem Wege geht. Er fällt immer wieder aus der Harmonie mit seiner Umwelt heraus und muß den Einklang mit den äußeren und inneren Bedingungen seiner Lebensverhältnisse immer von neuem herstellen. Der Mensch fällt immer wieder aus dem Gleichgewicht heraus und steht vor der Aufgabe, dieses wieder herzustellen und zu sichern, und zwar im Kleinen wie im umfassenden, auch globalen Sinn. Das kann auf alle Ebenen menschlichen Handelns übertragen werden.
All das impliziert ein „Können". Kant dreht in seiner Ethik den Könnensbegriff um und rückt das Sollen in den Vordergrund wenn er sagt: Du kannst, weil du sollst. Man müßte dieses Diktum umkehren und sagen: Du sollst, weil du kannst! Das Können ist nicht eine bloße Möglichkeit im Sinne der aristotelischen potentia, sondern vielmehr die konkret vollzogene Wirklichkeit selbst. Die tätig vollzogene Wirklichkeit des Lebens, und was der Mensch in ihr hervorgebracht hat, hat eine normative Funktion. Im Können liegt der beständige Versuch, die Formen und Gestalten, die das Leben ausmachen und die zu zerfallen drohen, immer wieder zu ordnen, zu sichern und von neuem zu gestalten. Das Wohnen des Menschen ist von daher gesehen ein Wohnen-*Können*, das immer wieder von einem drohenden Abgleiten in ein Nicht-können her verstanden werden muß. Der Mensch steht ständig vor der Situation, etwas, über das er glaubte verfügen zu können, nicht mehr zu können. Und damit hängt m. E. die δεινότης zusammen, von der Sie sprachen: die Problematik der Riskiertheit des Menschen, der sich selber zur Bedrohung wird.
Dann zur Frage der hermeneutischen Anthropologie. Hermeneutische Anthropologie deshalb, weil das Wesen des Menschen zirkulär verstehend erschlossen wird. Ich verweise noch einmal auf die anthropologische Leitfrage Bollnows: Wie muß das Wesen des Menschen im ganzen beschaffen sein und verstanden werden, damit sich dieses einzelne Phänomen darin als sinnvoll und notwendig erweist? Es gilt, das Einzelne aus dem Ge-

samtzusammenhang des menschlichen Lebens zu begreifen und diesen umgekehrt von jenem her zu deuten. Hermeneutische Anthropologie ist der Versuch, den Menschen Verstehen von einzelnen Lebensphänomenen her zu erschließen und diese hereinzunehmen in ein umfassenderes Verständnis des Menschen. Auch wenn ein solcher hermeneutischer Zirkel das Verstehen des menschlichen Lebens im ganzen betrifft, muß er gleichzeitig dazu dienen, die Frage seiner Wesensbestimmung offen zu halten. Ich rede in diesem Sinne von der „Wesensoffenheit" des Menschen, die die Frage nach einer übergreifenden Strukturgesetzlichkeit allerdings nicht ausschließt.

GIEL: An dieser Stelle wird deutlich, wie schwer wir es mit Bollnow haben. Auch deshalb, weil er seine Philosophie nie wirklich vollendet durchgeführt hat. Darüber hat er am Ende seines Lebens selber melancholische Bemerkungen gemacht. Er hat eine eigentümliche Scheu gehabt, das, was ihn wirklich bewegt hat, der Öffentlichkeit preiszugeben. Es war eine ganz seltsame Scheu, die er am Ende seines Lebens auch zugestanden hat. Mit dem Wohnen hat er, wahrscheinlich von Merleau-Ponty, einen Begriff aufgegriffen, in den er seine ganze Philosophie eingepackt hat, ohne sie je ausgeführt zu haben. In Gesprächen hat er immer wieder betont, ihm schwebe eine Philosophie der Hilfszeitwörter vor: sein, haben und können.

Beim „sein" (als Verbum) ging es ihm immer wieder um das Verhältnis von Logik und Ontologie. Man kann nur im Medium einer ausgeführten Logik über das Sein reden und nicht in der Form einer umgreifenden Ontologie. Da spielen dann Josef König und bezüglich der „Tatsache" auch Günther Patzig mit seinem Beitrag über „Satz und Tatsache" zur König-Festschrift eine große Rolle für ihn.[78] Aber das war nur ein Aspekt der Philosophie für ihn. Übrigens, was Josef König betrifft, hat er seine Schüler immer wieder gefragt, was man denn meine. Ich habe einmal ganz frech zu ihm gesagt: Lassen Sie doch die Finger von dem Josef König. Was bringt das schon! Er hat sich das angehört und doch gemacht, was er wollte.

In das „haben" spielt bei ihm wahrscheinlich Chr. Wolff und der „christliche Haushalt" (die salus domestica) hinein. Aber er zitiert ja nicht immer,

---

[78] Günther Patzig, Satz und Tatsache. In: Harald Delius/Günther Patzig (Hrsg.), Argumentationen. Festschrift für J. König. Göttingen 1964, S. 170 ff.

und wenn er zitiert dann nicht immer genau. Das Problem des Habens war nicht das des Haushaltens im engeren Sinn: daß man sein Zeug zusammenhält, sondern die Umwandlung von Dingen, von Waren in Güter. Man müßte vor diesem Hintergrund einmal versuchen, die Bollnowschen Summenbegriffe aufzudröseln: Wo ist was? Wo ist im Wohnen das eine und wo ist das andere zu finden, und wenn es zusammengeht, wie geht's zusammen?

Bei unserem Zusammensein geht es auch darum, Bollnow einmal aus dem Gehäuse seiner eigenen Sprache zu befreien. Da war mir Ihre Anspielung auf Diltheys Weltanschauungsproblematik ganz wichtig. Hier wäre es wirklich geboten, Bollnows Dinge einmal in ihrem zeitgeschichtlichen Kontext zu sehen. Das Thema „Weltanschauung" war für Dilthey und seine Schüler von anderer Seite her zu einem heißen Eisen geworden durch das öde, dumme Machwerk von Julius Langbehn mit seiner germanischen Weltanschauung samt allen ihren schlimmen Folgen im Nazismus. Frischeisen-Köhler hat daraufhin einen Sammelband „Weltanschauung" herausgegeben, in dem Dilthey, Troeltsch, Simmel, Groethuysen und noch ein paar andere auf diese Trends geantwortet haben. Da mußten die Lebensphilosophen Paroli bieten, um zu zeigen: Das nicht! Nicht dieser dumme Angriff auf die Wissenschaft! (Langbehn wollte ja auch die ganze Berliner philosophische Fakultät zum Teufel schicken.) Gerade auch für die Beschäftigung mit Bollnow wäre es wichtig, diese zeitgeschichtlichen Zusammenhänge zu beleuchten.[79]

Herr Götz hat auf den Zusammenhang zwischen der Problematik Bollnows und modernen sozialwissenschaftlichen Fragestellungen hingewiesen. Was Bollnow an der sedimentierten Erfahrung beschäftigt hat, war das, was er in Anlehnung an Scheler das steigende oder wachsende Apriori genannt hat. Die damit verbundene Problematik spielt in der gegenwärtigen Diskussion um die „memoria" (Halbwachs, Trabant, Jan und Aleida Assmann u. a.[80]) eine überaus wichtige Rolle. Da finden sich bei Bollnow

[79] Vgl. dazu Bernhard Groethuysen, Die Entstehung der bürgerlichen Welt- und Lebensanschauung in Frankreich. 2. Bde. Halle a. d. Saale 1927 und 1930.

[80] Vgl. dazu Harald Weinrich, Typen der Gedächtnismetaphorik. In: Archiv für Begriffsgeschichte Band 9 (1964), S. 23-26; Aleida Assmann, Zur Metaphorik der Erinnerung. In: Gedächtnisbilder. Vergessen und Erinnern in der Gegenwartskunst, hrsg. v. Kai-Uwe Hemken, Reclam Verlag Leipzig 1996, S. 16-46 und die

sehr frühe Hinweise auf Dinge, die heute erst produktiv und fruchtbar weiterentwickelt werden.
Wir könnten uns im Blick darauf die Frage stellen, wie ein Ausbrechen aus der Sprache Bollnows möglich ist, ohne das, was er sagte und sagen wollte, zu zerstören. Die andere Frage war: Wo sitzt er zeitgeschichtlich? Die ganzen dummen Angriffe auf Bollnow sind einfach ein Nichtwissen, ein Nichtkennen der zeitgeschichtlichen Zusammenhänge. Und das Dritte wäre die Frage: Wo sind fruchtbare Anknüpfungspunkte in der modernen Forschung und der zeitgenössischen Philosophie?[81]
BRÄUER: Noch einmal zur zeitgeschichtlichen Situation. In der Phase, in der das Raumbuch im Entstehen war, hat Bollnow selbst dafür gesorgt, daß es eine Ringveranstaltung gab, in der Historiker, Siedlungsgeographen, Volkskundler usw. aufgetreten sind, die sich alle mit diesem Thema „Mensch und Raum" beschäftigt haben. Den vielen Differenzierungen gegenüber geriet Bollnow immer wieder auf die Seite dessen, der nach verallgemeinerbaren Strukturen fragt. Der Historiker Ritter z. B. hat sich bemüht zu zeigen, daß das Haus geschichtlich auch unter ganz anderen Vorzeichen gesehen werden kann. Das „Haus" der Staufer, der Welfen usw. ist immer unterwegs gewesen und hat da und dort einmal auf einer Pfalz eine vorübergehende Bleibe gefunden. Bollnow hat jedesmal zugestimmt mit „ja, natürlich, aber ..." und hat dann von seiner Vorstellung her dazu Stellung bezogen. Ich füge das bloß an, weil sein stetiges Verlangen, originär bei Einzelphänomenen einzusetzen, es nicht ausgeschlossen hat, daß auch er gezwungen war, nach dahinterliegenden, verallgemeinerbaren Strukturen zu fragen. Das bleibt aber ein Problem bei ihm, das würde ich auch so sehen. Es ist bei ihm ja vieles zum Quasi-System geworden

---

hier angegebene Literatur; Aleida Assmann, Erinnerungsräume. Formen und Wandlungen des kulturellen Gedächtnisses. Verlag C. H. Beck München 1998; Reinhart Herzog, Aeneas' episches Vergessen. Zur Poetik der memoria. In: Memoria. Vergessen und Erinnern, hrsg. v. Anselm Haverkamp und Renate Lachmann unter Mitwirkung von Reinhart Herzog, Wilhelm Fink Verlag München 1993, S. 81-116; Harald Weinrich, Lethe. Kunst und Kritik des Vergessens. 3. Aufl. Verlag C. H. Beck München 2000.

[81] Herr Gantke gibt dazu einen Hinweis auf das Buch von Alois Hahn, Erfahrung und Begriff. Zur Konzeption einer soziologischen Erfahrungswissenschaft als Beispielhermeneutik. Frankfurt a. M. 1994.

trotz seiner ständigen skeptischen Sorge, daß voreilige Konstruktionen oder Reduktionen auf „nichts anderes als ..." zustande kommen könnten. Daß ein anderer Mensch, der eben noch dabei war, mit seinem Emigrantentrauma fertig zu werden, mit diesem Problem der „Neuen Geborgenheit" und des „Wohnens" nicht recht zu Streich kam, versuche ich ein Stück weit auch ernsthaft zu verstehen. Daß unerachtet des Erfolgs des Raumbuchs – es hat von allen Büchern Bollnows die höchsten Auflagen erreicht – andere auch darin eine despektierliche kleinbürgerliche Eigenheit gesehen haben, wirkt bis heute nach, so daß ein Versuch, die damit verbundene Fragestellung wieder neu zu thematisieren, einhergehen muß mit dem, was Klaus Giel so trefflich gesagt hat: Man muß dasselbe vielleicht in einer anderen Sprache noch einmal sagen.

SCHÜZ: Jenes Mißverständnis rührt vielleicht auch daher, daß Bollnow die Geborgenheit im Haus so stark akzentuiert hat und das gleichermaßen konstitutive Unterwegssein nicht ebenso betont. Das Unterwegssein des Menschen kommt in diesem Buch im Zusammenhang mit dem Hinausgreifen in die „weite Welt", mit dem „Fremden" und „Fernen" zur Sprache, aber das ist ein anderes Unterwegssein, wie wir es von der Romantik her kennen. Was er exemplarisch festmacht an der Straße und dem zielbezogenen Verhalten in gewohnten Bahnen, findet bei ihm seinen Gegenpol im Wandern, das den Aufbruch aus dem bedürfnisbezogenen und zweckorientierten Lebenszusammenhang bedeutet und dem Menschen eine Art „Rückkehr zum Ursprung" ermöglicht. Durch die Fokussierung auf diese beiden Beispiele der Straße und des Wanderns ist es schwer zu verstehen, wie nun das Unterwegssein mit dem Aufenthalt im Hause verknüpft ist und eins das andere erschließt.

Es erschwert u. U. das Verständnis, wenn man in der Sprache Bollnows verbleibt. Es erweist sich in diesem Zusammenhang aber auch als schwierig, mit Begrifflichkeiten zu operieren, die Bollnow so nicht verwendet hat und gegen die er sich selber auch gesperrt hätte. Mit dem Herantragen von Begrifflichkeiten von außen läuft man Gefahr, Sinnbezüge zu unterlegen und eine Interpretation zu versuchen, die ihn in einen ganz anderen Kontext hineinzieht, in dem er sich mißverstanden fühlen würde. Angesichts dieser Schwierigkeit war es zunächst einmal mein Versuch, Bollnow auf dem Boden Bollnows weiterzuführen. Man kann ihn aber auch in ganz anderer Richtung adaptieren.

KÜMMEL: Was Sie mit dem Wohnen machen im Sinne einer Zentralkategorie und unter dem Aspekt struktureller Gemeinsamkeiten zwischen den verschiedenen Aspekten – da ist für mich jetzt noch nicht genügend zur Sprache gekommen, wie das möglich ist. Wenn man das Wohnen strukturell nimmt als diese Doppelbewegung von Hinaus und Zurück, von Fremde und Heimkehr usw., dann ist das natürlich eine sehr alte, eingefleischte Denkfigur. Die Kategorien von Mitte und Maß und die Gefahr der Extreme spielen hier eine zentrale Rolle. Von Platon in die Diskussion gebracht und durch die Stoa gültig ausgearbeitet, hat sich der ganze Hellenismus an dieser Denkfigur festgehalten, und im Sinne der Diätetik hat das alles ja auch seine unbestreitbare Gültigkeit. Aber gerade so wollte Bollnow es ja nicht verstanden wissen. Dieses alte Denken hat seine Grenze darin gefunden, daß die radikalen Fragestellungen des neuzeitlichen Denkens in ihm gar nicht mehr untergebracht werden konnten. Man kann so alles schematisieren und muß sich dann doch fragen, wo man steht. Das Thema der Neuzeit ist das Thema des Unendlichen, ist Transzendenz und nicht Immanenz. Der neuzeitliche Mensch weiß sich als frei und geht über alle Grenzen hinaus.
Logisch betrachtet, ist das Schema der Polarität und die Rede von Mitte und Maß in einem Sinne vollständig, denn es erlaubt die verschiedensten Optionen. Man muß da also Differenzierungen vornehmen. Würde man hinsichtlich des Wohnens als einer Zentralkategorie die ganze Problematik des Weltbezugs und vor allem auch den Zeitaspekt noch stärker einbeziehen, dann sähe die Sache schon ganz anders aus. Gegenüber dem Hin und Zurück gälte es nun, auch den Gedanken absoluter Prozeßhaftigkeit unter dem Aspekt der Nichtmehrwiederkehr zu thematisieren und das im radikalen Sinne Einmalige mit in die Überlegung aufzunehmen. Dabei kommen andere Züge des Wirklichen zum Vorschein, die im Schema der Entgegensetzungen und Ausgleichsbewegungen gar nicht mehr gedacht werden können. Gestern wurde über die Immanenz des Transzendenten bzw. die Transzendenz in der Immanenz diskutiert. Auch wenn das irgendwie ineinander geht, ist hier zweifellos keine Gleichung herstellbar. Das Wohnen wäre von daher gesehen auch der Versuch, wie man im Endlichen so Fuß fassen kann, daß das Unendliche ertragen werden kann, ohne seine Unvertrautheit zu verlieren. Das so verstandene Wohnen stellt sich dann eher unter dem Aspekt eines Transitorischen und weniger unter dem eines irgendwie zu Stabilisierenden. Ich würde deshalb an dieser

Stelle das zweipolige Schema, sei es als Gegensatzstruktur oder unter dem Aspekt der Vermittlung gedacht, zunächst einmal dahingestellt sein lassen und mich ganz anderen, unüblicheren Denkfiguren zuwenden. Das gegensatzbildend-vermittelnde Denken ist zwar hoch befriedigend, aber auch bedenklich machend. Gerade weil dies ein universal gültiges Schema ist und auch noch das Inkommensurable kommensurabel zu machen verspricht, muß man von ihm loszukommen versuchen und das heißt, auch noch von ganz anderen logischen Grundannahmen ausgehen, z. B. von radikaler Disjunktivität anstatt von wechselseitiger Ergänzung und Angewiesenheit. Deutlich ist, daß das Schema der Polaritäten einem Vermittlungsdenken Raum gibt, wie es durch Hegel noch einmal in Konjunktur gekommen ist. Aber daß man alles miteinander vereinbaren und vermitteln könne, dem hätte Bollnow sicher nicht zugestimmt. Er hat seine eigene Radikalität des Unterscheidens und Auseinanderhaltens vielleicht zu sehr in Phänomenologie verpackt. Klaus Giel hat dies in Zusammenhang mit einer eigentümlichen Scheu gebracht, die jeden konstruktiven Begriff vermeidet. Aber man kann Bollnow in der Tat radikaler denken – in jeder Hinsicht –, als er sich selber zu denken gewagt hat. Sein nie versiegendes, nie sich erfüllendes Interesse an Josef König und dessen Kunst formaler Unterscheidung ließe sich von daher leichter verstehen. Formale Unterschiede sind für König radikale und das heißt von der Wurzel her gegebene Unterschiede. Da läßt sich nichts mehr vermitteln.

GIEL: Darf ich dazu noch eine Anekdote erzählen. Bollnow war in Ulm und hat dort über hermeneutische Logik gesprochen. Herr Schweizer war dabei und sagte zu ihm: Herr Bollnow, Sie sind ein subversiver Denker! Bollnow strahlte über das ganze Gesicht.

SCHÜZ: Noch ein Satz dazu. Wenn von der Doppelbewegung von Fortgehen und Heimkehr die Rede war, würde ich das nicht so verstehen, als wäre dies ein geschlossener Kreis. Das ist es bei Bollnow ja gerade nicht, es ist keine geschlossene Struktur. Auch die Zeitlichkeit muß unter dem Aspekt des Zukunftsbezugs eine ganz offene Struktur sein. Die Zirkularität des wachsenden Apriori, von dem die Rede war, enthält das grundlegend Neue und impliziert die Notwendigkeit, Weltsichten immer neu zu gestalten. Dies ist ein offener Prozeß, auf den sich die geschichtlich-kulturellen Gegebenheiten immer neu einstellen müssen. Für Bollnow liegt im Schema der Zirkularität kein restauratives Moment. Unbeschadet dessen muß sich der Mensch schon sichern, gerade weil der Kontext seines

Lebens immer neu und nie fraglos gegeben ist. Er kann sich nicht sozusagen am eigenen Schopf aus dem Sumpf ziehen. Er steht immer auf dem Boden eines gewachsenen geschichtlich-kulturellen Zusammenhangs und ist nicht in der Situation eines Robinson Crusoe, der sich seine Welt von Grund auf neu erschafft. Er steht auf einem Boden, von dem er aber immer neu abspringen muß. Insofern sehe ich da schon eine sehr offene Struktur.

KÜMMEL: Wobei der Begriff „offene Struktur" zunächst einmal ein hölzernes Eisen ist. Und doch: „Mensch, bleibe ja nicht stehn, Du mußt von einem Licht fort in das andere gehen." Sitzen bleiben dürfen wir noch weniger und machen jetzt eine Viertelstunde Pause.

Ursula Boelhauve

„Vom Geist des Übens". Ansätze zu einer eudämonistischen Ethik bei Otto Friedrich Bollnow aus philosophisch-anthropologischer Sicht*

1. Einführung in die Problemstellung

Otto Friedrich Bollnow hat in zahlreichen anthropologischen Einzelstudien dargelegt, wie ein inhaltliches Orientierungswissen zum Verständnis des Menschen aussehen kann. Dieses läßt sich als äußerst facettenreich charakterisieren. Ziel der folgenden Überlegungen ist es, in exemplarischer Form die Art des von Bollnow bereitgestellten Orientierungswissens genauer zu untersuchen. Im Mittelpunkt steht die Schrift „Vom Geist des Übens".[1]

---

* Eine stark gekürzte und veränderte Fassung dieses Beitrags ist erschienen unter dem Titel: Eudaimonistische Ethik. Otto Friedrich Bollnows Schrift „Vom Geist des Übens" im Kontext der philosophischen Frage nach dem „guten Leben". In: Zeitschrift für Didaktik der Philosophie und Ethik, 31. Jg. 2009, H. 3, S. 206-216.

[1] Otto Friedrich Bollnow, Vom Geist des Übens. Eine Rückbesinnung auf elementare didaktische Erfahrungen. 3., durchges. u. erw. Aufl. Rothenhäusler Verlag Stäfa 1991 ([1]1978). – Die Schrift „Vom Geist des Übens" ist aus Bollnows Begegnung mit der japanischen Kultur erwachsen. In Gedenken an Bollnow soll den folgenden systematischen Überlegungen seine Einschätzung zur Bedeutung dieser Begegnung vorangestellt werden. 1987 schreibt er hierzu: „Es war für mich beglückend, wenn ich spontan in dem verstanden wurde, was ich an deutscher Pädagogik mitbrachte. (...) Aber wichtiger war, was ich ... von der religiösen Welt des Buddhismus verstand und daran die tiefe Übereinstimmung mit dem empfand, was mir von Jugend an von Meister Eckhart her vertraut war. Ich fand mich selbst dort wieder, und es war, als ob eine tiefere Schicht der eigenen Seele in der Berührung mit dem japanischen Denken angesprochen wurde." (Hans Bernhard Kaufmann (Hrsg.), Kontinuität und Traditionsbrüche in der Pädagogik. Im Gespräch mit Wilhelm Flitner und Ulrich Herrmann, Otto Friedrich Bollnow und

Gezeigt werden soll, daß sich die Art des Orientierungswissens, das Bollnow in seiner philosophisch-anthropologischen Untersuchung zum Phänomen der Übung vor Augen führt, als eudämonistisches Orientierungswissen bzw. als Beitrag zu einer eudämonistischen Ethik bezeichnen läßt, die im Zusammenhang gesehen werden kann mit der gegenwärtig in der Philosophie diskutierten Frage nach dem „guten Leben".[2]

Den Begriff der eudämonistischen Ethik verwende ich dabei in Anlehnung an Wilhelm Kamlah. Dieser vertritt in dem erstmals 1972 erschienenen Buch „Philosophische Anthropologie. Sprachkritische Grundlegung und Ethik"[3] die Auffassung, „die Ethik habe sich nicht allein mit der Frage zu befassen, ‚was wir tun sollen', sondern auch mit der Frage, ‚wie wir leben können'."[4] Die zuerst genannte Fragestellung ordnet er der normativen Ethik zu[5], die das dem Menschen moralisch Gebotene thematisiert. Im Zusammenhang mit der zuletzt genannten Frage spricht er von einer eudämonistischen Ethik.[6] Den gemeinten Sinn der „Frage nach dem Leben-können" expliziert er mit Rückgang auf die Umgangssprache als „die

---

Klaus Giel, Klaus Mollenhauer und Theodor Schulze, Doris Knab und Hans Rauschenberger. Comenius-Institut Münster 1987, S. 36.)

[2] Vorbereitende Überlegungen hierzu liegen in folgendem Aufsatz vor: Ursula Boelhauve, Die Übung aus philosophisch-anthropologischer Sicht. Ein Beitrag zum Verständnis von Gelöstheit im Rahmen einer eudämonistischen Ethik. In: Jürgen Villers (Hrsg.), Antike und Gegenwart. Festschrift für Matthias Gatzemeier. Verlag Königshausen & Neumann Würzburg 2003, S. 203-230. Im Mittelpunkt des Interesses steht dort ein Vergleich zwischen Kamlahs Verständnis von Gelöstheit und Bollnows philosophisch-anthropologischer Betrachtung der Übung. Eine explizite Begründung für die Zuordnung des von Bollnow in der Schrift „Vom Geist des Übens" bereitgestellten Orientierungswissens zu einer eudämonistischen Ethik wird dort noch nicht vorgelegt. Ebenfalls nicht behandelt wird der Zusammenhang mit der gegenwärtigen Diskussion zum „guten Leben".

[3] Wilhelm Kamlah, Philosophische Anthropologie. Sprachkritische Grundlegung und Ethik, Bd. I. Wissenschaftsverlag Mannheim/Wien/Zürich 1984 ([1]1972).

[4] Kamlah, Philosophische Anthropologie, a. a. O., S. 145.

[5] Vgl. a. a. O., S. 93. Synonym hiermit verwendet Kamlah an der angegebenen Stelle auch den Begriff der Moralphilosophie.

[6] Vgl. a. a. O., S. 145.

Frage nach einem ‚gelingenden Leben',... einem ‚erfüllten Leben'" bzw. einem „‚lebenswerten Leben'."[7]

Aus geistesgeschichtlicher Sicht will Kamlah mit der Frage nach dem Leben-können den Fragehorizont der Antike nach einem „guten Leben" aufgreifen[8], der auch die „Frage nach den ‚Gütern' ..., die uns das Leben erst wahrhaft ermöglichen"[9], umfaßt. In diesem Kontext bringt er das Leben-können mit der „‚Eudämonie'", verstanden als „‚Wohl der Seele'"[10], in Verbindung, so daß er unter diesem Gesichtspunkt von einer eudämonistischen Ethik reden kann.

Wenn ich deshalb in Anlehnung an Kamlah bei Bollnow von einem eudämonistischen Orientierungswissen bzw. von einem Beitrag zu einer eudämonistischen Ethik spreche, so ist damit die Art des Wissens gemeint, die das Leben-können des Menschen über das moralisch Gebotene hinaus thematisiert und auf Möglichkeiten eines „gelingenden" bzw. „erfüllten Lebens" hinweist unter besonderer Berücksichtigung der „Eudämonie" des Menschen. Unter systematischen Gesichtspunkten kann diese Art des Orientierungswissens im Kontext der gegenwärtigen philosophischen Diskussion zum „guten Leben" gesehen werden.

Ziel der folgenden Ausführungen ist es, diese allgemeinen Aussagen im Detail zu präzisieren.

1. In einem ersten Schritt wird aufgezeigt, in welcher Weise Bollnows anthropologische Einzeluntersuchungen überhaupt mit einer ethischen Problemsicht in Verbindung gebracht werden können. Dabei steht die Struktur der anthropologischen Deutung im Rahmen der anthropologischen Betrachtungsweise Bollnows im Mittelpunkt.

---

[7] A. a. O., S. 147.

[8] Vgl. a. a. O., S. 94. Dort heißt es wörtlich: „In der Ethik fragen wir, wie wir leben *sollen*, wie wir uns verhalten, insbesondere was wir tun sollen, nach Verhaltens- und Handlungsnormen also. In der Ethik fragen wir weiterhin, wie wir leben *können*. (In diesem zweifachen Sinne fragte schon die antike Ethik nach dem ‚Guten'.) Es würde uns nicht nur ‚nichts helfen', sondern auch ‚zu nichts führen', würden wir nur auf unsere ‚Pflichten' hingewiesen, ohne zu erfahren, wie wir überhaupt leben und unseren Pflichten nachkommen können."

[9] A. a. O., S. 145.

[10] A. a. O., S. 152. Die so umschriebene Eudämonie des Menschen ist nach Kamlah zwischen Hedonismus und Moralismus angesiedelt. (Vgl. a. a. O.)

2. In einem zweiten Schritt wird untersucht, welches Verständnis von Ethik Bollnow unabhängig von der Struktur der anthropologischen Deutung in einigen seiner Schriften vorgelegt hat. Ziel dieser Überlegungen ist es, Bollnows Begriff von Ethik daraufhin zu befragen, inwiefern er für eine eudämonistische Problemsicht offen ist.
3. In einem dritten Schritt werden einzelne Aspekte aus der gegenwärtigen Diskussion zur Frage nach dem „guten Leben" aufgegriffen, um zu präzisieren, unter welchen Gesichtspunkten man in diesem Kontext bei Bollnow von einem eudämonistischen Orientierungswissen sprechen kann.
4. In einem vierten Schritt schließlich wird die Schrift „Vom Geist des Übens" im Detail vorgestellt und als Beitrag zu einer eudämonistischen Ethik ausgewiesen.
5. Abschließend soll ein Ausblick darauf gegeben werden, welche weiteren Rezeptionsmöglichkeiten sich im Werk Bollnows im Anschluß an die vorgestellte eudämonistische Interpretationsperspektive ergeben könnten.

2. Ethisches Orientierungswissen aus philosophisch-anthropologischer Sicht – die Struktur der anthropologischen Deutung

In dem Buch „Verstehende Pädagogik"[11] wird herausgestellt, daß Bollnow mit der von ihm entwickelten anthropologischen Betrachtungsweise zu Aussagen über das Wesen des Menschen[12] gelangen möchte, die immer

---

[11] Ursula Boelhauve, Verstehende Pädagogik. Die pädagogische Theorie Otto Friedrich Bollnows aus hermeneutischer, anthropologischer und ethischer Sicht im Kontext seiner Philosophie. Mit einer Bibliographie der deutschsprachigen Schriften O. F. Bollnows. LTV-Verlag Alsbach/Bergstrasse 1997 (Forum Beruf und Bildung, Bd. 8, hrsg. von Uwe Andreas Michelsen).

[12] Wenn Bollnow vom „Wesen" des Menschen spricht, ist dabei zu beachten, daß er unter dem Begriff „Wesen" kein „jenseits allen geschichtlichen Wandels" stehendes „zeitloses Wesen" versteht, sondern grundlegende Aussagen zum Verständnis des „Menschen, wie wir ihn heute in unsrer Erfahrung vorfinden". (Otto Friedrich Bollnow, Die anthropologische Betrachtungsweise in der Pädagogik. In: Eckard König, Horst Ramsenthaler (Hrsg.), Diskussion Pädagogische Anthropologie. Wilhelm Fink Verlag München 1980, S. 36-54, hier S. 37 f.) Wesensbestimmungen sind deshalb historisch und kulturell bedingte Aussagen zum Verständnis des Menschen, die gegebenenfalls revidierbar sind. Des weiteren ist zu berücksichtigen, daß die von einzelnen Phänomenen ausgehenden Wesensbe-

auch eine normative Komponente enthalten.[13] Bollnows Zentralaussage hierzu lautet: „Wenn wir nach dem Menschen fragen, dann fragen wir nicht nur nach dem Menschen, wie er ist, sondern zugleich nach dem Menschen, wie er sein soll. Wir haben dafür in der abendländischen Tradition den Begriff der Humanität oder der Menschlichkeit. Darum muß eine pädagogische Anthropologie [und damit auch die philosophische Anthropologie; d. Verf.][14] nicht nur eine Lehre vom Menschen, sondern zugleich eine menschliche Lehre vom Menschen sein."[15]

---

stimmungen nicht die Gesamtheit des menschlichen Wesens erfassen können, sondern immer nur einzelne Aspekte, die terminologisch genauer als „Wesenszüge" zu bezeichnen sind. (Vgl. Otto Friedrich Bollnow, Die anthropologische Betrachtungsweise in der Pädagogik. Neue Deutsche Schule Verlagsgesellschaft Essen (neue pädagogische bemühungen Bd. 23, [3]1975 ([1]1965), S. 58.) – Darüber hinaus ist zu beachten, daß „Wesenszüge" in einem vorsichtig hypothetischen Verfahren konstruiert werden, so daß sie als Interpretationsvorschlag bzw. als mögliche Deutung zum Verständnis des Menschen anzusehen sind. (Vgl. Boelhauve, Verstehende Pädagogik, a. a. O., S. 291.) – Sie dienen, wie Fahrenbach zu den „thematisch differentiellen Beiträgen" der Anthropologie Bollnows herausstellt, der „Selbstverständigung des Menschen in seiner Lebenswelt". (Helmut Fahrenbach, Differentielle Interpretation, Strukturanalyse und offene Wesensfrage. O. F. Bollnows Beitrag zur Methodenreflexion philosophischer Anthropologie. In: Friedrich Kümmel (Hrsg.), O. F. Bollnow: Hermeneutische Philosophie und Pädagogik. Verlag Karl Alber Freiburg i. Br./München 1997, S. 80-118, hier S. 80.)

[13] Vgl. Boelhauve, Verstehende Pädagogik, a. a. O., S. 46.

[14] Dieser Zusatz ist aufgrund des Kontextes des Zitates zulässig. Darüber hinaus ist zu beachten, daß Bollnow die von ihm entwickelten methodischen Prinzipien der anthropologischen Betrachtungsweise sowohl in der philosophischen als auch in der pädagogischen Anthropologie anwendet. Begrifflich spricht er deshalb im Bereich der Pädagogik von einer anthropologischen Betrachtungsweise in der Pädagogik, stellenweise auch von einer anthropologischen Pädagogik. Vgl. dazu die Anm. 17.

[15] Otto Friedrich Bollnow, Theorie und Praxis in der Lehrerbildung. In: Die Theorie-Praxis-Diskussion in der Erziehungswissenschaft. Beiträge vom 6. Kongreß der Deutschen Gesellschaft für Erziehungswissenschaft vom 8.-10.3.1978 in der Universität Tübingen. Hrsg. von Herwig Blankertz. 15. Beiheft der Zeitschrift für Pädagogik, Beltz Verlag Weinheim/Basel 1978, S. 155-164, hier S. 163.

Vor diesem Hintergrund läßt sich behaupten, daß Bollnows philosophische und auch pädagogische Anthropologie – die beiden Begriffe sollen an dieser Stelle nicht differenziert werden – ein unter *ethischen* Gesichtspunkten gesehenes Orientierungswissen für den Menschen bereitstellt. In diesem Sinne wird in dem oben genannten Buch in bezug auf Bollnows anthropologische Interpretationen der Einzelphänomene des menschlichen Lebens terminologisch von *normativen* Grundorientierungen gesprochen.[16]

Die Begründung dafür, daß eine solche Orientierung in Bollnows anthropologischen Untersuchungen vorliegt, ist in der Struktur der anthropologischen Deutung zu sehen.[17] Diese Struktur soll deshalb, ausgehend

---

[16] Vgl. Boelhauve, Verstehende Pädagogik, a. a. O., S. 339 f.

[17] Die Deutung ist neben der Beschreibung eine zentrale Verfahrensweise der anthropologischen Betrachtungsweise. – Der methodische Ansatz der anthropologischen Betrachtungsweise wird von Bollnow erstmals in der Schrift „Das Wesen der Stimmungen" (Otto Friedrich Bollnow, Das Wesen der Stimmungen. 8. Aufl. Verlag Vittorio Klostermann Frankfurt am Main 1995 ([1]1941)) als Grundlegung einer zunächst rein philosophischen Anthropologie entwickelt und in den sechziger Jahren als Basis einer philosophischen und pädagogischen Anthropologie in verschiedenen Schriften (vgl. insbesondere Bollnow, Die anthropologische Betrachtungsweise in der Pädagogik, a. a. O.) ausdifferenziert. Der Grundgedanke dieses Ansatzes besteht darin, eine spezifische Sichtweise zur Art und Weise, wie die Frage nach dem Menschen in einer anthropologisch forschenden Philosophie und später auch Pädagogik gestellt werden soll, zu begründen. Ab Mitte der sechziger Jahre werden hierfür vier grundlegende Verfahrensprinzipien genannt: die „anthropologische Reduktion", das „Organon-Prinzip", das „Prinzip der anthropologischen Interpretation der Einzelphänomene des menschlichen Lebens" und das „Prinzip der offenen Frage". (Vgl. Bollnow, Die anthropologische Betrachtungsweise in der Pädagogik, a. a. O., S. 30-39; vgl. auch Otto Friedrich Bollnow, Anthropologische Pädagogik. 3., durchges. Aufl. Verlag Paul Haupt Bern/Stuttgart 1983 ([1]1971), S. 28-35; vgl. Otto Friedrich Bollnow, Die philosophische Anthropologie und ihre methodischen Prinzipien. In: Roman Roček, Oskar Schatz (Hrsg.), Philosophische Anthropologie heute. Verlag C. H. Beck München 1972, S. 19-36, hier S. 26-36.) – Das zentrale Prinzip für Bollnows anthropologische Einzeluntersuchungen ist das Prinzip der anthropologischen Interpretation der Einzelphänomene des menschlichen Lebens. Kennzeichnend für dieses Prinzip ist eine spezifische Form der Frage nach dem Menschen, die folgendermaßen lautet: „Wie muß das Wesen des Menschen im ganzen beschaffen

von der für Bollnows Untersuchungen zentralen anthropologischen Grundfrage[18], kurz skizziert werden.

Kennzeichnend für die Struktur der anthropologischen Deutung ist, daß auf der Basis einer an phänomenologischen und sprachphilosophischen Prinzipien ausgerichteten sorgfältigen Beschreibung[19] einer „gegebenen Erscheinung" des menschlichen Lebens, die man auch kurz als „Phänomen" bezeichnen kann[20], eine Beziehung zwischen dem in Frage stehenden Phänomen und dem „Wesen des Menschen im ganzen" hergestellt wird, die auf einem bestimmten Konstruktionsprinzip beruht, das in Form

---

sein, damit sich diese besondre, in der Tatsache des Lebens gegebene Erscheinung darin als sinnvolles und notwendiges Glied begreifen läßt?" (Bollnow, Das Wesen der Stimmungen, a. a. O., S. 16.) Aufgrund der herausragenden Bedeutung, die diese Fragestellung sowohl für den methodischen Ansatz der philosophischen und pädagogischen Anthropologie Bollnows als auch für seine anthropologischen Einzeluntersuchungen hat, kann man diese Frage auch als anthropologische Grundfrage bezeichnen. Neben der anthropologischen Grundfrage ist bei allen anthropologischen Untersuchungen Bollnows immer auch das Prinzip der offenen Frage zu beachten. Vgl. dazu die Anm. 32. – Zu den methodischen Prinzipien der philosophischen Anthropologie Bollnows vgl. im Detail Boelhauve, Verstehende Pädagogik, a. a. O., S. 268-315. Vgl. auch Fahrenbach, Differentielle Interpretation, Strukturanalyse und offene Wesensfrage, a. a. O. Vgl. weiterhin Gottfried Bräuer, Überlegungen zum „Prinzip der offenen Frage". In: Kümmel (Hrsg.), O. F. Bollnow: Hermeneutische Philosophie und Pädagogik, a. a. O., S. 119-142.

18 Vgl. dazu die Anm. 17.

19 Zu Bollnows Verfahren der Beschreibung vgl. Boelhauve, Verstehende Pädagogik, a. a. O., S. 168-196.

20 Zum Begriff der „in der Tatsache des Lebens gegebenen Erscheinung" vgl. insbesondere Bollnow, Die anthropologische Betrachtungsweise in der Pädagogik. In: König, Ramsenthaler (Hrsg.), Diskussion Pädagogische Anthropologie, a. a. O., S. 37: „Wir sprechen von einer in der Tatsache des Lebens gegebenen Erscheinung. Wir verstehen darunter in einer allgemeinen Weise alles, was irgendwie am menschlichen Leben als bedeutsam vorkommt und was aus irgend einem Grund unsre Aufmerksamkeit erregt: die Angst, die Arbeit, die Feier, die Ehrfurcht, das Gespräch, die Übung, den aufrechten Gang usw. Es ist schwer, für diese untereinander noch sehr verschiedenen Gegenstände einen gemeinsamen Begriff zu finden, und so sprechen wir vorläufig noch unverbindlich von einer Erscheinung oder einem Phänomen."

einer „Arbeitshypothese“[21] für jede anthropologische Deutung richtungweisend ist.

Der Grundgedanke dieser Hypothese besteht darin, daß der Mensch ein Sinnganzes ist[22], d. h. „ein sinnvoll zusammenhängendes Gebilde ..., in dem alles Einzelne eine einsehbare Bedeutung für das Ganze, eine bestimmte Funktion hat“.[23] Auf der Grundlage dieser Arbeitshypothese wird in der anthropologischen Deutung zu einem gegebenen Phänomen ein inhaltlicher Verständnisrahmen in Form einer *Wesensaussage* über den Menschen konstruiert, der der formalen Annahme der Sinnhaftigkeit des jeweiligen Phänomens für das Verständnis des Menschen gerecht wird. Eine anthropologische Deutung ist damit ein „konstruktiv-hypothetisch“[24] erzeugtes Interpretationsangebot zum Verständnis des „Wesens im ganzen“ – präziser: zum Verständnis eines menschlichen Wesenszugs – auf der Basis einer Funktionsbestimmung des in Frage stehenden Phänomens für den Menschen.

Eine zentrale Problemstellung, die sich dabei ergibt, liegt in der Frage, ob die jeweiligen Wesenszüge des Menschen beliebig konstruiert werden können oder ethischen Begrenzungen unterliegen.[25] M. E. läßt sich zeigen, daß ethische Begrenzungen vorliegen.

---

[21] Bollnow, Die anthropologische Betrachtungsweise in der Pädagogik, a. a. O., S. 36.

[22] Vgl. Bollnow, Das Wesen der Stimmungen, a. a. O., S. 16.

[23] Bollnow, Die anthropologische Betrachtungsweise in der Pädagogik. In: König, Ramsenthaler (Hrsg.), Diskussion Pädagogische Anthropologie, a. a. O., S. 38.

[24] Bollnow, Das Wesen der Stimmungen, a. a. O., S. 17.

[25] Vgl. Boelhauve, Verstehende Pädagogik, a. a. O., S. 296. Vgl. auch Fahrenbach, Differentielle Interpretation, Strukturanalyse und offene Wesensfrage, a. a. O. Fahrenbach stellt zum Prinzip der anthropologischen Interpretation der Einzelphänomene des menschlichen Lebens heraus, daß es insbesondere mit Blick auf die Art der zu erzielenden Wesenszüge eine „Reihe interner Fragen“ (a. a. O., S. 91) offen läßt. Problematisch ist für Fahrenbach zum einen die Vorstellung einer unmittelbaren Beziehung zwischen einem Phänomen und einem Wesenszug; zum anderen weist er darauf hin, daß seiner Meinung nach bei der anthropologischen Deutung „ein Vorverständnis allgemeiner anthropologischer Zusammenhänge und struktureller Voraussetzungen in Anspruch genommen werden muß“. (A. a. O.)

Die Begründung hierfür ist darin zu sehen, daß Bollnow in seinen anthropologischen Deutungen das hermeneutische Prinzip des Sinnverstehens in einer doppelten Funktion verwendet. Zum einen geht es darum, den Sinn eines Phänomens für ein Verständnisganzes zu bestimmen – dies kann, vom Prinzip her gesehen, wertneutral bzw. unter ethischen Gesichtspunkten indifferent erfolgen; zum anderen geht es darum, das Verständnisganze als solches als sinnhaft[26] auszuweisen – dies erfordert, wertende Gesichtspunkte heranzuziehen, die man im Rückgriff auf Bollnows konkret durchgeführte Untersuchungen in den als human qualifizierbaren Grundbestimmungen unserer Kultur sehen kann.[27] Prägnante Beispiele sind die Anerkennung der Würde des Menschen sowie die grundsätzliche Gleichberechtigung aller Menschen.[28]

Des weiteren ist zu beachten, daß die anthropologische Deutung zusätzlich eine bestimmte inhaltliche Leitvorstellung zum Verständnis des Menschen benötigt, die den Status eines antizipierenden Vorverständnisses hat. Die gewählte Leitvorstellung steht jeweils im Zusammenhang mit den untersuchten Einzelphänomenen. Prägnantes Beispiel hierfür ist das existenzphilosophische Menschenmodell, das als Leitfaden, nicht hingegen als endgültiges Ergebnis für die Deutung der unstetigen Formen der Erziehung herangezogen wird.[29]

Vor dem Hintergrund der so beschriebenen Struktur der anthropologischen Deutung ist sowohl nachvollziehbar, warum Bollnow die Ergebnis-

---

[26] Besonders deutlich wird dies z. B. in dem Aufsatz: Otto Friedrich Bollnow, Das Verstandnis des Menschen in der deutschen Philosophie seit 1945. In: Universitas, 27. Jg. 1972, S. 947-958.

[27] Vgl. zu diesem Problemkomplex Boelhauve, Verstehende Pädagogik, a. a. O., S. 49 f., S. 56, S. 196-200, S. 207-217, S. 294-297 u. S. 339 344.

[28] Vgl. zu dem ersten Beispiel Otto Friedrich Bollnow, Maß und Vermessenheit des Menschen. Philosophische Aufsätze. Neue Folge. Verlag Vandenhoeck & Ruprecht Göttingen 1962, S. 24 u. S. 105. Vgl. zu dem zweiten Beispiel Otto Friedrich Bollnow, Die Verantwortung der Vernunft in einer friedlosen Welt. In: Universitas, 39. Jg. 1984, S. 1225-1237, hier S. 1231. Weitere Bestimmungen könnte man im Durchgang durch alle anthropologischen Einzeluntersuchungen Bollnows ermitteln.

[29] Vgl. Bollnow, Die anthropologische Betrachtungsweise in der Pädagogik, a. a. O., S. 57.

se seiner anthropologischen Deutungen zugleich als Hinweise zu Möglichkeiten der „Wesensverwirklichung des Menschen“[30] versteht und warum er seine Anthropologie als eine *menschliche* Lehre vom Menschen ansieht. Die in Bollnows anthropologischen Einzeluntersuchungen dargelegten Wesenszüge des Menschen lassen sich deshalb als „ethisch fundierte Verstehensangebote zur Wesensverwirklichung des Menschen in bezug auf einzelne Lebensphänomene“ bezeichnen.[31]

Aufgrund des für Bollnows Anthropologieverständnis zentralen Prinzips der offenen Frage[32] ist des weiteren zu berücksichtigen, daß diese Verstehensangebote kulturell und zeitlich bedingt, prinzipiell unabgeschlossen sowie gegebenenfalls widersprüchlich sind und generell bezogen bleiben müssen auf den nicht zu vergegenständlichenden Grund des Menschseins. In diesem Sinne bilden die bereitgestellten Verstehensangebote ein offenes Sinnprofil.

Zu dieser Sichtweise ist mit Blick auf die nun folgenden Überlegungen festzuhalten:

1. Daß Bollnows Anthropologie zu einem offenen ethischen Orientierungswissen führt, halte ich für zutreffend. Konsequenz hieraus ist, daß sich die anthropologischen Einzeluntersuchungen Bollnows dezidiert unter einer ethischen Perspektive rezipieren lassen.
2. Zu präzisieren ist allerdings, um welche Art des ethischen Orientierungswissens es sich im Einzelfall handelt. Hiefür sind die Begriffe einer normativen Komponente bzw. einer normativen Grundorientierung nicht hinreichend. Diese Begriffe lassen nämlich keine Aussagen darüber zu,

---

[30] A. a. O., S. 48.

[31] Boelhauve, Verstehende Pädagogik, a. a. O., S. 343.

[32] Das Prinzip der offenen Frage legt das Selbstverständnis der anthropologischen Betrachtungsweise fest. Anthropologische Forschung darf, so Bollnow, niemals dazu führen, die Frage nach dem Menschen mit „einem abschließenden ‚Bild vom Menschen'“ beantworten zu wollen (Bollnow, Die philosophische Anthropologie und ihre methodischen Prinzipien, a. a. O., S. 33), da dieses der „‚Unergründlichkeit' des Menschen“ widerspricht (Bollnow, Die anthropologische Betrachtungsweise in der Pädagogik, a. a. O., S. 37) – ein Theorem, das Bollnow aus lebensphilosophischen Begründungszusammenhängen übernimmt und das aus seiner Sicht als unhintergehbar angesehen werden muß. Vgl. dazu Boelhauve, Verstehende Pädagogik, a. a. O., S. 255-260, S. 304-315 u. S. 344-356.

welchen ethischen Horizont die jeweiligen anthropologischen Einzeluntersuchungen ansprechen, d. h. ob sie, in Kamlahs Terminologie formuliert, Hinweise darauf geben, „was wir tun sollen“, oder aber als Hinweise darauf zu verstehen sind, „wie wir leben können“, wobei das Lebenkönnen nochmals, z. B. aus der Perspektive des Glücks oder des Sinns, zu differenzieren wäre.

Solche Unterscheidungen lassen sich dann gewinnen, wenn man jede einzelne anthropologische Untersuchung *für sich genommen* in den Blick nimmt.[33] Von besonderer Bedeutung ist dabei, neben der Ermittlung humaner Grundbestimmungen unserer Kultur als Hintergrund der anthropologischen Untersuchung, die Analyse der verwendeten Begrifflichkeit bei der Darlegung der *Ergebnisse* der anthropologischen Deutung sowie bei der für die Deutung relevanten *inhaltlichen Leitvorstellung*.

Untersucht man diese Aspekte am Einzelfall, dann erweist sich, daß die Struktur der anthropologischen Deutung einen *Spielraum* für ein zu differenzierendes ethisches Orientierungswissen läßt und der Begriff der normativen Grundorientierung nicht hinreichend ist. Gezeigt wird dies mit Blick auf ein eudämonistisches Orientierungswissen am Beispiel der anthropologischen Deutung der Übung unter besonderer Berücksichtigung der Haltung der Gelassenheit.

Zunächst soll aber – wie in Abschnitt 1 dargelegt – ein Überblick zu Bollnows Begriff von Ethik mit Blick auf eine dort angelegte eudämonistische Problemsicht gegeben werden.

3. Die Frage nach dem „guten“ bzw. „glücklichen Leben“ im Rahmen von Bollnows Verständnis philosophischer Ethik

Bollnow hat keine explizite Auseinandersetzung mit der ethisch ausgerichteten Frage nach dem „guten Leben“, die man in einer ersten vorläufigen Vereinfachung auch als Synonym für die Frage nach einem „glücklichen Leben“ verstehen kann, vorgenommen. Allerdings gibt es einige we-

[33] Vgl. dazu auch G. Bräuer, Überlegungen zum „Prinzip der offenen Frage“, a. a. O., S. 123 f. Bräuer weist hier im Zusammenhang mit Bollnows Prinzip der offenen Frage darauf hin, daß begriffliche Bestimmungen zu diesem methodischen Prinzip zu „Bollnows thematisch gerichteten Untersuchungen ... in Beziehung gesetzt und an den material-konkreten Aufschlüssen geprüft“ werden müssen.

nige Hinweise, die erkennen lassen, daß er dieser Frage in einem explizit ethischen Argumentationskontext dennoch Bedeutung beigemessen hat. Die in der Schrift „Das Wesen der Stimmungen" dargelegten Betrachtungen zum Glück[34] bleiben dabei unberücksichtigt, da die Frage nach dem „glücklichen Leben" hier zunächst nicht von der Gestimmtheit des Menschen als der „natürliche[n] Grundverfassung des menschlichen Daseins"[35] aus untersucht werden soll.[36] An dieser Stelle geht es vielmehr nur um die Aussagen zum „guten" bzw. „glücklichen Leben", die Bollnow im Zusammenhang mit seinem Begriff einer philosophischen Ethik macht. Dieser Begriff soll im folgenden schrittweise entwickelt werden.

Die Frage nach dem „glücklichen Leben", so formuliert Bollnow fast beiläufig in seinem Aufsatz „Konkrete Ethik. Vorbetrachtungen zu einer philosophischen Tugendlehre" aus dem Jahr 1951/52, ist eine „uralte und für die unbefangene Einstellung in der Ethik ... natürliche Grundfrage".[37] Der „moderne" ethische Diskurs finde für diese Fragestellung allerdings „keinen Platz".[38] Nicht allein das Streben nach Glück im Vollzug des Lebens, auch die theoretische „Frage nach dem Verhältnis von Tugend und

---

[34] Vgl. Bollnow, Das Wesen der Stimmungen, a. a. O., S. 45 f. sowie die in diesem Buch vorliegenden Ausführungen zum Verhältnis von Glück und Zeitlichkeit, S. 163-255.

[35] A. a. O., S. 159.

[36] Auch die Gestimmtheit des Menschen wird von Bollnow über den Begriff der Haltung mit einer ethischen Betrachtung in Verbindung gebracht. Zwei Zentralaussagen hierzu lauten: „Die in der Stimmung gegebene natürliche Grundverfassung des menschlichen Daseins wird dann in der Haltung von seinem freien Verhalten zu sich selbst überformt." (A. a. O., S. 159.) „Die Stimmung bezeichnet die natürliche Grundlage und ist so das selbstverständlich Erste. Die Haltung bezeichnet dann die Überformung aus der Freiheit des Menschen." (A. a. O., S. 160.) Zum möglichen Einbezug dieser Sichtweise zur Auseinandersetzung mit dem „glücklichen Leben" bei Bollnow vgl. den kurzen Ausblick in Abschnitt 6.

[37] Otto Friedrich Bollnow, Konkrete Ethik. Vorbetrachtungen zu einer philosophischen Tugendlehre. In: Zeitschrift für philosophische Forschung, 6. Jg. 1951/52, S. 321-339, hier S. 329.

[38] A. a. O.

Glück" gelte in diesem Kontext „von vorn herein fast schon als unsittlich".[39]

Eine zentrale Begründung hierfür sieht Bollnow darin, daß in der philosophischen Ethik „lange Zeit" „die Frage nach dem Grund der sittlichen Forderung und dem Ursprung ihrer Erkenntnis" im Vordergrund stand und dadurch der umfassende Problemhorizont der philosophischen Ethik „vorzeitig verengt" worden sei.[40] Diese Verengung müsse durch Anknüpfung an die „ältere Überlieferung" aufgehoben werden.[41]

Hier zeigt sich also: Bollnow sieht die Frage nach dem „guten" bzw. „glücklichen Leben" als eine „Grundfrage" an, die nur im Rahmen eines weiten Verständnisses von philosophischer Ethik gestellt werden kann. Richtungweisend ist ihm dabei der „Weg zu einer materialen Ethik" unter besonderer Berücksichtigung einer „Tugendlehre".[42]

---

[39] A. a. O.

[40] A. a. O.

[41] A. a. O.

[42] A. a. O. – Konkret durchgeführt wird diese in der Schrift „Wesen und Wandel der Tugenden". (Otto Friedrich Bollnow, Wesen und Wandel der Tugenden. Verlag Ullstein Frankfurt am Main/Berlin/Wien 1958.) Einzelne Teile aus dieser Schrift sind bereits vorher als Aufsätze erschienen. – Mit der Entscheidung für eine *materiale* Ethik knüpft Bollnow in einzelnen Aspekten an Nicolai Hartmanns und Max Schelers Problemsicht zur Ethik an, ohne dabei allerdings ihre Begründung als Wertethik zu übernehmen. Vgl. dazu im Detail die Argumentation in Bollnow, Konkrete Ethik, a. a. O. Das besondere Verdienst von Scheler und Hartmann sieht Bollnow darin, „daß sie den Blick erst einmal von der beengenden Frage nach der Begründung der Ethik freigemacht und für die ganze große Mannigfaltigkeit der sittlich belangvollen Phänomene ... freigelegt haben". (A. a. O., S. 322 f.) Die von Scheler und Hartmann vertretene Auffassung der Notwendigkeit „einer streng apriorischen Begründung" der Ethik weist Bollnow allerdings für sein Ethikverständnis zurück, da diese Forderung „den Blick für die Mannigfaltigkeit der sittlichen Erscheinungen, wie sie ein reiches geschichtliches Wissen inzwischen vor uns ausgebreitet hat", verstellt. (A. a. O., S. 323.) Vgl. zu Hartmann auch Otto Friedrich Bollnow, Die Behandlung der Tugenden bei Nicolai Hartmann. In: Heinz Heimsoeth, Robert Heiß (Hrsg.), Nicolai Hartmann. Der Denker und sein Werk. Fünfzehn Abhandlungen mit einer Bibliographie. Verlag Vandenhoeck & Ruprecht Göttingen 1952, S. 81-96.

3.1 Materiale Ethik in Form einer Tugendlehre

In diesem Zusammenhang ist für Bollnows weites Verständnis von Ethik charakteristisch, daß er sie in Übereinstimmung mit Scheler und Hartmann nicht auf die „Kantische Pflichtethik" eingrenzen will.[43] Des weiteren lehnt er den „Konstruktivismus der modernen Ethik" ab, unter dem er das „Bestreben" versteht, „die Mannigfaltigkeit der sittlichen Erscheinungen von einem einheitlichen Prinzip aus abzuleiten".[44] Ebenfalls zurückgewiesen wird eine apriorische Begründung der Ethik.[45] Grundanliegen Bollnows ist demgegenüber, „die volle Breite einer phänomenologischen Betrachtung für die Ethik wiederzugewinnen".[46]

Den zentralen Ansatzpunkt hierfür sieht er in einer „Untersuchung der Tugenden".[47] Orientierungspunkt hierfür ist ihm die „große alte Überlieferung der Ethik"[48], die er folgendermaßen charakterisiert: „Diese fragte ... nicht zunächst oder gar ausschließlich nach der Begründung der Ethik, sondern suchte zunächst die ethischen Gegebenheiten in ihrer Mannigfaltigkeit auszubreiten. Diese große ethische Tradition war zu ihrem größten Teil (wenn auch nicht ausschließlich), worum es auch uns hier geht, nämlich Tugendlehre."[49]

Eine gegenwärtig zu konzipierende Tugendlehre kann die alte Überlieferung allerdings nicht „unbefangen" übernehmen, sondern muß ange-

[43] Bollnow, Konkrete Ethik, a. a. O., S. 327.

[44] A. a. O., S. 322.

[45] Vgl. hierzu die Anm. 42.

[46] Bollnow, Konkrete Ethik, a. a. O., S. 324.

[47] A. a. O., S. 325.

[48] A. a. O., S. 327.

[49] A. a. O. – Beispielhaft aufgezählt werden die Ansätze von Platon, Aristoteles, Thomas von Aquino, Descartes, Geulincx und Spinoza. Diese Tradition der Tugendlehre ist aus Bollnows Sicht „in einem solchen Maße abgerissen, daß man dieses altbekannte Land der großen Überlieferung heute gradezu als Neuland bezeichnen muß". (A. a. O., S. 329.)

sichts des „moderne[n] geschichtliche[n] Bewußtsein[s]" den „geschichtlichen Wandel aller Tugendbegriffe" mit im Auge behalten.[50]

Unter dieser Voraussetzung betrachtet Bollnow es als Ziel seiner Tugendlehre, in Form einer „Phänomenologie der sittlichen Haltungen"[51] unter Beachtung ihrer jeweiligen aufschließenden Kraft für ein „Gesamtverständnis des Menschen"[52], d. h. unter Einbezug der anthropologischen Betrachtungsweise[53], die „Mannigfaltigkeit der Tugenden"[54] sowohl mit Blick auf die Geschichte als auch im Hinblick auf sich neu abzeichnende Tugenden in der Gegenwart[55] aufzuzeigen, ohne Vollständigkeit zu beanspruchen[56] und ohne sie zu einem „System der Tugenden"[57] verbinden zu wollen.[58]

---

[50] A. a. O., S. 329.

[51] A. a. O., S. 332.

[52] A. a. O., S. 339.

[53] Vgl. dazu den expliziten Hinweis auf die Schrift „Das Wesen der Stimmungen", in der die anthropologische Betrachtungsweise als methodisches Prinzip begründet wird, in Bollnow, Konkrete Ethik, a. a. O., Anm. 20. Darüber hinaus verweist Bollnow in der genannten Anmerkung auf seine Schrift „Einfache Sittlichkeit", in der er den Zusammenhang zwischen der Analyse sittlicher Phänomene und der philosophischen Anthropologie ebenfalls herausgestellt hat.

[54] Bollnow, Konkrete Ethik, a. a. O., S. 326.

[55] Vgl. zu dieser Doppelseitigkeit insbesondere Bollnow, Wesen und Wandel der Tugenden, a. a. O., S. 16 f.

[56] Vgl. Bollnow, Konkrete Ethik, a. a. O., S. 329 u. S. 336.

[57] A. a. O., S. 337.

[58] Aufgrund des Einbezugs der anthropologischen Betrachtungsweise ist es für Bollnows Phänomenologie der Tugenden in besonderer Weise charakteristisch, daß sie „über die bloße Ethik hinaus in eine umfassende philosophische Anthropologie" weist. (Bollnow, Konkrete Ethik, a. a. O., S. 339.) Vgl. auch a. a. O., S. 338 f.: „In jeder echten Tugend erschließt sich von einem bestimmten ethischen Phänomen aus zugleich über dieses hinweg ein neues Gesamtverständnis des Menschen". Vgl. auch Bollnow, Wesen und Wandel der Tugenden, a. a. O., S. 27: „Jeder einzelnen Tugend entspricht eine ihr charakteristisch zugeordnete Anthropologie."

Den „ethischen Sinn“[59] seiner Tugendlehre beschreibt Bollnow dahingehend, daß sie dem Menschen den „Reichtum der Möglichkeiten“ im Bereich der Tugenden aufzeigt, „damit in ihm dann der Mensch seine Wahl treffen kann und aus dem Stoff der Möglichkeiten die Gestalt seines eignen Lebens aufbaut.“[60]

Diese Aussage zeigt, daß Bollnow die *Wahl* des einzelnen zur Verwirklichung bestimmter Tugenden nicht festschreiben will; wohl aber sieht er es als eine Aufgabe des Menschen an, seinem Leben über die Verwirklichung einzelner Tugenden eine Gestalt zu geben.

Den Begriff der Tugend versteht er dabei in diesem Kontext folgendermaßen: Eine „Tugend bezeichnet ... eine allgemeine, über die einzelne Handlung hinausreichende Verfassung des Menschen“ im Sinne einer „sittlichen Grundhaltung“, die der Mensch „in ausdrücklicher Anstrengung“ hervorbringen muß.[61] Tugenden beruhen auf der „Freiheit“ des Menschen, „so oder anders“ handeln zu können[62], und bezeichnen deshalb „Züge am selbstgeschaffenen Wesen des Menschen“.[63]

Festzuhalten ist damit: Bollnows Verständnis von philosophischer Ethik erfährt mit seiner Tugendlehre im Vergleich zur zeitgenössischen Ethik eine Ausweitung des Problemhorizontes, der unter systematischen Gesichtspunkten Anschluß findet an die anthropologische Betrachtungsweise und unter geistesgeschichtlichen Gesichtspunkten Anschluß an die Ge-

---

[59] Bollnow, Wesen und Wandel der Tugenden, a. a. O., S. 29.

[60] A. a. O., S. 30. Vgl. auch Bollnow, Konkrete Ethik, a. a. O., S. 332. Auch hier wird herausgestellt: Aussagen darüber, *welche* Tugenden der Mensch verwirklichen soll, beansprucht die Tugendlehre nicht zu machen. Zwar will sie das „Organ für die Erkenntnis sittlicher Qualitäten“ schärfen und „die Notwendigkeit von Tugend überhaupt zeigen“, nicht aber die Wahl des einzelnen für bestimmte Tugenden festlegen. In diesem Sinne kann sie „keine Anweisung zum sittlichen Verhalten geben“.

[61] Bollnow, Wesen und Wandel der Tugenden, a. a. O., S. 23.

[62] A. a. O., S. 22.

[63] A. a. O., S. 23. Zu beachten ist dabei, daß Tugenden nicht direkt, d. h. losgelöst vom Handeln des Menschen angestrebt werden können, sondern sich nur im Handeln verwirklichen. Sie sind, im Bild gesprochen, „der Pfad, der sich bildet, indem er begangen wird“. (A. a. O., S. 24.)

schichte der Ethik. Dadurch bleibt sie, vom Prinzip her gesehen, auch anschlußfähig an die Frage nach dem „guten" bzw. „glücklichen Leben".

3.2 Ethik als Einheit der Betrachtungsweisen von Pflichten-, Güter- und Tugendlehre

Mit der bisher dargestellten Sichtweise ist Bollnows Ethikbegriff allerdings noch nicht hinreichend beschrieben. Ausgehend von der Voraussetzung, daß es Aufgabe der Ethik sei, „vom richtigen Verhalten des Menschen in seiner Welt" zu handeln[64], stellt Bollnow in Orientierung an Schleiermacher heraus, daß neben der Tugendlehre auch die sogenannte Güterlehre und die Pflichtenlehre als Bestandteile der Ethik zu berücksichtigen sind, Bestandteile allerdings nicht im Sinne eines additiven Nebeneinanders, sondern als drei unterschiedliche Betrachtungsweisen.[65] Nach dem richti-

---

[64] A. a. O., S. 19.

[65] Vgl. a. a. O. – Diese Betrachtungsweisen gelten m. E. auch für Bollnows Überlegungen zur „einfachen Sittlichkeit", die in einer elementaren Grundschicht des menschlichen Zusammenlebens gleichermaßen von Pflichten, zu erstrebenden Idealen sowie von Tugenden handeln. Vgl. Otto Friedrich Bollnow, Einfache Sittlichkeit. Kleine philosophische Aufsätze. 4. Aufl. Verlag Vandenhoeck & Ruprecht Göttingen 1968 (1. Aufl. 1947). Vgl. auch Hans-Peter Göbbeler, Hans-Ulrich Lessing (Hrsg.), Otto Friedrich Bollnow im Gespräch. Mit einem Vorwort von Frithjof Rodi. Verlag Karl Alber Freiburg i. Br./München 1983, S. 36. Hier weist Bollnow auf Ausführungen zu den Pflichten in seinem Buch „Einfache Sittlichkeit" hin. Vgl. auch Bollnow, Einfache Sittlichkeit, a. a. O., S. 74. Hier schreibt Bollnow zu den Grenzen der Pflichtenlehre: „Die Ethik ist nach einer weit verbreiteten Ansicht die Lehre von den Pflichten, die der Mensch zu erfüllen hat. Der Bereich des Sittlichen wird dabei als selbstverständlich mit dem der Pflichtgebote gleichgesetzt. Aber diese Auffassung ist verhängnisvoll, denn sie verstellt den freien Blick für die Gesamtheit der sittlich belangvollen Lebenserscheinungen ... Darum ist es notwendig, die Grenzen einer reinen Pflichtenethik klar zu erkennen und wieder die Gesamtheit des sittlichen Lebens in der Verschiedenheit seiner Erscheinungsformen zu überblicken, in der dann auch die Pflichtenlehre ihre klar bestimmte Stelle erhält." In diesem Kontext spricht er dann von einer Ergänzung der „Pflichtenlehre durch eine Ethik der Ideale". (A. a. O., S. 76.) Darüber hinaus werden in der Schrift „Einfache Sittlichkeit" auch Tugenden behandelt, wie z. B. die Güte des Herzens (vgl. a. a. O., S. 9-20) und das Mitleid

gen Verhalten des Menschen in seiner Welt läßt sich deshalb in einer dreifachen Blickrichtung fragen:

1. Aus der Perspektive der Pflichtenlehre steht die Frage nach „den sittlichen Forderungen, die der Mensch in seinem Handeln erfüllen soll", im Vordergrund.[66] Aussagen zu diesem Bereich haben aus Bollnows Sicht einen hohen Verbindlichkeitsanspruch, der sich gut begründen läßt.[67]

2. Aus der Perspektive der Güterlehre liegt das Interesse darin zu ermitteln, „was dem Menschen in seinem Leben erstrebenswert sein soll", bis hin zur „Frage nach dem ‚höchsten Gut'".[68]

3. In enger Verbindung mit der Güterlehre[69] geht es schließlich aus der Perspektive der Tugendlehre darum, die Frage nach sittlichen „Grundhal-

---

(vgl. a. a. O., S. 37-47). – Zur Notwendigkeit, die Ethik nicht auf den Bereich der einfachen Sittlichkeit zu beschränken, sondern sie durch weitere ethische Überlegungen zu ergänzen, vgl. besonders Göbbeler, Lessing (Hrsg.), Otto Friedrich Bollnow im Gespräch, a. a. O., S. 37 f. und Bollnow, Einfache Sittlichkeit, a. a. O., S. 30.

[66] Bollnow, Wesen und Wandel der Tugenden, a. a. O., S. 19.

[67] Vgl. Göbbeler, Lessing (Hrsg.), Otto Friedrich Bollnow im Gespräch, a. a. O., S. 40.

[68] Bollnow, Wesen und Wandel der Tugenden, a. a. O., S. 19.

[69] Diesen Zusammenhang kann man zum einen aus Bollnows Interpretation des Zusammenhangs zwischen dem höchsten Gut und den Tugenden bei Aristoteles erschließen. Hierzu heißt es: Aristoteles „bezeichnet dieses oberste Gut ... als ‚für sich allein genügend'. Unter diesem Kriterium ‚erscheint das Endziel unter den seelischen Werten (oder Gütern) und nicht etwa unter den äußeren Gütern'. Aristoteles bestimmt dieses oberste Gut dann bekanntlich als die Glückseligkeit und führt diese wiederum letztlich auf die Tugend zurück, die darum zum eigentlichen Gegenstand seiner Ethik wird." (Otto Friedrich Bollnow, „... als allein ein guter Wille". Zum Anfang der „Grundlegung zur Metaphysik der Sitten". In: Wolfgang Ritzel (Hrsg.), Rationalität – Phänomenalität – Individualität. Festgabe für Hermann und Marie Glockner. H. Bouvier u. Co. Verlag Bonn 1966, S. 165-174, hier S. 168.) – Zum anderen weist auch die von Bollnow 1951/52 gestellte Frage nach dem Verhältnis von Tugend und Glück (vgl. Bollnow, Konkrete Ethik, a. a. O., S. 329) daraufhin, daß Bollnow hier einen Zusammenhang sieht, dem er allerdings nicht im Detail nachgeht. – Der aufgegriffene Hinweis von Bollnow auf die aristotelische Sicht des höchsten Gutes als Glückseligkeit soll nicht besagen, daß Bollnow selber das höchste Gut ebenfalls als Glückseligkeit

tungen" zu stellen.[70] Aussagen, die diesen Bereich betreffen, haben nach Bollnow „appellierenden Charakter"[71], da sie, wie oben gezeigt, die konkrete Wahl des einzelnen für bestimmte Haltungen nicht festlegen wollen.

Vom Verbindlichkeitsgrad ethisch relevanter Aussagen aus betrachtet gilt es also, in Bollnows Verständnis von Ethik zwischen gut begründeten Sollensaussagen im Sinne von sittlichen Forderungen und appellierend zu verstehenden Aussagen zu unterscheiden.

Innerhalb der appellierenden Aussagen ist es aufschlußreich, noch eine weitere Unterscheidung zu beachten. Im Rahmen seiner Tugendlehre weist Bollnow auf „Rangunterschiede unter den Tugenden" hin: „Es gibt wichtige und weniger wichtige, es gibt mehr an der Oberfläche liegende und solche, die tiefer in die Untergründe des menschlichen Lebens hinab-

---

bezeichnen würde. In diesem Zusammenhang ist zu beachten, daß Bollnow nach seinen eigenen Aussagen nach Kriegsende eine systematische Ethik in Orientierung an der Einteilung Schleiermachers plante, die er später in einer Vorlesung „mehrfach vorgetragen" hat, ohne daß sie in seinen Veröffentlichungen allerdings zur „Ausführung gekommen ist". (Göbbeler, Lessing (Hrsg.), Otto Friedrich Bollnow im Gespräch, a. a. O., S. 36.) In diesem Zusammenhang schreibt er: „Ich habe diese Ethik in der traditionellen Dreigliederung als Pflichtenlehre, Güterlehre und Tugendlehre aufgebaut. Über die Pflichten steht einiges in dem Buch über die ‚Einfache Sittlichkeit'. Die Güterlehre hat mich besonders beschäftigt. Ich fand, daß die Ethik durch die Orientierung am kantisch geprägten Pflichtbegriff in eine verhängnisvoll einseitige Richtung gedrängt worden ist, daß die alte Frage ‚Wie komme ich zu einem glücklichen Leben?' nicht so verächtlich ist, wie sie in der kantischen Tradition immer gemacht wird, und daß die Frage nach den ‚Gütern', d. h. nach dem, was ein glückliches Leben ermöglicht, dringend einer neuen Bearbeitung bedarf, wobei das herkömmlicherweise mit ‚Gütern' Bezeichnete noch eine gründliche neue Bestimmung erfordert." (A. a. O.) Daß sein Plan zu einer systematischen Ethik nicht zur endgültigen Durchführung gelangte, begründet Bollnow damit, daß er, einer äußeren Aufforderung folgend, das Buch „Wesen und Wandel der Tugenden" verfaßt hat. Daraus ergab sich für ihn als Konsequenz: „Aber ich hatte nicht bedacht, daß durch die Herauslösung eines besonders wichtigen Stücks der größere Plan zerstört war. Ich hätte ihn nicht ausführen können, ohne vieles aus dem kleineren Buch zu wiederholen." (A. a. O., S. 37)

[70] Bollnow, Wesen und Wandel der Tugenden, a. a. O., S. 19.

[71] Göbbeler, Lessing (Hrsg.), Otto Friedrich Bollnow im Gespräch, a. a. O., S. 40.

reichen."[72] Weiterhin stellt er heraus, daß es einzelne Gruppen von Tugenden gibt, die im „Bewußtsein der Gegenwart" kaum noch präsent sind, deren „Verlust" aber eine „eingreifende Verarmung des menschlichen Lebens bedeuten würde", da in ihnen „wesentliche Seiten des menschlichen Daseins gesehen werden".[73] Explizit aufgezählt werden die Tugenden der Gelassenheit, der Besonnenheit und der Ehrfurcht.[74] In diesem Bereich hat eine Tugendlehre die Aufgabe, das Verständnis für die genannten Tugenden „wachzuhalten".[75]

Beide angeführten Aspekte deuten darauf hin, daß eine *durchgeführte* Phänomenologie der Tugenden nicht zu einer Gleichwertigkeit aller sittlichen Grundhaltungen gelangt, sondern durchaus Präferenzen für bestimmte als wichtig angesehene Haltungen erkennen läßt.

Besonders deutlich zeigt sich dies m. E. in Bollnows Auseinandersetzung mit der Tugend der Gelassenheit, die er nicht nur innerhalb seiner Tugendlehre untersucht, sondern auch in anderen Studien mehrfach erwähnt.[76] Insbesondere bei der anthropologischen Deutung der Übung kommt ihr ein ausgezeichneter Stellenwert zu. Hier nämlich bringt er sie sowohl mit dem Zugang des Menschen zu seinem „tiefere[n] wahre[n] Ich"[77] als auch mit der Erfahrung der Eudämonie[78] in Verbindung.

---

[72] Bollnow, Wesen und Wandel der Tugenden, a. a. O., S. 26.

[73] A. a. O., S. 16.

[74] Vgl. a. a. O.

[75] A. a. O.

[76] Vgl. z. B. Bollnow, Das Wesen der Stimmungen, a. a. O. Vgl. Otto Friedrich Bollnow, Das Verhältnis zur Zeit. Ein Beitrag zur pädagogischen Anthropologie. Verlag Quelle & Meyer Heidelberg o. J. (1972). Vgl. Otto Friedrich Bollnow, Das Doppelgesicht der Wahrheit. Philosophie der Erkenntnis. Zweiter Teil. Verlag W. Kohlhammer Stuttgart/Berlin/Köln/Mainz 1975. Vgl. Bollnow, Vom Geist des Übens, a. a. O. Die Gelassenheit wurde 1949 auch in einem kleinen Aufsatz behandelt. Vgl. Otto Friedrich Bollnow, Ruhe und Gelassenheit. Wilhelm Flitner zum 60. Geburtstag am 20. August 1949 mit den besten Wünschen der Göttinger Freunde. In: Die Sammlung, 4. Jg. 1949, S. 449-454. Die dort vorgestellten Überlegungen sind in der Schrift „Wesen und Wandel der Tugenden" enthalten. Vgl. Bollnow, Wesen und Wandel der Tugenden, a. a. O., S. 115-121.

[77] Kaufmann (Hrsg.), Kontinuität und Traditionsbrüche in der Pädagogik, a. a. O., S. 36. An anderer Stelle spricht Bollnow auch vom Zugang des Menschen „zu

Festzuhalten ist damit: Appellierende Aussagen, die sich auf sittliche Grundhaltungen des Menschen beziehen, können daraufhin unterschieden werden, welchen inhaltlichen ethischen Horizont sie jeweils ansprechen. Als Möglichkeit enthalten ist auch eine eudämonistische Sicht.

Vor dem Hintergrund des dargestellten Ethikbegriffs Bollnows werden im folgenden Aspekte der Frage nach dem „guten" bzw. „glücklichen Leben" in der gegenwärtigen Philosophie skizziert mit dem Ziel, systematische Beziehungen zwischen der dort vorliegenden Problemsicht und dem Denken Bollnows zu ermitteln.

4. Die Frage nach dem „guten" bzw. „glücklichen Leben" in der gegenwärtigen Philosophie

4.1 Problemaufriß

Im Rückgriff auf Platon expliziert Ursula Wolf im Jahre 1996 die in der Antike gestellte Frage, „,... auf welche Weise man leben soll'", als eine Fragestellung, die sich nicht in einem moralischen Sollen erschöpft, sondern zu ermitteln versucht, „wie zu leben gut ist, worin ein glückliches Leben besteht."[79]

Losgelöst von der Antike sieht sie darin eine Frage, die „in der Verfassung des menschlichen Lebens"[80] selbst enthalten ist, sich also im Vollzug des Lebens bewußt oder unbewußt immer schon stellt.[81] Die Philosophie

---

seinem verborgenen tieferen Ich". (Göbbeler, Lessing (Hrsg.), Otto Friedrich Bollnow im Gespräch, a. a. O., S. 89.)

[78] Vgl. Otto Friedrich Bollnow, Einübung der inneren Freiheit. In: Hans Asperger, Frant Haider (Hrsg.), Befreiung zur Menschlichkeit. (Veröffentlichung der Salzburger Internationalen Werktagungen; Tagungsbericht der 24. Werktagung 1975. Bd. XXX.) Wien 1976, S. 109-123, hier S. 115.

[79] Ursula Wolf, Die Suche nach dem guten Leben. Platons Frühdialoge. Rowohlt Taschenbuch Verlag Reinbek bei Hamburg 1996, S. 11.

[80] A. a. O., S. 12.

[81] Vgl. dazu die folgende Aussage: „Als menschliche Wesen, die ein Bewußtsein ihres eigenen Lebens haben, sind wir unvermeidlich mit der Frage nach dem richtigen oder guten Leben konfrontiert. Wir haben alle ein Interesse zu wissen, worin dieses besteht und wodurch es zu erreichen ist." (A. a. O., S. 11.)

hingegen habe sich von dieser Fragestellung insbesondere als „Folge des streng wissenschaftlichen Philosophieverständnisses der Aufklärung" distanziert, sich auf die „engere Frage der Moral", d. h. auf die „Frage nach dem gerechten Zusammenleben", in der Hoffnung auf „streng begründbar[e] und allgemeinverbindlich[e]" Antworten konzentriert und die „ethische Frage im weiten Sinn", d. h. die „Frage nach dem guten Leben", „wegen mangelnder Begründbarkeit" aus ihrem Zuständigkeitsbereich ausgeschlossen.[82]

Diesen Rückzug hält Ursula Wolf unter der Voraussetzung, „daß Thema und Methode der Philosophie eng ... mit dem Bedürfnis nach praktischer Orientierung verknüpft sind", für unangemessen.[83] Philosophie könne ihrer Meinung nach der „gesellschaftlichen Kritik" nur dann „standhalten", wenn sie „ihr Verhältnis zu der wichtigsten Frage neu zu klären und weiterzubestimmen versucht".[84]

In ähnlicher Weise stellt auch Holmer Steinfath im Jahre 1998 heraus, daß die Thematik des guten Lebens „spätestens mit Kants von vielen als durchschlagend empfundener Kritik an eudämonistischen Moralbegründungen" lange Zeit „aus der Mitte der Philosophie an deren Ränder gedrängt worden" sei.[85] Parallel dazu habe sich die Idee einer „radikal subjektivierten Vorstellung von einem guten Leben" durchgesetzt[86], die dieses insbesondere aus der Perspektive eines hedonistischen Glücksbegriffs als

---

[82] A. a. O., S. 13.

[83] A. a. O.

[84] A. a. O. – Vgl. in diesem Zusammenhang auch die sehr aufschlußreiche Untersuchung: Wolfgang Janke, Das Glück der Sterblichen. Eudämonie und Ethos, Liebe und Tod. Wissenschaftliche Buchgesellschaft Darmstadt 2002. Janke geht in dieser Untersuchung von der Voraussetzung aus, daß die „Frage nach dem Glück" eine „philosophische Grundfrage" ist. (A. a. O., S. 11.)

[85] Holmer Steinfath, Die Thematik des guten Lebens in der gegenwärtigen philosophischen Diskussion. In: Ders. (Hrsg.), Was ist ein gutes Leben? Philosophische Reflexionen. Suhrkamp Verlag Frankfurt am Main 1998, S. 7-31, hier S. 7.

[86] A. a. O., S. 8.

bloße „Geschmacksfrage" deklariert[87], wodurch es für wissenschaftliche theoretische Erörterungen ungeeignet wird.[88]

Konnte Kamlah 1972 in bezug auf diese Randstellung der Thematik des guten Lebens noch von einem „schwere[n] Versäumnis der meisten modernen Ethiken sprechen"[89], so trifft diese Einschätzung knapp 30 Jahre später für den ethischen Diskurs nicht mehr zu. Ende der 90er Jahre konstatiert Steinfath vielmehr: „Die Frage, was ein glückliches, gelingendes oder gutes Leben ist, erlebt in der gegenwärtigen philosophischen Diskussion eine erstaunliche Renaissance."[90]

Als zentrale Gründe hierfür nennt Steinfath zum einen die allgemeine Orientierungskrise der Gegenwart und zum anderen die zunehmende Einsicht in die Unzulänglichkeit der aufgeklärt-liberalen Moral.[91]

Einzelne Kritikpunkte sollen hier nicht weiter verfolgt werden. Grundsätzlich aber weist das Bewußtsein für die Notwendigkeit einer solchen Kritik darauf hin, daß ein nur auf die Fragen von Moral gerichtetes Ethikverständnis als verkürzt anzusehen ist und nach einer Ausweitung des

---

87 A. a. O., S. 9.

88 Vgl. a. a. O., S. 7.

89 Kamlah, Philosophische Anthropologie, a. a. O., S. 94.

90 Steinfath, Die Thematik des guten Lebens in der gegenwärtigen philosophischen Diskussion, a. a. O., S. 7. – Vgl. auch Hans-Ulrich Lessing, Die Philosophie und das Glück. In: Zeitschrift für Didaktik der Philosophie und Ethik, 28. Jg. 2006, H. 4, S. 274-281, hier S. 279. Dagmar Fenner, Das gute Leben. Verlag Walter de Gruyter Berlin/New York 2007.

91 An einzelnen Kritikpunkten in bezug auf die aufgeklärt-liberale Moral nennt Steinfath insbesondere ihr als neutral verstandenes prozedurales Vorgehen, ihre Verwiesenheit auf eine sie umfassende Konzeption des guten Lebens sowie die fehlende Antwort auf die Frage nach der Motivierung zu einem moralischen Selbstverständnis. Hierbei verweist er bei dem ersten der genannten Kritikpunkte insbesondere auf Charles Taylor, bei dem zweiten auf Martha Nussbaum und bei dem dritten auf Ernst Tugendhat. (Vgl. Die Thematik des guten Lebens in der gegenwärtigen philosophischen Diskussion, a. a. O., S. 11 f.) Vgl. zu den genannten Kritikpunkten auch die ähnliche Einschätzung bei Ursula Wolf, Zur Struktur der Frage nach dem guten Leben. In: Steinfath (Hrsg.), Was ist ein gutes Leben?, a. a. O., S. 32-46, hier S. 32 f.

Ethikbegriffs verlangt.[92] In dieser Hinsicht zeigt damit der gegenwärtige Diskurs zur Thematik des guten Lebens eine m. E. strukturell vergleichbare Sicht zu Bollnows Plädoyer für ein weites Verständnis von Ethik.

Für die gegenwärtige Diskussion zur Ethik sieht Steinfath es im Interesse einer „systematische[n] Reflexion auf die Thematik des guten Lebens" als erforderlich an, die Frage zu beantworten, „was sich heute überhaupt noch philosophisch zum guten Leben sagen läßt".[93] In bezug auf diese Fragestellung zeigen z. B. die in dem Sammelband von Steinfath aufgenommenen Beiträge eine erhebliche Bandbreite[94], auf die hier nicht eingegangen werden soll.

---

[92] Vgl. in diesem Zusammenhang auch die von Higgins unter einer pädagogischen Fragestellung aufgegriffene Kritik von Bernard Williams an dem modernen Begriff von Moral, den Williams durch einen weiten Ethikbegriff überwinden will. „Williams hilft uns zu verstehen, wie sich die moderne Moral aus den traditionellen Fragen der Ethik entwickelt hat. Ethik beinhaltet die Art von Fragen, die wir uns in nachdenklichen Momenten stellen: über die Form, die unser Leben annehmen sollte, darüber wer wir sein wollen und über die Art der Aktivitäten, die solche Identitäten ausmachen und von diesen kommen. Moral richtet ihr Hauptaugenmerk auf die Richtigkeit oder Falschheit von Handlungen, mit Betonung unserer Pflichten gegenüber anderen. Ethik entspringt unserem Begehren ein gutes Leben führen zu wollen; Moral ist tief misstrauisch gegenüber der Begierde. Ethik ist im Intrapersonalen verwurzelt und dehnt sich zum Interpersonalen aus; Moral sucht unpersönliche Prozeduren und Beurteilungen.
Innerhalb der Ethik ist die Anzahl der evaluativen Dimensionen, die uns helfen zu verstehen, was das Wohlergehen des menschlichen Lebens ausmacht, nur durch die Zahl der ethischen Traditionen und konkreten Lebensformen begrenzt. Moral arbeitet mit wenigen dünnen und potenziell universalisierbaren Begriffen." (Christopher Higgins, Das Glück des Lehrers. In: Zeitschrift für Pädagogik, 48. Jg. 2002, S. 495-513, hier S. 508 f.)

[93] Steinfath, Die Thematik des guten Lebens in der gegenwärtigen philosophischen Diskussion, a. a. O., S. 12.

[94] Dies gilt sowohl für mögliche Herangehensweisen als auch für mögliche Antworten zur Thematik des guten Lebens. Steinfath systematisiert diese Beiträge z. B. unter dem Gesichtspunkt, ob sie als reflektierter Subjektivismus oder als objektive Theorie des guten Lebens zu verstehen sind. (Vgl. a. a. O., S. 17-23.) Darüber hinaus weist er auch auf ein metaethisches Interesse an der Art der Frage nach

Präzisiert wird im folgenden nur *eine bestimmte* unter vielen denkbaren Herangehensweisen an die Thematik des guten Lebens, nämlich diejenige, die zu Bollnows Schrift „Vom Geist des Übens" in Beziehung gesetzt werden kann. Drei Aspekte sind dabei zentral:

1. Die Frage nach dem „guten Leben" kann so gestellt werden, daß sie gezielt mit der Frage nach dem Glück in Verbindung steht. In Anlehnung an Steinfath ist dann aber zu beachten, daß damit nur ein „Aspekt des guten Lebens", nicht aber das gute Leben im ganzen thematisiert wird.[95]

2. Die Art der philosophischen Reflexion zur Frage nach dem Glück läßt sich in Anlehnung an Martin Seels Auffassung aus dem Jahre 1998 so verstehen, daß dabei „aus der hypothetischen Perspektive eines beliebigen Einzelnen" gefragt wird, „was es für sie oder ihn bedeuten kann, nach ... Glück zu streben".[96] Damit wird der Weg einer „Generalisierung subjektrelativer Annahmen" beschritten[97], der „nach einer allgemeinen Antwort auf eine Frage sucht", die selbstverständlich nicht die individuelle Frage „Wie soll ich leben?" beantworten, sondern allein in einem „bescheidenen" Ausmaß der „Aufklärung der individuellen Lebenssituation" dienlich sein kann.[98] Dieses Leistungsvermögen der philosophischen Rede vom Glück bezeichnet Seel als „den existentiellen Sinn einer Philosophie des Glücks"[99], der insbesondere darin liegt, auf „Aspekte eines gelingenden

---

dem guten Leben und dem Status von möglichen Antworten hin. (Vgl. a. a. O., S. 18.)

[95] A. a. O., S. 13.

[96] Martin Seel, Wege einer Philosophie des Glücks (1998). In: Ders., Sich bestimmen lassen. Studien zur theoretischen und praktischen Philosophie. Suhrkamp Verlag Frankfurt am Main 2002, S. 196-212, hier S. 201.

[97] A. a. O., S. 204.

[98] A. a. O., S. 202.

[99] A. a. O. Neben dem existentiellen Sinn einer Philosophie des Glücks stellt Seel auch einen „starken *theoretischen* Sinn" einer solchen Philosophie heraus, insofern „die Reflexion über Glück und gutes Leben einen Eckpfeiler jeder plausiblen Theorie der Moral darstellt". (A. a. O., S. 203.)

Lebens" hinzuweisen bzw. „ihre Adressaten an die wichtigen Dinge des Lebens zu erinnern".[100]

3. Die Art und Weise, wie ein solches Erinnern konkret aussehen kann, läßt sich im Rückgriff auf Wilhelm Kamlahs Grundriß einer eudämonistischen Ethik näher bestimmen. Diese verfolgt nämlich genau die von Seel genannte, im existentiellen Sinn einer Philosophie des Glücks liegende Absicht, an eine für ein „gelingendes menschliches Leben" zentrale „‚Grundeinsicht'" zu erinnern[101], die Kamlah terminologisch als „eudämonistische Gelöstheit" bezeichnet.[102]

Den zuletzt angesprochenen Überlegungen Kamlahs hat Bollnow eine hohe Wertschätzung beigemessen. Im Zusammenhang seiner Darlegung zum Verständnis von Gelöstheit, innerer Freiheit und Gelassenheit stellt er in der Schrift „Vom Geist des Übens" heraus: „Diese Auffassung berührt sich eng mit der Weise, wie Wilhelm Kamlah, von einer ganz anderen Richtung herkommend, den Begriff der Gelöstheit als Zentralbegriff seiner philosophischen Anthropologie eingeführt hat."[103]

Und in dem Aufsatz „Freiheit von der Rolle" schreibt er: Der Mensch kann „nur dann wirklich zu sich selbst kommen und zu einem erfüllten, glücklichen Leben gelangen, wenn er auf die Anspannung des Rollen-

---

[100] A. a. O., S. 202. Im einzelnen nennt Seel für eine existentiell verstandene Philosophie des Glücks drei Aspekte: Sie kann unter strukturellen Gesichtspunkten das Problem, nach dem guten Leben zu streben, aufklären, einseitige Vorstellungen von Glück zurückweisen und, wie oben erwähnt, Hinweise auf einzelne Aspekte eines gelingenden Lebens geben. In diesem Zusammenhang weist Seel darauf hin, daß diese Funktionen beispielsweise auch von Gedichten, Romanen oder Filmen gegebenenfalls besser als von der Philosophie übernommen werden können. (Vgl. a. a. O.) Er spricht deshalb auch von einem „heute relativ bescheidenen *existentiellen* Sinn" im Unterschied zur Tradition, in der dieser Sinn „als vorrangig gesehen wurde". (A. a. O., S. 203.)

[101] Kamlah, Philosophische Anthropologie, a. a. O., S. 150 f.

[102] Vgl. a. a. O., S. 163 u. S. 175. Stellenweise spricht Kamlah auch von einer philosophischen Gelöstheit. (Vgl. z. B. a. a. O., S. 160.)

[103] Bollnow, Vom Geist des Übens, a. a. O., S. 72. Bollnow bezieht sich in diesem Zusammenhang auf Wilhelm Kamlah, Der Mensch in der Profanität. Versuch einer Kritik der profanen durch vernehmende Vernunft. W. Kohlhammer Verlag Stuttgart 1949 und auf Kamlah, Philosophische Anthropologie, a. a. O.

spiels mit dem ständigen Willen, sich durchzusetzen und sich im Kampf ums Dasein zu behaupten, verzichtet und ‚gelassen' ... in sich selbst ruht. Wilhelm Kamlah hat diese vollendete seelische Verfassung im Rahmen seiner ‚Philosophischen Anthropologie' tief und überzeugend als die der Gelöstheit dargestellt."[104]

Vor diesem Hintergrund wird im folgenden Kamlahs Begriff der eudämonistischen Gelöstheit unter einer zweifachen Zielperspektive genauer skizziert:

1. Das dargelegte Verständnis soll als Beispiel für ein existentiell ausgerichtetes Fragen nach dem Glück des Menschen im Kontext der gegenwärtigen Überlegungen zu möglichen Herangehensweisen an die Thematik des guten Lebens dienen.
2. Parallel dazu ist beabsichtigt, mit diesem Beispiel einen inhaltlichen Verstehenskontext für die Anschlußfähigkeit einzelner Überlegungen aus Bollnows Werk an eine eudämonistische Ethik zu schaffen.

4.2 Exemplarische Verdeutlichung: Der Begriff der Gelöstheit in Kamlahs eudämonistischer Ethik

Kamlahs Ausführungen zur eudämonistischen Gelöstheit[105] lassen sich von ihrem Ansatzpunkt her gesehen als Explikation einer als relevant angesehenen Lebenserfahrung aus der Alltagspraxis des Menschen charakterisieren: „Jedermann begreift eines frühen oder späten Tages auch dies, daß sein Wohlbefinden außer von bestimmten Lebensbedingungen auch von der ‚Einstellung' abhängt, die er seinem Leben gegenüber einnimmt ... Um die Klärung dieser ‚Einstellung', von der man schon umgangssprachlich reden kann, geht es in der Philosophie."[106]

---

[104] Otto Friedrich Bollnow, Freiheit von der Rolle. In: Jürgen Mittelstraß, Manfred Riedel (Hrsg.), Vernünftiges Denken. Studien zur praktischen Philosophie und Wissenschaftstheorie. Verlag Walter de Gruyter Berlin / New York 1978, S. 374-386, hier S. 385.

[105] Bei der folgenden Darstellung des Begriffs der Gelöstheit bei Kamlah handelt es sich um eine gekürzte und veränderte Fassung meiner Analyse zu diesem Begriff in Boelhauve, Die Übung aus philosophisch-anthropologischer Sicht, a. a. O., S. 205-209.

[106] Kamlah, Philosophische Anthropologie, a. a. O., S. 149.

Die zentrale methodische Leitlinie für eine solche Klärung sieht Kamlah in einer Rückbesinnung auf bereits vorliegende Antworten zu der gesuchten Einstellung „in verschiedenartigen philosophischen oder auch religiösen *Kontexten*", zu denen „auch Religionen des Ostens" gehören können, die so zu reformulieren sind, daß unter Verzicht auf metaphysische Voraussetzungen das „‚alte Wahre'" als „neue Einsicht" für den Menschen unserer Zeit verstehbar wird.[107] In diesem Kontext erinnert er an die „dem antiken Philosophen wohlbekannte ‚Ruhe der Seele'"[108] sowie, mit Bezug auf Sokrates, an die „philosophische Gelassenheit", die „*wissende Gelöstheit*" und die als „‚Wohl der Seele'" verstandene „‚Eudämonie'".[109]

Systematisch weiterentwickelt werden diese Überlegungen vor dem Hintergrund einer Auseinandersetzung mit zwei für den Menschen in „der modernen Profanität"[110] charakteristischen Lebenseinstellungen, die Kamlah als „Gestimmtheit" der „Lebenssicherheit" und als „Gestimmtheit" der „Unzufriedenheit" bzw. „Sucht" bezeichnet und als Prototypen einer das gelingende Leben verstellenden Haltung deutet.[111]

Beide Gestimmtheiten sind an dem „*Leitbild*" eines „mangellosen Lebens" geknüpft.[112] Im ersten Fall erscheint dies durch erfolgreiches Handeln und bedenkenlosen Genuß gesichert. Im zweiten Fall wird die Suche danach als vergeblich erfahren. Gemeinsames Kennzeichen beider Ge-

---

[107] A. a. O., S. 150 f. Zum möglichen Einbezug der Religionen des Ostens heißt es dort wörtlich: „Wir müssen damit rechnen, daß zu jenen vergangenen Kontexten, in denen Menschen die ‚Grundeinsicht' ... einst schon ausgedrückt haben, auch Religionen des Ostens gehören, die daraufhin zu interpretieren zweifellos eine unverächtliche Aufgabe ist. In diesem Buch jedoch soll allein auf ‚unsere' europäische Überlieferung Bezug genommen werden, die uns noch einigermaßen vertraut ist". (A. a. O., S. 151.)

[108] A. a. O.

[109] A. a. O., S. 152. – Die genannten Begriffe dienen einer ersten begrifflichen Sondierung. Sie werden nicht in ihren historischen Entstehungskontexten untersucht.

[110] A. a. O., S. 154.

[111] Vgl. a. a. O., S. 154-157. – Vgl. als Hintergrund zu den beiden genannten Gestimmtheiten auch Kamlah, Der Mensch in der Profanität, a. a. O., S. 16 f. u. S. 189-199.

[112] Kamlah, Philosophische Anthropologie, a. a. O., S. 154.

stimmtheiten ist die „‚eigenmächtige Selbstbefangenheit'“[113], für die insbesondere die Fixierung auf die Macht des eigenen Handelns und die Verschlossenheit dem Mitmenschen gegenüber charakteristisch sind.[114]

Die eigenmächtige Selbstbefangenheit deutet Kamlah als das zentrale Hindernis, welches dem Menschen den Zugang zur Gestimmtheit der eudämonistischen Gelöstheit verstellt.[115] Sie nämlich macht es erforderlich, sich in immer neuen Ansätzen[116] von genau dieser Haltung zu lösen: „Die Preisgabe der eigenmächtigen Selbstbefangenheit, die sich der Selbstsichere und der Süchtige nur als asketischen Verzicht auf jedes lebenswerte Leben zu denken vermögen, ist umgekehrt geradezu der erste Schritt zu einem wahrhaft gelingenden Leben, zur Eudämonie. ... Denn wahres Leben-können ist in der Tat zu allererst ‚fallen können', sich loslassen können, ‚ruhen können'. Wer sich fallen läßt – im Sinne dieser Metapher –, eben der macht die unerwartete Erfahrung, daß er nicht ins Leere fällt, sondern im Ruhen-können das Leben-können erst eigentlich gewinnt.“[117]

---

113 A. a. O., S. 156.

114 Wörtlich heißt es bei Kamlah: „Der Selbstsichere und der Süchtige stimmen nämlich in der Illusion überein, daß sich der Mensch die Güter eines mangellosen Lebens ohne Ausnahme selbst beschaffen kann, durch die Macht seines eigenen Handelns. Und ferner: Der Selbstsichere und der Süchtige sind beide ganz und gar ‚mit sich selbst beschäftigt', d. h. mit der sicher gelingenden oder chronisch mißlingenden Befriedigung ihrer Begehrungen, ihrer Wünsche und Hoffnungen, und daher, in dieser ihrer Selbstbefangenheit, unaufgeschlossen für die Bedürftigkeit des Mitmenschen.“ (A. a. O., S. 156 f.)

115 Darüber hinaus verstellt sie auch den Zugang zur sogenannten praktischen Grundnorm. Diese lautet bei Kamlah: „Beachte, daß die Anderen bedürftige Menschen sind wie du selbst, und handle demgemäß!“ (A. a. O., S. 95.) In der Haltung der Selbstbefangenheit ist diese Grundnorm aufgrund der Verschlossenheit gegenüber dem Mitmenschen nicht zu realisieren. Die „Preisgabe“ dieser Haltung kann deshalb als *„mittelbar geboten“* gelten. (A. a. O., S. 157.)

116 Dauerhaft zu gewinnen ist eine solche Gestimmtheit nicht; vielmehr muß sie, z. B. durch „‚Besinnung'“ (a. a. O., S. 165), immer wieder aktualisiert werden. Daneben sieht Kamlah auch andere *„Verfahren“* (a. a. O., S. 158.), z. B. die Meditation, als hilfreich für den Zugang zur Gelöstheit an, die er im Rahmen seiner philosophischen Anthropologie allerdings nicht näher behandelt.

117 A. a. O., S. 157 f.

Diese Erfahrung bezeichnet Kamlah als „*Grunderfahrung*'" und in Verbindung mit der Reflexion auf die sie ermöglichende Voraussetzung als die gesuchte „*Grundeinsicht*'".[118]

Fragt man abschließend danach, welchen aussagentheoretischen Status der Hinweis auf die Bedeutung der eudämonistischen Gelöstheit als der „*unabdingbare[n] Grundbedingung* des Lebens" hat[119], so zeigt sich, daß Kamlah diesem Hinweis den Charakter eines „,guten Rates'" zumißt[120], der sich in einer „reflektierte[n] Lebensführung" auszuwirken vermag.[121] Die Preisgabe der eigenmächtigen Selbstbefangenheit kann also als „geratenes Verhalten"[122] für denjenigen gelten, der an dem „Weg zur Eudämonie"[123], die Kamlah auch als „höchstes Gut" beschreibt[124], interessiert ist.[125] Wird dieser Ratschlag aufgegriffen[126], so ergibt sich dadurch auch ein

---

[118] A. a. O., S. 158. Zur Auseinandersetzung mit der Grunderfahrung vgl. auch bereits Kamlah, Der Mensch in der Profanität, a. a. O., S. 19-29.

[119] Kamlah, Philosophische Anthropologie, a. a. O., S. 175.

[120] A. a. O., S. 157.

[121] A. a. O., S. 149.

[122] A. a. O., S. 169.

[123] A. a. O., S. 165.

[124] Vgl. a. a. O., S. 167.

[125] Zur Frage nach weiteren Gütern, die für ein gelingendes Leben förderlich sind, vgl. a. a. O., S. 166-175. Neben den Gütern der Vitalität stellt Kamlah in diesem Zusammenhang die besondere Bedeutung „einer Aufgabe, deren Erfüllung den Betroffenen über den engen Horizont seiner selbstbefangenen Selbstbesorgung hinausführt" (a. a. O., S. 171), sowie die „Gelegenheit zur ‚*Muße*'" (a. a. O., S. 172) heraus.

[126] Voraussetzung hierfür ist das eigentätige In-Beziehung-Setzen der philosophischen Rede zur eigenen Lebenserfahrung. „Niemand kann sich die Grundeinsicht verstehend aneignen, der nicht *selbständig* die *Grunderfahrung* macht. Alles anthropologische Reden kann vom Hörer nur in den Grenzen derjenigen Lebenserfahrung verstanden werden, die dieser Hörer schon selbst erworben hat, und das gilt von der Darlegung der Grundeinsicht ganz besonders." (A. a. O., S. 164). Den Zugang zur Grundeinsicht sieht Kamlah nicht auf herausgehobene krisenhafte Erfahrungen beschränkt; vielmehr geht er davon aus, daß die mit der Grundeinsicht verbundene „Lebenskunst" von „jedermann jederzeit" erlernt werden kann, „sobald ihm eine nicht alltägliche Erfahrung Gelegenheit dazu gibt". (A. a. O.)

möglicher Weg für den Umgang mit weiteren „Gütern" des Lebens, den Kamlah zusammenfassend so beschreibt: „Wer sich nicht ‚versteift' auf bestimmte Güter, indem er sie mit dem höchsten Gut verwechselt, wer sich nicht an gerade dies oder jenes ‚klammert', ohne das er nicht leben zu können vermeint, der gewinnt an Bewegungsfreiheit – traditionell gesagt: an ‚innerer Freiheit' – und entdeckt eine Fülle von Gütern, die er bisher übersah. In eine Formel gefaßt: Die Grundeinsicht ermöglicht dem, der sie gewinnt, manches, das ihm nicht zuteil oder genommen wurde, ‚ruhig zu entbehren', und anderes, das ihm zuteil wurde, aufmerkend und ‚dankbar hinzunehmen'."[127]

5. Die anthropologische Deutung der Übung – ein Beitrag zu einer eudämonistischen Ethik

Ziel der folgenden Überlegungen ist es zunächst, den Gang der Argumentation aus Bollnows Schrift „Vom Geist des Übens" bis zu dem Punkt nachzuzeichnen, an dem erkennbar wird, daß die durch Übung zu erreichende Verfassung des Menschen eine anthropologische Dimension erschließt, die ihn in seinem „innersten Kern"[128] berührt. Im Anschluß daran soll der ethische Horizont untersucht werden, der durch eine solche anthropologische Deutung der Übung angesprochen wird, um sie als Beitrag zu einer eudämonistischen Ethik einordnen zu können. Abschließend wird das erzielte Ergebnis zu Bollnows eigenem Verständnis von Ethik in Beziehung gesetzt und ein Vorschlag zur Differenzierung des durch anthropologische Deutungen zu erreichenden ethischen Orientierungswissens vorgelegt.

---

[127] A. a. O., S. 167 f. Eudämonistische Gelöstheit, so zeigt das angeführte Zitat, läßt sich auch als ein Weg zur sogenannten inneren Freiheit bezeichnen. Umgangssprachlich formuliert versteht Kamlah hierunter schlicht die „‚Flexibilität' der Lebensführung" bzw. die „Fähigkeit der Anpassung an sehr unterschiedliche Lebensbedingungen" (a. a. O., S. 167), die auf der „Einsicht in den Unterschied dessen, was wir als unabänderlich hinzunehmen haben, von dem, was wir durch tatkräftiges Handeln zu ändern vermögen" (a. a. O., S. 168), basiert.

[128] Bollnow, Vom Geist des Übens, a. a. O., S. 58.

Das Grundanliegen der Schrift „Vom Geist des Übens“[129] liegt darin, aus „philosophisch-anthropologische[r]“ Sicht eine „grundsätzliche Klärung der Funktion der Übung im Zusammenhang des menschlichen Lebens“ vorzunehmen[130], die auch dazu dienen soll, den Sinn der Übung in der pädagogischen Alltagspraxis[131] besser zu verstehen.[132] Unter dieser Zielset-

---

[129] Bei der folgenden Darstellung der Schrift „Vom Geist des Übens“ handelt es sich bis Abschnitt 5.2 einschließlich um eine gekürzte und veränderte Fassung meiner Analyse dieser Schrift in Boelhauve, Die Übung aus philosophisch-anthropologischer Sicht, a. a. O., S. 214-225.

[130] Bollnow, Vom Geist des Übens, a. a. O., S. 12.

[131] Ausgangspunkt für Bollnows anthropologische Untersuchung zur Übung ist zunächst eine Standortbestimmung dieses Phänomens im schulpädagogischen Kontext. In diesem Zusammenhang stellt er die Übung als ein Phänomen dar, das in der pädagogischen Alltagspraxis als ein zwar notwendiges, aber wenig geschätztes Verfahren für den Erwerb spezifischer Fertigkeiten, wie z. B. der Kulturtechniken, gesehen wird. (Vgl. a. a. O., S. 13-19.) Um zu einer Korrektur des skizzierten Alltagsverständnisses gelangen zu können, ist aus Bollnows Sicht die Frage nach der anthropologischen Funktion der Übung erforderlich. Eine der Ursachen für den geringen Stellenwert der Übung insbesondere im Bereich der pädagogischen Praxis sieht Bollnow nämlich darin, daß der alltägliche Umgang mit diesem Phänomen „auf einem unzureichenden Verständnis dessen beruht, was die Übung im menschlichen Leben bedeutet“ (Bollnow, Die anthropologische Betrachtungsweise in der Pädagogik. In: König, Ramsenthaler (Hrsg.), Diskussion Pädagogische Anthropologie, a. a. O., S. 39), d. h. ihr anthropologischer Sinn bleibt im allgemeinen undurchschaut.

[132] Im Sinne des Prinzips der anthropologischen Interpretation der Einzelphänomene des menschlichen Lebens besteht die leitende Interpretationsperspektive für diese grundsätzliche Klärung in der Frage, „wie wir das menschliche Leben begreifen müssen, damit in ihm die Übung als eine sinnvolle und unentbehrliche Leistung erscheint, als etwas, in dem allein das menschliche Leben seine volle Erfüllung finden kann“. (Bollnow, Vom Geist des Übens, a. a. O., S. 18.) – Die Anwendung der anthropologischen Fragestellung auf das Phänomen der Übung impliziert, daß diese nicht mehr allein als „eine Angelegenheit des Unterrichts“ bzw. „des heranwachsenden Menschen“ (a. a. O., S. 19) gesehen wird. Ein anthropologisches Interpretationsangebot zur Übung geht vielmehr mit der Sichtweise einher, „daß die Übung, von den ersten Tagen der Kindheit bis hinein ins höchste Alter, wesensmäßig und lebenslang ... zum Menschen gehört“. (A. a. O.) Diese umfassende Sichtweise kann aber, so Bollnows Auffassung, dazu führen, daß sich

zung nimmt Bollnow eine Beschreibung und Deutung der Übung aus der Perspektive des Zusammenhangs zwischen Übung und Können und aus der Sicht der inneren Verfassung des Menschen während des Übevorgangs vor.[133] Erst die zuletzt genannte Blickrichtung führt zu einer *umfassenden* anthropologischen Deutung der Übung. Sie setzt allerdings die Verbindung von Übung und Können voraus, so daß dieser Zusammenhang zunächst kurz skizziert werden soll.

5.1 Übung als Erwerb eines spezifischen Könnens

Ausgangspunkt der Überlegungen ist die terminologische Unterscheidung zwischen „Wissen" und „Können". Mit diesen beiden Begriffen bezeichnet Bollnow „die im Menschen angelegte Grundpolarität des theoretischen und des praktischen Verhaltens", wobei er unter dem praktischen Verhalten „Fertigkeiten" versteht, „die der Mensch in sich ausbilden soll".[134]

Vor dem Hintergrund dieser Unterscheidung ordnet Bollnow die Übung allein dem Bereich des Könnens zu.[135] Ziel der Übung ist es, „eine zu-

---

„das Problem der Übung, auch für den Gebrauch der Schule, in einer völlig neuen Weise aufschließen" läßt. (A. a. O.) Vgl. dazu a. a. O., S. 102-118.

[133] Vorausgestellt wird diesen Überlegungen ein Rückgang auf den sogenannten „natürlichen Sprachgebrauch" sowie auf die „Wortgeschichte" des Begriffs der Übung (a. a. O., S. 20), ein Verfahren, das Bollnow häufig als Einstieg zur Beschreibung anthropologisch relevanter Phänomene verwendet. Mittelpunkt der sprachlichen Betrachtung zum Begriff der Übung ist die Unterscheidung zwischen „Einüben" und „Ausüben" sowie der in der Wortgeschichte zu erkennende Zusammenhang mit kultischem Handeln. (Vgl. a. a. O., S. 20-25.)

[134] A. a. O., S. 27. Im einzelnen gehören zu den Fertigkeiten sowohl „manuelle Fertigkeiten" (a. a. O.), z. B. im Bereich des Sports, des Handwerks, des Musizierens usw., als auch „geistige Fertigkeiten" (a. a. O.), etwa die Beherrschung von Rechenoperationen, der Einsatz der Urteilskraft, der präzise Umgang mit Sprache usw. Vgl. zu den angeführten Beispielen a. a. O., S. 27, S. 29 f., S. 39, S. 45 u. S. 48.

[135] Vgl. a. a. O., S. 27. Mit dieser Unterscheidung ist nicht impliziert, daß Wissen und Können unverbunden nebeneinander stehen. Beide wirken de facto immer zusammen. (Vgl. a. a. O., S. 29.) Allein die von Bollnow intendierte Verwendung des Begriffs der Übung soll durch diese Unterscheidung geklärt werden.

nächst noch unvollkommene Leistung schrittweise zu verbessern ..., bis sie geläufig ist".[136] Als Entfaltung eines spezifischen Könnens, das immer die Hingabe an eine Tätigkeit voraussetzt[137], ist sie mit dem Anspruch verknüpft, das zu Übende am Maßstab der „Vollkommenheit", der „im Tun selber erfahren wird", zu messen.[138]

Dieser Maßstab impliziert zwar, daß die Übung eine „strenge Disziplin" verlangt und insofern einen „asketische[n] Zug" hat[139]; dies bedeutet aber keineswegs, daß sie dadurch zu einer freudlosen Tätigkeit wird. Die Erfahrung von Freude[140] ist vielmehr in ihr als ausgezeichnete Möglichkeit angelegt: „Dieses auf dem Wege der Übung erreichte Können ist an ihm

---

[136] A. a. O., S. 29. Bollnow unterscheidet im einzelnen zwei Formen von Übung: eine erste Form, die sich *unbeabsichtigt* in Verbindung mit einer Tätigkeit ergibt, z. B. in der ständigen Ausübung eines Handwerks, und eine zweite Form, die *bewußt* zur Einübung von Fertigkeiten durchgeführt wird. (Vgl. a. a. O., S. 38 f.) Nur die bewußte, absichtsvolle Übung, die immer mit der Unterbrechung eines größeren Handlungszusammenhangs verbunden ist und „sich in reflektierter Haltung der nicht gekonnten einzelnen Leistung" zuwendet, will Bollnow als „Übung im eigentlichen Sinn" verstanden wissen. (A. a. O., S. 39.) Hierauf beziehen sich auch die folgenden Überlegungen.

[137] Vgl. a. a. O., S. 47.

[138] A. a. O., S. 44. Vgl. auch a. a. O., S. 41.

[139] Wörtlich heißt es: „Der Geist der Übung ist der unerbittliche Ernst, der nicht nachläßt, bis die Leistung fehlerfrei gelungen ist. Die Übung erfordert eine Härte gegen sich selbst. Sie verlangt eine strenge Disziplin. Zu ihr gehört unablösbar ein gewisser asketischer Zug". (A. a. O., S. 41.)

[140] Als Beispiel aus dem handwerklichen Bereich nennt Bollnow die „Freude am Gut-Machen einer Sache und der darin erreichten Meisterschaft". (A. a. O., S. 45.) Beispiele aus dem geistigen Bereich sind die Freude „bei der überzeugend gelungenen Übersetzung eines fremdsprachigen Textes ... oder auch allgemein bei jedem sauber verfaßten Schriftwerk". (A. a. O.) – Interessant ist in diesem Zusammenhang auch Bollnows Hinweis, die „Freude am ‚gut Gekonnten'" als „ästhetisches Gefühl" ansehen zu können. (A. a. O., S. 117.) Im einzelnen heißt es hierzu: „Wenn man nur auf den praktischen Nutzen, auf die Brauchbarkeit für irgendeinen praktischen Zweck achtet, würde auch eine ungefähre Erfüllung der Aufgabe genügen. Die Betonung der über das praktisch Erforderliche hinausgehenden Genauigkeit, die Freude an dem Vollkommenen als solchen ist etwas spezifisch Ästhetisches." (A. a. O.)

selber beglückend. Während bei jeder nur ungefähr erreichten Leistung, bei jeder nachlässig ... ausgeführten Arbeit ein Gefühl des Mißbehagens, des inneren Unbefriedigt-Seins zurückbleibt, empfindet der Mensch hier das Glück des fehlerfreien Gelingens."[141]

Da das Können des Menschen insbesondere im Bereich von sogenannten „höheren Leistungen"[142] kein verfügbarer „Besitz" ist, sondern „nur im immer wiederholten Üben" erhalten werden kann[143], stellt Bollnow als anthropologisches Ergebnis zunächst heraus: „Das Können besteht nur zusammen mit dem Üben und ist von diesem gar nicht zu trennen. Der Mensch ist in dieser Weise das übende Wesen, d. h. ein Wesen, das sich nur in beständig wiederholtem Üben in seinem Sein erhalten kann, das erstirbt, wo es im vermeintlichen Besitz seines Könnens aufhört zu üben."[144]

5.2 Die innere Verfassung des übenden Menschen

Zur weiteren Vertiefung dieser Deutung wird die für erfolgreiches Üben erforderliche „seelische Verfassung"[145] des Menschen detailliert untersucht. In einem ersten Zugang beschreibt Bollnow diese folgendermaßen: „Anspannung und Gelöstheit ... müssen sich verbinden, wenn das Üben zum richtigen Ergebnis führen soll. Es ist ein Zustand stiller und gesammelter Heiterkeit, in der keine Sorge den Menschen beunruhigt und keine übermäßige Eile ihn vorantreibt. Nur in einem solchen ausgeglichenen Zustand kann der Mensch erfolgreich üben."[146]

Um diesen „Zustand" mit Blick auf die gesuchte umfassende anthropologische Deutung der Übung genauer zu verstehen, hält Bollnow es für er-

---

[141] A. a. O., S. 44.

[142] Die „höheren Leistungen" werden von den sogenannten „einfachen Leistungen", wie etwa dem Autofahren oder dem Lesen eines Textes, unterschieden (a. a. O., S. 52) und beziehen sich insbesondere auf Bereiche, in denen „produktives Schaffen" (a. a. O., S. 54) erforderlich ist, z. B. im Bereich der Kunst oder der Wissenschaft.

[143] A. a. O., S. 52.

[144] A. a. O.

[145] A. a. O., S. 55.

[146] A. a. O.

forderlich, als Interpretationsleitfaden hierfür den Stellenwert der Übung in der östlichen Kultur, genauer: in der alten japanischen Kultur zu beachten, da die Übung in diesem Kulturkreis „im Gefüge der seelischen Leistungen sehr viel ‚höher' angesetzt wird" als in der europäischen Sicht.[147] Die „in Japan, vor allem im Zen-Buddhismus, ausgebildeten Übungsformen", haben, so Bollnow, „auch für den Europäer ein systematisch-anthropologisches Interesse", da sie in diesem Traditionszusammenhang insbesondere „um einer inneren Wandlung des Menschen willen betrieben werden".[148]

Beispielhaft verdeutlicht wird dies durch Rückgriff auf Eugen Herrigels Bericht über die Kunst des Bogenschießens sowie auf die am japanischen Vorbild orientierten Analysen der Übung von Graf Dürckheim.[149]

Herrigels Bericht zeigt nach Bollnow, daß die Bedeutung der Übungen zum Erwerb der Kunst des Bogenschießens nicht darin liegt, „möglichst schnell ein bestimmtes Ziel zu erreichen".[150] Erlernt werden soll eine spezifische innere Verfassung, aus der „die vollkommene Leistung dann leicht und mühelos" hervorgeht.[151] Hierfür ist die „Zerstreutheit des Alltags" zu überwinden und eine „Wachheit des Geistes" zu erlangen, die dadurch gekennzeichnet ist, daß sie „die Versteifung auf das eigne Wollen" hinter sich gelassen hat.[152] Als Ergebnis der inneren Wandlung durch Übung ergibt sich demnach, daß es dem Übenden gelungen ist, „‚von sich selbst loszukommen'" (Herrigel), auf den „Eigenwillen" zu verzichten und ein „Einswerden mit dem Ziel" zu erreichen, das „mit einem unbe-

---

147 A. a. O., S. 59.

148 A. a. O., S. 12.

149 Als Literaturgrundlage hierfür werden u. a. die folgenden Schriften angegeben: Eugen Herrigel, Zen und die Kunst des Bogenschießens. 4. Aufl. München 1954. Karlfried Graf Dürckheim, Zen und wir. Weilheim Obb. 1961. Ders., Der Alltag als Übung, 5. Aufl. Bern / Stuttgart 1972. Ders., Vom doppelten Ursprung des Menschen. Freiburg 1973. Vgl. dazu Bollnow, Vom Geist des Übens, a. a. O., S. 124 f.

150 Bollnow, Vom Geist des Übens, a. a. O., S. 60.

151 A. a. O., S. 61.

152 A. a. O., S. 61 f.

schreiblichen Glücksgefühl" verknüpft ist.[153] Ein vergleichbares Verständnis der Übung sieht Bollnow bei Graf Dürckheim.[154]

Aus den angeführten Orientierungen zum Verständnis der Übung im Kontext der japanischen Kultur leitet Bollnow als Ertrag für unsere „europäischen Verhältnisse"[155] die folgenden systematischen Gesichtspunkte ab: Der Erfolg des Übens ist an die innere Verfassung des Menschen geknüpft, die neben der anzustrebenden gekonnten Leistung ein wesentliches Ziel des Übens darstellt. Das zentrale Merkmal dieser Verfassung besteht in einer „inneren Sammlung", für die die „Umkehr von der narzißtischen Selbstbezogenheit zur selbstvergessenen Hingabe an die Tätigkeit" charakteristisch ist.[156] Die während des Übens zu erlangende Verfassung wird „als höchste Erfüllung des menschlichen Lebens erfahren".[157] Sie kann aber nicht „auf dem direkten Wege" erreicht werden, sondern bleibt auf den „Umweg über das sich hingebende Üben" angewiesen, das stets zu wiederholen ist.[158]

Vor dem Hintergrund des gewählten Interpretationsleitfadens zum Verständnis der Übung stellt Bollnow als Zwischenergebnis heraus, daß sie für die „Verwirklichung des wahren Menschseins" eine „Schlüsselstellung" gewinnt.[159]

---

[153] A. a. O.

[154] Graf Dürckheim geht in seinen Untersuchungen „von der verschiedenen Bewertung der Übung in unserer heutigen Welt und in der alten japanischen Tradition" aus. (A. a. O., S. 64.) Als zentralen Sinn der Übung in Anlehnung an das japanische Vorbild stellt Bollnow im Rückgriff auf diesen Autor heraus: „‚Immer geht es um das gleiche: daß der Mensch sich in unermüdlicher Übung einer Kunst so gänzlich seines ängstlichen, um den Erfolg besorgten, gegenständlicher Aufmerksamkeit bedürfenden Ichs entledigt, daß er schließlich zum Werkzeug einer tieferen Kraft wird, aus der heraus dann ohne sein Zutun und ganz absichtslos die vollendete Leistung wie eine reife Frucht abfällt.'" (Graf Dürckheim; zit. nach Bollnow, Vom Geist des Übens, a. a. O., S. 66).

[155] A. a. O., S. 67.

[156] A. a. O., S. 67 f.

[157] A. a. O., S. 68.

[158] A. a. O.

[159] A. a. O., S. 70.

Um diese Schlüsselstellung unter *systematischen* Gesichtspunkten zu vertiefen, führt Bollnow drei Begriffe ein, die die „durch das Üben zu erreichende höhere Daseinsform"[160] präzisieren sollen: den Begriff der Gelöstheit, der inneren Freiheit und der Gelassenheit.[161] Alle drei Begriffe beziehen sich unter einer je besonderen Perspektive auf denselben Sachverhalt.

Mit dem Begriff der Gelöstheit will Bollnow den „schwer faßbaren ... Zustand ... in einem seiner wesentlichen Aspekte" verdeutlichen: „Der Mensch ... löst sich ... von seinem Eigenwillen ... mit allen seinen Sorgen und Ängstlichkeiten und all seiner unersättlichen Gier. Er überläßt sich einfach einem ihn durchwaltenden größeren Leben, in das er sich eingelassen findet."[162]

Um das, was der Vorgang des Sich-Lösens vom Eigenwillen im positiven Sinn bewirken kann, noch genauer zu fassen, führt Bollnow den Begriff der inneren Freiheit ein, den er folgendermaßen umschreibt: „Innere Freiheit ... ist das Gefühl des Einklangs des Menschen mit den Bedingtheiten seiner Situation, wobei Situation als äußere und als innere Situation die Gesamtheit der Gegebenheiten bedeutet, zu denen sich der Mensch jeweils verhalten kann."[163]

Genauer beschrieben wird diese Haltung als das Bewußtsein der Fähigkeit, einerseits die Umwelt im Sinne der eigenen Vorstellungen in dem Maße, in dem dies möglich ist, gestalten und andererseits die Veränderung des eigenen Selbst in Abhängigkeit von den vorhandenen Möglichkeiten bewirken zu können. In diesem Bewußtsein eines „wechselseitige[n] An- und Eingepaßtsein[s]" erlebt sich der Mensch als „innerlich frei".[164]

Nochmals betont wird auch in diesem Zusammenhang, daß die erforderliche Veränderung im Menschen für den Gewinn innerer Freiheit an die „Aufgabe des Eigenwillens" gebunden ist, da dieser „mit seiner Begehr-

---

[160] A. a. O., S. 71.

[161] Vgl. a. a. O., S. 71-79.

[162] A. a. O., S. 71.

[163] A. a. O., S. 76. Unter den sogenannten Gegebenheiten des Lebens versteht Bollnow in einem umfassenden Sinne sowohl die „äußeren Lebensumstände" (a. a. O.) als auch die besondere körperliche, seelische und geistige Verfaßtheit des Menschen.

[164] A. a. O., S. 77.

lichkeit und seinem Geltungsstreben den Menschen in immer neue Konflikte mit seiner Umwelt verstrickt".[165] Terminologisch spricht Bollnow auch von der „Selbstbezogenheit", die der Mensch überwinden muß, um den „Einklang mit einem größeren Ganzen" erfahren zu können.[166] Für diesen Sachverhalt führt er den Begriff der Gelassenheit ein:

„Wir bezeichnen den hier erreichten Zustand am besten mit einem guten alten Wort ... als Gelassenheit und nehmen es in dem tiefen Sinn, in dem es schon die Mystiker gebrauchten: als Bezeichnung für den Seelenzustand, in dem der Mensch seinen Eigenwillen aufgegeben, ihn ‚gelassen' hat und sich ganz dem überlassen hat, was durch sein Tun hindurch ein tiefer begründeter Anspruch, in der mystischen Welt also Gott von ihm fordert. Dann heißt also unsere Antwort, daß die Gelassenheit der Seele denjenigen Zustand der inneren Freiheit bezeichnet, nach dem wir suchen."[167]

Das zentrale Ergebnis der systematischen Analyse zu dem durch Übung zu erreichenden Zustand lautet also: Im Vorgang des Übens gewinnt der Mensch eine seelische Verfassung, die als Gelassenheit zu beschreiben ist. Diese kann allerdings nicht als dauerhafter Besitz festgehalten werden, so daß „Übungen ..., die diese innere Verfassung vermitteln"[168], immer wieder aufgenommen werden müssen.[169]

Im Gesamtzusammenhang des menschlichen Lebens sieht Bollnow die durch Übung zu erlangende Gelassenheit nicht als Selbstzweck an, sondern als eine Haltung, die im Dienst eines verantwortlich zu gestaltenden Lebens steht.[170]

---

[165] A. a. O.

[166] A. a. O.

[167] A. a. O., S. 78.

[168] A. a. O., S. 98.

[169] Zur Frage, welche Übungen sich hierfür in besonderer Weise eignen, vgl. a. a. O., S. 83 ff. Vgl. auch Boelhauve, Die Übung aus philosophisch-anthropologischer Sicht, a. a. O., S. 223 f.

[170] Vgl. Bollnow, Vom Geist des Übens, a. a. O., S. 98. Wörtlich heißt es hier: „Darum kommt es darauf an, daß der Mensch, nachdem er im Üben die richtige innere Verfassung, die innere Freiheit und Gelassenheit gefunden hat, ins handelnde Leben zurückkehrt, um dort in Verantwortung seine Aufgaben zu erfül-

Trotz der Bezugnahme auf das handelnde Leben behält die anzustrebende Haltung der Gelassenheit dennoch einen Eigenwert, insofern Bollnow diese Haltung mit dem „innersten Kern" des Menschen in Verbindung bringt und von diesem Gesichtspunkt die „große anthropologische Deutung der Übung" herausstellt.[171] Wörtlich heißt es hierzu:

„Der Mensch kann ... ein bestimmtes äußeres Tun ... aus eigenem Entschluß durchführen. An einem solchen äußeren Tun setzt die Übung ein. Aber indem sie mit einem solchen äußeren Tun anfängt und sich ganz diesem Üben hingibt, vollzieht sich im Menschen selber, gewissermaßen im Rücken dieses Tuns, eine Veränderung. Hier wird er wie von selbst in die Verfassung des richtigen Lebens hineinversetzt, zu der er auf andere Weise nicht gelangen könnte. ... Dann aber ist die Übung ... ein existentielles Problem, das den Menschen in seinem innersten Kern trifft."[172]

5.3 Der ethische Horizont der anthropologischen Deutung der Übung

Im folgenden wird der ethische Horizont bestimmt, der in der anthropologischen Deutung der Übung mit dem „innersten Kern" des Menschen angesprochen ist. Hierzu werden zunächst die als human zu bezeichnenden Grundbestimmungen unserer Kultur ermittelt, die als Hintergrund bei der anthropologischen Deutung der Übung zu erkennen sind. Anschließend werden die zentralen Begriffe, die Bollnow bei der Darlegung der Ergebnisse der Bedeutung der Übung verwendet, zusammengestellt und mit der gewählten Begrifflichkeit bei dem für die Deutung herangezogenen Interpretationsleitfaden verglichen.

Die als human zu bezeichnenden Grundbestimmungen unserer Kultur lassen sich wie folgt herleiten: Sowohl in dem Aufsatz „Einübung der inneren Freiheit" als auch in der Schrift „Vom Geist des Übens" schreibt Bollnow, daß „das Verlangen nach Freiheit" zum „innersten Wesen des

---

len. Es sind dieselben Aufgaben geblieben, wie sie vorher waren, ehe sich der Mensch ins Üben zurückzog, aber er kann sie jetzt in einer neuen, innerlich freien und gelassenen Weise – und eben darum besser – erfüllen, als es ihm vorher möglich war."

[171] A. a. O., S. 58.

[172] A. a. O.

Menschen" gehört.[173] Sie führt dazu, daß der Mensch „als das für sich selbst verantwortliche ... Wesen" gesehen und „seine eigensten Möglichkeiten" entfalten und verwirklichen kann.[174] Neben dem Bemühen um innere Freiheit müssen die Menschen deshalb „notwendig" auch „nach der Verwirklichung ihrer äußeren Freiheit streben"[175], da die äußere Freiheit Voraussetzung für die volle Entfaltung der inneren Freiheit ist.[176] Die für unsere Kultur leitenden Werte der Freiheit und der Verantwortung können damit als Hintergrund für die anthropologische Deutung der Übung im Sinne humaner Grundbestimmungen angesehen werden.

Bei der Darlegung der *Ergebnisse* dieser Deutung sind für die Charakterisierung des ethischen Horizontes insbesondere vier Gesichtspunkte relevant:

1. Bei der durch Übung zu gewinnenden seelischen Verfassung des Menschen handelt es sich um „die letzten ethischen Fragen nach der Verwirklichung des wahren menschlichen Seins".[177]
2. Gelöstheit, innere Freiheit und Gelassenheit beschreiben, ohne Anspruch auf Vollständigkeit, die „Verfassung eines vollkommenen und im inneren Gleichgewicht befindlichen Lebens".[178]
3. Sie weisen auf eine Zugangsweise zum „richtigen Leben"[179] bzw. zum „wahre[n] Leben"[180] oder, in eine Formel gefaßt, zu „einem Leben, wie es

---

[173] Bollnow, Einübung der inneren Freiheit, a. a. O., S. 109; Bollnow, Vom Geist des Übens, a. a. O., S. 73.

[174] A. a. O.

[175] Bollnow, Einübung der inneren Freiheit, a. a. O., S. 110; Bollnow, Vom Geist des Übens, a. a. O., S. 75.

[176] Vgl. Bollnow, Einübung der inneren Freiheit, a. a. O., S. 110; vgl. Bollnow, Vom Geist des Übens, a. a. O., S. 74.

[177] Bollnow, Vom Geist des Übens, a. a. O., S. 102. Vgl. auch a. a. O., S. 69. Hier bezeichnet Bollnow seine Überlegungen zur seelischen Verfassung des Menschen während des Übevorgangs als eine Problemsicht, die „in vorwiegend ethischer Fragestellung die Bedeutung der Übung für die Selbstwerdung des Menschen" darlegt.

[178] A. a. O., S. 80.

[179] A. a. O., S. 57.

[180] A. a. O., S. 12.

sein soll"[181], hin, das sich von dem „alltäglichen Dasein" als einem „Zustand" des Lebens, „wo es nicht so ist, wie es seinem Wesen nach sein könnte und sein sollte"[182], unterscheidet.

4. Im alltäglichen Leben fühlt der Mensch „mehr oder weniger deutlich die Aufgabe, sich zu seinem ‚eigentlichen', wirklichen und wahren Leben zu erheben"[183] und zu einem „geahnten höheren Zustand zu gelangen".[184]

Vergleicht man diese Begrifflichkeit mit zentralen Begriffen, die Bollnow für den inhaltlichen Interpretationsleitfaden zur anthropologischen Deutung der Übung heranzieht, so ergibt sich auch hier ein ähnliches Bild: An „den japanischen Beispielen", so schreibt er in diesem Zusammenhang, wird ersichtlich, daß es „beim rechten Üben" um „die Verwirklichung des eigentlichsten Seins des Menschen" geht.[185]

Die angeführten Begriffe zeigen m. E. sehr deutlich, daß Bollnows Untersuchung zu der durch Übung zu gewinnenden Gelassenheit einen ethischen Horizont anspricht, der das Leben-können des Menschen in besonderer Weise thematisiert. Gesucht ist eine Tiefenschicht des Menschen, die, wie Bollnow es insbesondere in seinem Spätwerk ausdrückt, „die ichbezogene Einstellung des Alltagslebens mit seinen kleinlichen Wünschen und Sorgen und Befürchtungen" hinter sich läßt.[186] In deutlicher Parallele zu Kamlahs Verständnis von eudämonistischer Gelöstheit wird dadurch eine Haltung dem menschlichen Leben gegenüber angesprochen, die sich

---

[181] A. a. O., S. 80.

[182] A. a. O., S. 57.

[183] A. a. O., S. 57 f.

[184] A. a. O., S. 80. In diesem Zusammenhang weist Bollnow darauf hin, daß der Weg über die Übung nicht die einzige Möglichkeit ist, „zu der erstrebten Erfüllung des Lebens zu gelangen". (A. a. O., S. 81.) Weitere Möglichkeiten sind für ihn zugespitzte Augenblicke existentieller „äußerste[r] Entschlossenheit" sowie Augenblicke des „großen Glücks". (A. a. O., S. 80.) Beides kann aber nicht vorsätzlich herbeigeführt werden. Insofern sieht er in der Übung „das einzige Mittel", den Wandel vom alltäglichen Zustand zu einem höheren Zustand „vorsätzlich und in bewußter Anstrengung herbeizuführen". (A. a. O., S. 81.)

[185] A. a. O., S. 69.

[186] Otto Friedrich Bollnow, Zu einem zen-buddhistischen Spruch. In: Ders., Zwischen Philosophie und Pädagogik. Vorträge und Aufsätze. Norbert Friedrich Weitz Verlag Aachen, S. 63-67, hier S. 65 f.

nicht an „dieses oder jenes“ (Kamlah) klammert, so daß eine neue „selbstvergessene“[187] Freiheit für die Gegebenheiten des Lebens insgesamt zugänglich wird.

In diesem Sinne hatte Bollnow bereits in der Schrift „Wesen und Wandel der Tugenden“ zur Gelassenheit geschrieben: „Immer gehört, wo von Gelassenheit sinnvoll gesprochen wird, dazu das Wissen von einer Zweischichtigkeit des menschlichen Daseins. Weil der Mensch weiß, daß er in einer tieferen Schicht verwurzelt ist, kann er in einer äußeren die Dinge an sich herankommen lassen.“[188]

Die dadurch zu gewinnende Freiheit beschreibt Bollnow 1976 in dem Aufsatz „Einübung der inneren Freiheit“ auch als Eudämonie, und zwar mit dem Hinweis, daß das mit diesem Begriff Bezeichnete „aufs engste mit der inneren Freiheit zusammenhängt, ja im Grunde nur ein anderer Aspekt desselben Zusammenhangs ist.“[189]

---

[187] A. a. O., S. 66.

[188] Bollnow, Wesen und Wandel der Tugenden, a. a. O., S. 121. Explizit betont wird in diesem Zusammenhang, daß der Gelassene sehr wohl um die Gefährdung des Daseins weiß. Standhalten kann er dieser allein „aus dem Bewußtsein eines tieferen Grundes, von dem her alle Gefährdung des äußeren Daseins äußerlich bleibt“. (A. a. O.) Unter diesem Gesichtspunkt sieht Bollnow die Bedeutung der Gelassenheit für die Gegenwart folgendermaßen: „Wir sollen die ganze Gefährdung unseres gegenwärtigen Daseins sehen und die tiefe Beunruhigung auf uns nehmen, die daraus erwächst. Aber diese Beunruhigung darf nicht zu leerer Aufgeregtheit entarten. Dazu ist Gelassenheit erforderlich. (...) Darum ist die Gelassenheit keineswegs eine veraltete Tugend, die nur den Geisteshistoriker interessieren könnte; sie bezeichnet vielmehr genau die Lebenshaltung, die in den Abgründen des gegenwärtigen Daseins mehr als je zum Ziel werden muß.“ (A. a. O.) – Zu beachten ist weiterhin auch der Zusammenhang zwischen der Gelassenheit und der Besonnenheit. Die Besonnenheit bestimmt Bollnow 1958 in folgender Weise: Sie „bezeichnet eine durchgehende Gesamtverfassung der Seele in ihrem Gleichgewicht und ihrer ganzen inneren Freiheit: ganz bei sich und ungetrübt von jedem störenden Einfluß, im überlegenen Gebrauch aller ihrer Kräfte.“ (A. a. O., S. 98.) Zum Ergänzungsverhältnis von Gelassenheit und Besonnenheit schreibt er: „Gelassen ist der Mensch im Hinnehmen, besonnen aber im Handeln.“ (A. a. O., S. 95.)

[189] Bollnow, Einübung der inneren Freiheit, a. a. O., S. 115. Der Kontext des Zitates lautet: „Die innere Freiheit wird dabei nicht direkt erstrebt, und sie kann

Vor diesem Hintergrund ist zum ethischen Horizont von Bollnows anthropologischer Deutung der Übung folgendes Ergebnis festzuhalten: Die Untersuchung zum „Geist des Übens“ zielt auf ein eudämonistisches Orientierungswissen, das mit seiner Fragestellung nach einem „wahren Leben“, seiner Konzentration auf eine ausgezeichnete seelische Verfassung und der damit verbundenen Überwindung der Selbstbezogenheit des Menschen deutliche Parallelen nicht nur zu der Fragestellung der eudämonistischen Ethik Kamlahs, sondern auch zu ihren inhaltlichen Grundzügen hat.[190]

Unter diesem Blickwinkel läßt sich Bollnows philosophisch-anthropologische Deutung der Übung deshalb im Kontext gegenwärtiger Überlegungen zur Frage nach dem „guten Leben“ als Beitrag zu einer eudämonistischen Ethik bezeichnen, die insbesondere in einem existentiell verstandenen Sinn von Philosophie nach Aspekten eines „guten Lebens“ fragt.

5.4 Die anthropologische Deutung der Übung im Kontext von Bollnows Tugendlehre

Aus der Perspektive des dargestellten Verständnisses von Ethik bei Bollnow selbst ergibt sich des weiteren folgendes Bild: Die Frage nach dem „glücklichen Leben“, die Bollnow 1951/52 als eine „natürliche Grundfra-

---

überhaupt nicht direkt angestrebt werden, sondern sie fällt dem Menschen in einer ihn tief durchdringenden Befriedigung von selbst zu, wenn er in der rechten Weise übt. (Ich darf vielleicht auch nebenbei anmerken, daß jenes Glücksgefühl, das die Griechen mit dem Begriff der εὐδαιμονία bezeichneten, aufs engste mit der inneren Freiheit zusammenhängt, ja im Grunde nur ein anderer Aspekt desselben Zusammenhangs ist, und wenn *Aristoteles* bemerkt, daß der tugendhafte Mensch zwar nie ganz unglücklich sein könne, zum vollendeten Glück aber auch die günstigen äußeren Umstände gehören, so entspricht das genau dem, was wir zuvor an der inneren Freiheit hervorgehoben haben.)“ (A. a. O.) Die innere Freiheit, so hatte Bollnow betont, kann zwar „noch in den bedrängtesten Verhältnissen bewahrt werden“, sie kann sich aber „nur voll entfalten, wo auch die Voraussetzungen der äußeren Freiheit gegeben sind“. (A. a. O., S. 110.)

[190] Neben Gemeinsamkeiten lassen sich auch Unterschiede zwischen Kamlah und Bollnow aufzeigen. Vgl. dazu Boelhauve, Die Übung aus philosophisch-anthropologischer Sicht, a. a. O., S. 225-228.

ge“ der Ethik ansieht und formal mit einer materialen Tugendlehre verknüpft, erfährt in der Schrift „Vom Geist des Übens“ eine Antwort, die es aufgrund der zentralen Bedeutung der Gelassenheit als gerechtfertigt erscheinen läßt, sie unter inhaltlichen Gesichtspunkten der Tugendlehre Bollnows zuzuordnen. In diesem Kontext gesehen, stellt sie innerhalb des „Reichtums“ sittlicher Grundhaltungen ein anthropologisch fundiertes Interpretationsangebot bereit, das der Mensch in Freiheit für den Aufbau der „Gestalt seines Lebens“ aufzugreifen vermag.

Dieses Interpretationsangebot kann innerhalb der dargestellten Bereiche von Bollnows Ethikverständnis nicht als sittlich gefordert angesehen werden; vielmehr hat es, vom Verbindlichkeitsgrad her betrachtet, allein appellierenden Charakter. Da aber die Haltung der Gelassenheit, wie gezeigt, einen die Tiefenschicht des Menschen berührenden Aspekt des Leben-könnens thematisiert, läßt sich die Verbindlichkeit dieses Interpretationsangebots auch noch anders formulieren. Es könnte nämlich, wenn man es in Parallele zu Kamlahs eudämonistischer Ethik sieht, zugleich auch als ein „guter Rat“ verstanden werden, der den Charakter der appellierenden Aussage zwar nicht prinzipiell verändert, innerhalb dieser Aussagen aber eine als wichtig angesehene sittliche Grundhaltung in besonderer Weise betont.

5.5 Differenzierungsvorschlag zum ethischen Orientierungswissen in der Anthropologie Bollnows

Akzeptiert man diese Sichtweise, so wird es von hier aus möglich, das ethische Orientierungswissen, das Bollnow mit seinen anthropologischen Untersuchungen insgesamt bereitstellt, zu differenzieren. Mindestens zu unterscheiden wäre, ob die einzelnen Untersuchungen eine sittliche Forderung, einen offenen Appell oder einen „guten Rat“ bezüglich der Möglichkeiten der Wesensverwirklichung des Menschen aufzeigen, wobei diese Begriffe nicht als eine abschließende Differenzierung zu verstehen sind, sondern allein als der Ertrag, der sich aus der Interpretation der anthropologischen Deutung der Übung aus eudämonistischer Sicht ableiten läßt.

Der Reichtum des von Bollnow in seiner Anthropologie bereitgestellten ethischen Orientierungswissens könnte damit vielschichtiger rezipiert werden, als es der Begriff der normativen Grundorientierung[191] zuläßt. Und dies wäre für die von Bollnow als *menschliche* Lehre vom Menschen intendierte Anthropologie auch sicherlich angemessener.

6. Ausblick

Abschließend sollen in einem kurzen Ausblick Rezeptionsmöglichkeiten zu Bollnows Werk skizziert werden[192], die sich im Anschluß an die hier vorgestellten Überlegungen ergeben könnten. Aufschlußreich wäre es zu untersuchen, welche Zugänge sich von der Haltung der Gelassenheit aus zu weiteren von Bollnow behandelten Dimensionen des Menschseins erschließen lassen.

Hier ist als erstes das Verhältnis zur Zeit zu nennen, insofern die Gelassenheit auch die Fähigkeit ausdrückt, sich „in der richtigen Weise", d. h. unter Verzicht auf den „Eigenwillen", „in die Zeit" einzulassen[193] und dadurch den Zugang zur Hoffnung als dem „vertrauensvolle[n] Verhältnis zur Zukunft" zu finden.[194]

Als zweites wäre das Verhältnis zur sogenannten „reinen Wahrheit" zu beachten[195], bei dem es um die „Erfassung des Eigenwesens der Dinge" geht, was ebenfalls Gelassenheit voraussetzt und, damit verbunden, die Überwindung der „ängstlichen Sorgen" des Menschen um sein „eignes Ich".[196] Auch das Verhältnis des Menschen zu sich selbst, zur Gemein-

---

[191] Vgl. dazu die Anm. 16.

[192] Vgl. zu den Werkausgaben S.

[193] Bollnow, Anthropologische Pädagogik, a. a. O., S. 92.

[194] A. a. O., S. 98. – Vgl. auch Bollnow, Das Verhältnis zur Zeit, a. a. O., S. 21-23 u. S. 111. Vgl. Otto Friedrich Bollnow, Selbstdarstellung. In: Ludwig J. Pongratz (Hrsg.), Pädagogik in Selbstdarstellungen. Bd. I. Felix Meiner Verlag Hamburg 1975, S. 95-144, hier S. 121 u. S. 123.

[195] Bollnow, Das Doppelgesicht der Wahrheit, a. a. O., S. 86.

[196] A. a. O., S. 87. – In diesem Zusammenhang wäre eine detaillierte Auseinandersetzung mit Bollnows Verständnis des Begriffs „Eigenwesen" erforderlich. Von besonderer Bedeutung ist dabei, daß Bollnow diesen Begriff *in Verbindung* mit der Überwindung der Selbstbezogenheit des Menschen sieht. Es geht also um eine

schaft, zur Welt und zum Glauben, das Bollnow von den gehobenen Stimmungen her beschrieben hat[197], ließe sich von der Haltung der Gelassenheit betrachten, da es bei dieser Haltung auch darum geht, eine „aufnahmebereite heitere Gestimmtheit in sich zu bewahren" bzw. sie „bewußt herbeizuführen".[198]

Als drittes schließlich ist auf den Zusammenhang zwischen der Bereitschaft zum Staunen, der artikulierenden Beschreibung, dem evozierenden Sprechen und dem möglichen Zugang zu einer zu uns sprechenden Natur hinzuweisen[199], insofern die Bereitschaft zum Staunen, die Bollnow insbesondere mit der Anschauung in Verbindung bringt[200], „eine ruhig und heiter gestimmte Seele"[201] voraussetzt, die artikulierende Beschreibung mit ihrem evozierenden Sprechen eine „gelöste Haltung" erfordert[202] und das

---

bestimmte *Haltung*, mit der sich der Mensch den Gegebenheiten der Welt zuwendet im Sinne einer spezifischen Art der Offenheit für diese Gegebenheiten.

[197] Vgl. besonders Bollnow, Das Wesen der Stimmungen, a. a. O., S. 94-97, S. 101-103 u. S. 112-129.

[198] Bollnow, Das Doppelgesicht der Wahrheit, a. a. O., S. 87.

[199] Diese Aspekte stellt Rodi als die zentralen Problembereiche im Spätwerk Bollnows in Verbindung mit seinem Bemühen um eine hermeneutische Philosophie heraus. Vgl. Frithjof Rodi, Hermeneutische Philosophie im Spätwerk von Otto Friedrich Bollnow. In: Dilthey-Jahrbuch für Philosophie und Geschichte der Geisteswissenschaften. Bd. 8, 1992/93, S. 235-250. Vgl. hierzu auch Klaus Giel, Umrisse einer hermeneutischen Philosophie. Zwischen Phänomenologie und Lebensphilosophie. In: Kümmel (Hrsg.), O. F. Bollnow: Hermeneutische Philosophie und Pädagogik, a. a. O., S. 11-58. Zum Gedanken einer sprechenden Natur bei Bollnow vgl. besonders Friedrich Kümmel, Natur als Grenze des Verstehens. Die Natur spricht, doch nur wenn wir lernen, sie ‚mit den Augen zu hören'. In: Ders. (Hrsg.), O. F. Bollnow: Hermeneutische Philosophie und Pädagogik, a. a. O., S. 165-188.

[200] Vgl. Otto Friedrich Bollnow, Philosophie der Erkenntnis. Erster Teil. Das Vorverständnis und die Erfahrung des Neuen. 2. Aufl. Verlag W. Kohlhammer Stuttgart / Berlin / Köln / Mainz 1981 (1. Aufl. 1970], S. 69-81, hier besonders S. 71-73.

[201] A. a. O., S. 74.

[202] Otto Friedrich Bollnow, Versuch über das Beschreiben. In: Hommage à Richard Thieberger. Etudes allemandes et autrichiennes. (Publication de la Faculté

Hören auf die sprechende Natur an „eine bestimmte Verfassung des Menschen“ gebunden ist, die dadurch gekennzeichnet ist, daß der Mensch sich „von seinem besorgten Alltags-Ich“ gelöst hat.[203]

Wenn man diese Zusammenhänge im einzelnen weiter verfolgt, ließen sich Bereiche des Menschseins erschließen, die den bisher skizzierten Umriß einer eudämonistischen Ethik erweitern könnten. Zentriert wäre eine solche Ethik m. E. um den Verzicht auf die Selbstbezogenheit des Menschen. Neu zugänglich würde eine Dimension des Glücks, die sich mit einem Zitat Bollnows aus seinem Rilke-Buch so beschreiben läßt:

„So lange die Menschen von ihrer eigenen Bedrängnis getrieben sind, bleiben sie hastig, weil sie alles nur immer von sich aus auf ihren eigenen Vorteil und Nachteil beziehen. Sie sehen nur das Äußere. Erst wo die Menschen in sich selber glücklich sind, da finden sie diejenige Aufgeschlossenheit und Gelassenheit, in der sich die Dinge selber in ihrem eigenen Wesen offenbaren.“[204]

Der „Geist des Übens“ könnte hierfür eine entscheidende Voraussetzung sein.

Diskussion

WIMMER: Meine erste Frage betrifft das Verhältnis von Voraussetzung und Ziel des Übens. Sie heben mit dem „guten Leben“ und der „Gelas-

---

des lettres et sciences humaines de Nice. N° 37, 1ère série.) Les belles lettres Paris 1989, S. 57-75, hier S. 63.

203 Otto Friedrich Bollnow, Der Mensch und die Natur als pädagogisches Problem. In: Natur in den Geisteswissenschaften I. Erstes Blaubeurer Symposion vom 23. bis 26. September 1987. Hrsg. von Richard Brinkmann. Attempto Verlag Tübingen 1988, S. 75-88, hier S. 85. Die Art des Wissens, die dadurch zugänglich wird, charakterisiert Bollnow in Abgrenzung zu einem beweisbaren Wissen folgendermaßen: „Hier aber handelt es sich um eine Form des Wissens, das grundsätzlich nicht als Bestand fixierbar, sondern nur in einer bestimmten seelischen Verfassung erreichbar ist, die nie als Dauerzustand bewahrt werden kann, sondern immer neu dem betriebsamen Alltags-Ich abgewonnen werden muß.“ (A. a. O., S. 86.)

204 Otto Friedrich Bollnow, Rilke. 2., erw. Aufl. W. Kohlhammer Verlag Stuttgart 1956 (^{1}1951), hier S. 340.

senheit“ auf etwas ab, was sowohl die Voraussetzung als auch das Ziel der Übung ist, so daß das Ziel dann freilich schon in der Voraussetzung liegt. Andererseits aber ist es nicht so, daß der rechte Geist des Übens bereits vorausgesetzt werden kann und das Ziel des Übens ohne weiteres erreicht werden könnte. Mit anderen Worten: Wie kann ich den Zweck der Übung erreichen, wenn ich nicht, was ich da erreichen oder können soll, bereits mitbringe und doch nicht schon besitze?

Eine zweite Frage betrifft die Gelassenheit oder Gelöstheit oder gelöste Heiterkeit, von der Sie im Anschluß an Bollnow gesprochen haben. Diese kann nicht sittlich gefordert werden. Die Rede von ihr hat appellierenden Charakter und kann eigentlich nur ein Ratschlag sein. Wenn auf der anderen Seite aber davon die Rede ist, daß diese Haltungen, die der Mensch verwirklichen soll, sein Wesen ausmachen, so frage ich mich: Hat das dann nicht doch einen tieferen normativen Charakter? Kehrt das Moralische in einem weiteren Zusammenhang nicht wieder, freilich nicht in der moralistischen Form, sondern in einem viel umfassenderen und anthropologisch tiefer begründeten Sinn?

BOELHAUVE: Ihren erstgenannten Punkt spricht Bollnow im „Geist des Übens“ ausdrücklich an. Es ist, wie so häufig bei ihm, ein gewisses zirkelhaftes Vorgehen, wo beide Seiten sich wechselhaft ergänzen und schrittweise vertiefen. Bollnow beantwortet die Frage nach dem Fortschritt in der Übung so, daß deren rechte Verfassung nicht von Anfang an gegeben ist, vielleicht Elemente davon, und daß sich im Tun selber dieser Prozeß vertieft und die ihm entsprechende Verfassung dann auch allererst herstellt. Man kann also die Gelassenheit nicht als eine Voraussetzung bezeichnen, die schon gegeben sein muß, sie wird vielmehr im Prozeß selber schrittweise erreicht. Wer aber gar nichts in dieser Hinsicht im Sinn hat, bei dem wird wahrscheinlich auch das Üben diese Verfassung nicht erreichen. Es gelten also beide Aussagen zugleich. Ein gewisses sich daraufhin Verstehen muß schon gegeben sein, und gleichzeitig gilt, daß das Verstehen und die rechte Verfassung erst mit der Übung kommt und von ihr abhängig ist.

WIMMER: Ein Satz nur. Man braucht dieses Problem ja nicht aristotelisch mit Kontinuitätsannahmen zu lösen. Es kann damit durchaus ein existentieller Bruch verbunden sein. Selbstlosigkeit kann in der Kontinuität einer ichverhafteten Verfassung, mit der ich an die Übung gehe und etwas erreichen will, nicht bruchlos verwirklicht werden.

BOELHAUVE: Auch Bollnow spricht von einem radikalen Durchbruch[205] und betont, daß es unstetige Elemente in der Übung gibt, allerdings nicht so radikal unstetig, wie das bei den Lebenskrisen oder bei den schmerzhaften Erfahrungen der Fall ist. In der Übung ist zwar auch ein Moment der Unstetigkeit enthalten, aber ich würde sagen in weniger zugespitzten Form, als das in seiner früheren Ausdeutung der Existenzphilosophie der Fall war.
SCHOLTZ: Sie zeigten, daß Bollnows Philosophie des Übens durchaus anschlußfähig ist an moderne Tendenzen. Mir hat das sehr eingeleuchtet. Wahrscheinlich ist sie auch anschlußfähig an das, was im Augenblick im sogenannten Kommunitarismus diskutiert wird. Auch dort ist die Tugend wichtiger als die abstrakte Moral. Und noch eine weitere Verlängerung zurück zur Antike. Aristoteles nennt die Tugend eine Hexis, einen Habitus, und das wird nicht erreicht wie bei Platon durch die Ideenschau, sondern durch Einübung. Sie haben darauf hingewiesen, daß es in der asiatischen Kultur eine reiche Kultur des Übens gibt. Aber es gibt sie gottseidank auch bei uns im Abendland. Der alte Begriff τέχνη, ars, Kunst bezeichnet ein Können, das mit Übung, darauf bezogenem Wissen und Regelkenntnis verbunden ist. Nimmt Bollnow Bezug auf diesen alten Begriff der ars? Ich halte ihn für außerordentlich wichtig, weil es Tendenzen in der modernen Pädagogik gibt, so zu tun als brauche man gar nicht mehr zu üben. Es gibt Dinge die ich täglich üben muß, und ich glaube, daß dieser Begriff wirklich aktuell ist. Viele reden heute auch von Kompetenz. Aber wie erreicht man Kompetenz durch Üben?
BOELHAUVE: Bollnow vertritt in seinem Übungsbuch einen sehr weiten Begriff von Kunst, in dem sich auch die alte Tradition des τέχνη- bzw. ars-Begriffs fraglos unterbringen läßt. In der Schrift vom Geist des Übens

---

[205] In dem Blaubeurer Vortrag „Der Mensch und die Natur als pädagogisches Problem“ heißt es in diesem Sinn: „Die Natur ist uns nicht ursprünglich gegeben. Um sie in den Blick zu bekommen, bedarf es erst eines radikalen Durchbruchs und zwar derart, daß der Mensch ihn nicht aus eigenem Antrieb leisten kann, sondern der nur in einer ihm von Außen entgegentretenden Erfahrung, in einer Begegnung im vollen Sinn des Worts, entspringen kann.“ (Erschienen in: Natur in den Geisteswissenschaften I. Erstes Blaubeurer Symposium vom 23. bis 26. September 1987, hrsg. von Richard Brinkmann, Attempto Verlag Tübingen 1988, S. 75-88.)

habe ich einen Hinweis auf Aristoteles nicht in Erinnerung, aber in anderen Zusammenhängen, etwa in seinem Aufsatz „... als allein ein guter Wille."[206] Da wird etwas zur Glückseligkeit und zu den Tugenden bei Aristoteles gesagt und auf den Zusammenhang zwischen Tugend und Glückseligkeit hingewiesen. (Herr Giel ergänzt: Der Hinweis auf Aristoteles findet sich ganz explizit auch in „Wesen und Wandel der Tugenden". Herr Bräuer gibt den biographischen Hinweis, daß Bollnow Aristoteles zusammen mit Dirlmeier und Josef König gelesen habe.)
Was Herrn Wimmers Frage nach der Verbindlichkeit betrifft, ist die Offenheit bei Bollnow ein zentraler Aspekt, aber sie verträgt sich durchaus mit der Verbindlichkeit der Wesensfrage und mit einer ethischen Verpflichtung. Mir ging es darum, gewisse zentrale Dinge herauszustellen, ohne dabei sogleich auf die Wesensfrage eingehen zu müssen. Auch war es mir wichtig, von dem Forderungscharakter herunterzukommen, weil es hier um Lebensgestaltung, also um Formgebung des eigenen Lebens geht und nicht um Dinge, die das Zusammenleben der Menschen betreffen. Bezüglich der Lebensfragen sagt man heute im allgemeinen, man kann nichts dazu sagen und überläßt es jedem einzelnen, wie er damit zurechtkommt. Aber auch hier ist eine Orientierung nötig und muß die Frage nach dem Aussagestatus dieser Orientierung mit bedacht werden. Um die Menschen nicht zu vereinnahmen – das ist ja die große Kritik der Postmoderne –, habe ich einfach einmal versucht, mit Bollnows Begriffen weiterzukommen. Aber es gibt, wenn man in anderen Zusammenhängen denkt, sicherlich noch andere Lösungsvorschläge.
GANTKE: Ganz direkt ein Lösungsvorschlag, der dann natürlich wieder zu einer religiösen Interpretation der Gelassenheit führen würde, nämlich Weisheit. Ich habe den Eindruck, daß gerade im Übungsbuch ein weisheitliches Element mit im Spiel ist, das interkulturell verallgemeinerbar ist und teilweise auch auf die buddhistische Anthropologie zurückgreift. Mit der Einsicht in die Zweistufigkeit des Menschen und die Bewußtseinszustandsrelativität – Bollnow würde das nie so ausdrücken – ist ein Wandel im Subjekt verbunden, der dann sehr wichtig wird. Es macht einen Unterschied, ob wir als Welt-Ich eine Ich-Welt wahrnehmen oder eben dieses

[206] O. F. Bollnow, „... als allein ein guter Wille." Zum Anfang der „Grundlegung der Metaphysik der Sitten". In: Rationalität, Phänomenalität, Individualität. Festschrift für Hermann und Marie Glockner. Bonn 1966, S. 165-174.

Ich überwinden zugunsten einer nicht mehr durch Ichverhaftung bestimmten Sicht der Wirklichkeit. Wenn sich das dann doch wiederum religiös interpretieren läßt, dann wäre es auch hier mehr als ethisches Orientierungswissen.

BRÄUER: Das klingt alles zunächst sehr einleuchtend, und doch muß man sich, denke ich, dann auch klar machen, wie eingeklemmt man in der gegenwärtigen gesellschaftlichen Lage damit ist. Hier waltet auf der einen Seite, schlagwortartig gesagt, die Konkurrenzgesellschaft vor, die auch in unseren Schulen, wo geübt werden muß, das prägende Muster abgibt. Damit verbunden werden hier ganz andere Bildungsstandards verfolgt und andere Lernprozesse zu optimieren versucht. Es ist klar, daß die Art des Übens, von der wir hier sprechen, wo ein selber verspürtes Gelingen im Tun allmählich erfahren werden kann, in diesem Kontext sehr schwierig sein wird. Auf der anderen Seite geht einer Gesellschaft, die mit einem gewissen Recht auch als „Erlebnisgesellschaft" charakterisiert worden ist – ich will's nicht gleich als „Spaßgesellschaft" verzerren –, das Gespür für den mit dem Üben verbundenen asketischen Grundzug ab. Dazwischen bewegt sich das, was Bollnow, wie ich finde mit großem Recht, für unsere Zeit noch einmal herausgearbeitet hat.

BOELHAUVE: Es wäre, wenn man es in diesen Kontext hineinstellt, sicherlich nur als ein Gegengewicht zu bezeichnen. Man müßte es als ganz bewußt eingenommenes Korrektiv zu den vereinseitigenden Tendenzen herausstellen, mit denen zur Zeit die Bildungsdiskussion geführt wird. Bollnow kennt ja die von daher gemachten Einwände – daß wir für all das ja gar keine Zeit haben usw. usf. – und antwortet darauf, wenn ich es recht in Erinnerung habe, so: Man kann sich schon so entscheiden, aber man muß dann auch wissen, daß man nicht mehr im eigentlichen Sinne pädagogisch und in einem tieferen Sinn bildend tätig wird. Eine solche Einsicht herauszustellen, ohne erzwingen zu können daß es dann anders gedacht und gemacht wird, wäre ja auch schon ein sinnvolles Korrektiv.

KÜMMEL: Man müßte hier einmal ganz klar sagen: Es gibt zwei Übungsbegriffe, die sich geradezu ausschließen, und wir meinen nur den einen, aber den finden wir in der gegenwärtigen Schule nicht. Es ist nicht gut, wenn jeder sein Päckchen auf ein und denselben Esel packt und meint, man könne dem immer nochmal was draufsatteln. Die Züge laufen in verschiedener Richtung, und nicht mit jedem kommt man an sein Ziel.

GIEL: Der Hinweis auf die Übung ist nicht nur ein Ratschlag und hat auch nicht nur Empfehlungscharakter. Die wirkliche Übung beginnt und vollendet sich in einer Selbstherausforderung. Niemand schreibt dem Kind vor, Gummitwist zu machen oder einen Ball zu prellen. Das ist eine Selbstherausforderung, und deshalb hört das Kind auch nicht beim ersten Fehler auf, sondern macht weiter im Sinne dieses Immer-besser-können-Wollens, wie Josef König es genannt hat. Da hat Jean Château in seiner Spieltheorie doch etwas sehr Richtiges gesehen.[207] Was den ethischen Bezug anbelangt, wollte ich auf Anschlüsse hinweisen. Die ganze Geschichte mit der „Lebenskunst" hat angefangen bei Foucault und hört bei Wilhelm Schmidt auf. Das sind Dinge, die man von Bollnow her ins rechte Licht rücken könnte. In diesem Zusammenhang wäre auch die Frage von Herrn Loch noch einmal aufzunehmen: Was können wir denn können? Ist unser Könnenspotential in der Gegenwart nicht schon bei weitem überschritten? Was wir tun, können wir ja gar nicht mehr. Hans Jonas hat dazu einige sehr bemerkenswerte Dinge gesagt. Im übrigen ist „Vom Geist des Übens" pädagogisch bei weitem noch nicht ausgeschöpft. Wir sind unfähig geworden, sogenannte Lerninhalte zu formulieren. Mit dem alten Begriff der ars sind uns die Inhalte in der Schule verloren gegangen. Wir haben „Wissen" mit einem sehr oberflächlichen Informationsbegriff abgedeckt und damit das Wissen, die Idee des Wissens total zerstört. Wissenschaftstheoretisch stimmt die Popper-Geschichte ja gar nicht, daß man zuerst Hypothesen hat, die man dann experimentell überprüft. Es ist gerade anders herum. Der gute, geübte Experimentator – wer es kann – kommt erst auf Ideen. Das ist die Wirklichkeit der Forschung. Das ist einmal sehr schön angedeutet bei Ludwig Fleck.[208] Da gibt es noch sehr viel zu tun, vor allem die Rettung der Schulinhalte als artes. Das scheint mir ein zentrales Problem zu sein. Nachdem man die Normbücher abgeschafft hat, kommen jetzt die Bildungsstandards. So macht man die Schule kaputt.
BOELHAUVE: Ich würde die Frage nach dem Können jetzt hier nicht so sehr in Verbindung mit der Übung stellen, sondern, wie Herr Loch, im

[207] Jean Château, Spiele des Kindes. Stuttgart 1976.

[208] Ludwig Fleck, Entstehung und Entwicklung einer wissenschaftlichen Tatsache. Frankfurt 1980.

weiteren Zusammenhang mit der grundlegenden Auffassung Bollnows vom Menschen als einem schöpferischen Wesen, als Schöpfermacht. Dieser Machtbegriff ist zunächst einmal, von der Lebensphilosophie her gesehen, nach meiner Sicht ethisch indifferent. Erst wenn ich nach den ethischen Grenzen der Bestimmung des Menschen als Macht frage, wie Bollnow es erst relativ spät getan hat, im Spannungsverhältnis auch mit seiner Ohnmacht, dann kommen diese Fragen erst wirklich ins Spiel. Ich muß mir dann auch klar machen, wo die Grenzen, ob ich jetzt sage des Schöpferischen als eines Ausdrucks des Menschen oder seines Könnens wirklich liegen und bedacht werden müssen. In den anthropologischen Einzeluntersuchungen sind diese Grenzen, denke ich, reflektiert worden, in der Formulierung der Voraussetzung zunächst einmal weniger.

KLAPPENECKER: Ich bin dankbar, daß Sie in diesem Zusammenhang auch Hans Jonas und die Frage nach der Verantwortung angesprochen haben. In der Diskussion um Technokratie, Videokratie und Globalisierung zeigt sich die Tendenz, an die Stelle des Einzelnen als verantwortliches Subjekt Kollektive zu setzen, die damit nicht mehr befaßt werden können. Die Frage ist für mich: Geben wir Bollnow nicht zu schnell auf, wenn und indem wir ihn als „Gegengewicht" gegen derartige Tendenzen darstellen? Wäre es nicht notwendig, wenn wir ernst genommen werden wollen, daß wir versuchen, diese Probleme selbst auf dem Hintergrund seines Denkens zu durchdenken? Das heißt zu fragen, inwiefern das Potential, das bei ihm vorhanden ist, in die heutige Situation hineingetragen werden kann, weitergedacht werden kann, damit es nicht nur als „Gegengewicht" erscheint und auch nicht bedeutet, daß wir aus dem Zug der Zeit aussteigen müssen, sondern daß wir in ihm weiterfahren können mit Bollnow.

BOELHAUVE: Ich kann das sehr gut nachvollziehen und fände es sinnvoll so heranzugehen. Das wäre eine Zugangsweise, die weiterführen könnte. Ich meine nicht, daß wir Bollnow immer nur als Gegenbild aufbauen müßten zum Zug der Zeit; das wäre mißverstanden. Wenn man sein Denken in größeren Zusammenhängen diskutiert, kann man es integrieren und die Korrekturfunktion auch innerhalb eines bestimmten Zusammenhangs aufzeigen.

LOCH: Ich wollte nur darauf hinweisen, daß wir diesen faszinierenden Gedanken des Immer-besser-können-Wollens auch unter dem eudämonistischen Aspekt des Glücks des Übens sehen können, ohne die Qual des

Übens darüber zu vergessen. Es ist nicht nur wichtig, verschiedene Übungsbegriffe zu unterscheiden, sondern auch ihren Zusammenhang zu sehen. Die Einheit geht von der Qual des Übens in das Glück des Übens hinein, was ja auch seine historische gute Tradition hat, wenn wir an das Verhältnis von Fortuna und Virtus im ars-Begriff Petrarcas denken. Das Glück kommt mit dem Üben, indem man sich der Qual des Übens unterwirft.

Das ist auch wichtig zur Relativierung des Kompetenzbegriffs durch einen Begriff der Übung, wie Sie ihn im Anschluß an Bollnow vorgestellt haben. Der Kompetenzbegriff kommt, das muß ich auch selbstkritisch sagen, von to compete und ist eine Wettbewerbskategorie. Wenn Sie im Oxford Dictionary einmal nachschlagen: Die größte Kompetenz hat ursprünglich der, der den Vorrang haben konnte beim Auftreten in der höfischen ritterlichen Welt. Später ging es in der frühkapitalistischen englischen Wirtschaft darum, im Wettbewerb zu überstehen. Nun hatte der die größte Kompetenz, der im Wettbewerb überlebte.

SCHWEIZER: Ihr Vortrag hat mich noch auf etwas anderes aufmerksam gemacht. Gelöstheit, Gelassenheit, innere Freiheit ... – das sind alles Haltungen, über die Bollnow selbst nicht verfügte. Daran kann man etwas deutlich machen. Bollnow kommt im Spätwerk ja nicht zufällig auf die Übungsproblematik. Sie kündigt sich schon in der „Einfachen Sittlichkeit" an, denn Tugenden können nur geübt werden.

An dieser Stelle wird etwas deutlich, wofür ich mich ja immer entschuldigen muß mit meiner Heftigkeit und meinen Affekten gegen bestimmte Entwicklungen, die heute im Gange sind. Klaus Prange, als Schüler von Herrn Loch ein Enkelschüler Bollnows, hat sich mit Nachdruck dafür stark gemacht – und man kann die Position nicht stark genug machen –: daß nicht Inhalte erziehen, nicht Intentionen und Werte und erst recht keine Ganzheit und das „mit allen Sinnen" – da wird mir's noch unheimlicher – sondern die Form. Das einzige was erzieht ist die Form. Auch wenn man Bollnows Übungsbuch daraufhin anschaut, kann er nichts zu Inhalten sagen Üben heißt, sich der Tortur der Form auszusetzen. Wir haben im Seminar lange mit ihm darüber diskutiert, ob man das hohe Anspruchsniveau nach dem Maß des Zen nicht auch tiefer hängen könnte. Auch die schwäbische Kehrwoche kann ja eine solche Übung sein, Übungen des täglichen Lebens bei Maria Montessori und bei Josef Beuys das Kartoffeln schneiden. Über das Übungsbuch wird, was Erziehung ist, wieder in das richtige Licht gerückt. Nicht Sozialisation, nicht Brei des Herzens, sondern Erziehung durch die Form. Bollnow hat sein ganzes Leben um die eigene Form gerungen.

WIMMER: Es gab in den letzten Jahren eine lange Diskussion darüber, daß die Zenbuddhisten während der Tenno-Herrschaft und der Militarisierung Japans gerade mit dieser Formel einer nationalistischen und martialistischen Politik aufgesprungen sind[209], und wir kennen das ja auch von unseren christlich-europäischen Verhältnissen in vergleichbarer Weise. Da würde ich denn doch wieder eine normative Ethik stark machen, die die Menschenrechte und die Würde des Menschen ins Zentrum rückt. Mit den harmlosen Fällen, die Sie genannt haben, bin ich völlig einverstanden. Das ist ein weites und wichtiges Übungsfeld, gerade um Gelassenheit und innere Gelöstheit zu gewinnen. Aber das kann nicht bedeuten, daß wir uns rein auf die Form verlassen. Das führt, wie ich es angedeutet habe, in Mißlichkeiten katastrophalster Art hinein. Auch die Zenbuddhisten hätten auf den achtfachen Pfad des Buddha achten müssen. Da sind die Tugenden und die moralischen Festlegungen in das Fundament dieser Religion eingelassen worden. Wenn man sich nur auf die Form verläßt, kann sie in höchst problematischer Weise mißbraucht werden

LOCH: In der pädagogischen Tradition handelte es sich sehr oft darum, edle Inhalte in unmenschlichen Formen zu vermitteln. Wir kommen nicht darum herum, auch die Formen zu verbessern und zugleich darüber nachzudenken, welche Inhalte unbedingt erforderlich sind.

SCHWEIZER: Ich halte daran fest, auch wenn ich Widerstände kriege. Das Politische, das ist mein Gott eine andere Sphäre. Herbart spricht von vollendeten Vorstellungen im Sinne der vollendeten Form. Der Erziehungsbegriff läßt sich nur über die Form retten und wieder ins rechte Licht rükken, nicht über die Inhalte.

WIMMER. Es wurde völlig zurecht danach gefragt, wie wir das gesellschaftlich vertreten können. Was die Erziehung betrifft, ist das keine ganz andere Ebene.

BOELHAUVE: Ich finde es richtig, daß speziell im Bereich der Übung der formale Aspekt betont wird, wobei Bollnow aber auch versucht, bestimmte Übungsformen herauszustellen, die sich nicht nur nach Schwierigkeits-

---

[209] Vgl. dazu Brian Daizen Victoria, *Zen at War.* New York/Tokyo: Weatherhill, 1997; ders., *Zen War Stories,* London/New York: Routledge Curzon, 2003.

grad und Anspruchsniveau unterscheiden, sondern auch selbstlose Hingabe verlangen, z. B. an ein zu schaffendes Werk. Das ist keine rein formale Sache mehr.

Hinzu kommt, daß Bollnows andere Themen: die Erziehung zur Menschlichkeit, Erziehung zum Gespräch etc. immer auch einen inhaltlichen Horizont beinhalten, den man mitberücksichtigen muß. Bollnow selber hat sich immer dagegen gewehrt, Form und Inhalt zu scharf auseinanderzunehmen. Ein gewisser Bezug zwischen Form und Inhalt muß bestehen bleiben: Da würde ich Herrn Schweizer nicht so ganz zustimmen, was die rein formale Seite der Erziehung betrifft.

GIEL: Es gibt keine Übung, die nicht gegliedert ist, z. B. in der Form von Etüden. Etüden sind eine Form, in die ich langsam hineinwachsen muß. Denken Sie an Etüden für das Instrumentalspiel. Auch hier gibt es zwei Seiten, die aber nicht voneinander getrennt sind. Die Frage der Inhalte: was ich übe, ist immer mit involviert. Form heißt ja immer auch Disziplin im Umgang mit einer Sache. Um die Sache kommt man nicht herum, aber sie verlangt, z. B. im Violinspiel, die Beherrschung der Form. Der ganze Unterricht ist nichts anderes als der Versuch, eine Kultur im Umgang mit Sachen zu erzeugen.

WIMMER: Nur noch ein anderes Beispiel. Vor kurzem kam im Fernsehen ein Bericht über den Zusammenbruch der Ostfront im 2. Weltkrieg, und es kamen dabei auch Russen zu Wort. Sie attestierten den Deutschen, daß sie eine niedrige Moral, aber eine große Disziplin hatten. Sie glaubten nicht mehr an den Sieg, aber sie kämpften weiter.

GIEL: Wir haben Menschenrechte und Ethik und Werte, aber die eigentliche Frage ist doch, wie sich denn so etwas realisiert, wie es in unser Leben hineinspielt, wenn nicht in gewissen Formen. Das bloße Gerede darüber nützt nichts und führt eher dazu, die ethischen Standards aufzuweichen. Wir reden über die Würde des Menschen und reden gleichzeitig darüber, was noch menschenwürdiges Leben genannt werden kann und ob es Kriterien dafür gibt. Darin liegt ein ungeheurer Widerspruch, und die Frage bleibt ungelöst: Wie machen wir das ganz konkret, die Wahrung der Würde des Menschen?

GÖTZ: Ich denke, das Üben hat auch eine soziale Funktion. Mir ist es an dieser Stelle wichtig, einfach einmal auf die Übungen der Kinder oder Jugendlichen zu achten. Was geschieht da in der Kinder- und Jugendkultur? Welche Übungen werden hier erfunden und aktualisiert, verfeinert und zu einem artifiziellen Können entwickelt? Ich will jetzt nicht auf die Scaterkultur eingehen. Meines Erachtens geht es hier immer auch um die normbrechende, befreiende Funktion dieser Übungen. So fangen Kinder in ihren Spielen früh damit an, Tabus zu brechen. Auch in den neuen Bewegungsformen der Jugendkultur geht es darum, institutionelle Zusammenhänge in Frage zu stellen und in eigener Regie Lebendigkeit zu kultivieren.

MARCEL REMME

HERMENEUTISCHE DIDAKTIK. ZUR REZEPTION OTTO FRIEDRICH BOLLNOWS IN DER WISSENSCHAFT VOM LEHREN UND LERNEN

1. Einleitung

Der Titel des Vortrages scheint auf den ersten Blick befremdlich zu klingen, denn zum einen wird Otto Friedrich Bollnow zwar als Philosoph und Allgemeiner Pädagoge angesehen, sein Name findet aber im gegenwärtigen Kontext von Didaktik keine Erwähnung, und zum anderen ist der Begriff „Hermeneutische Didaktik" kein gängiger Begriff des aktuellen Diskurses. Dabei wird zunächst schlicht übersehen, daß sich in den Schriften Bollnows nicht nur zahlreiche fruchtbare Sentenzen zur Didaktik finden[1], sondern auch mehrere Arbeiten diesem Gegenstand im engeren und weiteren Sinne gewidmet sind, z. B. „Theorie und Praxis der Lehrerbildung" (1978), „Vom Geist des Übens" (1978), „Vom Haus-Halten" (1978), „Der Lehrer als Erzieher" (1989), „Die Aufgabe der Beschreibung im Schulaufsatz" (1990), Rezensionen zu Abhandlungen über das exemplarische Prinzip, insbesondere von Martin Wagenschein (1954-1963), Ausführungen zur Geschichte der Didaktik, nämlich u. a. zu Wolfgang Ratke (1978, 1982), Johann Amos Comenius (1950, 1982), Johann Bernhard Basedow (1950) und Julius Fröbel (1952, 1983).[2]

[1] Zum „Unterrichtsgespräch", „Lehrvortrag", „Unterrichtston" und zu den „Fehlformen im Gebrauch der Sprache" siehe Bollnow, Otto Friedrich, Sprache und Erziehung (1966). Verlag W. Kohlhammer Stuttgart/Berlin/Köln/Mainz ³1979, S. 61-67, 80-83, 92-114.

[2] Bollnow, Otto Friedrich, Theorie und Praxis in der Lehrerbildung. In: Herwig Blankertz (Hrsg.), Die Theorie-Praxis-Diskussion in der Erziehungswissenschaft. Beiträge vom 6. Kongreß der Deutschen Gesellschaft für Erziehungswissenschaft vom 8.-10.3.1978 in der Universität Tübingen (15. Beiheft der Zeitschrift für Pädagogik). Beltz Verlag Weinheim/Basel 1978, S. 155-164; Vom Geist des Übens. Eine Rückbesinnung auf elementare didaktische Erfahrungen (1978). Rothenhäusler Verlag Stäfa ³1991; Vom Haus-Halten. In: Reinhold Ebinger, Klaus Giel, Walter Popp, Helmut Schaal (Hrsg.), Reflektierte Schulpraxis. Versuche, Mate-

Hier soll es nun weniger darum gehen, diese und andere Schriften Bollnows auf konkrete Hinweise zur Didaktik – deren Aufgabe der Erziehungswissenschaftler als „die Überlieferung des Kulturguts von der älteren auf die jüngere Generation“[3] bestimmt – abzuklopfen, als um den Versuch, die Relevanz des hermeneutischen Ansatzes seiner Philosophie und Pädagogik[4] für die Allgemeine Didaktik exemplarisch aufzuzeigen. Dazu

---

rialien, Diskussion zur Unterrichtsvorbereitung. Loseblattwerke zur Unterrichtsvorbereitung (PBG 9). Neckar-Verlag Villingen-Schwenningen 1978, S. 3-10; Der Lehrer als Erzieher. In: Bernhard Krautter (Hrsg.), Gebt der Schule ein Gesicht! Referate und Ergebnisse vom Lehrertag der Diözese Rottenburg-Stuttgart am 30. September 1989 in Böblingen. Verlag Katholisches Bibelwerk Stuttgart 1989, S. 16-39; Die Aufgabe der Beschreibung im Schulaufsatz. In: Pädagogische Welt 44. Jg. 1990, H. 1, S. 43-46; Rez.: Martin Wagenschein: Natur, physikalisch gesehen (1953)/Martin Wagenschein: Das „exemplarische Lehren“ als Weg zur Erneuerung der Höheren Schule (1954). In: Die Sammlung 9. Jg. 1954, S. 414-416; Rez.: Hans Scheuerl: Die exemplarische Lehre (1958). In: Zeitschrift für Pädagogik 7. Jg. 1961, S. 85-90; Rez.: Martin Wagenschein: Die pädagogische Dimension der Physik (1962) / Martin Wagenschein: Exemplarisches Lehren im Mathematikunterricht (1962). In: Zeitschrift für Pädagogik, 9. Jg. 1963, S. 456-462; Rez.: Heinrich Pestalozzi: Wie Gertrud ihre Kinder lehrt. In: Schola, 3. Jg. 1948, S. 691; Wolfgang Ratke im Licht neuerer Editionen (1978). In: Ders., Zwischen Philosophie und Pädagogik. Vorträge und Aufsätze. N. F. Weitz Verlag Aachen 1988, S. 115-129, 205 f.; Comenius und Basedow (1950). In: Ders., a. a. O, S. 130-144, 206 f.; Die Pädagogik des Barock. In: Orientierungen zum pädagogischen Handeln. Festschrift für Elfriede Höhn, hrsg. v. Gertrud S. Seidel. Verlag für Psychologie Dr. C. J. Hogrefe Göttingen/Toronto/Zürich 1982, S. 9-33; Die Pädagogik der deutschen Romantik. Von Arndt bis Fröbel (1952). Klett-Cotta Stuttgart [3]1977, S. 135-148; Gedenkrede zu Friedrich Fröbels 200. Geburtstag. In: Festschrift zum 200. Geburtsjahr von Friedrich Fröbel 1982. Festveranstaltung und Fachtagung des Pestalozzi-Fröbel-Verbandes e. V. am 16./17. September 1982 im Palmengarten, Frankfurt a. M., hrsg. v. Pestalozzi-Fröbel-Verband e. V. Berlin 1983, S. 7-16.

[3] Bollnow, Lehrer als Erzieher, S. 17.

[4] Vgl. Kümmel, Friedrich (Hrsg.), O. F. Bollnow: Hermeneutische Philosophie und Pädagogik. Karl Alber Verlag Freiburg i. Br./München 1997; Boelhauve, Ursula, Verstehende Pädagogik. Die pädagogische Theorie Otto Friedrich Bollnows aus hermeneutischer, anthropologischer und ethischer Sicht im Kontext seiner Philosophie (Forum Beruf und Bildung, Bd. 8). LTV-Verlag Alsbach a. d. Bergstrasse 1997; Remme, Marcel, Philosophische Hermeneutik und hermeneuti-

ist im Umkreis von Bollnow bisher einiges geleistet worden. Um etwaige Mißverständnisse zu vermeiden, es kann mit diesem Vortrag weder die Intention verfolgt werden, die Bollnow-Rezeption innerhalb der Wissenschaft vom Lehren und Lernen lückenlos aufzuarbeiten, so daß manche fruchtbare Aufnahme von Bollnows Gedanken durch seine Schüler hier leider nicht zur Sprache kommen kann, noch soll es darum gehen, Unterricht aus dem Gedanken des Verstehens zu begründen.[5]

Der Vortrag gliedert sich in zwei Abschnitte. Im ersten wird mittels der in der Bollnow-Schule verfaßten Arbeiten eine Konturierung der Hermeneutischen Didaktik in Abgrenzung zur Geisteswissenschaftlichen angestrebt. Das beispielhaft Eruierte soll im zweiten Teil des Referates anhand einer Auswahl aus dem gegenwärtigen didaktischen Schrifttum auf seine Aktualität hin überprüft werden.

2. Konturen Hermeneutischer Didaktik

Die Verwendung des Begriffs „Hermeneutische Didaktik“, der meines Wissens erstmals als Titel einer Dissertation aus dem Jahre 1970 auftaucht und dort eine „Theorie und Methodik des unterrichtlich vermittelten Verstehens“ bezeichnet[6], läßt sich auch im Bollnow-Kreis nachweisen. Im Rahmen des in Tübingen 1978 abgehaltenen 6. Kongresses der „Deutschen Gesellschaft für Erziehungswissenschaft“ („Die Handlungsrelevanz erziehungswissenschaftlicher Erkenntnisse“) intendierte eine „Arbeitsgruppe 1“ mit dem Rahmenthema „Erfahrung, Können, Kunst – Pädagogik als 'Theorie einer Praxis'“ unter expliziter Bezugnahme „auf die geisteswissenschaftliche bzw. hermeneutische Tradition der Pädagogik ... die-

---

sche Philosophie bei Otto Friedrich Bollnow. Magisterarbeit im Fach Philosophie Universität Osnabrück 1999 (unveröffentlicht).

[5] Vgl. Uhle, Reinhard, Verstehen und Pädagogik. Eine historisch-systematische Studie über die Begründung von Bildung und Erziehung durch den Gedanken des Verstehens. Deutscher Studien Verlag Weinheim 1989, S. 193-200 (Beiträge zur Theorie und Geschichte der Erziehungswissenschaft, Bd. 5).

[6] Huschke-Rhein, Rolf, Hermeneutische Didaktik als Theorie und Methodik des unterrichtlich vermittelten Verstehens. Dissertation Bochum 1970 (masch.).

se ... auf Fragen einer hermeneutischen Didaktik hin weiterzuführen."[7] Diese wissenschaftstheoretisch bedeutsamen Beiträge der Erziehungswissenschaftler zur Theorie-Praxis-Problematik in der Lehrerausbildung müßten eine gesonderte Aufarbeitung erfahren.

Die Bezeichnung „Hermeneutische Didaktik" dient in meinem Vortrag dazu, die Nähe zu Bollnows pädagogischem Ansatz und die Kontinuitätslinie zur Geisteswissenschaftlichen Didaktik zu demonstrieren, denn nach dem Tübinger Philosophen erfolgt die Entwicklung „menschliche[n] Lebens im beständigen, fortentwickelnden Gespräch mit der Vergangenheit".[8] Hermeneutische Wissenschaften unterscheiden sich Bollnow zufolge von den Naturwissenschaften „formal-methodisch" durch das Kennzeichen des „*hermeneutische[n] Zirkels*".[9] Daher soll Hermeneutische Didaktik zunächst vorläufig ohne genaue inhaltliche Bestimmung als ein Konzept des Lehrens und Lernens ausgewiesen werden, das durchgängig, d. h. auf allen Ebenen didaktischer Theoriebildung, der Zirkelstruktur der Erkenntnis verpflichtet ist. In der Didaktik könnte man im Anschluß an Bollnows Bekenntnis zum Programm der Geisteswissenschaftlichen Pädagogik, einer „Hermeneutik der Erziehungswirklichkeit"[10], von einer „Hermeneutik der Unterrichtswirklichkeit" sprechen, wobei Unterricht im weiten Sinne verstanden wird.

---

[7] Kümmel, Friedrich, Erfahrung, Können, Kunst – Einführende Bemerkungen zur Pädagogik als Theorie einer Praxis. In: Blankertz (Hrsg.), a. a. O., S. 119 f. Die Beiträge der Arbeitsgruppe sind in dem angegebenen Tagungsband abgedruckt.

[8] Bollnow, Otto Friedrich, Anthropologische Pädagogik (1971). Verlag Paul Haupt Bern/Stuttgart ^{3}1983, S. 95 (Schriftenreihe Erziehung und Unterricht, H. 27).

[9] Bollnow, Otto Friedrich, Die Stellung der Pädagogik im Ganzen der benachbarten und zugehörigen Wissenschaften. In: Klaus Giel (Hrsg.), Studienführer Allgemeine Pädagogik. Herder Verlag Freiburg i. Br./Basel/Wien 1976, S. 27-29, hier: S. 28.

[10] Bollnow, Otto Friedrich, Pädagogische Forschung und philosophisches Denken in Deutschland (1961). In: Ders., Krise und neuer Anfang. Beiträge zur pädagogischen Anthropologie. Quelle & Meyer Heidelberg 1966, S. 120-141, hier: S. 130 (Anthropologie und Erziehung, Bd. 18).

Der Geisteswissenschaftlichen bzw. Bildungstheoretischen Didaktik, die nach der „realistischen" und der „ideologiekritischen Wende" als überholt galt, werden in der didaktischen Literatur u. a. folgende Merkmale zugesprochen[11]: Auslegung und Beschreibung der komplexen „Erziehungswirklichkeit" sowie Überprüfung der gewonnenen Theorie an der Praxis statt einer axiomatisch-deduktiven oder einer empiristischen Vorgehensweise, Geschichtlichkeit didaktischer Theoriebildung und Praxis, „relative Autonomie" der Didaktik statt eine angewandte Disziplin nicht-pädagogischer Wissenschaften zu sein, Bildungsbegriff als „zentrale Kategorie", pädagogisches Verhältnis als Ideal der Lehrer-Schüler- Beziehung sowie exemplarisches Lehren und Lernen als entscheidende Unterrichtsmethode. Auch wenn Bollnow aufgrund seiner Pädagogik- Konzeption diesen Charakteristika von Didaktik wohl überwiegend zustimmen würde, lassen sich doch aus seinem Werk andere Akzentuierungen und sogar deutliche Differenzen zur Geisteswissenschaftlichen Didaktik herauslesen.

Seine eigene Vorstellung von der Unterrichtsgestaltung ist am Modell des hermeneutischen Zirkels orientiert. Wie jede Textinterpretation zwar

---

[11] Weniger, Erich, Didaktische Voraussetzungen der Methode in der Schule (1927/1960). In: Ders., Ausgewählte Schriften zur geisteswissenschaftlichen Pädagogik. Beltz Verlag Weinheim/Basel ²1990, S. 295-366; Weniger, Erich, Die Theorie der Bildungsinhalte. In: Handbuch der Pädagogik, hrsg. v. Herman Nohl, Ludwig Pallat. Julius Beltz Verlag Langensalza 1930, S. 3-55; Klafki, Wolfgang, Studien zur Bildungstheorie und Didaktik. Beltz Verlag Weinheim/Basel ²1964; Blankertz, Herwig, Theorien und Modelle der Didaktik (1969). Juventa Verlag Weinheim/München ¹⁴2000, S. 28-50; Ritzel, Wolfgang, Methoden: Hermeneutische Verfahren in der Erziehungswissenschaft. In: Handbuch pädagogischer Grundbegriffe, hrsg. v. Josef Speck, Gerhard Wehle, Bd. 2. Kösel Verlag München 1970, S. 163-177, hier: S. 170-177; Weigand, Gabriele, Geisteswissenschaftliche Didaktik. In: Wilhelm Brinkmann, Waltraud Harth-Peter (unter Mitarbeit von Markus Böschen, Frithjof Grell) (Hrsg.), Freiheit-Geschichte-Vernunft. Grundlinien geisteswissenschaftlicher Pädagogik. Winfried Böhm zum 22. März 1997. Echter Verlag Würzburg 1997, S. 535-554; Loser, Fritz, Didaktik als Professionswissenschaft für Lehrer. In: Claudia Solzbacher, Christine Freitag (Hrsg.), Wege zur Mündigkeit – Herausforderungen pädagogischer Professionalisierung. Universitätsverlag Rasch Osnabrück 1999, S. 26-34, hier: S. 31.

technische Elemente enthält, aber nicht vollständig methodisierbar ist[12], so gilt analoges für das Lehren. Daher leugnet Bollnow nicht die Planbarkeit und die Benutzung technischer Verfahren im Unterricht, betont aber mit Nachdruck, daß sich die Tätigkeit des Pädagogen nicht in der eines „Unterrichts-Ingenieurs" erschöpft.[13] Als ἀρετή, als das spezifische Können des Lehrers, der nicht zum „Sklaven"[14] des Lehrplans werden dürfe, bestimmt Bollnow, die „richtige Mitte zwischen Planung und Zufall zu finden".[15] Beim Lehren darf also das Verhältnis von Planung und Zufall[16] nicht nach einer Seite hin verkürzt werden. Die Tugend des Lehrers benennt Bollnow mit Gabriel Marcels Begriff der disponibilité, der „Verfügbarkeit, die es erlaubt, in überlegener Haltung im Zufall die produktiv weiterführende Chance zu erkennen und zu nutzen."[17] Damit wendet sich der Erziehungswissenschaftler zugleich gegen die im Kontext der „technologischen Wende" in der Didaktik entwickelte streng lernzielorientierte Unterrichtsplanung. Gegenüber den Vertretern Bildungstheoretischer Didaktik, für die Lehren ebenfalls „rationalisierbare und technisierbare Bestandteile" enthält, aber nicht zur „bloße[n] Technik"[18] verkommen darf, würde eine

---

[12] Kümmel, Friedrich, Die geisteswissenschaftliche Pädagogik. In: Giel (Hrsg.), a. a. O., S. 70-84, hier: S. 74 f.

[13] Bollnow, Theorie und Praxis in der Lehrerbildung, a. a. O., S. 156.

[14] Bollnow, Otto Friedrich, Pädagogische Anthropologie als Integrationskern der allgemeinen Pädagogik (1976). In: Andreas Flitner, Hans Scheurl (Hrsg.), Einführung in pädagogisches Sehen und Denken. R. Piper & Co. Verlag München/Zürich [12]1991, S. 196-207, hier: S. 207.

[15] Bollnow, Theorie und Praxis in der Lehrerbildung, S. 157.

[16] Vgl. auch Giel, Klaus, Über den Zufall. In: Bildung und Erziehung, 16. Jg. 1963, S. 168-175.

[17] Bollnow, Otto Friedrich, Pädagogische Anthropologie, S. 197. Siehe auch Bollnow, Otto Friedrich, Der Begriff der Verfügbarkeit bei Gabriel Marcel. In: Im Gespräch: der Mensch. Ein interdisziplinärer Dialog. Joseph Möller zum 65. Geburtstag, hrsg. v. Heribert Gauly, Maria Schulte, Hans Peter Balmer, Siegfried Dangelmayr. Patmos Verlag Düsseldorf 1981, S. 15-23.

[18] Weniger, Didaktische Voraussetzungen der Methode, S. 345. Vgl. auch Lehmann, Rudolf, Erziehung und Erzieher. Weidmannsche Buchhandlung Berlin 1901, S. 297-299.

hermeneutische Lehr-Lern-Theorie im Anschluß an Bollnow, nach dem das Leben 'nur' „stückweise stetig"[19] verläuft, der Unstetigkeit von Lehr-Lern-Prozessen mehr Aufmerksamkeit schenken.

Ferner müßte sich eine Hermeneutische Didaktik gemäß Bollnows Pädagogik[20] ausdrücklicher als die Geisteswissenschaftliche, welche die Aufklärung vorschnell als rationalistisch diskreditierte[21], zum Projekt ‚Aufklärung' bekennen, und zwar „*Erziehung zur Urteilsfähigkeit*". Auch der zweite Eckpfeiler moralischer Erziehung[22], nach Bollnow die „*Erweckung des Gewissens*", welchen nicht alle geisteswissenschaftlichen Pädagogen infolge der Ablehnung normativer Pädagogik ausreichend beachteten[23], wäre in einem Lehr-Lern-Konzept stärker zu konturieren.

Von der Geisteswissenschaftlichen Didaktik würde sich eine Hermeneutische, die sich an der Philosophie Bollnows orientiert, zudem durch die Aufnahme und Integration nicht-hermeneutischer Verfahren wie empiri-

---

[19] Bollnow, Otto Friedrich, Das Problem der Begegnung. In: Universitas 39 (1984), S. 235-245, hier: S. 244. Vgl. insbesondere Bollnow, Otto Friedrich, Existenzphilosophie und Pädagogik. Versuch über unstetige Formen der Erziehung (1959). Verlag W. Kohlhammer Stuttgart/Berlin/Köln/Mainz [5]1977.

[20] Kümmel, Friedrich, Natur als Grenze des Verstehens. Die Natur spricht, doch nur wenn wir lernen, sie „mit den Augen zu hören". In: Ders. (Hrsg.), a. a. O., S. 165-187, hier: S. 169.

[21] Vgl. Lehmann, a. a. O., S. 7-10.

[22] Bollnow, Der Lehrer als Erzieher, a. a. O., S. 29-39; Bollnow, Otto Friedrich, Erziehung zur Urteilsfähigkeit (1962). In: Ders., Maß und Vermessenheit des Menschen. Philosophische Aufsätze. Neue Folge. Vandenhoeck & Ruprecht Göttingen 1962, S. 107-130. Vgl. auch Schaal, Helmut, Sittliche Erziehung. Urteilsfähigkeit und Verantwortung, ihre Ausgangspunkte im Medium der Sprache. Verlag Neue Deutsche Schule Essen 1968 (neue pädagogische bemühungen, Bd. 34); Kümmel, Friedrich, Die Einsicht in das Gute als Aufgabe einer sittlichen Erziehung. Verlag Neue Deutsche Schule Essen 1968 (neue pädagogische bemühungen, Bd. 37).

[23] Vgl. Frischeisen-Köhler, Max, Pädagogik und Ethik (1912). In: Ders., Philosophie und Pädagogik (1931), hrsg. v. Herman Nohl. Verlag Julius Beltz Weinheim [2]1962, S. 92-109 (Kleine pädagogische Texte, Bd. 20).

sche und ideologiekritische[24] auf Basis des Paradigmas der Hermeneutik unterscheiden. Leitend für eine zu dieser Didaktik korrespondierende Unterrichtsforschung wäre, damit diese nicht zur „Wissenschaft des Nichtwissenswerten“[25] degeneriert, Bollnows Erkenntnis von den „vorgängigen Voraussetzungen der empirischen Forschung“.[26] Die Wissenschaft vom Lehren und Lernen darf sich daher nicht am szientistischen Wissenschaftsideal orientieren, sondern „muß ... die in der empirischen Forschung gewonnenen Ergebnisse wieder in einem *hermeneutischen Verfahren* in den Rahmen ihres Gesamtverständnisses zurücknehmen und dieses von ihnen her erweitern und gegebenenfalls auch berichtigen.“[27]

Eine unter Rekurs auf Bollnows Hermeneutische Philosophie konzipierte Didaktik könnte nicht wie die Geisteswissenschaftliche die Philosophie des Bewußtseins zugrundelegen[28], sondern müßte wie der Philosoph in seinem Werk den „linguistic turn“ anerkennen.[29] Daß die Bildungstheoretische Didaktik nicht Bollnows Einsicht von der „*Unmöglichkeit eines archimedischen Punkts in der Erkenntnis*“[30] folgt, deckt Klaus Giel in seinen „Vorbemerkungen zu einer Theorie des Elementarunterrichts“ (1975) auf:

---

[24] Bollnow, Otto Friedrich, Das Zeitalter des Mißtrauens. In: Festschrift für Klaus Ziegler, hrsg. v. Eckehard Catholy, Winfried Hellmann. Max Niemeyer Verlag Tübingen 1968, S. 435-457, hier: S. 456.

[25] Bollnow, Otto Friedrich, Der Wissenschaftscharakter der Pädagogik. In: Ders. (Hrsg.), Erziehung in anthropologischer Sicht. Morgarten Verlag Zürich 1969, S. 15-50, hier: S. 27.

[26] Bollnow, a. a. O., S. 24 f.

[27] Bollnow, Die Stellung der Pädagogik im Ganzen ..., S. 29.

[28] Giel, Klaus, Vorbemerkungen zu einer Theorie des Elementarunterrichts. In: Ders., Walter Hahn, Gotthilf Gerhard Hiller (Hrsg.), Stücke zu einem mehrperspektivischen Unterricht. Aufsätze zur Konzeption 2. Ernst Klett Verlag Stuttgart 1975, S. 8-181, hier: S. 36. Vgl. zum „Standpunkt des Bewußtseins“ Max Frischeisen-Köhler, Wissenschaft und Wirklichkeit (Wissenschaft und Hypothese, Bd. 15), B. G. Teubner Leipzig/Berlin 1912, S. 190-242.

[29] Bollnow, Sprache und Erziehung, S. 14-17.

[30] Bollnow, Otto Friedrich, Über die Unmöglichkeit eines archimedischen Punkts in der Erkenntnis. In: Archiv für die gesamte Psychologie 116. Jg. 1964, S. 219-229.

„So sehr also die Geisteswissenschaften behaupten, inmitten einer schon gedeuteten, geschichtlichen Realität anzusetzen, versuchen sie doch immer, diese Realität von einem archimedischen Punkt, einer als wahr behaupteten Aussage über die Beschaffenheit des Bewußtseins ... aus zu entwickeln."[31]

Zu den Kernsätzen Geisteswissenschaftlicher Didaktik zählt der vom *„Primat der Didaktik im engeren Sinne im Verhältnis zur Methodik"*[32], den Erich Weniger in seiner „Theorie der Bildungsinhalte" im Nohl- Pallatschen „Handbuch der Pädagogik" (1930) so formulierte: „methodische Anordnungen [können] immer erst getroffen, Regeln erst empfohlen werden ..., wenn die didaktischen Voraussetzungen geklärt und die inhaltlichen Probleme entschieden sind."[33] Für die Vertreter Geisteswissenschaftlicher Didaktik bleibt die Methode daher „immer ein Zweites"[34] gegenüber 'didaktischen' Entscheidungen. Dieser Satz ging aus der Kritik der ersten geisteswissenschaftlichen Pädagogen an dem Methodenkult des Neoherbartianismus und der durch die „Experimentelle Pädagogik" Ernst Meumanns und Wilhelm August Lays initiierten „technologischen Wende" in der Didaktik um 1900 hervor.[35] Er wurde von Wolfgang Klafki in Anlehnung an Weniger durch die begriffliche Trennung zwischen der Didaktik als Theorie vom „Was" („Bildungsinhalte und -werte") und der Methodik als Theorie vom „Wie" („Erziehungs- und Unterrichtsformen

---

[31] Giel, a. a. O., S. 37.

[32] Klafki, Wolfgang, Der Begriff der Didaktik (im engeren Sinn) im Verhältnis zur Methodik, in: Funk-Kolleg Erziehungswissenschaft, Bd. 2, Fischer Verlag Frankfurt a. M. 1970, S. 53-73.

[33] Weniger, Theorie der Bildungsinhalte, S. 21.

[34] Weniger, Didaktische Voraussetzungen der Methode in der Schule, S. 352.

[35] Lehmann, a. a. O, S. 289-304; Frischeisen-Köhler, Max, Grenzen der experimentellen Methode (1918). In: Ders., a. a. O., S. 110-150, hier: S. 141-150. Frischeisen-Köhler betont bereits 1912 in seinem Aufsatz „Pädagogik und Ethik" (S. 99), daß in der Didaktik der „Inhalt der Bildung und die in ihm enthaltene objektive Ordnung der gelehrten und gelernten Sachverhalte die ausschlaggebende Rolle spielt."

und -wege") verbreitet.[36] Die Vorstellung von der Zweitrangigkeit der Unterrichtsmethode taucht(e) sogar nach der Kontroverse zwischen Klafki und Peter Menck Mitte der 70er Jahre[37], wenn auch der Kernsatz Bildungstheoretischer Didaktik zum „Satz vom Primat der Zielentscheidungen"[38] gegenüber anderen den Unterricht konstituierenden Faktoren abgeändert wurde, weiterhin in der Literatur auf.[39]

Dieser im Rahmen der Geisteswissenschaftlichen Didaktik formulierten These vom Primat der Didaktik gegenüber der Methodik liegt eine bestimmte Prämisse über das Verhältnis von Kultur und Erziehung zugrunde. Entweder werden von der Kulturpädagogik um 1900 Kulturgüter als

---

[36] Klafki, Wolfgang, Kategoriale Bildung. Zur bildungstheoretischen Deutung der modernen Didaktik (1959). In: Ders., Studien zur Bildungstheorie und Didaktik, S. 25-45, hier: S. 25; Weniger, Didaktische Voraussetzungen der Methode, S. 346, 351.

[37] Klafki, Wolfgang, Zum Verhältnis von Didaktik und Methodik. In: Zeitschrift für Pädagogik 22. Jg.. 1976, S. 77-94; Menck, Peter, Anmerkungen zum Begriff der Didaktik. In: Zeitschrift für Pädagogik 22. Jg. 1976, S. 793-801; Klafki, Wolfgang, Replik auf Peter Mencks „Anmerkungen zum Begriff der Didaktik". In: Zeitschrift für Pädagogik 22. Jg. 1976, S. 803-810. Vgl. auch Kaiser, Hermann-Josef, Erkenntnistheoretische Grundlagen pädagogischer Methodenbegriffe. In: Peter Menck, Gösta Thoma (Hrsg.), Unterrichtsmethode. Intuition, Reflexion, Organisation. Kösel Verlag München 1972, S. 129-144; Kaiser, Hermann-Josef, Menck, Peter, Methodik und Didaktik. Vorüberlegungen zu einer Ortsbestimmung pädagogischer Methodenlehren (1970). In: Menck, Thoma (Hrsg.), a. a. O., S. 145-157. Zur Widersprüchlichkeit von Klafkis Didaktik siehe Raufuss, Dietmar, Durch die Methode konstituiert sich die Welt im Unterricht. Zum Verhältnis Thema – Methode – Ergebnis. In: Bildung und Erziehung 50. Jg. 1997, S. 355-370, hier: S. 357. Zur Entwicklung des Verhältnisses von Methode und Inhalt in der Didaktik vgl. Terhart, Ewald, Lehr-Lern-Methoden. Eine Einführung in Probleme der methodischen Organisation von Lehren und Lernen. Juventa Verlag Weinheim/München ^{3}2000, S. 41-49.

[38] Klafki, Didaktik und Methodik, S. 86.

[39] Neuerdings Falk, Juliane, Kerres, Andrea, Didaktik und Methodik der Pflegepädagogik. Handbuch für innovatives Lehren im Gesundheits- und Sozialbereich. Juventa Verlag Weinheim/München (im Druck).

„geschichtlich zwar gewordene, jetzt aber fest fixierte Produkte“[40] angesehen oder, wie Friedrich Kümmel in seinem Aufsatz „Kulturanthropologie“ (1963) aufdeckt, „dem bildenden Kulturgut ein apriorischer Wert unterlegt und diesem ein ihm korrespondierender ursprünglicher Wertsinn im Subjekt gegenübergestellt“. Als Voraussetzung des Bildungsprozesses galt eine auf Seiten des Erziehers und des Edukanden „vorgegebene gleichgestimmte Strukturgesetzlichkeit“. Dabei wurde von den die Wertphilosophie der südwestdeutschen Neukantianer Wilhelm Windelband und Heinrich Rickert rezipierenden Erziehungswissenschaftlern nicht erkannt, daß sowohl der „Wertsinn“ des Menschen und als auch der „Wert der Kulturgüter“ das „*Ergebnis* und nicht die *Voraussetzung* der bildenden Begegnung beider“[41] ist.

Die bisherige Sichtweise von Bildung als Abhängige der Bildungsvoraussetzungen des Menschen und der ‘klassischen’ Bildungsgüter muß demnach umgekehrt werden zu der Position: Bildung macht den Menschen durch Weckung von ‘Bildungsorganen’ erst ‘bildungsempfindlich’, erschließt ihn für die Begegnung mit Inhalten und formt aus diesen Bildungsinhalte. Nach einer hermeneutischen Bildungstheorie dürfte Bildung also nicht nur als eine Funktion von Bildsamkeit und Kulturgütern aufgefaßt werden. Die einsinnige Auflösung des „*zirkelhafte[n] Verhältnis[ses] von Mensch und Kultur*“[42] in der Geisteswissenschaftlichen Didaktik spiegelt sich auch in der als „Weiterentwicklung“ ausgegebenen „Kritisch-konstruktiven Didaktik“[43] wider, die dem didaktischen Kurzschluß

---

[40] Hiller, Gotthilf Gerhard, Konstruktive Didaktik. Beiträge zur Definition von Unterrichtszielen durch Lehrformen und Unterrichtsmodelle. Umrisse einer empirischen Unterrichtsforschung. Pädagogischer Verlag Schwann Düsseldorf 1973, S. 217 (Sprache und Lernen, Bd. 22).

[41] Kümmel, Friedrich, Kulturanthropologie (1963). In: Andreas Flitner (Hrsg.), Wege zur pädagogischen Anthropologie. Versuch einer Zusammenarbeit der Wissenschaften vom Menschen. Quelle & Meyer Heidelberg [2]1967, S. 162-190, hier: S. 183 (Pädagogische Forschungen, Bd. 23).

[42] Kümmel, a. a. O., S. 165-167, 183.

[43] Klafki, Wolfgang, Neue Studien zur Bildungstheorie und Didaktik. Zeitgemäße Allgemeinbildung und kritisch-konstruktive Didaktik (1985). Beltz Verlag Weinheim/Basel [5]1996. Vgl. kritisch zu Klafkis Entwurf einer Erziehungswissenschaft und Didaktik Matthes, Eva, Von der geisteswissenschaftlichen zur kri-

unterliegt, „bestimmten [epochaltypischen Schlüssel-] Problemen 'an sich' bildenden Wert zuzusprechen“.[44]

Zusammenfassend läßt sich festhalten, daß die Geisteswissenschaftliche Pädagogik und Didaktik zwar gegenüber anderen Konzepten, etwa den empirischen, kritischen, transzendentalphilosophischen bei bestimmten Aspekten der Theoriebildung, wie z. B. dem Theorie-Praxis-Verhältnis, der Ablehnung eines deduktiven Vorgehens, der Historizität von Theorie und Praxis der Lehre, auch der Verbindung von deskriptiven und präskriptiven Aussagen gemäß der geisteswissenschaftlichen Methodologie verfährt, aber nicht auf allen Ebenen ihrer Theoriebildung streng hermeneutisch. Dadurch unterscheidet sie sich wesentlich von der Pädagogik Bollnowscher Prägung, in welcher der hermeneutische Zirkel das durchgängig beherrschende Strukturmoment bildet. Hermeneutische und Geisteswissenschaftliche Didaktik dürfen also trotz zahlreicher Übereinstimmungen nicht gleichgesetzt werden.

Eine Kritik an dem Grundsatz der Geisteswissenschaftlichen Didaktik vom Primat der Sache gegenüber der Methode unter expliziter Bezugnahme auf Bollnows Schrift „Die anthropologische Betrachtungsweise in der Pädagogik“ (1965), in der dieser „Hinweise und Anregungen“[45] aus Werner Lochs Schrift „Die anthropologische Dimension der Pädagogik“ (1963) verarbeitet, findet sich in den frühen Arbeiten von Fritz Loser.[46] Er

---

tisch-konstruktiven Pädagogik und Didaktik. Der Beitrag Wolfgang Klafkis zur Entwicklung der Pädagogik als Wissenschaft. Verlag Julius Klinkhardt Bad Heilbrunn 1992, S. 116-194 (Beiträge zur Fachdidaktik und Schulpädagogik, Bd. 4).

[44] Meyer, Meinert A., Reinartz, Andrea, Abschließende Bemerkung, „Es nimmt kein Ende mit dem vielen Bücherschreiben.“. In: Dies. (Hrsg.), Bildungsgangdidaktik. Denkanstöße für pädagogische Forschung und schulische Praxis. Leske & Budrich Opladen 1998, S. 303-310, hier: S. 304.

[45] Bollnow, Otto Friedrich, Die anthropologische Betrachtungsweise in der Pädagogik (1965). Verlag Neue Deutsche Schule Essen ³1975, S. 71, Anm. 10 (neue pädagogische bemühungen, Bd. 23). Vgl. Loch, Werner, Die anthropologische Dimension der Pädagogik. Verlag Neue Deutsche Schule Essen 1963 (neue pädagogische bemühungen, Bd. 1/2).

[46] Vgl. Remme, Marcel, „Lernerschließung und Gegenstandskonstitution durch Lehre“. Zur Didaktik von Fritz Loser. In: Peter Graf (Hrsg.), Lehrerbildung und

entwickelt in seinen Aufsätzen „Die anthropologische Betrachtungsweise in der Didaktik" (1966) und „Die Notwendigkeit einer pädagogischen Theorie des Lehrens und Lernens" (1967), die sich seinen eigenen Angaben zufolge „Anregungen" von Giel verdanken[47], unter Rekurs auf Bollnows methodische Prinzipien pädagogischer Anthropologie[48] sein Konzept einer *educativ-konstruktiven Didaktik*. Wie Giel in seinen Arbeiten zur „anthropologischen Didaktik"[49] kann sich Loser bei der Übertragung des Bollnowschen Ansatzes auf die Wissenschaft vom Lehren und Lernen auf den Philosophen selbst berufen. Für Bollnow handelt es sich bei der „anthropologischen Betrachtungsweise in der Pädagogik ... nicht um ein durch den anthropologischen Gesichtspunkt ausgesondertes Teilgebiet der Pädagogik [..., sondern um das Ganze der Pädagogik."[50] Zusammen mit den Arbeiten von Giel und Gotthilf Gerhard Hiller, z. B. den „Stücken zu einem mehrperspektivischen Unterricht" (1974-1977)[51] und der „Konstruktiven Didaktik" (1973) läßt sich Losers *„pädagogische Theorie des Lehrens und Lernens"* der „generativen Didaktik"[52] zuordnen.

Universität. Reden zur Emeritierung von Fritz Loser. Universitätsverlag Rasch Osnabrück 2001, S. 45-60.

[47] Loser, Fritz, Die anthropologische Betrachtungsweise einer Geschichte des Lehrens und Lernens. In: Zeitschrift für Pädagogik, 12. Jg. 1966, S. 425-443, hier: S. 425, Anm. 1; Die Notwendigkeit einer pädagogischen Theorie des Lehrens und Lernens. In: Neue Sammlung, 7. Jg. 1967, S. 58-70, hier: S. 58.

[48] Bollnow, Die anthropologische Betrachtungsweise in der Pädagogik, S. 30-39.

[49] Vgl. z. B. Giel, Klaus, Studie über das Zeigen. In: Bollnow (Hrsg.), Erziehung in anthropologischer Sicht, S. 51-75; Studien zur anthropologischen Didaktik. Habilitationsschrift Tübingen 1966 (unveröffentlicht); Vorbemerkungen zu einer Theorie des Elementarunterrichts, S. 8-181; Der Elementarunterricht in anthropologischer Sicht (1985). In: Klaus Peter Hemmer, Hubert Wudtke (Hrsg.), Enzyklopädie Erziehungswissenschaft, Bd. 7. Ernst Klett Verlag Stuttgart 1995, S. 21-50.

[50] Bollnow, Die nthropologische Betrachtungsweise in der Pädagogik, S. 49.

[51] Giel, Klaus, Hiller, Gerhard Gotthilf (Hrsg.), Stücke zu einem mehrperspektivischen Unterricht, 13 Bde. Ernst Klett Verlag Stuttgart 1974-1977; Hiller, a. a. O.

[52] Loser, Fritz, Terhart, Ewald, Vorüberlegungen zu einer Theorie des Lehrens. In: Dies. (Hrsg.), Theorien des Lehrens, Ernst Klett Verlag Stuttgart 1977, S. 10-48, hier: S. 24.

Hauptthese seiner educativ-konstruktiven Didaktik bildet die Behauptung von der *„Lernerschließung und Gegenstandskonstitution durch Lehre“*: „Das Lehren bestimmt die Sache und das kindliche Lernen.“[53] Lernen und Inhalt sind eine Funktion der Methode, nicht die Methode eine Funktion des Inhalts oder (bzw. und) des Lernens. Dabei wird von einem „sehr weiten Begriff von 'Methode'“[54] ausgegangen, der sowohl Lehrplanungen als auch die gesamten Prozesse im Unterricht umfaßt. Bei seiner These von der „gegenstandskonstituierenden Funktion der Lehre“[55], der „Konstruktivität“, rezipiert Loser explizit Bollnows „Prinzip der anthropologischen Reduktion“, nach dem „die Gebilde des objektiven Geistes vom Menschen her als der 'produktiven Stelle' ihres Hervorgangs zu begreifen“[56] sind. So beschreibt der Didaktiker sein Vorgehen als die „*'anthropologische Reduktion'* des Unterrichtsgegenstandes auf die Unterrichtsmethode“.[57] Diese „Reduktion“ beinhaltet keine Abschwächung der Unterrichtswirklichkeit und ist deshalb, wie Gottfried Bräuer in seinem Aufsatz „Ideologiekritik und anthropologische Reduktion in der Pädagogik“ (1969) herausarbeitet, wohl von dem Reduktionismus der Psychoanalyse und Ideologiekritik, die sich des „Prinzips-des-Nichts-anderes als“ bedienen, zu unterscheiden.[58] Genauso wie Objektivationen kulturelle Erzeugnisse des Menschen sind, wird die Sache (des Unterrichts) nach Loser durch (menschliche) Lehre erst konstituiert.[59]

In der educativ-konstruktiven Didaktik hat die Lehre noch eine zur Konstruktivität des Unterrichtsgegenstandes „komplementäre Bedeutung“, und zwar die der „Ermöglichung kindlichen Lernens“[60]. Dieser These von

---

[53] Loser, a. a. O., S. 62-70.

[54] Terhart, a. a. O., S. 47.

[55] Loser, Didaktik als Professionswissenschaft für Lehrer, S. 30.

[56] Bollnow, Otto Friedrich, Methodische Prinzipien der pädagogischen Anthropologie. In: Bildung und Erziehung, 18. Jg. 1965, S. 161-164, hier: S. 163.

[57] Loser, Pädagogische Theorie des Lehrens und Lernens, S. 67.

[58] Bräuer, Gottfried, Ideologiekritik und anthropologische Reduktion in der Pädagogik. In: Bollnow (Hrsg.), Erziehung in anthropologischer Sicht, S. 235-262. Vgl. auch Bollnow, Zeitalter des Mißtrauens, S. 435-457.

[59] Loser, a. a. O., S. 62-65.

[60] A. a. O., S. 65.

der „lernerschließenden Funktion des Lehrens“[61], der „Educativität“, liegt eine Anwendung des zweiten methodischen Prinzips der Anthropologie Bollnows, des „Organon-Prinzips“ zugrunde. Es zielt darauf ab, „den Menschen aus den von ihm hervorgebrachten Gebilden“[62] zu begreifen. Wie Giel in seinem Beitrag „Philosophie als Anthropologie“ (1963) schreibt, wird nicht nach dem „Wesen des Menschen, sondern nach dem Wesen ... aller menschlichen Äußerungen“ gefragt, wodurch „das Menschsein – indirekt also – mit zum Vorschein gebracht wird.“[63] Loch spricht in diesem Zusammenhang von der „Beschränkung auf die menschlichen Lebensäußerungen als alleinigen 'Text' für die Entzifferung des menschlichen Wesens“.[64]

Auf die Didaktik bezogen bedeutet dieses, daß Unterrichtsmethoden nicht als Mittel zur Erreichung vorgegebener Zwecke technologisch verkürzt, sondern auf ihren Beitrag zu einer „pädagogischen Theorie des Lehrens und Lernens“ hin befragt werden. So erfahren die von der Reformpädagogik oft verpönte Lehrerfrage und die Übung eine Rehabilitierung; die Lehrerfrage wird als „Anlaß des Verstehens“[65], die Übung als „ein Weg von außen nach innen“[66] erkannt. Didaktik im Anschluß an Bollnow grenzt sich also von den beiden Varianten der vorpädagogischen „Ableitungs-„ bzw. „Adaptionsdidaktik“ ab, nämlich der von der „Psycho-Logik“ dominierten Didaktik, die mit dem Anspruch auftritt, aus

---

[61] Loser, Anthropologische Betrachtungsweise des Lehrens und Lernens, S. 437-440.

[62] Bollnow, Die anthropologische Betrachtungsweise in der Pädagogik, S. 32.

[63] Giel, Klaus, Philosophie als Anthropologie (1963). In: Flitner (Hrsg.), a. a. O., S. 128-161, 188-190, hier: S. 157.

[64] Loch, a. a. O., S. 10.

[65] Giel, Klaus, Die Frage im Unterricht – zum Lehrer-Schülerverhältnis. In: Erwin Ringel, Gerhard Brandl (Hrsg.), Situationsbewältigung durch Fragen. Das dialogische Prinzip im Lernprozeß. Herder Verlag Wien/Freiburg i. Br./Basel 1977, S. 156-172, hier: S. 164, 170 f.

[66] Loser, Fritz, Die Übung und ihr Beitrag für eine pädagogische Theorie des Lehrens und Lernens. In: Andreas Flitner, Günther Dohmen (Hrsg.), Unterricht. Aufbau und Kritik. R. Piper & Co. Verlag München 1968, S. 103-121, 190-194, hier: S. 118-120 (Erziehung in Wissenschaft und Praxis, Bd. 7).

Lerngesetzen die Methode zu deduzieren, und der von der „Sach-Logik" abhängigen, welche die erkenntnistheoretische Differenz zwischen der „Logik der Didaktik" und der „Logik der Fachwissenschaft" einebnet. Diese Form der „Abbilddidaktik" wird von Bollnow als „primitive Anschauung"[67] gegeißelt.

In der educativ-konstruktiven Lehr-Lern-Theorie läßt sich auch eine Rezeption der anderen beiden bisher noch nicht angesprochenen Prinzipien philosophisch-pädagogischer Anthropologie nachweisen: des „Prinzip[s] der anthropologischen Interpretation der Einzelphänomene des menschlichen Lebens"[68], der wechselseitigen Erhellung des „Menschen im ganzen"[69] aus den Teiltatsachen seines Lebens sowie des „Prinzip[s] der offenen Frage"[70], der Unersetzlichkeit jedes Phänomens für das unabschließbare Verständnis des Menschen. So intendiert Loser die Entwicklung einer Didaktik, „die jedes Phänomen des Unterrichts ernst nimmt, wie es seine unverwechselbare Einmaligkeit und seine unersetzbare Bedeutsamkeit für das Ganze einer nie abgeschlossenen Theorie des Lehrens und Lernens erfordern."[71] In dieser Aussage werden zwei weitere Merkmale seiner Didaktik, das der Gleichwertigkeit und Notwendigkeit jedes Unterrichtsphänomens und das der Offenheit didaktischer Theoriebildung erkennbar. Letzteres beinhaltet auch ein Plädoyer für Methodenvielfalt gegenüber methodischer Engführung, wie sie sich zur Zeit in der verbreiteten Beschränkung auf den handlungsorientierten Unterricht ankündigt. Diese birgt die Gefahr einer einseitigen Lernerschließung des Lernenden und eine Festlegung auf bestimmte Lernmodi, was im Gegensatz zu dem von Giel akzentuierten Anspruch der Schule steht, „Kinder und Jugendliche ... vor frühzeitigen *Fixierungen* zu bewahren und Optionen offenzuhalten".[72]

---

[67] Bollnow, Der Lehrer als Erzieher, S. 18.

[68] Bollnow, Die anthropologische Betrachtungsweise in der Pädagogik, S. 34.

[69] A. a. O., S. 38.

[70] Bollnow, Methodische Prinzipien pädagogischer Anthropologie, S. 174.

[71] Loser, a. a. O., S. 108.

[72] Giel, Klaus, Bemerkungen zum Verhältnis von Didaktik und Politik. In: Hartmut Markert, Didaktische Konstruktion der gesellschaftlichen Wirklichkeit. Studien zu einer handlungsorientierten politischen Didaktik und Friedenserziehung.

Eine Hermeneutische Didaktik könnte daher auch der von Bollnow der Schule zugewiesenen kulturverjüngenden Funktion gerecht werden: „Die Schule ist der Ort, an dem die fortschreitende Veräußerlichung und Verfestigung alles geistigen Lebens immer wieder aufgefangen und dieses Leben neu verlebendigt wird. Die Schule ist das ausgezeichnete Organ, durch das allein die Kultur lebendig erhalten wird."[73]

Gemäß des zirkelhaften Grundschemas der Erkenntnis geht es einer hermeneutisch konzipierten Wissenschaft vom Lehren und Lernen nicht um die Verabsolutierung des Primats der Methode gegenüber der Sache und den Lerngesetzen.[74] „Daß Lernen nicht nur zu einem Können führt", sondern, so Loch in seinem Konzept curricularer Lernfähigkeiten, „einerseits, um in Gang zu kommen, immer schon ein 'spezifisches Können' voraussetzt"[75], darf in einer didaktischen Theorie nicht verkannt werden.

Hermeneutische Didaktik würde dem wissenschaftlichen Programm Bollnows entsprechen. Dieses wird indirekt durch seinen Beitrag „Die Aufgabe der Beschreibung im Schulaufsatz" (1990) bestätigt, in dem die „gegenstandskonstituierende und lernerschließende Funktion der Methode" zum Ausdruck kommt. Der Philosoph differenziert zwischen „sachlicher" und „artikulierender Beschreibung". Im Vergleich zur bloß aufzählenden „sachlichen" Deskription handelt es sich bei der „artikulierenden" um eine erzeugende, „echt schöpferische Leistung"[76], da sie „im Beschreiben ihren Gegenstand erst *hervorbringt*".[77] Dieser sei zwar keine creatio ex

---

Verlag Waldkirch 1980, S. XI-XVI, hier: S. XIV (Tübinger Beiträge zur Friedensforschung und Friedenserziehung, Bd. 7).

[73] Bollnow, Der Lehrer als Erzieher, S. 21 f.

[74] Loser, Fritz, Über den Wandel der Allgemeinen Didaktik zur Schulpädagogik. In: Evangelische Unterweisung 23. Jg. 1968 H. 12, S. 265-269, hier: S. 269.

[75] Loch, Werner, Der Mensch im Modus des Könnens. Anthropologische Fragen pädagogischen Denkens. In: Eckhard König, Horst Ramsenthaler (Hrsg.), Diskussion Pädagogische Anthropologie. Wilhelm Fink Verlag München 1980, S. 191-225, hier: S. 218. Vgl. auch Loch, Werner, Entwicklungsstufen der Lernfähigkeit im Lebenslauf. In: Rainer Brödel (Hrsg.), Lebenslanges Lernen, lebensbegleitende Bildung. Hermann Luchterhand Verlag, Neuwied 1998, S. 91-109.

[76] Bollnow, Die Beschreibung im Schulaufsatz, S. 45.

[77] Bollnow, Otto Friedrich, Versuch über das Beschreiben. In: Hommage à Richard Thieberger. Etudes allemandes et autrichiennies (Publications de la Faculté

nihilo, aber er erhalte durch die „artikulierende Beschreibung" erst sein Gesicht. Die anthropologische Facette dieser Deskriptionsform verdeutlicht Bollnow, wenn er herausstellt, daß der Mensch sich durch die Beschreibung der Dinge – im Gegensatz zu ihrer vordergründigen Betrachtung im alltäglichen Umgang nach ihrem Nutzen – in eine kontemplativ-ehrfürchtige Haltung diesen gegenüber begebe und so eine „innere Wandlung"[78] durchmache. Eine präzise Deskription von Gegenständen oder Sachverhalten wird von dem Philosophen damit als eine Form der Übung verstanden.[79]

Warum läßt sich nun dieser hier skizzierte Didaktik-Ansatz als genuin hermeneutisch bezeichnen? Der hermeneutische Charakter dieses Lehr-Lern-Konzepts besteht darin, daß in ihm sowohl das Verhältnis von Gegenstand und Methode als auch von Lernen und Methode nach dem hermeneutischen Zirkel konzipiert ist und nicht von festen Gegenständen oder mitgebrachten Lernvoraussetzungen ausgegangen wird. Die Hermeneutik setzt also bereits auf der erkenntnistheoretischen und anthropologischen Ebene an. Hermeneutische Didaktik erweist sich somit entgegen einer ersten Betrachtung nicht als Gegenspieler der Geisteswissenschaftlichen Didaktik, sondern als kritische Fortführung dieser durch strenge Auslegung des hermeneutischen Paradigmas. Während sich der didaktische Ansatz von Hermann-Josef Kaiser und Peter Menck auf die erkenntnistheoretisch begründete These von der „gegenstandskonstitutiven Funktion von Methode"[80] beschränkt, unterschlägt eine Hermeneutische Didaktik im Anschluß an Bollnow nicht die anthropologische Dimension des Lehrens und Lernens. Mit einer solchen Lehr-Lern-Theorie wäre auch die Gefahr für die Erziehungswissenschaft gebannt, vor der Bollnow in seinen Schriften immer gewarnt hat, nämlich Pädagogik auf eine angewandte Disziplin fachfremder Wissenschaften zu reduzieren und „so das eigentliche pädagogische Problem zu verfehlen."[81]

---

des lettres et sciences humanies de Nice, 1re série, 37). Les Belles Lettres Paris 1989, S. 57-75, hier: S. 63.

[78] Bollnow, Vom Geist der Übung, S. 12.

[79] A. a. O., S. 111.

[80] Kaiser, a. a. O., S. 135, 142. Vgl. auch Kaiser, Menck, a. a. O.; Menck, a. a. O.

[81] Bollnow, Pädagogische Anthropologie, S. 197.

3. Die Aktualität Hermeneutischer Didaktik

Nachdem im ersten Teil des Referates mit der Entwicklung der Konturen Hermeneutischer Didaktik zugleich die Unzulänglichkeiten einer an der „Sach-Logik“ der jeweiligen Disziplin angeketteten Geisteswissenschaftlichen Didaktik – eine Renaissance erfährt dieses Modell in der Rezeption des „Strukturgitteransatzes“ von Herwig Blankertz in der Fachdidaktik 'Pflege'[82] – aufgedeckt wurden, sollen im zweiten Teil Ansätze des aktuellen Diskurses an dem im Rahmen der Bollnow-Schule erarbeiteten Reflexionsvermögen gemessen werden. Ein besonderes Augenmerk gilt dabei den Entwürfen, die Ausdruck der „neurobiologischen Wende“ in der Didaktik sind und die, zum Teil in der Praxis weit verbreitet, der Postmoderne nahestehen: der „Konstruktivistischen“, der „Neuro-linguistisch-programmierten“ (NLP), der „Neuro-„, der „Systemtheoretischen“ und der „Evolutionären Didaktik“.[83] Offensichtlich wird der neurobiologische Deduktivismus[84] in der „Neurodidaktik“, deren Vertreter es für selbstverständlich halten, aus „neurobiologischen Bedingungen des Men-

---

[82] Vgl. Greb, Ulrike, Identitätskritik und Lehrerbildung. Ein hochschuldidaktisches Konzept für die Fachdidaktik Pflege. Mabuse-Verlag Frankfurt a. M. 2003 (Wissenschaft, Bd. 67). Siehe dazu Remme, Marcel, Rez.: Ulrike Greb. Lehrerbildung und Identitätskritik. In: Pflege & Gesellschaft (im Druck).

[83] Reich, Kersten, Konstruktivistische Didaktik. Lehren und Lernen aus interaktionistischer Sicht. Luchterhand Verlag Neuwied 2002; Siebert, Horst, Der Konstruktivismus als pädagogische Weltanschauung. Entwurf einer konstruktivistischen Didaktik (Wissenschaft in Gesellschaftlicher Verantwortung, Bd. 44). Verlag für Akademische Schriften Frankfurt a. M. 2002; Grinder, Michael, NLP für Lehrer. Ein praxisorientiertes Arbeitsbuch. Verlag für Angewandte Kinesiologie Freiburg i. Br. 1991; Friedrich, Gerhard, Preiß, Gerhard, Neurodidaktik. Bausteine für eine Brückenbildung zwischen Hirnforschung und Didaktik. In: Pädagogische Rundschau 57. Jg. 2003, S. 181-199; Scheunpflug, Annette, Evolutionäre Didaktik. Unterricht aus system- und evolutionstheoretischer Perspektive. Beltz Verlag Weinheim/Basel 2001. Zur „Konstruktivistischen Didaktik“ vgl. auch Terhart, Ewald, Konstruktivismus und Unterricht. Eine Auseinandersetzung mit theoretischen Hintergründen, Ausprägungsformen und Problemen konstruktivistischer Didaktik. Verlag für Schule und Weiterbildung Soest ²2002.

[84] Remme, Marcel, Kritik konstruktivistischer Ansätze in der Pflegepädagogik. In: Pr-InterNet (Pflegepädagogik) 2002, H. 12, S. 249-262, hier: S. 259.

schen und seiner Lernfähigkeit ... 'Lehren für die Didaktik' ab[...]leiten"[85] zu können. Wie in der „Psychologischen Didaktik" Hans Aeblis (1951)[86] wird die Wissenschaft vom Lehren und Lernen auf die Anwendung bestimmter Lerngesetze reduziert. Einen ähnlich radikalen Biologismus wie bei den Neurodidaktikern findet man bei den Protagonisten der „Konstruktivistischen Didaktik", die mit der vielzitierten Deklarierung der Menschen als „autopoietische, selbstreferenzielle, operational geschlossene Systeme"[87] aufwarten. Dieter Lenzen vertritt in seinem Einführungswerk in die Erziehungswissenschaft sogar dogmatisch die Behauptung, daß „die Einnahme eines konstruktivistischen Standpunktes ... keine Frage irgendeiner Entscheidung [ist], die auch anders verlaufen könnte, sondern es ist die Entscheidung für eine realitätsangemessene und deshalb komplexe Analyse, zu der es keine Alternative gibt."[88]

Eine von vielen Unzulänglichkeiten dieser Ansätze[89], die mit dem Anspruch auftreten, das „Technologiedefizit"[90] der „Professionswissenschaft für Lehrer"[91] zu beseitigen, besteht in der Verabsolutierung einer einzigen Sichtweise auf den Menschen. Das Theoriengemenge dieser Modelle des Lernens und Lehrens legt von vornherein fest, was als sinnvolle Frage der Didaktik überhaupt möglich ist, wodurch die pädagogische Erfahrung unzulänglich verkürzt wird. Auch bei den nicht im biologischen Fahrwasser schwimmenden Konzepten von Didaktik zeigt sich ein der konstruktiven Philosophie vergleichbares Vorgehen, wenn z. B. die Behauptung aufgestellt wird: „Bildung setzt eine Vorstellung vom Menschen, *ein Men-*

---

[85] Friedrich, Preiß, a. a. O., S. 183.

[86] Aebli, Hans, Psychologische Didaktik. Didaktische Ausweitung der Psychologie von Jean Piaget (1951). Klett Verlag Stuttgart 1963, S. 14.

[87] Siebert, Horst, Pädagogischer Konstruktivismus. Eine Bilanz der Konstruktivismusdiskussion für die Bildungspraxis. Hermann Luchterhand Verlag Neuwied 1999, S. 5.

[88] Lenzen, Dieter, Orientierung Erziehungswissenschaft. Was sie kann, was sie will. Rowohlt Verlag Reinbek b. Hamburg 1999, S. 157 f.

[89] Vgl. Remme, a. a. O., S. 249-262.

[90] Luhmann, Niklas, Schorr, Karl-Eberhard, Das Technologiedefizit der Erziehung und die Pädagogik. In: Zeitschrift für Pädagogik 25. Jg. 1979, S. 345-365.

[91] Loser, Didaktik als Professionswissenschaft für Lehrer, S. 26-34.

schenbild, ein Bildungs- oder Persönlichkeitsideal voraus: Wie ist der Mensch von Natur aus, oder wie sollte er sein?"[92]

Nicht nur wird in dieser Betrachtungsweise die „Unvereinbarkeit von Bildungsidee und Bildungsideal"[93] außer acht gelassen, sondern auch auf die alle Jahre wieder in verschiedenen Disziplinen – wie zur Zeit in der Pflegewissenschaft und -pädagogik – aufgestellte Forderung nach einem „Leitbild" zurückgegriffen. Ausdrücklich hat Bollnow in seinen Schriften die Forderung nach einem der Erziehungswissenschaft „zugrunde liegenden Menschenbild als unangemessen"[94] zurückgewiesen und als De-Autonomisierung dieser Disziplin entlarvt: „die Errichtung eines leitenden Menschenbildes ... verstößt in einer als fehlerhaft nachweisbaren Weise gegen die Gegebenheiten der conditio humana, deren methodische Konsequenzen im Prinzip der offenen Frage bezeichnet waren. Gäbe es ein solches verbindliches Menschenbild, dann wäre die Pädagogik in der Tat nur die *Anwendung* ihr anderweitig vorgegebener Voraussetzungen."[95] Im Gegensatz zu Bollnow, der die „Unmöglichkeit eines geschlossenen Bilds vom Menschen"[96] betont, hat man in den hier beispielhaft herausgegriffenen Arbeiten zur Didaktik den Menschen, wie Martin Heidegger es zu Unrecht jeglicher Anthropologie vorwarf, „schon als Menschen gesetzt".[97] Wilhelm Diltheys „Grundthese" von der Geschichtlichkeit des Men-

---

[92] Heymann, Hans Werner, Allgemeinbildung und Mathematik. Beltz Verlag Weinheim 1996, S. 46 (Studien zur Schulpädagogik und Didaktik, Bd. 13).

[93] Benner, Dietrich, Fischer, Gundel, Gatzemann, Thomas, Göstemeyer, Karl-Franz, Sladek, Horst, Von der Unvereinbarkeit von Bildungsidee und Bildungsideal. In: Pädagogische Rundschau, 52. Jg. 1998, S. 303-322.

[94] Bollnow, Anthropologische Betrachtungsweise in der Pädagogik, S. 52.

[95] A. a. O., S. 51.

[96] A. a. O., S. 51-53.

[97] Heidegger, Martin, Kant und das Problem der Metaphysik (1928) (Gesamtausgabe, Abt. 1, Bd. 3). Vittorio Klostermann Frankfurt a. M. 1991, S. 230. Zur Kritik Bollnows an Heideggers Fundamental-Ontologie vgl. Bollnow, Otto Friedrich, Das Wesen der Stimmungen (1941). Vittorio Klostermann Frankfurt a. M. [8]1995, S. 22-29. Siehe auch Giel, Philosophie als Anthropologie, S. 147-162.

schen[98] scheint noch nicht bei allen Didaktikern angekommen zu sein. Ein festes Menschenbild kann und darf wegen des „Prinzips der offenen Frage“ nicht an den ‘Anfang’ einer pädagogischen Theorie gestellt werden. Daher sei an Bollnows Kritik „jeder noch so vorsichtigen ‘Ontologie’ des Menschen“ erinnert: „es [gibt] grundsätzlich kein ‘Sein’ des Menschen vor oder hinter seinem Tun ..., vielmehr ‘ist’ der Mensch in seinem Handeln sich auswirkendes Können, und nichts außerdem.“[99]

Als letzte Strömung innerhalb des didaktischen Diskurses ist die einer soziologischen Didaktik zu erwähnen. Es überwiegen Ansätze, die auf den Topos von der „Risikogesellschaft“ rekurrieren[100] und umstandslos aus Gesellschaftsanalysen der „Zweiten Moderne“ pädagogische Aufgaben deduzieren.[101] Bollnows Warnung vor einer Verkürzung von Pädagogik auf „angewandte Soziologie“[102] hat auch heute noch nichts an ihrer Aktualität verloren.

Weil der Mensch in der gegenwärtigen Didaktik aufgrund einer bestimmten Weltanschauung bzw. Ideologie „gesetzt“ wird, womit aber nach Giel noch gar nicht die Fragegestellung einer genuin philosophischen Anthropologie erreicht wird[103], zählt das Thema „Anthropologie und Didaktik“ nicht einmal zu den Forschungsdesiderata und -perspek-

---

[98] Dilthey, Wilhelm, Traum (1903). In: Ders., Gesammelte Schriften, Bd. VIII, hrsg. v. Bernhard Groethuysen. B. G. Teubner Verlag Stuttgart/Vandenhoeck & Ruprecht Göttingen [5]1977, S. 220-226, hier: S. 226. Vgl. auch Bollnow, Otto Friedrich, Wilhelm Dilthey als Begründer einer hermeneutischen Philosophie (1986). In: Ders., Zwischen Philosophie und Pädagogik, S. 169-188, hier: S. 176-178.

[99] Bollnow, Vom Geist des Übens, S. 37.

[100] Vgl. Brater, Michael, Schule und Ausbildung im Zeichen der Individualisierung. In: Ulrich Beck (Hrsg.), Kinder der Freiheit. Suhrkamp Verlag Frankfurt a. M. [4]1998, S. 149-174.

[101] Hornstein, Walter, Erziehung und Bildung im Zeitalter der Globalisierung. Themen und Fragestellungen erziehungswissenschaftlicher Reflexion. In: Zeitschrift für Pädagogik ,47. Jg. 2001, S. 517-537, hier: S. 535.

[102] Bollnow, Pädagogische Anthropologie, S. 197.

[103] Giel, Philosophie als Anthropologie, S. 157.

tiven der Lehr-Lern-Forschung.[104] Daher wird man Arbeiten vergleichbar denen des Sammelbands „Erziehung in anthropologischer Sicht“ (1969) oder denen zur „anthropologischen Didaktik“ im gegenwärtigen didaktischen Diskurs vergeblich suchen. Die Mißachtung der philosophisch-pädagogischen Anthropologie ist an der Akzeptanz von kruden Reduktionismen innerhalb der Erziehungswissenschaft mitschuldig. Auch in den aktuellen Didaktik-Entwürfen zeigt sich die von Loch aufgewiesene „ideologische Gefährdung der Pädagogik“ (1964)[105] nicht allein durch politische Ideologien, sondern besonders durch den Primat des Menschenbildes vor dem Menschen, welches der Ausbildung einer eigenständigen Erziehungswissenschaft entgegensteht. Die *„Einheit von Philosophie und Pädagogik“*[106], eine der Kernbehauptungen Bollnows, wird in der gegenwärtigen Wissenschaft vom Lehren und Lernen nicht mehr beachtet.

Bei der kurzen Analyse der zur Zeit dominierenden Didaktik-Konzepte wird ersichtlich, daß alle diese einen Kardinalfehler aufweisen, nämlich den hermeneutischen Zirkel entweder nur teilweise zu berücksichtigen wie bei der Bildungstheoretischen bzw. „Kritisch-konstruktiven Didaktik“ oder zu ignorieren wie bei den biologistischen und soziologischen Ansätzen. Da diese Entwürfe entweder von der „Sach-Logik“ oder „Neurobio-Logik“ oder „Sozio-Logik“ ausgehen, ist es nicht verwunderlich, daß sie sich zwar unter den Begriff „Didaktik“ subsumieren lassen, aber keinen genuin pädagogischen Charakter aufweisen. Trotz gegenteiliger Bekundungen hat die Wissenschaft vom Lehren und Lernen den Deduktivismus noch lange nicht überwunden. Die Gefahr einer kategorialen Verfremdung der Pädagogik durch den unkritischen Theorien- und Begriffsimport aus fachfremden Disziplinen, vor der Bollnow ausdrücklich ge-

---

104 Vgl. Hericks, Uwe, Kunze, Ingrid (unter Mitarbeit von Meinert Meyer), Forschung zu Didaktik und Curriculum. In: Werner Helsper, Jeanette Böhme (Hrsg.), Handbuch der Schulforschung. Leske + Budrich Opladen (im Druck).

105 Loch, Werner, Die ideologische Gefährdung der Pädagogik. In: Bildung und Erziehung, 17. Jg. 1964, S. 77-89.

106 Bollnow, Otto Friedrich, Otto Friedrich Bollnow Selbstdarstellung). In: Ludwig J. Pongratz (Hrsg.), Pädagogik in Selbstdarstellungen, Bd. 1. Felix Meiner Verlag Hamburg 1975, S. 95-144, hier: S. 95.

warnt hat[107], scheint von den heutigen Didaktikern kaum noch gesehen zu werden. Angesichts des biologistischen Reformulierungsprogramms der Didaktik, welches an das „Physikalismus"-Projekt des „Wiener Kreises" erinnert[108], bestätigt sich erneut der von Giel seit dem „Ausfall der geisteswissenschaftlichen Pädagogik"[109] diagnostizierte Sprachverlust in der Theorie des Lehrens und Lernens. Die Neigung der Erziehungswissenschaft „mit operativen Setzungen, mit der gesellschaftlichen Bedingtheit etwa oder mit der Intelligenzgenese der Kinder, einzusetzen und höchstens von solchen privilegierten Modellvorstellungen aus nach anderen Teilnahme- und Erfahrungsmodi zu fragen"[110], wie Bräuer in seiner Darstellung des Werkes von Bollnow (1978) feststellt, anstelle die geforderte *„volle Wirklichkeit"*[111] einzuholen, wird besonders deutlich in den neueren Arbeiten zur Didaktik.

Worin besteht nun der Unterschied zwischen einer Hermeneutischen Didaktik und den augenblicklich verbreiteten Konzepten des Lehrens und Lernens? Hermeneutische Didaktik zeichnet sich gegenüber der „Kritisch-konstruktiven", die an der hinfälligen Unterscheidung von Didaktik und Methodik[112] immer noch festhält, dadurch aus, daß sie nicht nur die im gegenwärtigen Diskurs vorherrschende Fokussierung auf die Konstruktivität des Lehrgegenstandes thematisiert, dabei aber nicht in den

---

[107] Bollnow, Pädagogische Forschung und philosophisches Denken, S. 140 f.

[108] Remme, a. a. O., S. 254 f., 257.

[109] Giel, Klaus, Eduard Spranger und die Lehrerbildung heute. In: Gottfried Bräuer, Fritz Kehrer (Hrsg.), Eduard Spranger zum 100. Geburtstag am 27. Juni 1982. Dokumentation des Symposiums der Pädagogischen Hochschule Ludwigsburg am 8. Juni 1982 (Ludwigsburger Hochschulschriften, Bd. 1). Verlag Pädagogische Hochschule Ludwigsburg 1983, S. 25-33, hier: S. 30; Das Problem einer wissenschaftlichen Didaktik. In: Hiller, Konstruktive Didaktik, a. a. O., S. 231-239, hier: S. 235.

[110] Bräuer, Gottfried, Otto Friedrich Bollnow. In: Josef Speck (Hrsg.), Geschichte der Pädagogik des 20. Jahrhunderts, Bd. 2. Verlag W. Kohlhammer Stuttgart/Berlin/Köln/Mainz 1978, S. 106-121, hier: S. 113.

[111] Bollnow, Otto Friedrich, Theorie und Praxis in der Erziehung (1985). In: Ders., Zwischen Philosophie und Pädagogik, S. 77-91, hier: S. 82.

[112] Giel, a. a. O., S. 237 f.

pseudowissenschaftlichen Naturalismus der „Konstruktivistischen Didaktik" verfällt, sondern auch die vernachlässigte pädagogisch-anthropologische Dimension der Lernerschließung des Lernenden in ihr Blickfeld rückt, ohne allerdings wie die soziologische Didaktik Lehren auf die Anpassung an gesellschaftliche Entwicklungen zu reduzieren.

Als Resultat der bisherigen Überlegungen zur Bollnow-Rezeption in der Lehr-Lern-Theorie läßt sich folgendes konstatieren. Bollnow ist zwar kein Didaktiker im üblichen Sinne gewesen, aber er hat durch seine Gedanken auf die Didaktik in bisher kaum gewürdigter Weise gewirkt. Ein Blick in den aktuellen Diskussionsstand der Wissenschaft vom Lehren und Lernen offenbarte, daß der überwiegende Teil der gegenwärtigen Ansätze hinter das in den Schriften Bollnows und seiner Schule erreichte wissenschaftstheoretische Niveau weit zurückfällt. Eine stärkere Beachtung seiner und in seinem Umkreis verfaßten Arbeiten würde im didaktischen Diskurs manchem Reduktionismus entgegenwirken. Gegenüber den Konzepten der Didaktik, die sich darin gefallen, das Ende der „Metaerzählung ‚Aufklärung'"[113] zu verkünden, erweist sich die Hermeneutische Pädagogik Bollnows mit ihrem Plädoyer für ein Festhalten an der Aufklärung, mit ihrer nachmetaphysischen Anthropologie[114] und mit ihrem geradezu kulturkritischen Hinweis auf die Notwendigkeit „innerer Freiheit"[115] als angemessener Bezugshorizont einer didaktischen Theorie. Eine streng hermeneutische Begründung auch der Didaktik könnte sich, wie Bollnow schon bezüglich der Philosophie formulierte, als die „einzig mögliche" erweisen, „die nach so vielen gescheiterten Versuchen der Vergangenheit heute noch weiterführt."[116]

---

[113] Lyotard, Jean-François, Randbemerkungen zu den Erzählungen (1983). In: Postmoderne und Dekonstruktion. Texte französischer Philosophen der Gegenwart, hrsg. v. Peter Engelmann. Philipp Reclam jun. Stuttgart 1990, S. 49-53.

[114] Fahrenbach, Helmut, Differentielle Interpretation, Strukturanalyse und offene Wesensfrage. O. F. Bollnows Beitrag zur Methodenreflexion philosophischer Anthropologie. In: Kümmel (Hrsg.), O. F. Bollnow, S. 80-118, hier: S. 89.

[115] Bollnow, Vom Geist des Übens, S. 12, 70-90, 116-118.

[116] Bollnow, Dilthey als Begründer hermeneutischer Philosophie, S. 171 f.

KÜMMEL: Ich möchte zur Eröffnung der Diskussion eine allgemeine Überlegung anstellen. Unterscheidungen sind wichtig, doch viele Unterscheidungen – in unserem Fall die Unterscheidung von Didaktik und Methodik – erweisen sich als nicht strikt durchführbar. Dann muß man sich fragen, ob die Unterscheidung nicht an der falschen Stelle ansetzt oder auf unzulängliche Weise getroffen worden ist. Das wäre z. B. der Fall, wenn etwas in der Form einer Alternative festgeschrieben und zur Entscheidung gestellt wird, was näher besehen gar nicht der Struktur der Alternativität unterliegt und diesseits der Alternativen erst wieder verflüssigt werden müßte, um sachgemäß unterschieden werden zu können. Kurz gesagt: Nicht jeder Unterschied, den man macht, ist ein wirklicher Unterschied, und nicht jeder wirkliche Unterschied wird auch als ein solcher gesehen. Oft ist es eine logische Begrenzung des Denkens, die hier die Wahrnehmung verstellt. Wird im Schema der Alternativen gedacht, so bleibt es oft genug bei der Suche nach Unterschieden, mittels deren man sich abgrenzen und bekämpfen kann. Solche Unterschiede kann man zwar immer finden und sich ihretwegen die Köpfe einschlagen, aber man kommt so nicht weiter.
Der prozessuale und, wenn man so will, pragmatische Aspekt des hermeneutischen Zirkels fordert dazu auf, diesseits vorgefaßter Unterscheidungen in eine Sache einfach einmal hineinzugehen und zu sehen, wie weit man damit kommt. Auch wenn das oft weiter führt, ist die Konstatierung eines offenen Zirkelverhältnisses nicht die letzte Antwort, solange das Problem des Schnittes in ihm nicht ebenso gedacht werden kann. Auch im Zirkelverhältnis kann man nicht alles mit allem vermitteln. Der Zirkel stellt als solcher zwar die Voraussetzungen und Folgen unter den Vorbehalt der Revidierbarkeit, aber er bricht sie damit nicht schon auf und löst auch nicht wirklich von ihnen ab. Auch wo die Zirkelhaftigkeit zum Prinzip erhoben wird, bleibt die Frage, worauf sich denn der nächste Schritt bezieht, wenn er sich nicht mehr auf einen vorhergehenden Schritt beziehen kann. Man muß etwas hinter sich lassen und weiß doch nicht so recht, wie man es hinter sich lassen kann.
Damit stellt sich das prekäre Problem des rechten Umgangs mit der Vergangenheit. Wenn man ins Gespräch mit der Vergangenheit kommen will, kann man den Zirkel nicht eng führen und muß deren Inhalte und

Voraussetzungen aufnehmen. Gleichzeitig geht es darum, die eigene Position offen zu halten. Man darf sich mit dem, was war, nicht einfach kurzschließen. Das prekäre Verhältnis zur Vergangenheit ist also mit einem oft nicht eingestandenen Dilemma verbunden. Wer sich losreißen will und kein Gespräch mit der Vergangenheit führt, bleibt in seinem Denken ungeschichtlich und muß den letzten Schrei für die höchste Weisheit halten. Auch kommt er so aus seiner Vergangenheitsbindung nicht heraus. Aber auch wer dieses Gespräch führt, unterliegt im Unbewußten derselben Vergangenheitsbindung und steht dazuhin in der Gefahr, dieser Bindung auch auf der Ebene des Bewußtseins erneut zu erliegen.

Das damit gestellte Problem des Verhältnisses von Zirkelverhältnis und Schnitt kann weder eine radikale noch ein vermittelnde Lösung finden, und doch muß es auf eine gleichzeitig radikale und versöhnliche Weise angegangen werden. Der radikale Schritt liegt in der Preisgabe eigener Intentionalität. Um sowohl der gewachsenen Struktur als auch der Aufforderung zur prozessualen Wiedereinschmelzung gerecht werden zu können, muß sowohl der Aspekt der Rückgebundenheit als auch die Frage nach der Zielperspektive zunächst einmal eingeklammert werden Man muß sich von der Struktur der Intentionalität und Rückversicherung, die auch den Zirkel noch bestimmt, wenigstens für den Moment frei machen können. Wie die Phänomenologie zeigt, ist das ein sehr schwieriger Schritt, der erst dann Aussicht auf Erfolg hat, wenn er mit einer existentiellen Wandlung verbunden ist. Um der Vergangenheit nicht zu erliegen, bedarf es des Schnitts. Der versöhnliche Aspekt liegt in der Einsicht, daß auch das Vergangene, das man vergangen sein läßt, nicht abgeschafft werden kann. Man wird die Vergangenheit nicht los und kann nur frei und ledig von ihr werden.

Für das nun zur Diskussion anstehende Thema des Verhältnisses von Didaktik und Methodik heißt das unter anderem: Die Didaktik, die die große Alternative zu einem sei es kausalen, sei es teleologischen Strukturdenken darstellen könnte, ist meines Erachtens noch nicht gefunden. Dies hängt wohl auch daran, daß sie noch nicht angemessen gedacht werden kann.

SCHWEIZER: Sie haben in ihrem Vortrag die Frage nach der von Bollnow her zu entwickelnden Didaktik gestellt und eine Tübinger Schule didaktischen Denkens eingefordert. Bei Bollnow selber ist das Thema einer hermeneutischen Didaktik Programm geblieben. Er hat auf seine Schüler gehofft, daß sie dieses Problem lösen und vor allem Klaus Giel dazu in die Pflicht genommen. Noch kurz vor seinem Tod äußerte er sich mir gegenüber: „Lassen Sie den Giel nicht aus Ihren Krallen, der muß noch seine Schultheorie schreiben!"

Wenn Bollnow selber die Didaktik thematisiert, tut er dies im Durchgang durch die Geschichte des pädagogischen Denkens. Aufgabe der Didaktik ist es für ihn darzustellen, was pädagogisches Sehen und Denken ist, und zu einem solchen anzuleiten. Herr Giel hat auf Bollnows „Philosophie der Hilfsverben" hingewiesen, und eine solche läßt sich anhand der Geschichte der Didaktik gut rekonstruieren. Comenius ist der Garant einer didaktischen Denktradition im Zeichen des „Seins". Bei den Philanthropen, vertreten durch Basedow, ist es der Sinn des „Habens", der sich in der Ökonomie seinen Raum schafft. Das „Werden" ist im Symbolverständnis Fröbels repräsentiert. Eine weitere Gelenkstelle für das, was Bollnow mit einer hermeneutischen Didaktik verbunden hat, war Pestalozzi und Herbart. An Pestalozzi hat ihn die Reformulierung des Begriffs der Anschauung interessiert und bei Herbart die Handhabung der sogenannten Formalstufen. Eine didaktisch allererst zu vermittelnde Anschauung ist nicht das bereits vorgegebene Fundament der Erkenntnis, sondern ein selber allererst zu Erschließendes, im hermeneutischen Durchgang zu Gewinnendes. Sprachliches Verstehen bzw. Verstandenhaben allein genügt hier offensichtlich nicht. Ein erschließendes Anschauen-Verstehen vollzieht sich im Exempel (Martin Wagenschein) oder im Beispiel und Fall (Hans Lipps), und auch das Modell hat Bollnow in diesem Zusammenhang interessiert. Das sind Organe („Werkzeuge") einer hermeneutischen Didaktik, vermöge deren ein vermeintlich Verstandenes sich überhaupt erst aufschließen läßt und, goethisch ausgedrückt, seine sinnlich-sittliche Wirkung entfalten kann.

GÖTZ: Ich habe mich gefragt, wo Sie in diesem Entwurf einer hermeneutischen Didaktik das Kind, den Lernenden ansiedeln. In den klassischen Modellen der Didaktik wird das Kind herauskatapultiert und nur noch nach anthropogenen Voraussetzungen und sozio-kulturellen Rahmenbedingungen gefragt. In den letzten Jahren gibt es dazu eine Gegenbewegung, die von der prinzipiellen Subjekthaftigkeit des Lernens ausgeht. Das Kind wird gesehen als Akteur seiner Entwicklung und als Architekt seines Lernens. Aber auch hier wird vieles unterschlagen und verkürzt, und so

würde es mich interessieren, wie Sie die Kinder mit ihrer eigenen Kinderkultur und Lernaktivität in Ihren Ansatz mit einbeziehen.
REMME: Ich fange einmal mit der Kinderkultur an. Man kann sich fragen: Ist das, was sich heutzutage als Kinderkultur darstellt, überhaupt die Kultur der Kinder? Berücksichtigt man den historischen Hintergrund und den Einfluß durch Medien, Schule und Elternhaus, so ist die Kinderkultur weitgehend eine Kultur für Kinder und keine Kultur der Kinder. Man müßte also damit ansetzen, die Kindheit der Kinder allererst zu befreien. Bezüglich der Lernvoraussetzungen heißt das, daß man die damit verbundenen Anpassungen aufbricht und über Didaktik und Methode das Kindsein des Kindes im weitesten Sinne freilegt. Das ist etwas anderes als der Kindheitskult in der Reformpädagogik. Hier wird ausgegangen von der Methode und davon, daß das Kind in einem gewissen Maße schon geformt worden ist und man es eben darin freilegen und freistellen muß.
GÖTZ ergänzend: Ich wollte in Frage stellen, daß Kinder reduziert werden auf anthropologische Voraussetzungen und daß man sie zum Anhängsel pädagogischer und didaktischer Entscheidungen macht, während es gerade umgekehrt darum geht, das Kind ins Zentrum zu stellen. Bei Langeveld ist „Die Schule als Weg des Kindes“[117] von der Perspektive des Kindes her gedacht; und das gilt auch für seine Phänomenbeschreibungen in den „Studien zur Anthropologie des Kindes“.[118] In den herkömmlichen didaktischen Entwürfen ist das Kind ein Randphänomen, während es in einer hermeneutischen Didaktik darauf ankäme, ihm einen wichtigen Platz zukommen zu lassen. Das trifft sich mit dem, was Herr Schweizer angesprochen hat. Für Bollnow war die Romantik und Fröbel außerordentlich wichtig, und da könnte auch eine das Kind freistellende Didaktik noch einmal ansetzen.
SCHAAL: Ich will die von Herrn Kümmel problematisierte Unterscheidung von Didaktik und Methodik aus heuristischer Überlegung einmal

[117] Martinus J. Langeveld, Die Schule als Weg des Kindes., Versuch einer Anthropologie der Schule. Georg Westermann Verlag, 3. Aufl. Braunschweig 1966.
[118] Martinus J. Langeveld, Studien zur Anthropologie des Kindes. Max Niemeyer Verlag Tübingen 1956.
Ders., Kind und Jugendlicher in anthropologischer Sicht. 2. Aufl. Quelle & Meyer Heidelberg 1959. Hermann Diem und Martinus J. Langeveld, Untersuchungen zur Anthropologie des Kindes. Verlag Quelle & Meyer Heidelberg 1960.

überziehen. Kann man hinter eine Theorie der Schule in dem Sinne zurückgehen, daß das Kind und die Inhalte überhaupt nicht mehr für sich zu stellen und zu betrachten sind? Wenn zwischen einer Kultur der Kinder und der Kultur für Kinder unterschieden werden soll, kann das doch nur im Blick auf die Schule geschehen, die einerseits „Weg des Kindes" (Langeveld) andererseits aber doch nicht seine eigene Unternehmung ist. In dieser doppelten Perspektive liegt bis heute eine ungelöste Schwierigkeit. Im Blick auf das Meßbare von Schulleistungen wird nach der Pisa-Studie der schwarze Peter zwischen allen Seiten hin und her geschoben. Es gibt da ja auch keine reinen Lösungen. Mir geht der Satz von Martinus Langeveld nicht mehr aus dem Kopf: „Der Lehrer ist der Urkompromissemacher."[119] Langeveld sieht den Lehrer als den, der von all dem berührt ist und sozusagen professionell Schule macht, möglichst entlang dem, was Schule sein soll – was nirgends steht, aber was durch den Druck der Praxis ja gelebt werden muß jeden Tag.
Wenn Langeveld die Momente dieser nicht säuberlich in Komponenten aufzuteilenden Komplexität, reduziert gemäß der Aussage: der Lehrer ist der Urkompromissemacher, so heißt das doch, daß er diese Komponenten gar nicht säuberlich getrennt und auf eine Effektivität hin kontrollierbar vor sich hat. Darin sehe ich aber keine Ersetzung der Inhalte, sondern bloß eine Verschiebung vom Kind auf den Lehrer als den ein Gefälle tragenden Erwachsenen, der gegenüber den anderen Gezwungenen und in der Institution Erfaßten für diese Aufgabe professionalisiert ist und doch nicht so recht weiß, wie er mit ihr fertigwerden soll.
Mit meinen Bemerkungen wollte ich nur die Richtung angeben, wo die Verlegenheiten entstehen und die Hilflosigkeiten zu finden sind. Herr Schweizer hat in einer für mich frappierenden Klarheit eine Abfolge der Zugriffe Bollnows für didaktische Überlegungen Revue passieren lassen. Ich weiß, daß eine Totalsicht für Klärung letztlich unfruchtbar ist. Wir sind interessiert an der Klärung der verschiedenen Segmente, wovon die Didaktik schon eine Art Zusammenfassung eines noch Verteilteren und Verzweigteren auf mittlerer Ebene ist. Das läßt mich gespannt sein, wo die Fortsetzung jetzt erfolgt.
SCHÜZ: Ich will mich beziehen auf das Verhältnis von Kind und Sache, im Sinne von Klafki auf die Bedeutsamkeit des Inhalts bzw. des Gegen-

[119] Martinus J. Langefeld, Einführung in die Pädagogik. Klett Verlag Stuttgart

standes für das Kind. Mich interessiert diese Verquickung einer breit zu öffnenden Vielfalt von Möglichkeiten mit der damit verbundenen existentiellen Auseinandersetzung. Auch diese letztere muß ja in gewissem Sinne methodisiert werden, auch wenn man nicht die Zöglinge leichtfertig in die Krise treiben darf. Copeis „fruchtbarer Moment im Bildungsprozeß“[120] wäre ein solcher alle Selbstverständlichkeiten aufbrechender Ansatz. Damit kommt eine Dimension zum Tragen, die unter dem Primat des Methodischen verlorengeht.

Für das Projekt einer hermeneutischen Didaktik hat das ganz erhebliche Konsequenzen, wenn man etwa an Bollnows Unterscheidung stetiger und unstetiger Verlaufsformen denkt oder die bereits klassisch gewordene Polarisierung zwischen „Begegnung“ und „Bildung“ aufgreift. Geschichtliche Betrachtung auf der einen Seite, existentielle Begegnung auf der anderen – da bricht genau diese Problematik auf. Geistige Inhalte werden zunächst einmal in der breiten Vielfalt des relativ beziehungslos nebeneinander Stehenden in einer großen Schau vor Augen geführt, und auf der anderen Seite steht das einem Begegnende in den Raum, das zu Erschütterungen führt, den Menschen aus seiner Reserve lockt und zur existentiellen Herausforderung wird. Wie läßt sich dies beides in seiner dimensionalen Getrenntheit und in seiner faktischen Verquickung didaktisch verbinden und einholen?

REMME: Ein Aspekt ist hier noch nicht erwähnt worden: daß „die Sache“ für jeden Lerner eine andere ist, schon vor dem Hintergrund seiner biographischen Erfahrungen. In einer deutlich verbesserten Methodendifferenzierung läge die Möglichkeit, daß unterschiedliche Interpretationen von Dingen, Sichtweisen und Gegenständen produktiv aufgenommen werden können.

GIEL: In der stärkeren Betonung der Methode steckt ja auch Sinn. Die Voraussetzung der sogenannten kategorialen Analyse war eine gewisse Kontinuität der Tradition innerhalb der Kultur, und schon Klafki konnte sich hier nicht anders retten, als in neukantianischer Wendung ein Kategorien- bzw. Wertesystem zu unterlegen. Was hier vorausgesetzt war, hat aber nicht geleistet was es leisten sollte, und die Lehrer sind im Unterricht mit der kategorialen Analyse von einer Schnauze auf die andere gefallen.

---

[120] Fritz Copei, Der fruchtbare Moment im Bildungsprozeß, 2. Aufl. Heidelberg 1950.

Was sich tatsächlich durchgesetzt hat ist eine ältere Tradition. Der Lehrstoff war repräsentiert in den Lehrbüchern, und über solche konstituierte sich wiederum das Fach, so wie es an den Universitäten gelehrt und in die Schulen hereingetragen wird. Nun haben die Lehrbücher das Wissen bereit gestellt und d. h. für die Forschung zur Disposition gehalten, und eben darin haben sie auch ihre legitime Funktion und ihren Sinn – aber eben in der Forschung. Jeder hat nun zwar von der Sachlogik gesprochen, aber im Grunde genommen nur den Aufbau des Lehrbuchs gemeint. Das Lehrbuch ist aber nicht sachlogisch aufgebaut und wird funktional unter der Frage: Was muß xy wissen, wenn er das und das verstehen soll? Für die Schule ist damit aber noch nicht viel erreicht. Das war die Kritik Wagenscheins: Weg von dem Turmbau zu Babel und hineinstechen ins offene Meer des Exemplarischen oder wie immer man das dann genannt hat, was noch kein verfügbares Wissen ist und von einem solchen her erschlossen werden kann.

Die andere Frage war: Wo bleibt das Kind? Bollnow hat, wie wir alle, die wir aus dem Bollnow-Kreis kommen, viel Didaktik bei Martin Wagenschein gelernt. Die Frage nach dem Kind war hier einfach die: Wie kann im Rahmen physikalischer Fragestellungen Kindheit überhaupt erst entdeckt werden? Wagenschein hat von der Korruption der Physik gesprochen. Die Kinder sind ja gar keine Kinder mehr, wenn sie in die Schule kommen, sie sind vollgepfropft mit unklaren Vorstellungen und mit Redensarten, mit denen die Erwachsenen sich die Wirklichkeit vom Leibe halten. Warum sieht der Tau so vielfarbig aus? Warum wird der Bierschaum weiß, wo das Bier doch braun ist? Da redet jeder zunächst Quatsch, wenn er sich überhaupt auf solche Fragen einläßt. Und wenn ihm nichts mehr einfällt, kommt ein Spruch aus einem physikalischen Lehrbuch.

Wagenschein hat in der Tat gemeint, die Physik könne ein Medium sein, in dem Kindheit, Probleme der Kindheit abgearbeitet werden können. Ein Problem der Kindheit ist z. B. das Erschrecken, wenn die Beine im Wasser plötzlich leichter werden. Kinder sind irritiert vor den Erscheinungen der Paralaxe. Wandert der Baum jetzt, wenn ich ihn einmal von da und dann wieder von da sehe? Und was ist, wenn auf einmal die Telegrafenmasten herumfliegen und der Mond am Himmel stehen bleibt? Das sind Irritationen der Kinder, und wir lehren sie eigentlich nur, die darin aufbrechende Rätselhaftigkeit der Wirklichkeit niederzuhalten mit irgendwelchen dummen Sprüchen.

Wer schon einmal Unterricht mit Wagenschein gemacht hat, erfährt aber auch: Die Kinder wollen das gar nicht, sie wehren sich dagegen. Auch eine so verstandene Schule ist nun mal in Gottes Namen ein Ärgernis: Das hat niemand deutlicher gesagt als Herbart. Man soll nicht so tun, als ginge der Übergang von der Spielwelt zur Schule ohne Bruch vonstatten. Aber dann fangen wir in der Schule doch wieder damit an, diesen Bruch zu verkleistern

Das ist die Situation, an der Loser einsetzt mit dem Primat der Methode. Aber auch hier stellt sich noch einmal die Frage: Was ist denn die Methode? Schweizer hat auf die Abfolge Comenius, Basedow, Pestalozzi, Herbart, Fröbel hingewiesen. Das Thema der Didaktik war dabei für Bollnow, in seiner Terminologie ausgedrückt, das der hermeneutischen Logik. Deren Grundfrage ist: Wie bauen sich Begriffe auf? Wie baut sich Begrifflichkeit – Begrifflichkeit im allerweitesten Sinn – auf? Begriffe wachsen ja nicht einfach aus dem Kopf wie die Haare. Große Impulse sind für Pestalozzi von der französischen Ideologie ausgegangen. Deren Ausgangspunkt war: Wenn wir die Welt nur in Vorstellungen haben, wie ist dann der Mechanismus beschaffen, in dem diese Vorstellungen selber zustande kommen? In diesem Sinne hat auch Pestalozzi nach dem Mechanismus gefragt, wie man Begriffsbildung inaugurieren kann – z. B. das berühmt-berüchtigte gleichseitige Dreieck, das dann kein Mensch in dieser Funktion verstanden hat. Pestalozzi redet in diesem Zusammenhang auch von der Ausbildung von Organen. – Loch: Mit Organ, griech. Organon, meinen Sie ein Werkzeug, mit dem man etwas machen kann. – Das Zentrum des Unterrichts sind für Pestalozzi Organe, sind Organa, so wie man den ganzen Unterricht als ein Organon verstehen kann. Ein so verstandenes Lernen hat immer mit dem Aufbau und der Sicherung von Begrifflichkeit zu tun. Einen wundervollen Aufbau einer Begrifflichkeit finden Sie in den Fröbel'schen Spielgaben.

Das Zentrum der Didaktik hat es also zu tun mit dem Aufbau – wie Bollnow es nannte – einer hermeneutischen Logik. Das sind Fragen, die von Hans Lipps angestoßen wurden[121] und bei André Jolles mit seinem Ge-

---

[121] Hans Lipps, Untersuchungen zu einer hermeneutische Logik. Verlag Vittorio Klostermann Frankfurt a. M. 1959; Werke Bd. 2, 1976.

danken der elementaren, einfachen Formen liegengeblieben sind.[122] Da haben wir noch etwas nachzuholen. Das Problem, das wir mit der Methode haben, ist dann, in meinen Worten ausgedrückt: Gibt es so etwas wie Formen des Unterrichts? Gibt es Formen, in denen man mit Kindern im Unterricht so etwas wie die Entdeckung der Kindheit machen kann? Was uns sonst übrig bleibt ist das blinde Probierenlassen und das Fragen, diese trostlose Heurese, die wir da manchmal im Unterricht treiben, und Impulse, die dazuhin noch schlecht formulierte Fragen sind.
Gibt es in der Tat so etwas wie Formen des Unterrichts? Das scheint mir wirklich ein Problem zu sein, das sich noch verschärft hat durch die bequeme Trennung von Beziehungsaspekt und Sachaspekt. Damit kann man zwar theoretisch gut argumentieren, aber es gibt praktisch nichts her. Was sich in der pädagogischen Wissenschaft als eine stichhaltige Unterscheidung anbietet, trägt in der Sache des Unterrichts nicht ohne weiteres etwas aus. Was dessen Form angeht, sind wir über die Scholastik nicht hinausgekommen. „Sinnentnehmendes Lesen" – das ist gute alte Scholastik. Der ordo legendi hat bei Hugo von St. Victor eine schöne Dreigliederung. Einmal die lectio, die die verfließende Zeit in Abschnitte gliedert, dann die disputatio – Loch: Bei der disputatio wurde die disputatio in forma und die disputatio extra formam unterschieden. – und schließlich die meditatio. Die Scholastik ist ja nicht umsonst eine „Philosophie der Schule" genannt worden. Da sind sicher noch Funde zu machen.
SCHAAL: Was Klaus Giel im Sinn hat, gehört zur Didaktik und führt zugleich über eine didaktische Fragestellung hinaus. Wenn man es anthropologisch faßt mit der „Schule als Weg des Kindes", ist vielleicht auch das wieder nur eine appetitliche Formel für die Verlegenheit, in der wir stehen. Aber daß wir in einer großen Verlegenheit sind, zeigt die Schuldiskussion doch jeden Tag.
KÜMMEL: Wir haben es Herrn Remme schwer gemacht, indem wir die Verlegenheiten der Didaktik so kraß formulierten. Aber die Frage nach den Formen des Unterrichts kann einen in der Tat nur in Verlegenheit bringen.
LOCH: Wir dürfen nicht vergessen, daß unser Lehrer Bollnow zwar über die Übung geschrieben hat und über das Gespräch, in der alten Terminologie ausgedrückt über meditatio und disputatio, nicht aber über die ma-

[122] André Jolles, Einfache Formen, 5. Aufl. Tübingen 1974.

thesis. Es ist ein Defizit der hermeneutischen Didaktik, daß Bollnow selber über alles mögliche geschrieben hat, aber über das Lehren kaum. Anhand seines Mainzer Vortrags über „Die Methode der Geisteswissenschaften“[123] kann man versuchen zu ermitteln, wie eine hermeneutische Didaktik konzipiert werden könnte. Da gehört zum Bildungsbereich das Spiel mit den Inhalten, indem man sich, mit Wagenschein gesprochen, an einem exemplarisch Inhalt engagiert. Hinzu kommt Goethes Aufforderung, ein Organ aus sich zu machen. Da hilft dann auch der Begriff der Begegnung weiter. Zu einer hermeneutischen Didaktik gehört ein Angebot von Inhalten als Möglichkeit, sich auf etwas zu konzentrieren, auf der anderen Seite aber auch die Übung als die Möglichkeit, ein Organ („Werkzeug“) aus sich zu machen, mit dem man vorankommt mit sich selbst.

GIEL: Noch eine Bemerkung dazu. Bollnow war der Habilitationsvortrag von Josef König über das εὖ λέγειν als das spezifische Können der Philosophie[124] so wichtig, weil er meinte, der Sinn des Philosophierens liege in einer Lehre. Philosophen sind Lehrer.

WARSEWA. Zum Schluß noch etwas Anekdotisches. Ich entsinne mich an ein Seminar mit Bollnow, wo es um die Frage ging: Was ist ein Kind? und wir nicht weiter kamen. Schließlich Bollnow dazu: Da müßt ihr den Schulrat fragen!

---

[123] O. F. Bollnow, Die Methode der Geisteswissenschaften, Mainz 1950 (Mainzer Universitätsreden 16/17); wiederabgedruckt in den Studien zur Hermeneutik Bd. I: Zur Philosophie der Geisteswissenschaften, Freiburg/München 1982.

[124] Josef König, Das spezifische Können der Philosophie als εὖ λέγειν. In: Josef König, Vorträge und Aufsätze. Hrsg. von Günther Patzig. Hrsg. von Günther Patzig, Verlag Alber Freiburg München 1978, S. 15-26.

Protokoll der Schlussdiskussion

1. Die Einleitung der Schlußdiskussion durch Friedrich Kümmel betraf die Frage: Wie geht es weiter? Können wir uns nicht wieder treffen? Es muß ja nicht einmalig sein! Ein wichtiger Nebenzweck dieses Treffens war es ja auch, miteinander ins Gespräch zu kommen. Die Entfernung spielt heutzutage keine so große Rolle mehr. Man muß ein solches Kolloquium auch von der angenehmen Seite her sehen, so wie wir es diesmal ja auch getan haben. Einer Fortsetzung in Hechingen steht nichts im Wege.
2. Klaus Giel äußert sich zur Frage der Publikation: Was geschieht mit den schönen Arbeiten, die Sie hier in diesem Kreis abgeliefert haben? Damit das nicht verloren geht, sollte man sich überlegen, daß man eine Publikation daraus macht. Wir waren so frei gewesen, nur die Fahrt und die Übernachtung zu ersetzen, damit auch noch ein bißchen Geld für die Publikation übrig bleibt. Wie denken Sie darüber?[691]
3. Hans-Martin Schweizer spricht die Frage der Gründung einer Bollnow-Gesellschaft mit Sitz in Tübingen an.[692] Es kommen von allen möglichen Seiten und oft von weither immer wieder Anfragen zu Bollnow, und wer ist eigentlich der Ansprechpartner? Eine Gesellschaft braucht man für die Pflege von Besitzständen, für Fragen der Publikation, für die dazu nötige Geldbeschaffung und im Interesse der Fortführung der Tübinger hermeneutischen Schule. Hat man eine Gesellschaft, so tun sich da plötzlich Türen auf, die für eine Privatperson verschlossen wären. Wenn sie förderungswürdig sein soll, muß sie international sein, aber das wäre mit Bollnow kein Problem. Auch die Zusammenarbeit mit der Plessner-Gesellschaft bietet sich an.

---

[691] Die Publikation der Tagungsbeiträge wurde zunächst dem Verlag Klett-Cotta angetragen, bei dem die Druckvorlage jedoch einige Jahre liegenblieb. Erst mit der Gründung des Vardan Verlags Hechingen im Jahr 2008 wurde es möglich, das Projekt erneut aufzunehmen und nach langer Verzögerung zu einem guten Ende zu führen.

[692] Die Otto Friedrich Bollnow - Gesellschaft e. V ist 2004 gegründet worden. Ihre Satzung wurde von der konstituierenden Mitgliederversammlung am 24. Juli 2004 beschlossen und ist durch Eintrag ins Vereinsregister Tübingen unter der Nummer VR 1575 am 9. November 2004 in Kraft getreten.

Der Vorschlag findet allgemeine Zustimmung. 19 Personen melden spontan ihr Interesse an einer Mitgliedschaft an.
4. Klaus Giel sprach als weiteres Problem die Veröffentlichung von Bollnows Werken an. Zur Zeit werden vergriffene Bücher von irgendwelchen versteckten Verlagen wieder abgedruckt, so die „Pädagogische Atmosphäre" vom Verlag Blaue Eule in Essen und das Buch „Vom Geist des Übens" im Verlag Rolf Kugler Oberwil b. Zug 1987 (1. Auflage 1978 beim Herder Verlag Freiburg i. Br.). Auch der wenigen erhaltenen Manuskripte müßte man sich annehmen, die noch nicht veröffentlicht sind. Seine Vorlesungsmanuskripte hat Bollnow alle vernichtet. Gleiches gilt für die Korrespondenz; auch hier sind die Briefe, die Bollnow erhalten hat, nicht mehr vorhanden.
Das Kolloquium wird beschlossen mit dem Dank an das gastgebende Haus Kümmel und an alle Teilnehmer.

Referenten

Ursula Boelhauve (*1959), Dr. phil., ist Geschäftsführerin des Lehrerbildungszentrums der RWTH Aachen. Sie studierte Pädagogik und Französisch für das Lehramt der Sekundarstufe II/I, Musik für das Lehramt der Sekundarstufe I und promovierte in den Fächern Pädagogik, Philosophie und Romanische Literaturwissenschaft. Mit dem Werk O. F. Bollnows setzte sie sich über viele Jahre hinweg unter pädagogischen und philosophischen Gesichtspunkten auseinander. Ihre gegenwärtigen Arbeitsschwerpunkte liegen im Bereich der Ethik und der Lehrerbildung. Veröffentlichungen zu Bollnow (Auswahl): Hermeneutische Pädagogik. Die wissenschaftstheoretische Grundlegung der pädagogischen Theorie Otto Friedrich Bollnows im Kontext seiner Philosophie. Diss. Aachen 1996. – Verstehende Pädagogik. Die pädagogische Theorie Otto Friedrich Bollnows aus hermeneutischer, anthropologischer und ethischer Sicht im Kontext seiner Philosophie. Mit einer Bibliographie der deutschsprachigen Schriften O. F. Bollnows. LTV-Verlag (Leuchtturm) Alsbach/Bergstrasse 1997.

Wolfgang Gantke, Prof. Dr., geb. 1951 in Bad Königshofen. Nach mehrjähriger Reisebürotätigkeit und dem Durchlaufen des zweiten Bildungsweges Studium der Fächer Vergleichende Religionswissenschaft, Philosophie, Theologie und Indologie in Bonn. 1983 Magister, 1986 Promotion, 1994 Habilitation, 1999 Apl. Professor. Nach Lehrtätigkeiten in Bonn, Siegen (1996-2003) und München (Guardini-Lehrstuhl 2001/2002) im Jahre 2004 Berufung auf die Professur für Religionswissenschaft und Religionstheologie an der Johann Wolfgang Goethe Universität in Frankfurt/M. Veröffentlichungen: Der umstrittene Begriff des Heiligen, Marburg 1998. – Religion, Wissenschaft und Leben. Die Bedeutung des hermeneutischen Ansatzes Otto Friedrich Bollnows für die heutige Religionswissenschaft, Marburg 1998. – Otto Friedrich Bollnows Philosophie interkulturell gelesen, Nordhausen 2005. – Aurobindos Philosophie interkulturell gelesen, Nordhausen, 2007. Als Mitherausgeber: Religionswissenschaft im historischen Kontext. Beiträge zum 100. Geburtstag von Gustav Mensching. Marburg 2003. – Wege zur Religionswissenschaft, Nordhausen 2007.

Klaus Giel, Prof. i. R., geboren 1927. Studium der Philosophie und Pädagogik in Tübingen. Promotion 1958. Habilitation 1966. Professor für Allgemeine Pädagogik an den Pädagogischen Hochschulen Eßlingen und Reutlingen. Professor für Pädagogik und Philosophie an der Universität Ulm von 1984 bis 1992. Mitherausgeber der fünfbändigen W. v. Humboldt-Studienausgabe. Arbeiten zur Didaktik und zur Philosophie und Pädagogik des 19. Jahrhunderts. Die Schriften sind in der Homepage www.klaus-giel.de zugänglich gemacht.

Gabriele Klappenecker, Dr. theol. habil, geb. 1963 in Frankfurt/M. Studium der Evangelischen Theologie in Tübingen, Kiel, Berkeley (U.S.A.) und Heidelberg mit anschließender Erster Kirchlicher Dienstprüfung im Fach Evangelische Theologie. Clinical Pastoral Education (KSA) in San Francisco und Cross-Cultural Education in Mexico City 1992 als Stipendiatin des Evangelischen Studienwerkes Villigst. 1993-1995 Stipendiatin des Graduiertenkollegs „Normativität und Religion" in Heidelberg. 1996 Promotion an der Theologischen Fakultät Heidelberg (Systematische Theologie). 1996-1998 Vikarin der Evangelischen Landeskirche in Baden. Zweite kirchliche Dienstprüfung. Schulvikariat. 1998-2001 Wiss. Assistentin am Praktisch-Theologischen Seminar der Universität Heidelberg. 2001-2006 Wiss. Angestellte am Institut für Evangelische Theologie und ihre Didaktik in Münster. Ordination 2006. Seit 2006 Privatdozentin für Evangelische Religionspädagogik an der Pädagogischen Hochschule Heidelberg. Die Habilitationsschrift „Offenheit für die Fülle der Erscheinungen. Otto Friedrich Bollnow und seine Bedeutung für eine phänomenologisch orientierte Religionspädagogik" ist im Kohlhammer Verlag Stuttgart 2007 erschienen.

Marcel Remme, Dr. phil., Dipl. Päd., M.A., StR., geb. 1973 in Osnabrück. Studium der Pädagogik, Philosophie, Geschichte, Mathematik, Psychologie an der Universität Osnabrück. 1. Staatsexamen für das Lehramt an Gymnasien. Magisterarbeit: „Philosophische Hermeneutik und hermeneutische Philosophie bei Otto Friedrich Bollnow". Diplompädagogikexamen. 2000-2004 Lehrbeauftragter an der Universität Osnabrück. 2005 Promotion über Rudolf Lehmann und Max Frischeisen-Köhler: „Geisteswissenschaftliche Pädagogik am Beginn ihrer Epoche" (Betreuer: Prof. Dr. Fritz Loser). 2. Staatsexamen für das Lehramt an Gymnasien. Seit 2007 Lehrer am Wildermuth-Gymnasium Tübingen mit den Fächern Philosophie, Ethik, Geschichte, Gemeinschaftskunde, Psychologie und

Mathematik. Lehrbeauftragter an der Universität Tübingen. Veröffentlichungen zur Historischen Pädagogik, Allgemeinen Didaktik, Pflegepädagogik und Philosophiedidaktik.

Gunter Scholtz, Prof. Dr., ist Professor für Geschichte und Theorie der Geisteswissenschaften am Institut für Philosophie der Ruhr-Universität Bochum. Wichtige Publikationen: „Historismus" als spekulative Geschichtsphilosophie (Chr. J. Braniß Frankfurt/M. 1973); Schleiermachers Musikphilosophie (Göttingen 1982); Die Philosophie Schleiermachers (Darmstadt 1984); Zwischen Wissenschaftsanspruch und Orientierungsbedürfnis. Zu Grundlage und Wandel der Geisteswissenschaften (Frankfurt/M. 1991); Ethik und Hermeneutik. Schleiermachers Grundlegung der Geisteswissenschaften (Frankfurt/M. 1995); Historismus am Ende des 19. Jahrhunderts (Hrsg.) (Berlin 1996). Herausgeber des Archivs für Begriffsgeschichte (1983-2003) und Mitherausgeber des Historischen Wörterbuchs der Philosophie (1984 ff).

Gottfried Schüz, Dr. phil., geb. 1950 in Alsfeld/Obh. Studium für das Lehramt an Grund- und Hauptschulen an der Erziehungswissenschaftlichen Hochschule Rheinland-Pfalz, Abteilung Worms. Erste und Zweite Lehramtsprüfung. Schuldienst an verschiedenen Grund- und Hauptschulen. 1976-1981 Fachleiter am Studienseminar Mainz. 1981-1985 Abordnung an das Kultusministerium Rheinland-Pfalz. Ab 1985 stellvertretender Seminarleiter, seit 1994 Leiter des Studienseminars für das Lehramt an Grund- und Hauptschulen Mainz. Berufsbegleitendes Zweitstudium und Promotion (2000) in Philosophie (Hauptfach), Evang. Theologie und Pädagogik an der Universität Mainz. Veröffentlichungen insb. zur Lehrerbildung, Werterziehung, Ethik und philosophischen Anthropologie.

Reiner Wimmer, geb. 1939 in Korschenbroich/Niederrhein. Studium der Philosophie, Psychologie und Katholischen Theologie in München, Frankfurt a. M., Heidelberg, Oxford und Konstanz. Seit 1988 Professor für Philosophie mit Schwerpunkt in Praktischer Philosophie/Ethik an der Universität Tübingen. Mitglied des dortigen Interfakultären Zentrums für Ethik in den Wissenschaften. Publikationen auf den Gebieten der Allgemeinen Ethik, der Philosophischen Anthropologie und der Religionsphilosophie.

Teilnehmer
des Forschungskolloquiums am 25. und 26. September 2003
in Hechingen

Bannmüller, Eva, Prof. Dr., Stuttgart
Boelhauve, Ursula, Dr., Aachen
† Bollnow, Ortrud, Dr., Tübingen
Bräuer, Gottfried, Prof. Dr., Ludwigsburg
Flitner, Andreas, Prof. Dr., Tübingen
Gantke, Wolfgang, Prof. Dr., Frankfurt
Giel, Klaus, Prof. Dr., Ulm
Götz, Bernd, Prof. Dr., Rottenburg
Grün, Udo, Tübingen
Hauer, Wolfram, Dr., Tübingen
Heller, Lieselotte, Dr., Tübingen
Iwersen, Sonja, StR, Ludwigsburg
Klappenecker, Gabriele, PD Dr., Heidelberg
Kleinbach, Karl-Heinz, Dr., Wiss. Rat, Reutlingen
Konstantinidis, Theodoros, Prof. Dr., Kozani GR
Kümmel, Friedrich, Prof. Dr., Hechingen, mit Gattin
† Loch, Werner, Prof. Dr., Kiel, mit Gattin
Müller, Reinhard, Dr., Ostfildern
Okamoto, Hideakira, Prof. Dr., Fukuoka/Japan
Remme, Marcel, Dr., Tübingen
Schaal, Helmut, Prof. Dr., Tübingen
Scholtz, Gunter, Prof. Dr., Bochum
Schüz, Gottfried, Dr., Mainz
Schwartländer, Johannes, Prof. Dr., Tübingen
Schweizer, Hans-Martin, Prof. Dr., Tübingen
Warsewa, Erich, Prof. Dr., Reutlingen
Weckwarth, Günter, Tübingen
† Wilke, Anthony, Dipl. Paed., Stuttgart
Wimmer, Reiner, Prof. Dr., Konstanz

Werkausgaben

Homepage www.otto-friedrich-bollnow.de

Die Homepage wurde durch Friedrich Kümmel sukzessive erstellt. Sie umfaßt das gesamte Werk Bollnows, wobei die in die Studienausgabe (s. u.) aufgenommenen Werke herausgenommen worden sind. Die Homepage erleichtert den Zugang zu Bollnows umfangreichem Werk und bildet zugleich die Grundlage für eine spätere kritische Gesamtausgabe. Enthalten sind in ihr auch die Übersetzungen, soweit sie bekannt sind, die zahlreichen Besprechungen und alle Textentwürfe und Textvarianten, die für das Verständnis der Genese von Bollnows Schriften unverzichtbar sind. Der Gesamtumfang beläuft sich derzeit auf circa 750 Dateien mit über 10.000 Textseiten.

Otto Friedrich Bollnow, Schriften. Studienausgabe in 12 Bänden

Die von Ursula Boelhauve / Gudrun Kühne-Bertram / Hans-Ulrich Lessing / Frithjof Rodi herausgegebene Studienausgabe der Schriften von Otto Friedrich Bollnow in 12 Bänden erscheint beim Verlag Königshausen & Neumann in Würzburg 2009 ff. Mit ihr werden die wichtigsten systematisch orientierten Bücher sowie grundlegende Aufsätze Bollnows wieder zugänglich gemacht. Die Bände 1 bis 3 enthalten Schriften zur philosophischen Anthropologie und Tugendlehre, die Bände 4 bis 6 Arbeiten über die Lebensphilosophie, die Existenzphilosophie sowie die Phänomenologie. Texte zur anthropologischen Pädagogik sind in den Bänden 7 bis 9 abgedruckt. Die Bände 10 bis 12 beinhalten Bollnows Dilthey-Buch und seine späten Arbeiten zur Hermeneutischen Philosophie.

Im einzelnen enthalten die Bände folgende Arbeiten:

Band 1: Das Wesen der Stimmungen: Das Wesen der Stimmungen (1941); Aufsätze zur philosophischen Anthropologie (1972, 1986).

Band 2: Die Ehrfurcht – Wesen und Wandel der Tugenden: Die Ehrfurcht (1947); Wesen und Wandel der Tugenden (1958).

Band 3: Einfache Sittlichkeit – Maß und Vermessenheit des Menschen: Einfache Sittlichkeit. Kleine philosophische Aufsätze (1947); Maß und Vermessenheit des Menschen. Philosophische Aufsätze. Neue Folge (1962).

Band 4: Lebensphilosophie und Existenzphilosophie: Die Lebensphilosophie (1958); Existenzphilosophie (1942); Texte zur Existenzphilosophie und zum französischen Existentialismus (1947-1951).

Band 5: Neue Geborgenheit: Neue Geborgenheit. Das Problem einer Überwindung des Existentialismus (1955).

Band 6: Mensch und Raum (1963)

Band 7: Anthropologische Pädagogik: Anthropologische Pädagogik (1983); Die anthropologische Betrachtungsweise in der Pädagogik (1965); Die pädagogische Atmosphäre. Untersuchungen über die gefühlsmäßigen zwischenmenschlichen Voraussetzungen der Erziehung (1964).

Band 8: Existenzphilosophie und Pädagogik – Krise und neuer Anfang: Existenzphilosophie und Pädagogik. Versuch über unstetige Formen der Erziehung (1959); Krise und neuer Anfang. Beiträge zur pädagogischen Anthropologie (1966).

Band 9: Das Verhältnis zur Zeit – Sprache und Erziehung – Vom Geist des Übens: Das Verhältnis zur Zeit. Ein Beitrag zur pädagogischen Anthropologie (1972); Sprache und Erziehung (1966); Vom Geist des Übens. Eine Rückbesinnung auf elementare didaktische Erfahrungen (1978).

Band 10: Dilthey und die hermeneutische Logik: Dilthey. Eine Einführung in seine Philosophie (1936); Arbeiten zur hermeneutischen Logik von Georg Misch und Hans Lipps (1942-1980).

Band 11: Studien zur Hermeneutik: Studien zur Hermeneutik. Zur Philosophie der Geisteswissenschaften (1982).

Band 12: Philosophie der Erkenntnis – Hermeneutische Philosophie: Philosophie der Erkenntnis. Das Vorverständnis und die Erfahrung des Neuen (1970); Das Doppelgesicht der Wahrheit. Philosophie der Erkenntnis. Zweiter Teil (1975); Späte Aufsätze zur hermeneutischen Philosophie (1986-1990).

Personenregister
(Aufgenommen sind Namen, auf die im Text Bezug genommen wird.)

Die vorausgegangenen Publikationen des Vardan Verlags Hechingen sollen hier kurz vorgestellt werden:

Friedrich Kümmel
Schleiermachers Dialektik.
Die Frage nach dem Verhältnis von Erkenntnisgründen und Wissensgrund.
Vardan Verlag Hechingen 2008, 452 Seiten, 29.80 Euro
ISBN-13: 978-3-941060-00-5

Schleiermachers „Dialektik" besteht aus Entwürfen und Nachschriften der inzwischen vollständig edierten, nach wie vor aber schwer zu erschließenden Vorlesungen aus den Jahren 1811, 1814/15, 1818/19 und 1822, sowie einer Einleitung zur geplanten Drucklegung aus dem Jahre 1833. Schleiermacher verknüpft hier die Frage nach den logischen und anthropologischen Grundlagen der Erkenntnis mit der Frage nach dem absoluten Grund des Wissens, mit Bezug auf den allein der Anspruch auf Wahrheit so gestellt werden kann, daß er einer skeptischen Destruktion standhält, und ohne daß man genötigt wäre, „Welt" als Bezugsrahmen menschlicher Erkenntnis zu verlassen. Der absolute Grund des Wissens fällt nicht selber ins Wissen, und doch läßt sich ohne den Rückbezug auf ihn das Wissen nicht unterscheiden von den Meinungen, die der Mensch sich über die Dinge und über sich selbst bildet. Ein vorangestellter Prolog skizziert die damit umrissene erkenntnistheoretische Problematik, die angesichts der modernen Skeptizismen noch keineswegs eine befriedigende Lösung gefunden hat. Deutlich ist jedoch, daß es einer komplexeren Logik bedarf, die nicht mehr in den Alternativen von Rationalismus versus Empirismus bzw. Idealismus versus Positivismus hängen bleibt. Absolute und relative Gesichtspunkte der Erkenntnis sind vielmehr so in ein Verhältnis zu setzen, daß das eine das andere nicht negiert. Wenn nun aber auch ein Vermittlungsdenken hier nicht weiterführt, dringt Schleiermacher mit seiner „Dialektik" in logisch-erkenntnistheoretisches Neuland vor, das zu betreten im Zeichen der fortgeschrittenen Moderne an der Zeit ist.
Alle Bücher werden ausführlich vorgestellt auf der Webseite des Verlags (www.vardan-verlag.de). Sie sind erhältlich im hier eingebauten Online-Shop, mit Direktbestellung per E-mail (kontakt@vardan-verlag.de) und natürlich auch in herkömmlicher Weise über den Buchhandel.

Friedrich Kümmel
Moralerziehung zwischen Wertorientierung
und Wirklichkeitsbezug.
Vardan Verlag Hechingen 2009, 272 Seiten, Preis 19.90 Euro
ISBN-13: 978-3-941060-01-2

Auch wenn die Wertediskussion im Bereich politischer Entscheidungsfindung heute unverzichtbar ist, weil eine reine Machtpolitik an ihr Ende kommt, kann man nicht davon ausgehen, daß die Werte im zwischenmenschlichen Zusammenleben und im Bewußtsein des Einzelnen eine ebenso wichtige Rolle spielen wie im Diskurs der Öffentlichkeit. Hier werden immer auch andere Orientierungen maßgeblich.
Moralerziehung kann folglich auch nicht einfach mit Werterziehung gleichgesetzt werden. Der gewählte Titel: „Moralerziehung *zwischen* Wertorientierung und Wirklichkeitsbezug“ gibt *zwei* Bezugspole moralischen Denkens und Handelns an, die durchaus konträr zueinander stehen und sich, prinzipiell gefaßt, geradezu ausschließen. Es sind verschiedene Bezugsrahmen, Einstellungen und Denkweisen, mit denen man im einen oder anderen Fall an die Dinge herangeht und Lösungen für die Probleme sucht. Kurz gesagt: Die Logik der Wertorientierung ist eine andere als die Logik des Wirklichkeitsbezugs.
Um nur den wesentlichen Punkt hervorzuheben: Wertekataloge sind zweiwertig und bringen alles in die Form von Alternativen, die es so im Leben gar nicht gibt. Unreflektiert angewendet, verfehlen zweiwertige Schematisierungen oft genug den wesentlichen Punkt und verletzen das Gebot humanen Verhaltens. Die daraus zu ziehende Konsequenz ist: Man kann und darf, was der Fall ist, nicht an Werten messen. Um dem, was ist, gerecht zu werden, ist es vielmehr geboten, vom 'Urteilen', 'Werten' und (wie Jesus sagt) vom 'Richten' zu lassen.

Alle Bücher werden ausführlich vorgestellt auf der Webseite des Verlags (www.vardan-verlag.de). Sie sind erhältlich im hier eingebauten Online-Shop, mit Direktbestellung per E-mail (kontakt@vardan-verlag.de) und natürlich auch in herkömmlicher Weise über den Buchhandel.

Ton-Ku Kang
Die Hermeneutik Schleiermachers. Zum Verhältnis von grammatischer und psychologischer Interpretation.
Vardan Verlag Hechingen 2009, 198 Seiten, 19,90 Euro
ISBN-13: 978-3-941060-03-6

Eine weitere, im Vardan Verlag erschienene Arbeit über Schleiermacher nimmt die von Heinz Kimmerle nach den Handschriften neu herausgegebene Hermeneutik Schleiermachers zum Anlaß einer Auseinandersetzung mit der durch die beiden Bezugspole 'Dilthey' und 'Gadamer' umschriebenen Kontroverse über die Grundlagen des Verstehens und die Reichweite der Hermeneutik als Methode. Unbestritten ist hierbei der Bezug auf die Sprache, strittig jedoch der Stellenwert des Faktors „Individualität", der bei Schleiermacher und Dilthey für die Produktion und Rezeption von Sprachwerken eine zentrale Rolle spielt, von Gadamer und seiner Schule jedoch an die zweite Stelle gerückt worden ist.
Schleiermacher verteidigt das subjektive Moment im sprachlich verfaßten Sinngebilde gegenüber dem Geltendmachen einer übergreifenden Ordnung des sprachlichen Universums und seiner Tradition. Dem gemäß kommt es zunächst einmal darauf an, die Rede eines Anderen im Gespräch zu verstehen, bevor man daran gehen kann, ein intersubjektiv gültiges Allgemeines ins Auge zu fassen. Wenn die Sprache weder in einer Geistmetaphysik hinterlegt ist noch einem Rationalitätsanspruch unterworfen werden kann, muß nach den tiefer liegenden Grundlagen des Verhältnisses zwischen Redendem, Vernehmendem und Verstehendem gefragt werden. Auf diesem nicht objektivierbaren Grund hat die Hermeneutik als „Kunstlehre des Verstehens" ihre Regeln zu entwickeln und muß dabei auch den Grenzen des Verstehens Rechnung tragen.
Was an Sinn geschöpft und ausgedrückt werden kann, reicht in der Sprache wie im einzelnen Menschen in eine unergründlich bleibende Tiefe. Menschliches und Zwischenmenschliches gelangt nie zu der Selbstverständlichkeit, die Tradition und Rationalitätsanspruch bzw. Klassik und moderne Kommunikations- und Zeichentheorien in Anspruch nehmen möchten. Fremdheit ist nie ganz in Verstehen auflösbar und weist auf noch andere Grundlagen des zwischenmenschlichen Verkehrs und der Verständigung hin. Da erst wird die Sache des Verstehens spannend und eine hermeneutische Reflexion unverzichtbar!

Byung-ok Lee
Der Begriff der Individualität beim frühen Schleiermacher.
Vardan Verlag Hechingen 2009, 324 Seiten, 19,90 Euro
ISBN13: 978-3-941060-02-9

Schleiermachers philosophisches Werk stand lange Zeit im Schatten Hegels und ist erst im Zeichen der „hermeneutischen Wende" wieder zur Geltung gebracht worden. Wie bei den Frühromantikern, wurde für den jungen Schleiermacher der Begriff der Individualität zum Ausgangpunkt eines weiterführenden Denkens und hat insbesondere die Konzeption seiner Hermeneutik nachhaltig bestimmt. Mit dem Faktor „Individualität„ bzw. „Person" verbindet sich ein tiefgreifender Umbruch im philosophischen Denken, der die Moderne heraufgeführt hat und bezüglich seiner Implikationen noch gar nicht hinreichend ausgelotet worden ist. Immer noch hängt man dem Traum eines egalisierenden, individuelle Differenzen leugnenden Denkens nach.
Die Kategorie der „Individualität" wird von Schleiermacher in der Spur von Leibniz und Spinoza aufgenommen und mit Bezug auf Herder und Schlegel weitergeführt. Für die Ethik, die am Begriff intersubjektiver Gültigkeit bzw. Normativität interessiert ist, und für die Dialektik, die in der Suche nach der Wahrheit am Begriff allgemeingültigen Wissens festhält, ergibt sich daraus ein schwierig zu lösendes Problem. Wenn nämlich auch in allen diesen weiterreichenden Kontexten des Denken und Handelns der Faktor „Individualität" nicht mehr ausgeklammert werden kann, verändert dies den Begriff des Allgemeinen bzw. allgemeiner Geltung, bis hin zu Georg Simmels paradoxer Rede von einem „individuellen Allgemeinen", das auch für das gesellschaftlich geltende Allgemeine allererst begründend sein kann. So im „Zwischen" verortet, vereinigt das Thema „Individualität" Tradition und Moderne und verlangt, beides in ein produktives Verhältnis zueinander zu setzen. Die Geschichte ist der Ort des Austrags dieses spannungsreichen Gefüges, in dem es weder ganz und gar stimmige noch ganz und gar aporetische Lösungen gibt.

Friedrich Kümmel
Zeit und Freiheit. Über den Begriff der Zeit.
Zweite, neubearbeitete und erweiterte Auflage.
Vardan Verlag Hechingen 2010. Format 18,4 x 26 cm, 370 Seiten, kartoniert, 29,80 Euro
ISBN-13: 978-3-941060-04-3

Es scheint, daß die Pathologien des Umgangs mit der Zeit durch deren Terminierung, Verknappung und Beschleunigung noch zugenommen haben. Das sich theoretisch und praktisch stellende Zeitproblem hat von seiner Aktualität nichts eingebüßt: Freiheit oder Unfreiheit entscheidet sich an der Art und Weise des Umgangs mit der Zeit.

Umso wichtiger ist es, sich über die Zeit Gedanken zu machen und zu fragen, was sie für den Menschen tatsächlich bedeutet. Dabei kann eine gravierende Diskrepanz nicht übersehen werden: Kosmisch rechnen wir mit unvorstellbar großen Zeiträumen, und im Alltag wird die Verwendung jeder einzelnen Minute zu einem Problem. Je mehr wir die Zeit wie einen Meßbecher von außen her füllen, umso mehr verliert sie an wirklichem Inhalt und lebenswerter Qualität. Wer mit der Uhr am Arm nur noch die Minuten zählt, setzt sich aus allem heraus, was vor sich geht und kann es nur noch 'abhaken'. Ist das Ziel erreicht, so ist die Sache auch schon 'erledigt' und 'hinter sich gebracht'. Man beraubt sich so der Früchte der Zeit, die – wie alles Lebendige – nur langsam und von innen her wachsen. Wenn das in der Tat so ist, beweist das Diktat der Uhrenzeit einen Zustand extremer Unfreiheit im Umgang mit der Zeit.

Wie aber kommt man aus den im Umgang mit der Zeit selbst erzeugten Fesselungen und Beraubungen wieder heraus? Und was kann es heißen, das Verhältnis von Zeit und Freiheit *positiv* zu realisieren? Die zentrale These dieser Arbeit versucht darauf eine Antwort zu geben: *Zeit* ist *Freiheit,* und *Freiheit* gibt es nur als *Freiheit in und vermöge der Zeit*. Man kann den Zusammenhang von Zeit und Freiheit nicht eng genug sehen. Die Zeit beinhaltet für das freie Wesen das Realitätsprinzip und verkörpert es, indem sie dessen ungebundene und gebundene, gehandelte und erworbene Zustände manifestiert und zurückspiegelt. In diesem Sinne hat der Mensch zur Zeit keine Alternative, sowenig er zur eigenen Freiheit eine solche hat. Er ist durch und durch ein „Zeitwesen“ und nicht, wie das Tier, ein „Raumwesen“. Dies verlangt tiefgreifende Veränderungen in der Bewußtseinsform und eine Wende von „Außen“ nach „Innen“.